Rosalind Cartwright · Lynne Lamberg
KrisenTräume

Dr. Rosalind Cartwright ist Mitglied der American Psychological Association, Vorsitzende des Fachbereiches Psychologie am Rush-Presbyterian-St. Luke's Medical Center in Chicago und Direktorin der Abteilung Schlafstörungen sowie des dazugehörigen Forschungszentrums. Als international anerkannte Kapazität auf dem Gebiet der Schlafstörungen hat Dr. Cartwright zahlreiche von der National Science Foundation und vom National Institute of Mental Health geförderte Studien über Schlaf und Träumen durchgeführt. Sie lebt in Chicago, Illinois.

Lynne Lamberg ist Journalistin. Sie wurde für ihre medizinischen Fachbeiträge mit Preisen ausgezeichnet und hat sich auf den Bereich psychische Gesundheit spezialisiert. Sie veröffentlichte verschiedene Bücher und lebt in Baltimore, Maryland.

Rosalind Cartwright
Lynne Lamberg

KrisenTräume

Wie sie entstehen
Was sie uns sagen
Wie wir sie nutzen

Aus dem Amerikanischen
von Anni Pott

Kabel

Titel der amerikanischen Originalausgabe:
CRISIS DREAMING
Using your dreams to solve your problems
HarperCollins Publishers, New York

Allen, die uns an ihren Träumen
haben teilhaben lassen

Aus dem Amerikanischen übersetzt von Anni Pott
Published by arrangement with HarperCollins Publishers, Inc.

Umschlag: Theodor Bayer-Eynck
Satz aus der Aldus (Linotronic 500)
Papier: Fortuna Werkdruckpapier »Pegasus« chlorfrei, säurefrei
Steinbeis Temming Papier GmbH & Co., Glückstadt
Gesamtherstellung: Clausen & Bosse, Leck

ISBN 3-8225-0344-4

1 3 5 7 9 10 8 6 4 2

Inhalt

Danksagung 8

Vorwort Rosalind Cartwright 9

Vorwort Lynne Lamberg 13

1. Wie Träume arbeiten 17
Die persönliche Sprache von Träumen – Ein persönliches Beispiel – Was Träume bedeuten

2. Wie Träume für uns arbeiten können 34
Wenn die Traumarbeit zusammenbricht – Von schlechten zu guten Träumen

3. Eine neue Traumtherapie 49
Was Freud über Träume nicht wußte – Die Traumdimensionen verstehen – SELBSTHILFE: Ein Traumtagebuch führen – SELBSTHILFE: Traumdimensionen identifizieren – SELBSTTEST: Beziehungen bewerten

4. Die Jagd auf Träume 69
Die moderne Traumerfassung – Hindernisse für die Erinnerung an Träume – SELBSTHILFE: Tips und Tricks, wie man sich besser an Träume erinnert – SELBSTHILFE: Interviewen Sie sich selbst zu Ihren Träumen

5. Allgemeine Träume und normale Albträume 90
Allgemein verbreitete Träume – Träume von Männern und Frauen – Normale Albträume – SELBSTHILFE: Albträume nutzen

6. Von Alltagsträumen zu Krisenträumen 115
KrisenTräumen – Träume, die nirgendwo hinführen – Traumskripte umschreiben: Die RISC-Methode – SELBSTHILFE: Nutzen Sie die RISC-Methode, um ihre Träume zu verändern

7. Die Krise der Scheidung 135
Geschieden, aber die Krise bewältigt – Geschieden und depressiv – SELBSTHILFE: Die Krise der Scheidung überstehen

8. Wenn eine Krise zu Depressionen führt 158
Die RISC-Therapie bei Depressionen – SELBSTHILFE: Hilfe bei Träumen suchen

9. Körperliche Krisen: Schwangerschaft, Krankheit, Tod 178
Träume während der Schwangerschaft – Träume von Krankheiten – Träume vor einer Operation – Träume vom Tod – SELBSTHILFE: Körperliche Eingriffe und Veränderungen bewältigen

10. Vergewaltigung und Inzest: Vom Opfer zur Überlebenden 202
SELBSTHILFE: Träume zur Beschleunigung der Heilung nutzen

11. Posttraumatische Streßstörung 215
Vietnam-Veteranen – Veteranen des Zweiten Weltkrieges – Überlebende des Holocaust – SELBSTHILFE: Den Krieg im Innern bekämpfen

12. Kleine Kinder – große Probleme 238
Wie Kinder träumen – Wenn Träume belastet sind – Wenn Kindheitsträume bis ins Erwachsenenalter fortbestehen – SELBSTHILFE: Kindern helfen, aus ihren Träumen zu lernen

13. Wenn die Traumfunktion gestört wird 264
Schlafwandeln – Pavor nocturnus (Schlafterror) – Das Schenck-Syndrom – SELBSTHILFE: Personen mit abnormalem Schlafverhalten helfen

14. Träume besser verstehen lernen 285
Traumgruppen – Wenn Sie fremde Hilfe brauchen – Die Zukunft der Traumarbeit

Anhang 295
Checkliste der Symptome bei Depressionen –
Posttraumatische Streßstörung: Checkliste der Symptome

Quellenverzeichnis 297

Register 305

Danksagung

Es sind wesentlich mehr Personen, die zur Entstehung eines Buches beitragen, als nur die, die auf dem Buchdeckel erscheinen. In diesem Sinne gilt unser besonderer Dank unserer Lektorin Carol Cohen, die das Buch mit ihren bohrenden Fragen und ihrem sachkundigen Lektorat bereichert und lesbarer gemacht hat. Und sie zeigte eine imponierende Toleranz nicht nur für die Eigenarten einer Autorin, sondern zweier Autorinnen. Danken möchten wir auch unserer Agentin Sandra Dijkstra für ihre Ratschläge und die Ermutigung, die sie uns immer wieder zusprach. Ebenfalls danken möchten wir Mary Lou Robbins, die das Manuskript getippt und ohne ein Wort der Klage immer wieder neu getippt hat. Und danken möchten wir nicht zuletzt unseren Familien und Freunden für ihre Unterstützung und das Verständnis, das sie uns entgegenbrachten, wenn wir frustriert waren oder keine Zeit für sie hatten.

Rosalind D. Cartwright und Lynne Lamberg

Vorwort – Rosalind Cartwright

Wie kam es, daß ich in der sogenannten Lebensmitte Traumforscherin wurde? Nun, es war die Antwort auf meine eigene Lebenskrise. Mein Mann hatte seine Koffer gepackt und mich mit zwei kleinen Kindern und einem Haufen Problemen allein gelassen. Ich war am Boden zerstört, depressiv und schlief schlecht, wenn überhaupt. Und wenn ich schlief, dann waren es Nächte voller angstgeschüttelter Träume. Nun, dachte ich, da ich sowieso nicht schlafen kann, könnte ich meine Zeit ebensogut für etwas Produktives nutzen. So engagierte ich einen Babysitter, der nachts bei den Kindern blieb, und ich eröffnete ein Schlaflabor. Ich wollte herausfinden, was zu einem guten Schlaf beiträgt und was dafür verantwortlich ist, wenn man schlecht schläft.

Von Anfang an fühlte ich mich in meinem Labor zu Hause, wenn ich dem Polygraphen zuschauen konnte, wie er die Hirnwellenmuster der Schlafenden aufzeichnete, an denen dann ablesbar war, wann die Traumphase begann, und wenn ich die Minuten zählte, bis ich sie über eine direkte Verbindung durch Rufen ihres Namens jeweils einzeln wecken und ihnen die Standardfrage stellen konnte: »Was ist Ihnen durch den Kopf gegangen, gerade ehe Sie wach wurden?« Ich verstand Träume, als wären sie ein Teil meiner Muttersprache. Was eigentlich kein Wunder ist, denn meine Mutter hatte es mir beigebracht, Träume zu verstehen. Sie war Dichterin und bezog vieles bei ihrer Arbeit aus ihrem Traumleben. Und wenn ich nachts allein im Labor saß, fühlte ich mich ihr aufs neue in einer ganz besonderen Weise eng verbunden. Hinzu kam, daß ich damit einen neuen Zweck gefunden hatte, der mein Leben erfüllte, eine Lebensaufgabe, den reichen Fundus des Traumlebens zu erforschen. Und das Ganze hatte im übrigen einen willkommenen Nebeneffekt: Wenn ich früh morgens nach Hause kam, war ich so todmüde, daß ich schlafen, tief schlafen konnte.

Das ist inzwischen über fünfundzwanzig Jahre her. Und Träume haben seither nichts von ihrer Faszination für mich verloren. Je mehr ich mir die Träume von Menschen anhörte, die schlimme Zeiten durchmachten, desto mehr gelangte ich zu der Überzeugung, daß

Träume ein Spiegel sind, wie wir unsere Probleme sehen, und daß wir in unseren Träumen Wege und Möglichkeiten testen, wie wir mit Schwierigkeiten umgehen können. Aber diese Experimente funktionieren nicht immer. So ziehen unsere Träume uns manchmal runter, sind festgefahren und scheinen neu angestoßen werden zu müssen. Und wenn dem so ist, gibt es dann die Möglichkeit, unseren Träumen nachzuhelfen, so daß sie wieder für uns arbeiten können? Das war die Frage, die mich veranlaßte, ebenjene Untersuchung durchzuführen, die die Grundlage dieses Buches ist.

Daß ich Schlafforscherin wurde, kam nicht von ungefähr. Ich war wissenschaftliche Psychologin, von 1941 bis 1946 an der University of Toronto und von 1946 bis 1949 an der Cornell University ausgebildet worden und hatte anschließend für den renommierten Psychotherapeuten Carl Rogers an der University of Chicago gearbeitet. Rogers entwickelte einen neuen Ansatz in der Psychotherapie, die klientenzentrierte Gesprächstherapie, die darauf abzielte, Klienten zu helfen, in Verbindung zu ihren Gefühlen zu kommen und zu lernen, ihre Emotionen als Teil ihres Selbst zu erkennen und zu akzeptieren. Um herauszufinden, ob diese Psychotherapie den Menschen tatsächlich half, ihre Einstellungen, Herzen und Verhaltensweisen zu ändern, begannen Rogers und ich mit einer entsprechenden Untersuchung. Und diese Forschungen waren es, die sodann mein Interesse für die Frage weckten: Wie können Menschen am besten lernen, unrealistische und hemmende Ängste zu bewältigen und mit depressiven Stimmungen fertig zu werden, die sie in die Hoffnungslosigkeit treiben? Die Praxis zeigte, daß die Arbeit mit Personen im Wachzustand oft nur langsam voranging. Sie waren oft nicht bereit, sich den Gefühlen zu stellen, die ihnen in Wahrheit zum Verhängnis wurden. Angst? »Ich habe keine Angst. Wer sagt, daß ich Angst habe?« wurde dann mit ängstlich zitternder Stimme dementiert. Aber in einem Traum, der ihnen klar und unmißverständlich ihre Ängste und Unsicherheiten zeigte, konnten sie die Wahrheit erkennen.

So kam ich auf den Gedanken, daß ich mich fragte: Vielleicht können sie ja aus ihren Träumen schneller etwas über sich lernen. Wobei ich gleichzeitig allerdings auch das Problem sah, daß die meisten Menschen kaum Erinnerungen an ihre Träume haben. Und während ich noch über dieses Problem grübelte, hatte Nathaniel Kleitman, der nur eine Tür neben mir arbeitete, zusammen mit seinen Studenten bereits mit Grundlagenforschungen begonnen, die es ermöglichen sollten, Träume festzuhalten, während sie sich im Schlaf entwickeln.

Das war Anfang der fünfziger Jahre. Einige Jahre später, als meine Ehe vorbei war und mein eigener Schlaf mich im Stich ließ, war es dann soweit, daß ich den Sprung machte und mich auf dieses Thema spezialisierte. Sehr viel Hilfe erhielt ich dabei von meinem Freund Allan Rechtschaffen, damals Leiter des Schlafforschungslabors an der University of Chicago. Er mußte mich zwar nicht im Thema, wohl aber in den technischen Dingen von der Pike auf unterweisen und mir das grundlegende Know-how vermitteln, das ich brauchte, um selbst ein Schlaflabor an der University of Illinois einzurichten und betreiben zu können. Das war der Anfang einer lebenslangen Jagd. Der Jagd nach unseren flüchtigen Träumen, um verstehen zu lernen, wie sie zu unserem Wachleben passen, was sie für uns tun und wie man sie verbessern kann, wenn sie gegen uns arbeiten.

Nach vielen Jahren und vielen Studien kehrte ich dann 1977, nachdem ich Direktorin des Fachbereichs Schlafstörungen am Rush-Presbyterian-St. Luke's Medical Center in Chicago geworden war, schließlich zu dem Punkt zurück, der ursprünglich der Anlaß gewesen war, mich mit dem Thema Träume zu beschäftigen: Träume in Krisenzeiten. Ich wollte die Träume von Personen untersuchen, die sich in Krisen befinden, und mich mit dem Unterschied zwischen dem nächtlichen Leben derjenigen beschäftigen, die gelassener mit den Brüchen in ihrem Leben umgehen konnten, und dem nächtlichen Leben derer, die, wie ich, durch einen Verlust aus der Bahn geworfen wurden.

Voraussetzung für diese Arbeit waren zwei Dinge: Geld und Menschen, die bereit waren, mir ihre Träume mitzuteilen. Das Geld kam vom National Institute of Metal Health, das diese Arbeit seit 1977 kontinuierlich unterstützt, wofür ich sehr dankbar bin. Und die Personen kamen schließlich aufgrund von Anzeigen, in denen ihnen eine kleine Entschädigung für drei Nächte Schlaf geboten wurde, das heißt, zunächst drei Nächte in der Zeit, in der sie aktuell in einer Krise steckten, und nochmals drei Nächte ein Jahr später zu einer Folgeuntersuchung. Es genügt nicht, diesen Personen einfach nur danke zu sagen. Sie haben mich zutiefst angerührt. Ihre Träume sprachen aus ihrem Herzen. Sie werden auch Sie berühren, da bin ich sicher.

Um die Ergebnisse meiner Arbeit in eine Buchform zu bringen und die Geschichte, die wir herausgefunden hatten, zu erzählen, brauchte ich jemanden, der mit dem Gebiet der Schlaf- und Traumforschung vertraut war und der schreiben konnte. Und das war Lynne Lamberg.

Sie hatte seit Jahren meine Arbeit verfolgt und in Zeitschriftenartikeln darüber berichtet. Da in diesem Buch meine wissenschaftlichen Forschungen und meine Arbeit mit Patienten beschrieben werden, werden Sie oft der »Ich«-Form begegnen. Wobei hinter dem Schreiben in Wirklichkeit ein »Wir« steht. Danke, Lynne.

Ich hoffe, dieses Buch wird Ihnen helfen, sich mit Ihren inneren Stimmen vertraut zu machen. Denn wir machen unsere Träume naturgemäß selbst – jene wundersamen und kreativen Untergrundkommentare zu den Texten, die unser Wachleben schreibt.

Vorwort – Lynne Lamberg

Hätte es jenen Traum nicht gegeben, wer weiß, ob ich bei diesem Buch überhaupt mitgearbeitet hätte. Er kam, als ich noch über Rosalind Cartwrights Angebot zur Mitarbeit an einem Buch über ihre Untersuchung von Träumen während der Scheidung nachdachte. Mein Traum hatte nichts mit dem Buch zu tun. Oder zumindest dachte ich das damals. Er drehte sich um meine Kinder.

Ich befand mich auf einer rund anderthalb Meter vom Boden erhöhten und mit Menschen überfüllten Plattform, auf die Ecke eines Sofas gequetscht, wo nur noch wenige Zentimeter Platz waren. Ich versuchte, einen Knopf am Mantel meiner Tochter anzunähen. Es war eine schwierige Aufgabe, da der Mantel jede Menge verschiedenfarbiger Knöpfe hatte, große, kleine, und jeder mußte mit einem anderen bunten Faden angenäht werden. Während ich damit beschäftigt war, lief mein Sohn herum, im Traum ein Kleinkind, in Wirklichkeit achtzehn. Ich sorgte mich, er könnte von der Plattform herunterfallen, er behielt aber sein Gleichgewicht und blieb in sicherer Entfernung vom Rand.

Der Traum veranlaßte mich, über meine Rolle als Mutter nachzudenken. Ich war in jener Zeit mit Fragen und Problemen konfrontiert, die, wie der Traum mir treffend sagte, halt »mit Fünfundvierzig« auftauchen konnten. Meine Tochter hatte gerade ihren College-Abschluß gemacht und war dabei, in eine andere Stadt zu ziehen, wo sie ihre erste Stelle antreten sollte. Ihr Mantel mit den vielen Knöpfen hielt mir vor Augen, daß sie schon bald von ihrem neuen aufregenden Leben voll in Anspruch genommen sein würde. Und sie würde dann weniger Fäden haben, die sie mit ihrem Zuhause verbinden. Und mein Sohn sollte in wenigen Monaten mit seinem College-Studium beginnen, aber ich betrachtete ihn noch immer als mein »Baby«. Aber der Traum beruhigte mich, daß er auch sein Gleichgewicht nicht verlieren würde, selbst wenn es in seinem Leben einmal nicht glattlief.

Dieser Traum schärfte mein Bewußtsein für die wachsende Unabhängigkeit meiner Kinder. Er hielt mir vor Augen, daß beide an der

Schwelle einer neuen Lebensphase standen und daß ich mich darauf einstellen mußte, sie loszulassen. Die so ausgelösten Gedanken zogen im übrigen einige sehr schöne Gespräche mit meinem Mann über die bittersüße Freude an der zunehmenden Reife unserer Kinder nach sich. Im nachhinein weiß ich, daß der Traum mich auch ermutigte, die Arbeit an diesem Buch mit in Angriff zu nehmen, um zu zeigen, was Träume im einzelnen für uns tun: Sie dienen als Buntstifte, um die wichtigsten Ideen in den Texten unseres Lebens zu unterstreichen. Sie helfen, das vernachlässigte Kleingedruckte hervorzuheben und in den Text einzufügen und uns bewußter zu machen, warum wir uns so fühlen und so handeln, wie wir es tun.

Wie viele Autoren und Autorinnen führe ich ein Tagebuch, in dem ich meine Gedanken zu alltäglichen Erfahrungen und auch zu meinen Träumen festhalte. Dieses seit Jahr und Tag bestehende Interesse an Träumen wurde in den letzten Jahren im übrigen noch durch den New Yorker Psychoanalytiker Walter Bonime genährt, dem ich erstmals 1985 bei einem Treffen der Association for the Study of Dreams begegnete. Wir sind inzwischen gute Freunde geworden. In Briefen und in Hunderten stundenlangen Gesprächen lehrte Walter mich – der inzwischen über achtzig ist und immer noch mit Patienten arbeitet, lehrt und schreibt –, aufmerksamer darauf zu hören, was Träume zu sagen haben, und die emotionale Verbindung zwischen meinem Traumleben und meinem Wachleben zu suchen.

Danken möchte ich auch meinem Mann Stanford sowie meinen Kindern, Niki und Ryan, meiner Mutter, Fay Friedman, die nach langer Krankheit am 28. März 1992 starb, und meiner Schwiegermutter, Margaret Lamberg, sowie vielen anderen Verwandten und Freunden, insbesondere John Lion, Carol Frank, Doris Diamond, Carole Simon, Toba Cohen, Marty Oberman und Neil Kavey, daß sie ihre Träume, Einsichten und Erfahrungen während meiner Arbeit an diesem Buch mit mir geteilt haben.

Vor zwölf Jahren, bei meinen Recherchen für ein anderes Buch, *The American Medical Association Guide to Better Sleep*, war ich im Schlaf- und Traumforschungslabor der University of Cincinnati eine Nacht lang an die Elektroden des Polysomnographen (mit gleichzeitiger Aufzeichnung wichtiger Körperfunktionen während des Schlafes) angeschlossen. Ein Techniker weckte mich mehrmals in der Nacht, um mich nach meinen Träumen zu fragen. In einem dieser Träume *gab ich eine Party und stellte meinen Freunden einen neuen Wein mit dem Etikett »Universitätsweingarten« vor. Die Stimmung war festlich. Jeder liebte den Wein.*

»Das ist ein herrlicher Traum«, sagte der Psychiater Milton Kramer, der Chef des Labors, am nächsten Morgen zu mir. »Sie müssen Ihre Arbeit als sehr befriedigend empfinden. Schauen Sie: Sie, die Autorin, die irgendeinen phantastischen, berauschenden Stoff, den sie an der Universität erhalten hat, mit ihren Lesern teilt, die sie als ihre Freunde betrachtet.«

Traumpartys sind etwas Seltenes. Denn der Job einer Autorin ist weitestgehend eine harte und einsame Arbeit. Wenn ich schreibe und Texte immer wieder umschreibe, ist ständig die Frage in meinem Kopf: »Konnte ich klarmachen, was ich wollte? Ist es präzise? Interessant? Werden die Leute weiterlesen?« Und in solchen Momenten des Zauderns kommt mir dann manchmal jener Traum wieder in den Sinn. Und in dem Sinne hoffe ich, daß Sie den neuen Wein aus dem Universitätsweingarten genießen werden.

1. Wie Träume arbeiten

Laura träumte, sie kam mit einem Korb Wäsche aus dem Keller ins Wohnzimmer, wo ihr Mann auf der Couch saß.

Jim griff nach einem goldfarbenen Socken und schmiß ihn in eine Ecke des Zimmers. Ich war schockiert und sagte: »Warum hast du das gemacht?» Er sagte: »Er hat ein Loch. Und ich will ihn nicht mehr!«

Al träumte von einer Menschenmenge, die versuchte, einen ungewöhnlichen Schalter an einer Eisenbahn zu reparieren, der in versteckten Rohrleitungen festgeklemmt war:

Der Schalter war offenbar seit Jahren nicht benutzt worden und war natürlich völlig verrostet durch den Sand und Staub, der in die Rohre geblasen worden war.

Tama träumte, ihr Freund habe ihr einen Heiratsantrag gemacht. Als das Teenagerpärchen dann jedoch weiter am Strand entlang und bis zu einem alten Haus ging, löste sich die idyllische Szene plötzlich auf:

Dort warteten Figuren aus einem Horrorfilm auf mich, die mich mit der Axt erschlagen wollten. Ich ging dann mit meinem Freund zum Strand zurück. Aber da gab es Riesenkrebse, die uns angreifen wollten.

Diese Träume spiegeln nicht unbedingt beiläufige Gedanken zur häuslichen Situation, zu Installationen oder zum Leben am Meer wider. Im Gegenteil. Sie treffen punktgenau, mit laserstrahlähnlicher Präzision die Krisen, die gegenwärtig das Leben der Träumer erschüttern, jene emotionalen Erdbeben, die ihr grundlegendes Identitätsgefühl zu kippen drohen.

Laura war fünfunddreißig. Mutter von vier Kindern. Ihr Mann Jim hatte sie gerade verlassen. Lauras Traum faßte zusammen, wie sie sich selbst und ihre zerbrochene Ehe sah: »Jim hat unsere Einheit als Paar zerbrochen und mich weggeworfen.« Sie hatte geglaubt, sie beide wären »sein Lieblingspaar«. Selbst daß sie einen Korb Wäsche mit Kleidungsstücken der ganzen Familie trug, paßte: Ihr Leben drehte sich um Familie und Heim. Hinzu kam: Kurz vor der Trennung war Laura einmal früher nach Hause gekommen und hatte Jim überrascht, wie er Unterwäsche von ihr angezogen hatte. Das war für sie, wie sie sagte, daß erste Anzeichen, daß er Probleme mit seiner sexuellen Identität hatte. Kein Wunder, daß sie träumte, er habe sich ihrer, der Socke mit dem Loch, entledigt.

Al, der Mann, der von dem defekten Schalter und den verstopften Rohrleitungen träumte, stand unmittelbar vor einer großen Operation, bei der eine blockierte Vene in seinem Bein wiederhergestellt werden sollte. Als ehemaliger Eisenbahningenieur nutzte er Bilder aus seinem Beruf, um seine Ängste vor der Operation und das auszudrücken, was nach seinem Verständnis mit seinem Bein nicht in Ordnung war. Al verbrachte vier Nächte vor der Operation und drei Nächte danach im Schlaflabor, wo der Psychologe Louis Breger und seine Kollegen ihn mehrmals in der Nacht weckten, um seine Träume aufzuzeichnen.[1]

Auch seine anderen Träume drehten sich um Operationsbilder. Mal wurde ein großes Stück Fleisch aufgeschnitten, mal ging es um die Reparatur anderer defekter Objekte wie einen Herd bzw. ein Auto und ein andermal um Probleme mit dem Transport von Flüssigkeiten, wie um ein halb ausgetrocknetes Flußbett oder einen verstopften Faulbehälter. Alle diese Bilder tauchten in seinen Träumen vor der Operation auf. Und nicht ein einziges vergleichbares Bild, nachdem sie erfolgreich verlaufen war. Vor der Operation konzentrierte er sich auf die Bedrohung, der sein Körper und seine körperlichen Funktionen ausgesetzt waren. Nachher empfand er diese Bedrohung nicht mehr.

Tama offenbarte in ihrem Traum den natürlichen Wunsch einer Jugendlichen, die sich nach Liebe und Identität sehnt. Sie fürchtete jedoch, ein Unglück werde verhindern, daß dieser Wunsch sich erfüllt. Dazu muß man wissen, daß Tama, als sie zwei Jahre alt war, von einem Gabelstapler überfahren wurde, der ihr ein Bein zertrümmerte, das dann nur mit vielen Operationen gerettet werden konnte. Und schließlich doch, als sie neun war, amputiert werden mußte. Tama meinte zwar, der Traum habe nichts mit ihrem Unfall zu tun, aber die Kinderpsychiaterin Leonore Terr war dennoch der Ansicht, er zeige klar, daß sie nach ihrem Verständnis »in Wahrheit mit der Axt erschlagen worden war«. Denn so sah das Mädchen in Wirklichkeit die Operation, der sie sich hatte unterziehen müssen. »Und was sieht außerdem«, fragte Terr, »einem Gabelstapler letzten Endes ähnlicher als ein riesiger leuchtend orangeglänzender Krebs?«[2]

Eine verschlissene Socke, verrostete Rohrleitungen, Riesenkrebse: unsere Träume sind voll von derart treffend passenden Bildern. Unsere Träume sind uns oft ein Rätsel, aber es lohnt die Mühe, sie einzufangen und zu entziffern. Denn sie zeigen uns, was wir ansonsten vielleicht nicht sehen. Sie helfen uns, Wahrheiten über uns selbst aufzudecken, die unser Geist im Wachzustand vielleicht weiß, aber dennoch leugnet, oder die wir, wenn wir wach sind, vielleicht nicht klar artikulieren können. Und das gilt ganz besonders in Zeiten extremer emotionaler Aufruhr, wie Laura sie erlebte, als sie ihre Scheidung durchzustehen hatte, oder Al, als er sich vor die schwere Operation gestellt sah, und Tama, als sie mit ihrer Angst konfrontiert wurde, ihr amputiertes Bein könnte verhindern, daß sie je heiratete.

Nur wenige von uns werden in ihrem Leben nicht mit derartigen Krisen konfrontiert. Und gerade Krisenzeiten verdeutlichen die wichtigen Funktionen, die Träume in unserem Leben haben. Alle Ereignisse, ob wir sie positiv oder negativ empfinden, ein Beginn oder ein Ende von etwas, ein Plus oder ein Minus, sie alle stellen schwere Anforderungen an das Traumsystem. Ob wir eine neue Stelle bekommen oder unseren Job verlieren, ob wir unseren Partner, unsere Wohnung verlieren oder irgendeine andere gravierende Veränderung in unserem Leben stattfindet, jedesmal wird das innere Bild, wer wir sind, und ebenso unser Sicherheitsgefühl in Frage gestellt.

Denn Ereignisse wie diese stellen in unserem Leben eine Bedrohung auf drei Ebenen dar: Bedroht wird unsere körperliche Sicherheit, unsere psychische Integrität und unsere soziale Einbindung. Diese Bedrohungen können von unserer Umwelt oder von unserem Innern ausgehen. Unsere körperliche Sicherheit kann sowohl durch äußere Ereignisse wie Überschwemmungen und Brände als auch durch innere Ereignisse wie Krankheiten bedroht werden. Wenn wir gefeuert werden oder bei einem Examen durchfallen, kann eine tiefe Enttäuschung über uns selbst die Folge sein und somit unser Selbstgefühl, wie klug oder fähig wir sind, bedroht sein. Ebenso kann der Schock einer Scheidung oder der Bruch einer Freundschaft unser Selbstgefühl bedrohen, daß wir für andere liebenswert sind. In solchen Zeiten laufen unsere Träume auf Hochtouren. Wir durchforsten in unseren Träumen unsere Lebensgeschichte nach Erinnerungen, die uns bei der Bewältigung unseres Problems helfen können. Wir haben einen leichteren Schlaf und werden häufiger wach. Typisch ist auch, daß Träume sich in Krisenzeiten mehr an unserem Alltag und an dem orientieren, was uns unmittelbar beschäftigt, als in Zeiten, in denen alles glattläuft.

Das chinesische Symbol für Krise beinhaltet sowohl das Zeichen für Gefahr als auch das Zeichen für Chance. Und eine Krise beinhaltet tatsächlich beides, eine Gefahr und eine Chance. Die Gefahr, mit der wir in einer Krise konfrontiert sind, ist, daß das Problem, nach dem wir leben – unser gegenwärtiges Selbst –, zusammenbricht. Die Chance ist, daß wir das Bild, wie wir uns sehen, unser Selbstbild erweitern und umformen können und eine neue besser funktionierende Persona konstruieren.

Unsere Träume zeigen uns in Krisenzeiten, was bei dieser Gleichung herauskommt. Werden wir von der Gefahr überwältigt? Oder können wir die Chance nutzen und neue Rollen annehmen? Und: Sind diese Rollen positiv oder negativ? »Bist du eine gute Hexe oder eine böse Hexe?« fragen die Mümmler Dorothy in der Geschichte *Der Zauberer von Oos*, nachdem Dorothy angesichts der Gefahr, ihren geliebten kleinen Hund Toto zu verlieren, geträumt hatte, der Wirbelsturm habe sie von Kansas aus in das Land von Oos geschleudert.

Die persönliche Sprache von Träumen

Im Wachleben machen wir uns selbst und anderen im Zweifel etwas vor. Wir machen gute Miene zum bösen Spiel und leugnen Aufregungen oder Ängste, die jede größere Veränderung unweigerlich mit sich bringt. Aber unsere Träume zeigen uns dennoch, was wirklich in unserem Innern vor sich geht. Sie reflektieren Nacht für Nacht unsere fortlaufend veränderten Lebensumstände. Wobei wir in unseren Träumen die Erfahrungen von heute mit früheren Erfahrungen verbinden – mit jenen Erfahrungen, die mit ähnlichen Gefühlen verbunden waren. Wir vermischen Vergangenheit und Gegenwart. Und bringen uns so jeweils selbst auf den letzten Stand. Und damit helfen unsere Träume uns Nacht für Nacht, uns für die Anforderungen zu rüsten, denen wir uns morgen gegenübersehen.

Durch die Unmittelbarkeit und Klarheit der Bilder erledigen

unsere Träume emotionale Hausaufgaben, die für die Frage, wie wir die Lektionen des Lebens beherrschen, ebenso entscheidend sind wie die drei Grundfertigkeiten – Lesen, Schreiben, Rechnen – in der Grundschule. Unsere Träume *überprüfen* und *revidieren* unser Selbstbild, wer wir sind, und sie *spielen durch*, wohin wir uns bewegen. Und: Wenn sie so funktionieren, wie sie funktionieren sollten, bieten sie uns in schwierigen Zeiten noch eine vierte Grundfertigkeit – einen Mechanismus zur *Reparatur*.

Insgeheim wird allgemein anerkannt, wie nützlich Träume sind. Wir wissen, wenn wir vor einem Problem stehen und unsicher sind, was am besten zu tun ist, daß es klug ist, zunächst eine Nacht »darüber zu schlafen«. Um diese heilsame Macht des Schlafes wußte auch Shakespeare, als er schrieb: »O holder Schlaf! Du Pfleger der Natur!«[3] Der Schlaf gewährt uns einige Stunden Aufschub, eine Auszeit, aber das ist nur ein Teil seiner Funktion. Er fördert auch unsere Fähigkeit, die Dinge in eine Perspektive zu setzen und kreativer zu denken. Diese mentalen Aufgaben erledigen wir in unseren Träumen, ob wir uns an sie erinnern oder nicht. Der Körper ruht, während wir schlafen, aber der Geist arbeitet weiter.

Phantasien, an die wir uns aus unserem Schlaf erinnern, beschreiben wir oft mit Begriffen wie »verrückt« oder »seltsam«. Und wenn wir uns an welche erinnern, die uns zu schaffen machen, versuchen wir, sie damit abzuschütteln, daß das alles ja »nur ein Traum« war. Träume erscheinen oft befremdlich, als Geschichten, die von irgendeiner mysteriösen äußeren Kraft ausgebrütet werden. Die Wahrheit ist jedoch, daß wir das Drehbuch selbst schreiben, wir lassen die Szene entstehen, produzieren die Show, führen Regie und spielen die Hauptrolle. Wir können in unseren Träumen alt oder jung, männlichen oder weiblichen Geschlechts sein. Wir können uns sogar als Tiere maskieren. Wir können in völlig anderen Zeiten und an anderen Orten leben, Menschen sehen, von denen wir wissen, daß sie tot sind, und Großtaten vollbringen, von denen wir wissen, daß sie im wirklichen Leben unmöglich sind.

In unserer Traumwelt sprechen wir eine persönliche Sprache, die nur uns bekannt ist. Der Psychoanalytiker Erich Fromm nennt Träume sogar die »vergessene Sprache«.[4] Da Träume sich uns jedoch in Bildern statt in Worten präsentieren, fällt es uns etwas schwerer, ihre Bedeutung zu erfassen. Genau wie die Hieroglyphen der alten Ägypter lassen sie sich jedoch leicht übersetzen, sobald wir den Code gelernt haben. Das Codebuch ist weder mysteriös noch unzugänglich, denn es wird von den Datenbanken unserer eigenen Erinnerung geschaffen. Die Bilder, die wir als Symbole nutzen, um auszudrükken, was wir ausdrücken möchten, kommen aus unserer eigenen Vergangenheit – so wie die verrosteten Rohrleitungen im Traum des Ingenieurs für die blockierten Venen standen. Um auszudrücken, wie wir uns fühlen, nutzen wir im Schlaf Materialien aus unserem Wachleben. Dabei wählen wir die Bilder, die wir in unseren Träumen verwenden, nicht bewußt, sie entstehen aber auch nicht willkürlich. Sie passen jeweils zu unserer gegenwärtigen Situation, genau wie die weggeworfene Socke in Lauras Traum.

Psychologisch gesehen leben wir in zwei verschiedenen Welten. Wenn der Wecker klingelt, lassen wir die persönliche, private Welt des Schlafes hinter uns und treten wieder in die soziale Welt ein. Wir duschen, ziehen uns an und schlüpfen in unsere öffentlichen Rollen, um uns dem täglichen Prozeß zu stellen, mit dem wir die Person werden, von der wir glauben, wir können oder möchten oder sollten sie sein. Im Gegensatz zu der Sprache in unseren Träumen ist die Sprache der wachen Welt buchstabengetreu und eine Sprache, die wir mit anderen teilen.

Dieser Prozeß des »Werdens« wird im Schlaf fortgesetzt. Nur mit dem Unterschied, daß nunmehr im Schlaf die Dinge in den Vordergrund rücken, die wir im Wachzustand in der Regel zurückdrängen – unsere Gefühle zu den Dingen, die in unserem Leben geschehen. Dabei greifen unsere Träume oft weit in die Vergangenheit, bis hin zu längst vergessenen Personen und Orten zurück. Im Prinzip kann jede Erfahrung, die wir einmal gemacht haben, in unseren Träumen wieder auftauchen. Unser schlafender Geist durchforstet die Datenbanken unserer Erinnerung nach alten emotionalen Informationen, die auch für die Gegenwart von Bedeutung sind. Und was wir dort finden, kann uns helfen, mit den Problemen fertig zu werden, denen wir uns heute gegenübersehen, oder unsere diesbezüglichen Bemühungen sabotieren. Eine kleine Kränkung von heute kann zum Beispiel der Anlaß sein, daß eine tiefe Verletzung aus der Vergangenheit wiederum hervorgeholt und uns vor Augen gehalten wird.

Wir kombinieren im Traum das Alte und das Neue in Erzählungen, die zeigen, wie wir darüber denken, was wir fühlen. Dabei entblößen wir unsere innersten Neigungen, Wahrnehmungen und Motivationen. Und wir offenbaren zugleich unseren typischen Bewältigungsstil. Fliehen wir in der Regel vor Gefahren, oder stellen wir uns ihnen? Suchen wir Nähe, oder meiden wir sie? Wenn unsere

Träume Erinnerungen an Erfahrungen zurückholen, die unserem Selbstwertgefühl förderlich waren, empfinden wir diese Träume als wohltuend. Denn sie sagen uns, daß wir auch zuvor bereits Widrigkeiten überstanden haben und das damit auch neuerlich schaffen können. Wenn wir in früheren Jahren demgegenüber nur wenige oder überhaupt keine befriedigenden Erfahrungen gemacht haben und wir uns sogar hilflos und verzweifelt fühlten, so wird dieser trübselige Zustand in unseren Träumen sowohl reflektiert als auch verstärkt. Diese Träume suggerieren uns dann, daß eine harte Zeit vor uns liegt, bis wir die gegenwärtigen Hindernisse überwunden haben.

Ein persönliches Beispiel

Wie dieser Traumprozeß funktioniert, möchte ich anhand eines persönlichen Beispiels zeigen. Ich hatte einmal folgenden Traum:

Ein junger Kollege, Michael Young, überquerte auf Rollschuhen eine vielbefahrene Straße. Auf der anderen Straßenseite stand ein junges, etwa fünf Jahre altes Mädchen. Es sagte zu ihm, er könne die Rollschuhe jetzt ausziehen, er könne jetzt so dorthin kommen, wo er hinwollte, zum Hauptbahnhof.

»Warum Michael Young?« fragte ich mich. »Was hat er in meinen Träumen zu suchen? Ich habe kaum etwas mit ihm zu tun, und er ist mir im Grunde ziemlich gleichgültig. Wer ist er für mich, daß ich von ihm träume? Und was, verdammt, hat er, ein so gediegener Mann, auf Rollschuhen zu suchen?«

Ich fing an, über diesen Traum nachzudenken und nach den Merkmalen zu suchen, die nach meiner Erfahrung die Bausteine von Träumen sind, nach jenen Charakteristika, die ich als die »Traumdimensionen« bezeichne. Sie reflektieren die wichtigsten Attribute, die wir den in unseren Träumen auftauchenden Individuen, Ereignissen und Objekten zuschreiben. In meinem Traum heißt die Hauptfigur »Young«; und Young ist ein »junger« Wissenschaftler, der kurz zuvor befördert und mit einem Preis ausgezeichnet wurde. Soweit habe ich also bereits zwei Dimensionen identifiziert, die diese Hauptfigur definieren: jung und erfolgreich. Meine Erfahrung sagt mir nun, daß ich jeweils auch das Gegenteil dieser Dimensionen zu berücksichtigen habe, da die Umkehrung ebenfalls wichtig sein kann, um einen Traum zu verstehen – und das wäre in dem Fall: alt und erfolglos.

Als nächstes kommt der Punkt, was dieser junge erfolgreiche

Mensch in meinem Traum macht: Er überquert auf Rollschuhen eine Straße, um in New York zu einem bestimmten Ort zu kommen. Wenn ich als erstes dieses »Überqueren« nehme, so fällt mir ein, daß ich ihn in Wirklichkeit als jemanden sehe, der ständig zwischen zwei Fachbereichen »hin und her springt«, zwischen meiner Abteilung und der Psychiatrie. Der Ort der Handlung ist New York: Hier lebt meine jüngere Tochter. Eine andere Figur im Traum ist ein junges Mädchen. Seine Rolle im Traum besteht darin, einer älteren erfolgreichen Person zu sagen, daß sie ihr Ziel jetzt sicher erreicht. Mit dem Mädchen kommt eine dritte Dimension im Traum ins Spiel: das Gegenüber von männlich / weiblich.

An diesem Punkt wird mir bewußt, daß der Traum durch ein Ereignis am Vortag ausgelöst wurde. Beim Einparken auf meinem Parkplatz sah ich ein kleines Mädchen, das dort mit einem Skateboard spielte und es noch nicht ganz beherrschte. Ich hatte Angst um das Mädchen: Es war riskant, dort zu spielen; wie leicht konnte sie von einem Auto überfahren werden. In meinem Traum machte ich aus dem Skateboard Rollschuhe, die benutzt wurden, um schnell und sicher eine vielbefahrene Straße zu überqueren.

Dazu ist zu sagen, daß meine ältere Tochter Christine, eine junge Wissenschaftlerin, vor einigen Jahren beim Überqueren einer Straße von einem Auto überfahren und getötet wurde. Ihr »Hin- und Herspringen« war nicht erfolgreich gewesen. Sie kam ums Leben, ehe Auszeichnungen und Beförderungen ein Teil ihres Lebens werden konnten. Und mit diesem Gedanken kommt eine weitere Dimension hinzu: Gefahr / Sicherheit.

Meine Angst um ein junges Mädchen, das mit seinem Skateboard der Gefahr, von einem Auto überfahren zu werden, ausgesetzt war, diese Angst und meine im Wachzustand erlebten Eindrücke waren die Auslöser für meinen Traum von einem jungen Wissenschaftler, der sich erfolgreich seinen Weg durch eine Situation bahnte, die meiner Tochter zum tödlichen Verhängnis geworden war.

Träume werden gemeinhin als Wunscherfüllung betrachtet – das heißt, daß wir uns in und mit unseren Träumen insgeheime Wünsche erfüllen. Nun könnte man sagen, daß der Zweck meines Traums die Erfüllung des Wunsches war, Christine hätte es schaffen sollen, die Straße schneller zu überqueren, um dem Auto zu entkommen, das sie tötete. Was aber bleibt, ist die Frage, warum ich dann nicht direkt von ihr träume. Die Antwort ist, daß die Gefühle, die mit dem Verlust verbunden sind, noch immer so stark sind, daß zahllose

Dinge im Alltag in mir Erinnerungen und Bilder von ihr wecken. Und die so geweckten Gefühle führen zu Träumen, in denen ich von der Sicherheit meines jüngeren Kindes träume.

Und jetzt konnte ich leichter verstehen, warum Michael Young in meinem Traum aufgetaucht war. Wobei ich glaube, daß die Tatsache, daß ich ihn wählte, auch noch etwas mit einem anderen Punkt zu tun hatte. Er wohnt ganz in meiner Nähe, und gelegentlich, wenn ich ihn an der Bushaltestelle sehe, nehme ich ihn in meinem Wagen zum Krankenhaus mit, wo wir beide arbeiten. Damit »rette« ich ihn vor den Schwierigkeiten der Busfahrt. So daß ich ihn wohl mit meinem Wunsch verbinde, meine Tochter zu »retten«. Und daraus ergibt sich wiederum eine neue Traumdimension: nah/fern. Ein Mann, der in meiner Nähe lebt, wird gerettet, aber meine entfernt lebende Tochter nicht. Wenn Sie nach dem Sinn eines Traumes suchen, ist es wichtig, daß Sie auch immer nach dem Gegenteil der Dimensionen suchen, die in den Traumbildern aufgezeigt werden.

Mein Traum ist im übrigen ein gutes Beispiel, wie irreführend es sein kann, die Identität von Personen in einem Traum als bare Münze zu nehmen. Mein Traum hat eindeutig einen Bezug zu einer im Wachzustand bewußt erlebten Erfahrung: das kleine Mädchen auf dem Parkplatz. Und die Vorstellung, dieses Mädchen könnte von einem Auto überfahren werden, rührte die immer noch vorhandenen Gefühle zu dem tragischen Tod meiner älteren Tochter und meine Trauer über meine Unfähigkeit auf, sie zu retten. Mein Traum war der Versuch, mich mit meinen latenten Ängsten hinsichtlich der mir noch verbliebenen jüngeren und weit weg lebenden Tochter auseinanderzusetzen, indem ich einen anderen jungen erfolgreichen und berufstätigen Menschen nahm, der sicher seinen Weg ging.

Um einen Traum voll verstehen zu können, müssen wir wissen, welche Aspekte unseres Lebens starke Gefühle in uns wecken, welcher Natur diese Gefühle sind, wie intensiv sie sind und inwieweit sie unser Identitätsgefühl unterstützen oder bedrohen. Ein wichtiger Teil meiner Identität ist der der Mutter. Der Tod meiner Tochter hat starke, negative Gefühle hinterlassen, eine Wunde, die noch nicht verheilt ist. Sie hat die Sicherheit eines Teils meines Selbst zerstört.

Ein weiterer Teil meiner Identität ist meine Arbeit. Dazu gehört, daß ich stolz auf meinen Einfallsreichtum bin, mit dem ich anderen helfe. Auch dieser Aspekt meiner Selbst-Geschichte ist nachts aktiv. Ich entwerfe Wege und Möglichkeiten, um andere zu beschützen. Ich träume nicht, daß meine Tochter in Schwierigkeiten ist. Ich projiziere im Traum die Gefahr auf eine Person des anderen Geschlechts, einen fähigen jungen Mann, und lasse ihn sicher seinen Weg gehen. Die Dimension der »Gefahr / Sicherheit« wird dabei von der positiven Seite gezeigt. In diesem Traum werden Teile meines Erinnerungssystems aktiviert, eine Geschichte zu erzählen, die für mich persönlich wichtig ist. Sie beruhigt mich, indem sie mir versichert, daß ich meiner Tochter geholfen hätte, wenn es mir möglich gewesen wäre.

Wenn wir uns in einer Krise befinden, sind Träume allerdings selten so beruhigend. Im Gegenteil. Sie zeigen sich nicht selten als festgefahren, wiederholen immer wieder die gleiche Leier und kommen nicht von der Stelle, sie hängen fest, genau wie die Nadel in der Rille einer zerkratzten Schallplatte. In dem Fall müssen wir Wege finden, die Nadel kurz anzuheben, damit die Platte weiter abspielen kann. Wie das gemacht werden kann und wie Sie mit Ihren Träumen arbeiten können, um sie zu verstehen, werden Sie in diesem Buch erfahren.

Was Träume bedeuten

Aus Untersuchungen im Schlaflabor ist bekannt, daß Träumen ein normaler Bestandteil der nächtlichen Arbeit unseres Geistes ist. Gegenstand von Forschungen und manchen Kontroversen ist allerdings immer noch die Frage, wie unser Geist drei oder vier Träume pro Nacht erzeugt. Allan Hobson und Robert McCarley von der Harvard University haben untersucht, wie die Gehirnzellen im Wachzustand und in den zwei verschiedenen Schlafphasen, der REM-Phase (*R*apid *E*ye *M*ovement) und der Non-REM-Phase bzw. NREM-Phase, ein- und abgeschaltet werden.[5] Hobson und McCarley zufolge werden unsere Traumbilder im REM-Schlaf durch die Aktivierung von Nervenzellen im Hirnstamm hervorgerufen, der eine Verlängerung des Rückenmarks zum Gehirn darstellt. Diese Bilder, sagen die Wissenschaftler, sind als solche bedeutungslos, genau wie die Bilder beim Rorschach-Test der Klecksdeutung. Entscheidend ist die Bedeutung, die wir ihnen beimessen. Und wie wir sie erfahren, ob als wilde Tiere oder fürsorgliche Freunde, als blutige Massaker oder als herrliche Sonnenuntergänge, hängt davon ab, was wir ausdrücken müssen.

Wir messen unseren Traumbildern, wie Hobson und McCarley sagen, jeweils die Bedeutung zu, daß sie das zum Ausdruck bringen, was wir uns erzählen müssen. Unsere Träume reflektieren somit die Bemühungen der höheren Hirnregionen, des denkenden Hirns, den vom Hirnstamm erzeugten Signalen – wie den PGO-Wellen, den »visuellen« Reizen – einen Sinn beizumessen. Diese Signale werden laut Hobson und McCarley willkürlich erzeugt, als Informationsquelle genutzt und vom Gehirn-Geist-Gespann zu einem möglichst kohärenten Traumerlebnis zusammengesetzt. Unser Gehirn tut dabei sein Bestes, egal, was ihm begegnet. Und die chaotische Natur des PGO-Systems erklärt, wie die Autoren meinen, warum unsere Traumgeschichten oft so inkohärent und bizarr sind. (PGO = die Signale werden in der Brücke, der Pons [P] von Neuronen erzeugt, welche die Augenbewegungen auslösen, und dann entweder direkt oder über den seitlichen Kniehöcker, das Corpus geniculatum lateralis, [G] zum occipitalen Cortex [O] weitergeleitet.)

Wir können in unseren Träumen gehen, laufen oder klettern. Wir können fliegen, uns im Kreis drehen oder mit einem Satz über riesige Gebäude springen. Jede dieser vorgestellten Bewegungen entspricht einer tatsächlichen Botschaft des Gehirns an die Muskeln, schreibt Hobson in *The Dreaming Brain*. Obwohl wir während des Träumens motorisch gelähmt sind, und sei es, um zu verhindern, daß wir aus unseren Träumen heraus aktiv werden, wird der Ablauf der Ereignisse im Traum dennoch, wie Hobson sagt, durch das motorische Befehlssystem bestimmt. Und erst im nachhinein finden wir einen Weg, um die Erfahrung zu erklären, wenn wir zum Beispiel sagen: »Und dann bin ich die Treppe hinuntergefallen.«[6]

Wenn wir im Schlaflabor die Träume von Personen der Reihe nach untersuchen, so wie sie auftreten, stellen wir fest, daß die Bilder eine wesentlich größere Bedeutung für das Leben des Träumers haben, als Hobson und McCarley ihnen zuschrieben. Diese Träume hängen eng mit den Dingen zusammen, die der Träumer emotional verarbeitet, und ihre Botschaft ist leicht zu entziffern. Laura sah, wie Jim, der ein Transvestit war, die eine Hälfte des Sockenpaares wegwarf, die mit dem Loch, so wie er sie als seine sexuelle Partnerin weggeworfen hatte. Aus Lauras Sicht warf Jim sie nur weg, »weil sie eine Frau war«. In diesem Traum sagt sie alles: Sie weiß, daß sie weggeworfen wurde und daß ihre Ehe vorbei ist. Das von Laura verwendete Bild mag Zufall sein, aber selbst wenn, paßt es haarscharf.

Des weiteren haben wir festgestellt, daß sich die gleichen Bilder in den Träumen vom Beginn bis zum Ende einer Nacht oft wiederholen. Wenn es willkürliche Signale wären, die unsere Träume erzeugen, wie Hobson und McCarley meinen, wie wäre dann eine derartige Konsistenz zu erklären? Außerdem tritt ein Teil des Träumens auch außerhalb des REM-Schlafes auf. Eine Tatsache, die es schwermacht, das Träumen mit der Aktivierung von Nervenzellen zu verknüpfen, die nur innerhalb des REM-Schlafes stattfindet. Und bekannt ist nicht zuletzt auch, daß so mancher den gleichen Traum sogar zu verschiedenen Zeiten in seinem Leben träumt. Gängige Beispiele sind:

Ich stehe vor einem Examen, auf das ich nicht vorbereitet bin.
Jemand bricht in mein Haus ein.
Ich bin in einer dunklen Höhle gefangen und kann nicht entkommen.

Wie wäre das zu erklären, wenn die Bilder willkürlich auftauchen?

Einige zeitgenössische Theoretiker gehen sogar noch weiter und sagen, Träume setzen sich aus Tageserfahrungen zusammen, die es nicht wert sind, sie zu speichern. »Wir träumen, um zu vergessen«, schreiben Francis Crick und Graeme Mitchison. »Und der Versuch, sich an seine Träume zu erinnern, sollte vielleicht nicht unterstützt werden«, sagen sie, »weil diese Art der Erinnerungen möglicherweise zur Aufrechterhaltung von Gedankenmustern beiträgt, die besser vergessen würden.«[7]

Crick, der für seine Beiträge zum Nachweis der spiralförmigen Struktur der DNA mit dem Nobelpreis ausgezeichnet wurde, und Mitchison, ein britischer Mathematiker, sagen zur Frage, warum wir soviel träumen, uns aber sowenig an das erinnern, was wir träumen, daß der Geist mit einem Computer mit einer begrenzten Speicherkapazität zu vergleichen sei. Das heißt, daß wir nicht alles speichern können und einen Weg finden müssen, wie wir regelmäßig die in unserem Alltagsleben zufällig gesammelten Daten oder unbrauchbaren Daten loswerden können. Und so werden im nächtlichen Traumvorgang denn Informationen durch das Gedächtnissystem geschickt, nicht um zu irgendwelchen Erkenntnissen zu gelangen, sondern um all das aus dem Gehirn zu eliminieren, an das wir uns nicht zu erinnern brauchen. Das Träumen verhindert, daß der Computer überlastet wird. Sagen Crick und Mitchison. Und: Wenn man sich an einen Traum erinnert, so ist das ein Zeichen, daß das Gehirn seine nächtlichen Hausaufgaben nicht zufriedenstellend erledigt hat. Ihre Theorie ist reine Spekulation und basiert nicht auf wissenschaftlichen Untersuchungen. Und sie vernachlässigt außerdem eine wichtige Frage: Wenn das Gehirn sich selbst von unnützen Daten freimacht, was entscheidet dann, was es behält?

Meine Erfahrungen im Labor mit Hunderten von Träumern veranlassen mich, diese These in Frage zu stellen. Nach meiner Überzeugung sind Träume nicht dazu da, Erfahrungen auszulöschen, sondern, im Gegenteil, sie gezielt in den Vordergrund zu stellen und so dazu beizutragen, daß wir unser inneres emotionales Bild von uns selbst vor Augen haben und es jeweils auf den letzten Stand bringen können. Um bei der Computer-Analogie zu bleiben: Wir verarbeiten dieses Material rechnerunabhängig, off-line, während des Schlafes, wenn wir es uns leisten können, uns einmal nicht mehr um die drängenden Realitäten des Alltags zu kümmern, wie Brot auf den Tisch zu bringen und Lastwagen aus dem Weg zu gehen.

Im Wachleben empfängt, ordnet, speichert und sondiert unser Gehirn Informationen auf vielen Ebenen gleichzeitig: den Namen der Person, mit der wir sprechen, den Klang ihrer Stimme und wie sie die Lippen schürzt. Wir behalten, wie Ereignisse ablaufen, wie die Szene aussieht, die Emotionen, die wir in dieser Situation empfinden, die viszeralen Empfindungen, die wir haben, wie Frösteln oder schwitzende Handflächen. Wissenschaftler, die sich mit der Erforschung des Gedächtnisses beschäftigen, sprechen bei dieser geistigen Registrierung von einer »Parallelverarbeitung«.

Wir speichern die einzelnen Teile unserer Erinnerungen in den vielen verschiedenen Teilbereichen unseres Gedächtnisses, und zwar jeweils dort, wo bereits älteres Material aus gleichen oder ähnlichen Zusammenhängen residiert. Und zwischen diesen einzelnen Teilbereichen und den verschiedensten Netzwerken unseres Gedächtnissystems gibt es zahlreiche Verbindungspfade.

Unsere Träume zeigen unsere Bemühungen, das, was uns heute beschäftigt, in das Material zu integrieren, das in den Speichern des Gedächtnisses bereits vorhanden ist. Typisch für emotional heiße Themen ist, daß sie im ersten Traum der Nacht ein Erinnerungsnetzwerk aktivieren und dieses auf spätere, weitere Stimulationen vorbereiten. So daß der zweite Traum dann möglicherweise die Freisetzung älterer Bilder, Gefühle und Empfindungen aus abgeschiedeneren Teilen desselben Erinnerungsnetzwerkes auslöst. Und dieser Prozeß geht weiter, solange der Schlaf anhält. Weil wir alte Bilder aus der Erinnerung mit jüngeren mischen, sehen wir in einer Nacht oft Konglomerate, die die gleichen oder eng verwandte Bilder inkorporieren.

Die emotionalen Verbindungen zwischen Gegenwart und Vergangenheit sind uns vielleicht nicht bewußt, so daß uns anfänglich vielleicht sogar die Worte fehlen, um sie zu beschreiben. Diese Verbindungen können jedoch klarer werden, wenn wir uns auf die geweckten Gefühle und Bilder konzentrieren. Natürlich hat jeder einzelne Traum für sich eine Bedeutung. Gleichwohl gilt, daß die Träume einer Nacht, wenn man sie untersucht, ein zusammenhängendes Ganzes bilden.

Über die Träume, die Harold in einer Nacht hatte, gewinnen Sie vielleicht einen Eindruck, wie der Geist in der Nachtschicht seine Arbeit erledigt. Harold war einer der Teilnehmer an meiner Studie über Träume während der Scheidung. Er war fünfundvierzig, ein ausgesprochen sorgloser, draufgängerischer Typ. In den Augen seiner Frau war er verantwortungslos. Er war seit acht Jahren verheiratet und Vater zweier Kinder, wollte aber immer noch die Freiheit haben, zu kommen und zu gehen, wann er Lust hatte. Seine Frau wollte, daß er seine familiären Verpflichtungen akzeptierte. Als der Konflikt sich zuspitzte, fing er an, sie körperlich zu mißhandeln. Sie bekam Angst, nahm die Kinder und kehrte nach Hause zu ihrer Mutter zurück.

Harold hatte nach zwei Jahren das College abgebrochen und dann wechselweise als Automechaniker, Lkw-Fahrer, Fotograf und Verkäufer gearbeitet. Als er sich zu unserer Studie meldete, war er arbeitslos, gebrochen und hatte jede Menge Sorgen. Neben allem anderen hatte er noch einen derben Schlag wegzustecken: Weil er seinen gerichtlich angeordneten Unterhaltszahlungen für die Kinder nicht nachgekommen war, hatte man ihn zu einer Gefängnisstrafe verurteilt. Und die hatte er gerade hinter sich.

Er vermißte seine Kinder sehr und hatte Angst, infolge seiner Arbeitslosigkeit seinen Zahlungsverpflichtungen nicht nachkommen zu können und damit jedes Anrecht auf die Kinder zu verlieren. Harolds Eltern waren geschieden worden, als er noch relativ klein war. Diese Erfahrung hatte Narben hinterlassen. »Ich weiß, wie es ist, wenn man keinen Vater hat«, sagte er mir. »Und ich wollte mich in die Pflicht nehmen, ein Leben lang für meine Kinder dazusein.«

Die Tatsache, daß seine Frau ausgezogen war, hatte sein Selbstvertrauen und damit sein Selbstbild erschüttert. Er war immer derjenige gewesen, der sie zurückließ, der reiste, Spaß mit seinen Freunden hatte und sich immer in der Sicherheit wiegte, jederzeit nach Hause zurückkommen zu können. Er war wütend und aufgebracht. Im Schlaflabor berichtete er von folgenden Träumen:

Traum 1

Ich träumte von zwei Münzen, die einfach auf einem roten Untergrund lagen. (Vor etwa einem Jahr habe ich bei der Arbeit an einem Prospekt einige Aufnahmen von Gedenkmünzen auf rotem Untergrund gemacht.) Eine Münze war alt und abgegriffen, und sie zeigte einen fliegenden Adler. (Dazu ist zu sagen, daß ich letztens eine alte Münze in der Hand hatte, so daß das so etwas wie eine Erinnerung war.)

Dieser Traum begann mit seinem heißesten Thema, der größten Sorge, die er gegenwärtig hatte: Geldmangel. Und sie bestimmte das Thema in dieser Nacht: Harold sah sich als abgetakelten Hochflieger, dessen Glückssträhne vorbei war, und als einen Mann, der fast alles verloren hatte.

Traum 2

Es war irgendwie lustig. Die Tochter von Freunden, die die High-School besucht, wollte mit ihren Freundinnen ausgehen. Und ich versuchte, es ihnen zu verleiden. Ich hänselte sie und sagte, sie sollten nicht gehen. (Wir kommen sehr gut miteinander aus. Ich bin so etwas wie ihr Patenonkel, halt Onkel Harold für sie.) Nun, sie wollte mit Freundinnen irgendwohin gehen. Das Ganze muß in ihrer Wohnung gewesen sein. (Sie sind gerade dabei umzuziehen. Ich werde sie am Freitag besuchen. Am Wochenende ziehen sie nach Kalifornien. Sie sind für mich wie eine Familie.) Die Wohnung hatte weiße Wände und war im übrigen mit grellen Farben ausgestattet. Mit »Miami Vice«-Farben, wenn man so will.

Hiermit brachte Harold des weiteren seine Verluste zum Ausdruck. Er konnte das Mädchen nicht davon abhalten, ihn zu verlassen. Er empfand ihr Weggehen als weiteren Bruch der familiären Bande. Die Traumdimension von Verlieren/Behalten wiederholte Harold während der ganzen Nacht.

Als wir Harold zum dritten Mal weckten, konnte er sich an seinen Traum nicht erinnern. Aber beim vierten Mal lieferte er einen sehr vielsagenden Bericht.

Traum 3

Ich war an einer Tankstelle und wollte einen Lkw betanken. Jemand schwenkte den Schlauch auf den Wagen, so daß er oben auf dem Lkw zu liegen kam. Ich sagte: »Nein, mach das nicht.« Dort war ein Lkw-Fahrer, den ich kannte. Jedenfalls war ich rangefahren, weil ich seinen Lkw gesehen hatte. Aber dann sah ich, daß ein anderer seinen Wagen fuhr. Dieser andere Mann schwenkte jetzt den Schlauch über den Lkw, um mich durchzulassen – wie bei einem Sprungseil, das zwei schlagen und wobei dann einer springt. Aber das konnte nicht gutgehen, und ich rief: »Nein, nein, nein!« Um durchzukommen, hätte er ihn entweder zur Seite oder zurückziehen müssen. So war der Schlauch wie eine Barriere. Und ich sagte: »Nein, nein, mach das nicht!« Ich wollte dann aus meinem Laster aussteigen. Er hätte den Schlauch fallenlassen sollen, so daß ich drüber gekonnt hätte.

Als Harold am nächsten Morgen seine Träume, Bild für Bild, mit mir durchging, war ihm sofort deren persönliche Bedeutung klar. Er sah den Zusammenhang zwischen den einzelnen Träumen und seinem Wachleben. »Im ersten Traum gab's nur diese zwei Münzen, nicht mehr als einen halben Dollar wert«, sagte er. »Genausoviel habe ich jetzt gerade in der Tasche. Und die Hälfte davon muß ich ausgeben, um mir eine Zeitung zu kaufen, damit ich mir einen Job suchen kann.« Das Bild mit den Münzen erinnerte ihn im übrigen an einen Job, den er als Fotograf vor einem Jahr gehabt hatte und den er gerne wieder machen würde, nicht zuletzt, um etwas Geld zu verdienen. Und der rote Hintergrund, meinte er, kann auch dafür stehen, »daß ich in den roten Zahlen stehe. Was gegenwärtig ja wirklich zutrifft. Und vielleicht ist der alte, abgegriffene fliegende Adler das Bild, das ich von mir selbst habe.«

Zum Traum mit der Tochter seiner Freunde sagte er, ihm sei klar, daß er nicht noch mehr Familie verlieren möchte. Er fühlte sich aber machtlos, dafür zu sorgen, daß er behielt, was er sich wünschte.

Als er seinen letzten Traum untersuchte, sagte er: »Ich möchte nicht wieder dahin zurückkommen, daß ich Lkw fahren muß.« Er hätte sich damit zwar das Geld verdienen können, das er brauchte, aber er wollte nicht mehr so leben. In seinem Traum wurde er damit konfrontiert, daß andere Männer Barrieren errichteten. Er konnte den Schlauch nicht in seinen Tank bekommen. Als wir über dieses Bild sprachen, lachte er laut und sagte, ihm sei absolut klar, was dieses Bild bedeute. Er war von seiner sexuellen Verbindung abgeschnitten. Er sah, wie andere Männer herumsprangen, mit dem Schlauch spielten und vielleicht ihre sexuellen Spielchen trieben. »Nein, mach das nicht!« sagte er zu einem. Aber ihm fehlte die Potenz, die Macht, diese andere Person zu kontrollieren. Mit diesem Traum kam die Dimension der Selbstwirksamkeit/Durchkreuzen der eigenen Pläne ins Spiel.

Harold befand sich in einer Übergangsphase. In der Übergangsphase vom Macho eines »Miami Vice«-Typen, der flott überall herumspielte, aber seine Frau kontrollierte und dabei sogar so weit ging, sie zu schlagen, zu jemandem, der jetzt erkannt hatte, daß diese Identität nicht mehr funktionierte. Die Bilder in Harolds Träumen drehten sich immer wieder um ein einziges Thema, das da lautete: »Wie kann ich mehr von all den Dingen bekommen, die ich brauche?« Mehr Geld, stärkere Bindungen zu den Kindern und der Familie, mehr Macht. In seinem ersten Traum hatte er mit seinem gegenwärtigen Problem begonnen, Geldmangel angesichts der Unterhaltszahlungen für seine Kinder. Und er hatte dann im Laufe der Nacht seine Vergangenheit Revue passieren lassen, um zu sehen, wie er dorthin gekommen war, wo er heute stand. Er sah sich als jemanden, der verlor und nichts behielt, als jemanden, dessen Pläne durchkreuzt wurden und der sich nicht wirksam behauptete. Er hatte dabei noch nicht die Phase erreicht, in der er sein Selbstbild revidierte oder neue Wege und Möglichkeiten ausprobierte, sich selbst mit mehr Selbstwertgefühl zu sehen.

Vom ersten bis zum letzten Traum war kein Fortschritt erkennbar, wonach Harold bereits dabeigewesen wäre, die Dinge zu verarbeiten. Seine Träume schärften jedoch das Bild, das er von den ärgsten Problemen in seinem Wachleben hatte. Und er hatte kein Problem, sie zu verstehen. Wenn er sich allerdings nur an den letzten Traum der Nacht erinnert hätte, so hätte er ihn wahrscheinlich damit abgetan, daß es »nur ein Traum über LKWs« war.

Die meisten von uns können nun natürlich nicht in ein Schlaflabor gehen, um Näheres über unsere Träume zu erfahren. Aber das ist auch nicht notwendig. In diesem Buch erfahren Sie, wie Sie zu Hause Ihre Träume einfangen, untersuchen und nutzen können.

2. Wie Träume für uns arbeiten können

Träume sind dazu da, uns bei Veränderungen unserer Lebensumstände zu helfen, unsere Identität zu wahren, unser Selbstgefühl, wer wir sind. Wir brauchen ein gutes Selbstbild, um erfolgreich die Stöße des Alltagslebens auffangen zu können. Diejenigen, deren Träume sagen, daß nicht alles in Ordnung ist, sollten es nicht dabei bewenden lassen, diese Träume als unwichtig abzuschütteln. Ein schlechter Traum ist genau wie erhöhte Temperatur ein Symptom, das signalisiert, daß etwas nicht in Ordnung ist. Er ist ein Notsignal. Eine Botschaft von unserem schlafenden an unseren wachen Geist, die nicht leichtfertig ignoriert werden sollte. Träume dienen als emotionaler Thermostat, sagt der Psychiater Milton Kramer. Und seine Untersuchungen belegen, daß die geistige Verfassung, die wir in unseren Träumen haben, unsere Haltung und unser Verhalten am nächsten Tag beeinflußt. Wenn wir nach einem schlechten Traum aufwachen, sind wir entmutigter als zu dem Zeitpunkt, als wir zu Bett gingen. Und nach einem guten Traum fühlen wir uns optimistischer.[1]

Wenn wir in einer Krise stecken, kann das, was bei der nächtlichen Überprüfung unserer Tageserfahrungen herauskommt, zu schmerzlich sein, um es zu akzeptieren. Wir sehen vielleicht keinen Weg, wie wir unser inneres Bild revidieren und die Veränderungen vornehmen können, die notwendig sind. Und was wir für morgen vorhersehen, ist nichts, worauf wir uns freuen können. Es sind Zeiten, in denen sich die Traummaschine im Kreis dreht. Personen, die in einer schlimmen Situation festhängen, träumen oft davon, daß sie in irgendeiner Form gefangen sind, zum Beispiel in einem Aufzug oder im Verkehr.

Eine meiner Klientinnen träumte, sie war mit dem Wagen in der Innenstadt unterwegs, in einer Gegend, die sinnigerweise »Die Schlinge« hieß. Egal, wie sie fuhr, sie landete immer wieder in Einbahnstraßen, die sie neuerlich an den Punkt zurückbrachten, von dem sie gehofft hatte, ihn gerade hinter sich gelassen zu haben. Eine andere Frau träumte, wie sie in einem mehrstöckigen Parkhaus ständig über die verschiedenen Ebenen rauf- und runterfuhr und keinen

Platz für ihr Auto finden konnte. Und ich habe in schwierigen Zeiten in meinem Leben geträumt, daß ich in eine Sackgasse hineinfahre und keinen Platz finden kann, um zu wenden.

Die Diagnose einer schweren Krankheit, ein Unfall, ein Raubüberfall oder eine Vergewaltigung können intensive Träume nach sich ziehen, die die Bedrohung immer wieder wiederholen. Wir unterbrechen möglicherweise den Traum und wachen in kalten Schweiß gebadet mitten in der Nacht auf. Menschen, die die Schrecken eines Krieges miterlebt haben, die Schrecken des Holocaust, eines Hurrikans, einer Flutkatastrophe oder einer anderen Naturkatastrophe, können ihre Erfahrungen in qualvollen Details viele Jahre lang in ihren Träumen immer wieder durchleben. Und noch extremer sind solche Fälle, wo die durch eine Krise geweckten Gefühle sich als so überwältigend erweisen, daß die betreffende Person aus dem Bett flieht, um dem Schrecklichen zu entkommen, und schlafwandelnd irgendeinen Gewaltakt verübt. Wiederholungsträume und unterbrochene Träume stellen den Zusammenbruch eines überlasteten Traumsystems dar.

In Zeiten, in denen unsere Seelen gequält werden, ist es am dringendsten erforderlich, daß unsere Träume zum Handeln gebracht werden, daß der Punkt des einfachen Erkennens der Gefahr für unser Selbst überwunden und die Chance genutzt wird, um eine Veränderung zu entwerfen, sie auszuprobieren und daran zu arbeiten.

Vor etwa fünfzehn Jahren stand ich vor einem Wendepunkt in meinem Leben. Ich stand vor der Entscheidung, ob ich in meinem sicheren und für mich befriedigenden Job als Professorin der Psychologie an der University of Illinois bleiben oder das Angebot annehmen sollte, Leiterin des Fachbereichs Psychologie am Rush-Presbyterian-St. Luke's Medical Center zu werden und die Position zu übernehmen, die ich heute innehabe.

Es war eine dunkle und stürmische Nacht. Ich schwebte in der Luft, wurde hin und her geweht und hatte keinerlei Macht, selbst irgendwie meine Richtung bestimmen zu können. Ich hatte das Gefühl, ich mußte zusehen, daß ich irgendwie aus dem Wind herauskam. Ich blickte nach unten und sah, daß ich über einem englischen Heideland war. Dort unten war ein großer Steinturm mit bogenförmigen Öffnungen. Ich dachte, wenn ich es schaffe, mit der Luftströmung in eine dieser Bogengänge zu gelangen, dann wäre ich sicher. Ich schaffte es und sah unter mir, wie dort in diesem gotischen Turm eine Krönungszeremonie stattfand. Dort war ein Thron, und ein Erz-

bischof hielt eine Robe weit offen. Ich schwebte hinunter, in die Robe und setzte mich auf den Thron. Und an dem Punkt setzte der Erzbischof mir dann eine Krone auf den Kopf.

Ich wachte lachend auf und sagte mir: »Ich denke, ich werde den Stuhl der Leiterin akzeptieren!« Warum das Krönungsbild, um mein berufliches Dilemma auszudrücken? Nun, ich hatte meine frühe Kindheit während des Zweiten Weltkrieges in Kanada verbracht. Die zwei kleinen englischen Prinzessinnen, Elizabeth und ihre Schwester Margaret-Rose, repräsentierten Sicherheit und Stabilität in jenen schwierigen Zeiten. Über Rundfunk gab es von ihnen besonders für Kinder eine »Gute Nacht, schlaf gut«-Botschaft, die uns beruhigte, da der königliche Haushalt sich keine Sorgen machte. Wenn ein Thron dieses Gefühl der Sicherheit, Macht und Ruhe ausstrahlte, wie konnte ich ihn dann ablehnen?

Die Traumlösung für mein Dilemma, ob ich eine Veränderung meines Selbstbildes akzeptieren wollte, war direkt und unzweideutig. Sie ging darüber hinaus nicht auf all die Probleme ein, mit denen dann derjenige konfrontiert ist, der Macht ausübt. Für mich war der Traum jedoch ein positiver Traum, und er trug dazu bei, daß ich die neue Stelle optimistisch sah.

Seit den frühesten Zeiten der Geschichte berichten Menschen von derartigen Problemlösungsträumen. Sie sind Teil unseres allgemeinen kulturellen Erbes. Bei den alten Griechen pilgerte man zu den Tempeln des Äskulap, dem Gott der Heilkunde, wo man betete, Opfer darbrachte und sich Unterweisungen unterzog. Als Vorbereitung auf den nächtlichen Schlaf in einem heiligen Schlafsaal, wo die Pilger hofften, der Gott werde ihnen im Traum erscheinen, um sie zu heilen oder ihnen einen hilfreichen Rat zu geben, nahmen sie einen Trank zu sich, der aus Pflanzen mit halluzinogenen Eigenschaften gebraut war. In den Tempeln der alten Ägypter suchten die Menschen bei Priestern, Traumdeutern Rat, die als »Meister der geheimen Dinge« bekannt waren.[2] Sie unterwiesen sie in besonderen »Inkubationsmethoden«, wie sie Hilfe in heilenden Träumen finden konnten, ehe sie sie in einen gesonderten Schlafraum schickten. Das Alte Testament zeugt an vielen Stellen von dem weitverbreiteten Glauben an die Bedeutung von Träumen: Es enthält Berichte von über siebzig Träumen und Visionen.

Von dieser alten Sicht, wonach Träume als Botschaften eines Gottes begriffen werden, bis zur modernen, von Sigmund Freud begründeten Sicht, wonach Träume Botschaften aus dem Innern des Selbst darstellen, ist das grundlegende Konzept das gleiche geblieben, und das besagt: Träume haben uns etwas Wichtiges zu sagen über unsere Gefühle, über unser Innenleben, darüber, wie wir uns selbst sehen.

Wir alle, auch diejenigen, die behaupten, sie träumen nie, haben drei, vier, manchmal sogar fünf Träume in der Nacht. Im Schlaflabor können wir jeden einzelnen Traum identifizieren und am Monitor durch Überwachung der Gehirnwellen und Augenbewegungen des Schlafenden erkennen, wann ein Traum beginnt und wie lange er dauert. Die Nadeln unserer Aufzeichnungsgeräte zeigen, wenn die Gehirnwellen vom ruhigen Schlaf zum aktiven Schlaf (der den Gehirnwellenmustern im Wachzustand ähnelt) und der Abfolge rascher Augenbewegungen und der Muskelentspannung wechselt. Zusammen signalisieren diese Dinge, daß der »Traum im Gange ist«. Personen, die während des REM-Schlafes geweckt werden, können ihre Träume berichten, die dann noch »frisch« sind.

Unser Ziel im Labor ist es, an alle Träume einer Nacht in einer möglichst reinen Form heranzukommen. Und da die meisten pro Nacht mehrere Träume haben, können wir auch sehen, wie der Plot der nächtlichen Geschichte sich vom Anfang bis zum Ende entwikkelt. Dabei haben wir festgestellt, daß Personen, die uns ihre Träume in der Nacht erzählen, sich auch am nächsten Morgen leicht an sie erinnern. Und wenn sie sich in ihrer natürlichen Reihenfolge daran erinnern, wird ihre Bedeutung in der Regel umgehend klar. In ihrer Abfolge erzählen Träume eine zusammenhängende Geschichte, genau wie bei Harold, dem wir im ersten Kapitel begegneten.

In der letzten Hälfte meiner fast dreißigjährigen Arbeit in der Schlafforschung habe ich mich vor allem auf die Krise der Scheidung konzentriert, und zwar nicht nur, um zu untersuchen, wie Menschen mit dieser in unserer Gesellschaft üblichen Erfahrung fertig werden, sondern auch, weil der Punkt der Scheidung ein ausgezeichnetes Modell ist, das beispielhaft zeigt, wie Menschen sich vielen anderen Lebenskrisen anpassen. Die Scheidung hat vieles gemeinsam mit anderen Dingen, die eine Bedrohung für unser Selbstbild darstellen. Wie bei der Trauer nach dem Tod des Ehepartners oder der -partnerin gehört auch zur Scheidung die Trauer über den Verlust der Liebe und Verbundenheit. Und genau wie der Verlust eines Arbeitsplatzes oder eines Hauses durch eine Sturmflut oder ein Feuer kann sie auch den Verlust der sozialen, ökonomischen und physischen Sicherheit nach sich ziehen.

Eine Scheidung bedingt oft Scham- und Schuldgefühle, genau wie sie von Opfern von Vergewaltigungen, Entführungen oder anderen Verbrechen empfunden werden. Sie kann wie alle die Erfahrungen wiederkehrende eindringliche und aufrüttelnde Gedanken und angsterfüllte Träume nach sich ziehen, die sich um die entsprechenden Ereignisse drehen – ähnlich wie die Vietnam-Veteranen und Überlebenden des Holocaust die Schrecken des Krieges mitunter zeit ihres Lebens immer wieder erfahren.

Viele, die eine Scheidung durchzustehen haben, empfinden die Tatsache, daß ihre Ehe in die Brüche ging, als eine persönliche Niederlage. Sie unterscheiden nicht zwischen »die Ehe ist gescheitert« und »ich bin gescheitert«. Ihr Identitätsgefühl und ihr Selbstwertgefühl werden massiv verletzt. Was oft Depressionen nach sich zieht. Da das emotionale und körperliche Wohlbefinden so eng miteinander verknüpft sind, kann der Streß einer Scheidung und anderer Krisen sowohl ihre körperliche als auch psychische Gesundheit untergraben. Viele können nicht mehr schlafen; andere haben keine Energie mehr. Manche können kaum noch etwas essen; andere essen ununterbrochen. Und so mancher entwickelt Schmerzen im Brustkorb, Magengeschwüre, Kopfschmerzen oder Hautausschläge.

Wir haben die Träume von Hunderten von Personen untersucht, die die gleiche schwerwiegende Erfahrung durchzustehen hatten. Diese Untersuchung zeigt, wie Träume in streßintensiven Zeiten und angesichts von gravierenden Lebensveränderungen funktionieren. Durch die Untersuchung dieser Träume können Forscher die Unterschiede erkennen zwischen denjenigen, die gut mit der Situation fertig werden, mit ihrem Leben weitermachen, und denjenigen, die festhängen, in ihrer Verzweiflung festgefahren sind. Und die Ergebnisse dieser Untersuchungen lassen den Schluß zu, daß die Frage, wie Menschen träumen, entscheidend dafür sein kann, wie schnell und wie gut sie ihr lädiertes Selbstbild reparieren und sich den veränderten Lebensumständen anpassen können.

Wenn die Traumarbeit zusammenbricht

Julie war 32, sie wirkte zerbrechlich, zögerlich in ihrem Verhalten und wehmütig. Von ihrem Aussehen und Verhalten ähnelte sie mehr einem Teenager. Als sie mich das erstemal aufsuchte, stand sie am Rand eines Zusammenbruchs. Im Laufe ihrer unglücklichen Ehe mit einem wesentlich älteren Mann hatte sie ein gravierendes gesundheitliches Problem entwickelt. Sie litt an einer Eßstörung, Anorexia nervosa, sprich Magersucht. Wie Julie erklärte, hatte sie ihre Ehe bis obenhin »satt« und »konnte nichts mehr schlucken«. Sie aß sehr wenig und hatte gefährlich viel abgenommen.

Ihr Mann hatte sie nicht nur körperlich, sondern auch verbal mißhandelt, insbesondere wenn er getrunken hatte. Nach einem besonders brutalen Vorfall hatte sie ihre Sachen gepackt, war weggelaufen und hatte ihn, ihre Arbeit und ihr Haus in Pennsylvania zurückgelassen. Sie kam nach Chicago, um hier neu anzufangen. Sie war erschreckend dünn, schüchtern und niedergeschlagen, sie zeigte aber dennoch Mumm und wollte versuchen, ihr Leben neu in die Hand zu nehmen. Die Träume, die Julie in einer Nacht in unserem Schlaflabor hatte, lieferten scharfe, gezielte Schnappschüsse von ihrem inneren Chaos, dem sie sich im Wachzustand nur schwer stellen konnte. Sie hatte folgende Träume:

Traum 1

Einige Leute, mit denen ich zusammen war, versuchten jemanden zu überreden, sich auf ein Rendezvous einzulassen. Eine Gruppe von uns versuchte, dieses Mädchen und diesen Burschen zusammenzubringen. Ich beobachtete das Ganze vom äußeren Rand her. »Sie ist frei am Abend«, sagte jemand, »warum gehst du nicht mit ihr in den Zoo?« Er stotterte und sagte: »Gut, okay, werd ich wohl.«

Traum 2

Ich stand als Anhalterin an dem Highway und schaute in die Autos, als suchte ich nach Erinnerungen oder irgend etwas in der Richtung. Ich stoppte dann diesen Wagen. Am Steuer saß ein Chef, den ich vor sechs Jahren gehabt hatte. Ich schaute von außen in den Wagen hinein und dachte, wie sehr ich diesen Job geliebt hatte und daß er wirklich ein sehr netter Mann war. Er sah mich an und lächelte. »Wenn Sie einen Mann finden«, sagte er, »wird er der Richtige sein. Es wird Liebe sein.« Ich hatte das Gefühl, ich würde gleich anfangen zu weinen und müßte von dem Wagen weglaufen. Ich fühlte mich sehr traurig, als ob er tot wäre. Wir konnten nicht miteinander sprechen und uns dann auch nicht mehr hören. Das war's, was mir das Gefühl gab, er sei tot. Das letzte Mal, daß ich in Wirk-

lichkeit von ihm hörte, war an dem Tag, an dem ich heiratete. Er schickte ein Telegramm und wünschte mir »Viel Glück«. Ich war traurig, daß ich ihn enttäuscht hatte. Ich hatte das Gefühl, ich sei vor ihm gescheitert, und konnte mich nicht erklären, weil ich nicht mit ihm sprechen konnte.

In Julies erstem Traum wurde ein Mann offenkundig wider seinen Willen von Leuten gedrängt, sich mit einem Mädchen zu verabreden und mit ihm an einen für ein abendliches Rendezvous etwas seltsamen Ort zu gehen, in den Zoo. Der erste Traum errichtete die Bühne für den zweiten. Im zweiten Traum war Julie, wie in Wirklichkeit, unterwegs, aber sie ging zu Fuß am Highway entlang, wie eine »Ausreißerin«. Welche Bedeutung die Ereignisse in beiden Träumen hatten, wurde am nächsten Morgen klarer, als Julie erzählte, daß der Mann in ihrem zweiten Traum, ihr ehemaliger Chef, derjenige gewesen war, der sie ihrem Mann vorgestellt hatte.

Sie sah in ihrem Traum einen genialen älteren Mann, den sie aus einer glücklicheren Periode in ihrem Leben kannte, aus einer Zeit, ehe sie geheiratet hatte. Von außen schaute sie in den Wagen hinein. Sie träumte von ihrem alten Chef, weil sie verstehen lernen mußte, wie sie in eine schlimme Ehe mit einem Mann geraten war, von dem sie sagte, daß er sich »wie ein Affe benahm«. Sie fühlte sich beschämt und traurig, daß sie denjenigen enttäuscht hatte, der wie ein Vater zu ihr gewesen war und von ihr erwartet hatte, daß sie glücklich würde. Und so hatte sie das Gefühl, sie müßte weglaufen. Ihr zweiter Traum war somit die Fortsetzung der Geschichte, die sie im ersten Traum begonnen hatte und die nunmehr erklärte, warum sie die Zoo-Metapher verwendet hatte: »Als ich mich auf Rendezvous mit einem großen Affen einließ, hat es nicht geklappt.«

Die verschiedenen Träume einer Nacht sind oft auf diese Weise miteinander verbunden, durch ein bestimmtes Thema oder Problem, das gelöst werden muß. Jeder einzelne Traum macht mehr Sinn, wenn wir auch die vorhergehenden und nachfolgenden Träume kennen. Wie in vielen Romanen kann sich auch der Plot der Träume einer Nacht von Kapitel zu Kapitel weiterentwickeln, wobei die einzelnen Kapitel von verschiedenen Charakteren handeln oder mal zeitlich vorgreifen oder mal die Zeit zurückdrehen. Wir beschäftigen uns von Traum zu Traum mit den gleichen Fragen, nur aus unterschiedlichen Perspektiven und sogar von entgegengesetzten Standpunkten aus. Wir vergleichen die einzelnen Elemente, stellen sie einander gegenüber und ordnen sie neu. Als ich mit Julie über ihre Träume sprach, erkannte sie sehr schnell, daß das Thema, das sie in den Träumen in dieser Nacht beschäftigt hatte, auch der Grund war, warum sie mich in meiner Praxis aufgesucht hatte. »Ich schaffe es allein nicht, aber wem kann ich vertrauen, daß er mich versteht und mir hilft?« Das war das Problem, mit dem sie sich in jedem Traum auseinandersetzte, nur immer wieder in einem anderen Rahmen.

An ihren dritten Traum hatte Julie keine Erinnerung. In der vierten und letzten REM-Phase in jener Nacht hatte sie jedoch einen Traum, aus dem sie niedergeschlagen und mit Angst aufwachte. Im Mittelpunkt des Traums standen die Gefühle, die sie am meisten belasteten: Sie fühlte sich isoliert und verraten und sehnte sich nach Hilfe, die sie nicht bekam.

Traum 4

Ich träumte von einer Kollegin. Andere Kollegen und Kolleginnen hatten sich gegen sie zusammengerottet. Sie war offensichtlich krank, hatte ihren Job satt und wollte kündigen. Dann wechselte die Szene plötzlich, und sie war nur noch auf einem Video zu sehen. Sie war mit einemmal nicht mehr persönlich da, statt dessen saßen wir alle um den Fernsehapparat herum und sahen uns das Video an. Sie weinte und schwitzte und lachte und war offenbar dabei, irgendwie durchzudrehen, und das vor unser aller Augen. Ich war wütend. Ich drehte mich um und schrie einige Leute an, die hinter mir saßen. Statt zu sagen: »Sie braucht offenbar Hilfe«, hatte ich eher den Eindruck, sie würden sich an diesem Video regelrecht berauschen. Das alles spielte sich vermeintlich im Büro ab, in Wirklichkeit war es jedoch im Wohnzimmer meiner Eltern.

Als wir über diesen Traum sprachen, sagte Julie nachdenklich, ja, sie habe das Gefühl, man habe sich gegen sie zusammengerottet. Als sie krank wurde und damit kämpfte, aus ihrer mißlichen Ehe herauszukommen, hatten ihre Leistungen im Büro nachgelassen. Sie schimpfte auf ihre ehemaligen Kollegen und Kolleginnen, die ihr, wie sie sagte, jede Unterstützung versagt hatten. Sie taten nur so, als seien sie hilfsbereit, sagte Julie, in Wirklichkeit hielten sie sich aber zurück, beobachteten ihre Selbstzerstörung aus der Distanz und berauschten sich sogar an ihrem Dilemma. Im letzten Traum war Julie nicht mehr still. Sie schrie vor Entsetzen über die Unfairneß der anderen.

Das Setting dieses Traums stellte die Verbindung zwischen Julies gegenwärtigen Eheproblemen und ihrem früheren Leben im Elternhaus her, das zum einen. Zum anderen wiederholte sich in diesem Traum das Gefühl, das auch schon ihre ersten beiden Träume beherrscht hatte: Sie war aufgebracht, daß jemand sie enttäuscht hatte, auf dessen Urteil sie vertraut hatte. Die Schlüsseldimensionen ihrer Träume in dieser Nacht waren: Mißtrauen / Vertrauen, Fügsamkeit / Auflehnung, innen / außen, Scham / Stolz und Zurückhaltung / Mitmischen – wobei die Waagschale auf der negativen Seite jedesmal schwerer wog. Ihre Träume zeigten, daß sie sich von denjenigen verraten fühlte, denen sie vertraut hatte. Sie wand sich in dieser Nacht in ihrem Problem, ihr blieb die Hilfe versagt, die sie brauchte, und sie schämte sich, daß sie gescheitert war.

Julies Träume legten außerdem den Verdacht nahe, daß ihre Identität als Außenseiterin, eine verlassene Obdachlose, die unfähig war, mit älteren Männern zu kommunizieren, von den Wurzeln her weit in ihre Geschichte zurückreichte. Und daß dieses Gefühl nicht nur etwas mit ihrem ehemaligen Chef, sondern auch mit ihrem Vater zu tun hatte. Diese Verbindung war Julie nicht sofort klar. Es ist jedoch ein in der Psychotherapie selbstverständliches Axiom, daß die Vergangenheit in der Gegenwart lebendig ist. Frühere innerfamiliäre Beziehungsmuster setzen sich im späteren Leben fort. Wir finden bestimmte Personen attraktiv, aber andere unsympathisch, uns gefallen bestimmte Aktivitäten, und wir verabscheuen andere – und die hier zugrundeliegenden Muster entsprechen unseren früheren Lebenserfahrungen. Wenn es uns gelingt, die frühen Wurzeln unserer gegenwärtigen Dilemmata zu finden, können wir das Chaos, in dem wir gegenwärtig stecken, im Zweifel leichter entwirren. Und in unseren Träumen offenbaren wir oft die emotionalen Verbindungen zu ebendiesen frühen Wurzeln.

Von schlechten zu guten Träumen

Julie war die erste Person, der ich in einer traumorientierten Kurzpsychotherapie zu helfen versuchte. Sie verließ ihre Ehe, als ihr wesentlich älterer Mann sich als herrschsüchtiger, grausamer Tyrann entpuppte, der sie mißhandelte. Als sie sich zu meiner Studie über Scheidungen meldete, litt sie an einer Depression und an Magersucht. Es wäre unrealistisch gewesen, davon auszugehen, ihre Eßstörung könnte in wenigen Wochen geheilt werden. Aber ich hoffte, das diesem Problem zugrundeliegende mangelhafte Selbstbild verbessern zu können.

In unserer ersten Sitzung erklärte ich ihr das Ziel und wie wir mit ihren Träumen arbeiten würden. Wobei ein Ziel war, daß sie lernen sollte, schlechte Träume zu stoppen und sie in gute zu verändern. Wichtig war es mir auch, sie auf ihre Stärken hinzuweisen: Obwohl sie völlig fertig war, hatte sie doch die immense Kraft aufgebracht, eine schlechte Ehe zu verlassen, die lange Reise nach Chicago zu unternehmen und Hilfe für ihre Probleme zu suchen. Wie viele, die an Depressionen leiden, hörte Julie sich meine Ausführungen nur stillschweigend an. In der darauffolgenden Woche zeigte sich jedoch bereits, daß die Saat, sich in einem anderen Licht zu sehen, begonnen hatte aufzugehen.

Nachdem sie im Ansatz begriffen hatte, wie Träume funktionieren, und über die in ihren Träumen sichtbar gewordenen Probleme nachgedacht hatte, lief ihr Traumsystem auf Hochtouren. Als sie zur zweiten Sitzung kam, erzählte sie, sie sei von schlechten Träumen regelrecht gejagt worden. »Ich habe genug!« sagte sie. »Ich bin heute früh aus einem Traum aufgewacht und sagte: ›Gut, gut, es reicht jetzt. Ich will das nicht mehr!‹ Ich sagte mir: ›Ich will aus diesem Traum raus! Ich will raus aus diesem Traum!‹ Und dann war ich plötzlich raus.«

Ich fragte sie: »Haben Sie das vorher schon einmal gemacht?«

»Nicht, daß ich wüßte«, sagte sie.

»Gut«, sagte ich, »das ist der erste Schritt. Sie haben erkannt, daß Sie einen schlechten Traum haben, und Sie haben ihn gestoppt. Und wovon handelte der Traum?«

Ich war auf einem Dach, einem kurzen, sehr steilen Dach. Ich versuchte, vom Rand wegzubleiben, um nicht abzurutschen. Es schneite. Eine Frau demonstrierte, wie man Schneebälle macht. Ich mußte Paraffinwachs schmelzen, damit die Bälle zusammenhielten, und es ihr geben. Sie nahm das Wachs mit die Leiter hinunter und zeigte den Leuten, wie man Schneebälle macht. Sie ging völlig sorglos mit dem Wachs um und verschüttete es überall. »Das Zeug ist doch heiß«, sagte ich immer wieder, wenn ich es ihr überreichte. »Ich meine, es ist gefährlich.« Ich hatte panische Angst dort oben, so nahe am Rand des Daches. Ich hatte ständig das Gefühl abzurutschen. Ich hing dort oben fest. Und ich überlegte mir, der einzige Weg runterzukommen, ist, rückwärts die Leiter hinunterzuklettern. Aber ich traute mich nicht. So kroch ich in meine kleine Ecke zurück.

»Ich habe den Verdacht«, sagte ich ihr, »daß ich die Frau in dem Traum bin. Sie haben vielleicht das Gefühl, ich verlange von Ihnen, etwas Gefährliches zu tun, und gehe zu sorglos mit Dingen um, die zu heiß für Sie sind. Und Sie fragen sich vielleicht, ob Sie mir vertrauen können und ich Sie nicht in irgendeiner Form über den Rand des Abgrundes stoße oder Sie in heißes Wasser oder Wachs fallen lasse?«

»Das stimmt«, gab Julie zu. »Aber ich säße nicht hier, wenn es nicht etwas an Ihnen gäbe, dem ich vertraue.«

»Ich will versuchen, bei unserer Arbeit Ihre Ängste nie zu vergessen«, sagte ich. »Nun zu Ihrem Traum, zu dem Bild des Rutschens und Abrutschens, des Außer-Kontrolle-Seins. Ich möchte, daß Sie einen sicheren Weg finden, um herunterzukommen, einen Weg, der nicht beängstigend ist. Versuchen Sie, ein Bild zu finden, das für Sie Sicherheit signalisiert und gut für Sie wäre.«

»Wie wäre es«, sagte sie, nachdem sie eine Weile nachgedacht hatte, »wie wäre es mit einem Dach, das näher am Boden und nicht so hoch ist?«

Drei Wochen später, in unserer fünften Sitzung, berichtete Julie von einem weiteren Angsttraum, in dem sie hoch in der Luft und bar jeder Kontrolle war. Diesmal schaffte sie es jedoch, sicher herunterzukommen, und der Traum hatte ein besseres Ende. »Letzte Nacht hatte ich einen interessanten Traum«, sagte sie einleitend.

Ich war in einem Bekleidungsgeschäft und schwebte über den Leuten. Es war aufregend, jeden und all die Kleidung sehen zu können, aber gleichzeitig außer jedermanns Reichweite zu sein. Ich hing an einem Heliumballon.

Dann wurde daraus ein schlimmer Traum. Ich versuchte, jemanden zu verfolgen, der eine Jacke hatte, die ich wollte. Ich verließ das Geschäft, aber je weiter ich suchte, desto höher stieg der Ballon und desto dunkler und gefährlicher wurde die Gegend unter mir. Ich hatte jede Orientierung verloren und hatte Angst. Jetzt machte es absolut keinen Spaß mehr.

Ich merkte, wie dem Ballon die Luft ausging, und hatte Angst, ich würde runterfallen. Aber plötzlich landete ich in einem Lagerhaus, wo mein Mann Karate unterrichtete. Einer seiner Schüler, selbst ein stämmiger, brutal aussehender Typ, stand an der Seitenlinie. Ich sagte zu ihm: »Wissen Sie, mein Mann ist wirklich ein gefährlicher Mensch.« Er nickte beipflichtend und sagte: »Yeah.« Ich war wirk-

lich überrascht, daß er mir zustimmte und meinem Mann die Loyalität aufgekündigt hatte. Damit war der Traum zu Ende.

»Sie haben sich einen Verbündeten geschaffen!« sagte ich. »Jemanden, der Ihren gefährlichen Mann genauso wie Sie sieht, und dazu noch jemanden, der ihm nahesteht!«

Julie sah das genauso – und ebenso, daß ihr schlechter Traum ein gutes Ende gefunden hatte. Sie meinte, er habe ihr zunächst gezeigt, wie sehr sie es genoß, außerhalb der Reichweite anderer zu sein, bis sie dann aber gemerkt habe, daß es auch sehr einsam und gefährlich sein kann, »über allem zu sein«. Sie schaffte es jedoch, wieder sicher herunterzukommen. Und war sehr überrascht, hier jemanden zu finden, der ihren Mann genauso wie sie sah. Sie hatte in ihrem Traumbild nun zumindest angefangen, andere auf ihre Seite zu ziehen. Und damit verlagerten sich denn auch ihre Traumdimensionen zur positiven Seite: Vertrauen statt Mißtrauen, Insider statt Außenseiterin, Widerstand statt Fügsamkeit, Stolz statt Scham und Mitmischen statt Zurückhaltung.

Wir arbeiteten auch mit ihren Träumen, um ihre Einstellung zum Essen zu verändern. In ihrem ersten Eßtraum, an den sie sich erinnerte, spielte ihr Vater die Hauptrolle. Sie war im Traum etwa acht oder zehn Jahre alt und half ihrem Vater, einen Lastwagen zu beladen.

»Wenn wir fertig sind«, sagte er, »halten wir auf dem Rückweg nach Hause noch irgendwo an und essen ein Eis.« – »Gut«, sagte ich, aber in Wirklichkeit wollte ich kein Eis. Es hat zu viele Kalorien. Wie konnte ich es schaffen, um das Eis herumzukommen, ohne seine Gefühle zu verletzen? Er glaubte ja, er mache mir eine Freude und das hier sei etwas Besonderes nur zwischen uns beiden.

Ich beschloß, nur ein wenig zu essen, nicht so viel, daß ich wegen der Kalorien verrückt wurde. Ich bekam eine Portion mit drei Bällchen. Als ich das Eis nun vor mir hatte, war mein Vater irgendwo anders. Ich aß ein Bällchen und dachte: »Hier sitze ich jetzt und esse dieses Eis, um ihn glücklich zu machen, und er ist nicht einmal da. Ich esse es für nichts und wieder nichts, und jetzt muß ich sehen, wie ich diese Kalorien wieder loswerde.« Ich sah das riesige Schild mit all den verschiedenen Eissorten und merkte plötzlich, wie ich nicht etwa hungrig, sondern sexuell erregt wurde.

»Ich war so erregt«, sagte Julie, »daß ich tatsächlich einen Orgasmus hatte.«

Julies Traum deutete an, daß es einen konkreten Grund für ihre Eßstörung gab. Sie hatte irgendwie das Gefühl, daß sie mit Essen ihrem Vater einen Gefallen tat und dadurch dicker und entwickelter und nicht zuletzt durch ihn sexuell erregt wurde. Also besser nicht essen! So konnte sie die Kontrolle behalten. Kein Wunder, daß ihr Appetitverlust und ihre Eßstörung auftraten, als sie versuchte, sich von ihrem Mann zu lösen, der etwa so alt wie ihr Vater war. Nachdem sie mir diesen Traum erzählt hatte, gab ich Julie einige Hausaufgaben auf. Sie sollte versuchen, ihre Träume so zu verändern, daß sie nicht mehr in der Vergangenheit, sondern in der Gegenwart spielten, und sich dabei vor Augen halten, daß sie kein Kind mehr war, sondern ein lebenstüchtiger erwachsener Mensch, der seine eigenen Entscheidungen treffen konnte.

In der nächsten Sitzung berichtete Julie von einem weiteren Eßtraum. Diesmal war sie eine Erwachsene, die außerhalb ihres Elternhauses stand. Sie unterhielt sich mit der Freundin ihrer Schwester über deren übergewichtigen Ehemann.

Sie erzählte mir, daß er ein guter, treusorgender Mann ist und daß sie glücklich mit ihm ist. Wir waren im Haus. Meine Schwester hatte ein Glas Erdnußbutter. Ich fand, sie sah verlockend aus, steckte meinen Finger hinein, kostete und dachte: »Wow, schmeckt das gut!« Dann machte ich mir ein Brot mit Erdnußbutter und Kräckern.

Mit einem guten Mann, sagt ihr Traum, brauchte sie dem Essen nicht zu widerstehen. Sie könnte fett und glücklich sein!

Julies Traumtherapie endete nach nur sechs Sitzungen, weil sie nach Pennsylvania zurückkehren und dort wieder eine Wohnung finden mußte, bis die ganze Scheidung vorbei war. Ihr Selbstbild war noch immer sehr reparaturbedürftig, aber der Heilungsprozeß war zumindest in Gang gesetzt worden. Julie hatte gelernt, schlechte Träume zu erkennen und sie zu stoppen. Ich hoffte, die Traumarbeit würde ihr weiterhin helfen und ihr vor Augen halten, daß sie sich nicht von anderen Menschen fernhalten mußte, um sicher zu sein. Und daß sie Verbündete finden konnte, die sie in ihren Kämpfen mit ihrem Mann unterstützten. Sie hatte an Vertrauen gewonnen, daß sie Hilfe bekommen oder sich selbst helfen konnte, wenn sie in Schwierigkeiten steckte. Und sie hatte gesehen, daß Essen nicht gefährlich sein muß und sogar etwas Genüßliches sein kann.

Julie setzte ihre Traumarbeit sodann für sich alleine fort. Die Früchte ihrer Bemühungen sahen wir ein Jahr später, als sie wieder zur Kontrolluntersuchung ins Schlaflabor kam.

Ihre Scheidung war noch immer nicht ganz ausgestanden. Es hatte eine Reihe von Anhörungen der beiden Parteien gegeben, aber der Schlußstrich war noch nicht gezogen. Julie weigerte sich, irgendeine finanzielle Regelung zu unterschreiben, solange ihr Mann nicht bereit war, den Erlös aus dem Verkauf ihres Hauses mit ihr zu teilen. Das Problem war, daß er das Geld bereits zur Tilgung seiner Schulden ausgegeben hatte. Die Situation schien festgefahren, aber Julie war nicht bereit nachzugeben.

Sie hatte inzwischen einiges gelernt, wenn es darum ging, sich um sich selbst zu kümmern, und hatte im übrigen eine Umschulung zur Programmiererin begonnen. Für ihr Magersuchtproblem bekam sie Hilfe durch eine Psychotherapie. Außerdem hatte in ihren Träumen eine große Veränderung stattgefunden. Sie zeigten zwar, daß Julie sich noch immer mit Problemen herumschlug, aber sie lief jetzt nicht mehr davor weg. Lernen Sie die neue Julie kennen:

Ich war auf einer Art Rutsche außerhalb eines Gebäudes. Ich hatte meine ganzen Schulsachen bei mir, meine Bücher und Hefte und eine Tasche. Ich verlor den Halt und fiel hin. Meine ganzen Sachen rutschten über die Rutsche hinunter in ein Nichts. Ich dachte: Alles wird kaputtgehen, auch meine Brille. Ich griff instinktiv nach dem Geländer. Ich schaffte es, mich festzuhalten und so zu verhindern, daß ich abrutschte.

Ich war auch nicht ganz angezogen. Ich versuchte, mir das Hemd anzuziehen, weil alle diese Leute mir zusahen und niemand anbot, mir zu helfen. Ich knöpfte es zu und dachte, alle meine Sachen sind ruiniert.

Schließlich hatte ich mich so weit gefangen und mir damit geholfen, daß ich über die Kante in einen Raum gerutscht war, in dem reihenweise winzige blaue Kinderstühlchen standen. Das Schild sagte jedoch, daß es ein Polizeipräsidium war. Ich fand es komisch, daß es hier wie in einem Kindergarten mit all den winzigen Stühlchen aussah. Ich ging durch eine Tür, um hinauszukommen. Dort war ein Polizist. Ich mußte zu ihm hingehen, um meine Tasche und Brille zu holen, die ordentlich auf einem Tisch lagen, als hätte sie jemand gefunden und dort für mich hingelegt. Ich mußte aber zu dem Polizisten, um sie zu bekommen.

Ich hatte Angst und wollte einen Witz machen. So fragte ich, wie viele Kinder er am Tag verhafte. Er ließ sich aber nicht einmal zu einem Lächeln hinreißen. Da er nicht lachte, ging ich hinter ihm vorbei, nahm meine Sachen und machte, daß ich da rauskam.

Die Julie in diesem Traum bewies die Widerstandsfähigkeit, sich von ihrem Sturz zu erholen und sich über die Beschämung hinwegzusetzen, daß man sie in der Öffentlichkeit so unvollständig angezogen gesehen hatte. Die Bildersprache von Träumen ist ausgesprochen ökonomisch und kondensiert oft viele Bedeutungen in einem einzigen Bild. Daß sie sich unbekleidet sah, konnte dafür stehen, daß sie sich in der Therapie ausgezogen fühlte, daß sie das Gefühl hatte, sich im Schlaflabor Blößen zu geben, oder daß sie bei ihrem Scheidungsprozeß finanziell ausgezogen wurde – oder auch für alle drei Dinge. Aber trotz der Beschämung sammelte Julie alle die Dinge ein, die ihr gehörten, und ging ihrer Wege.

Der Polizist stand möglicherweise für Julies neue Therapeutin, der sie quasi die Macht eingeräumt hatte, sie für ihre jugendlichen Fehler zu bestrafen. Neu für Julie war, daß sie darüber Witze machen konnte. Ihre wichtigsten Traumdimensionen waren jetzt deutlicher auf der positiven Seite verankert. Sie hatte mehr Selbstvertrauen. Wenn sie außerhalb stand, konnte sie jetzt nach drinnen gehen, wenn sie es wollte. Wenn sie in eine peinliche Situation geriet, konnte sie wieder herauskommen. Sie beschäftigte sich nicht mehr mit der Vergangenheit und brachte in ihren Träumen auch keine Wut und Scham über ihr Ehedesaster mehr zum Ausdruck. Statt dessen arbeitete sie an ihrer Fähigkeit, mit der Gegenwart fertig zu werden. Als sie hinfiel, kam sie wieder auf die Beine. Sie ließ sich nicht von einer älteren männlichen Autoritätsfigur einschüchtern. Sie zog ihre Kleider an und spazierte an dem Polizisten vorbei und zur Tür hinaus, um mit ihrem Leben weiterzumachen.

3. Eine neue Traumtherapie

Durch meine Arbeit mit Julie und anderen, die eine Scheidung durchzustehen hatten, gelangte ich zu der Überzeugung, daß Träume einen optimalen Weg darstellen, eine Abkürzung, um jene emotionalen Stolpersteine verstehen und überwinden zu lernen, denen Menschen in Krisen begegnen. So habe ich denn den mit Julie begonnenen Behandlungsansatz weiter ausgearbeitet und eine Therapie entwickelt, die sich auf die Arbeit mit Träumen konzentriert. Das so entstandene Konzept des KrisenTräumens ist in vielen Lebenssituationen hilfreich. Es zielt darauf ab, negative, schmerzliche Träume in positive, heilsame Träume zu ändern. Dahinter steht, daß schlechte Träume, noch während sie im Gange sind, gestoppt und die Drehbücher der Träume umgeschrieben werden. So können wir dafür sorgen, daß Träume wieder ihre eigentliche Funktion erfüllen, nämlich: die in unserem Innern ablaufende Erzählung, unser Identitätsgefühl laufend auf den jeweils letzten Stand zu bringen. Das gelingt, indem wir zunächst die negativen und demoralisierenden Aspekte unserer gegenwärtigen Krise erkennen und als nächstes Bilder finden, die unsere Stärken verdeutlichen und in den Datenbanken unseres Gedächtnisses bereits gespeichert sind. Diese Bilder können wir dann aktivieren, um unsere Einstellungen im Wachleben zu verändern. Und damit können wir uns schneller und umfassender jenen emotionalen Wirbelstürmen anpassen, denen wir alle begegnen.

Die Methode des KrisenTräumens ist in guten wie in schlechten Zeiten nutzbringend: Sie zeigt, wie wir unsere Träume nicht nur nutzen können, um uns selbst besser zu verstehen, sondern auch, um erstrebte Veränderungen in unserem Wachleben voranzubringen.

Die dahinterstehende Technik können Sie allein oder auch zusammen mit einem Therapeuten anwenden. Für den Fall, daß Sie allein arbeiten möchten, sei gesagt, daß Sie durchgehend in diesem Buch Beispiele und Anleitungen finden, die Schritt für Schritt zeigen, wie die Methode funktioniert. Sofern Sie an einer Depression leiden und bei einem Therapeuten oder einer Therapeutin Hilfe suchen, kann die Arbeit mit Träumen nicht nur eine praktikable, sondern auch eine zeitsparende Alternative zu anderen psychotherapeutischen Ansätzen sein. Desgleichen ist sie eine sinnvolle Ergänzung oder – nach Rücksprache mit Ihrem Therapeuten – auch ein Ersatz für die Einnahme von Antidepressiva.

Personen mit lebensbedrohenden Krankheiten und Opfer von Vergewaltigungen, Kindesmißbrauch und anderer Verbrechen, die den Menschen in seiner Grundsubstanz erschüttern und ihn seines Selbstwertgefühls berauben, haben die Methode des KrisenTräumens zur Wiederherstellung ihres Selbstvertrauens und zur Reaktivierung ihres Wachstumspotentials genutzt. Ihre Geschichten sind das Herzstück dieses Buches.

Manche Menschen bahnen sich geschickter als andere ihren Weg durch stürmische Zeiten. Entscheidend sind offenbar vier Faktoren, die erklären, warum manche Menschen in dieser Hinsicht erfolgreicher sind: Sie haben gute Freunde, gute Gene, ein gutes Selbstbild und gute Träume.

Gute Freunde geben uns in unserer Identität ein Gefühl der Kontinuität. Freunde erwarten von uns, daß wir so handeln, wie wir immer gehandelt haben, daß wir uns »charaktergemäß« verhalten. Ihre Beständigkeit stabilisiert uns, selbst wenn wir uns innerlich wie Fremde in einem fremden Land fühlen. Julie flüchtete vor ihrem Zuhause und ihrer Arbeit und ließ die wenigen Freunde zurück, die sie hatte. Bei den meisten handelte es sich sowieso um Freunde ihres Mannes. Und auf deren Unterstützung konnte sie, wie sie glaubte, nicht zählen. So war sie in der Zeit ihrer Krise sehr allein.

Gute Gene geben uns die biologische Stärke, sehr schwierige Perioden zu überstehen, ohne krank zu werden. Ihr biologisches Erbgut können Sie natürlich nicht kontrollieren, Sie können aber sehr wohl ein Gespür dafür entwickeln, wie Ihre Familie typischerweise auf Krankheiten reagiert. Manche Krankheiten, die in Familien vorkommen, werden durch Streß verschärft, dazu gehören Kopfschmerzen, Magenbeschwerden und Depressionen. Wenn Sie die entsprechenden frühen Warnsignale wahrnehmen, können Sie möglicherweise aktiv intervenieren, um die Probleme auf ein Minimum zu begrenzen. Julie erbte von ihrer Mutter die Anfälligkeit für Depressionen. Und sie war zeit ihres Lebens zu sehr mit ihren eigenen Problemen beschäftigt, um ihrer Tochter die Unterstützung zu geben, die sie gebraucht hätte. Was dazu führte, daß Julie sie als Rollenmodell ablehnte. Und ihren Vater kannte sie nicht anders, als daß er seit jeher auf Distanz zu seiner Frau und seinen Kindern geblieben war. Julie hatte in ihrer Kindheit und Jugend immer wieder versucht, Nähe zu ihm zu finden. Vergeblich. Dieses Muster wiederholte sie in ihrer Ehe. Sie wählte ältere Männer, um bei ihnen Unterstützung zu finden. Sie wollte einen Mann wie ihren Vater heiraten, es aber besser als ihre Mutter machen. Leider wählte sie dabei den falschen Mann.

Ein gutes Selbstbild gibt uns das Selbstvertrauen, daß wir mit neuen Anforderungen fertig werden können. Wenn wir uns selbst vertrauen und wissen, wie wir Hilfe bekommen können, wenn wir sie brauchen, sind wir besser gerüstet, mit Krisen fertig zu werden, die uns begegnen. Julie sah sich jedoch als eine »Versagerin, die weggelaufen war«.

Gute Träume fehlen in den meisten Auflistungen über das »Rüstzeug« zur Krisenbewältigung. Gleichwohl müßten sie darin enthalten sein. Denn ein gutes Traumsystem ermöglicht es uns, unser Selbstgefühl in unserem Innern neu zu ordnen, um die Veränderungen vorzunehmen, die angesichts veränderter Umstände notwendig sind, und eine neue, von Selbstachtung getragene Version unseres Selbst zu schaffen. Glücklicherweise hatte Julie das Potential zu einer guten Träumerin.

Die Methode des KrisenTräumens zielt auf falsch funktionierende Träume ab und versucht, jene Träume zu verändern, die ein grundlegend mangelhaftes Identitätsmuster erkennen lassen. Viele wenden sich in Krisen oft hilfesuchend an einen Arzt, einen Psychotherapeuten oder an Beratungsstellen. Aber nur wenige dieser Experten schauen sich das Traumleben ihrer Patienten an, um die inneren Drehbücher zu finden, die möglicherweise verantwortlich sind für die Verzweiflung ihrer Patienten. Und diejenigen, die nach den Träumen fragen, stehen im allgemeinen vor dem Problem, daß ihre Patienten sich nur mangelhaft daran erinnern. So daß sie nur mit den Fragmenten arbeiten können, an die ihre Patienten sich zufällig erinnern – und über die sie bereit sind zu sprechen. Und das ist, als wollte man versuchen, den Plot eines Fünfhundert-Seiten-Romans anhand von einer einzigen Seite zu rekonstruieren.

Diese Therapeuten hören nur selten etwas von dem Traum, der vor oder nach dem kam, an den der Patient sich erinnert oder den er von sich aus erzählt. Dabei wird oft unterstellt, ein Traum sei wichtig, weil der Patient sich an ihn erinnert. Seine Bedeutung ergibt sich dann nicht aus dem Gesamtzusammenhang in jener Nacht, sondern aus den Assoziationen, die der Patient im Wachzustand herstellt, wenn er seinem Geist beim Sinnieren über die Traumgeschichte freien Lauf läßt.

Es gibt jedoch einen besseren Weg. Im Schlaflabor haben wir Techniken entwickelt, um Träume einzufangen, die jeder nutzen kann. Sobald Sie den Trend erkannt haben, was von Traum zu Traum geschieht, können Sie leichter jene Träume identifizieren, die unproduktiv und sogar selbstzerstörerisch sind, und noch in derselben Nacht anfangen, an einer entsprechenden Traumreparatur zu arbeiten.

Wenn Sie derzeit mit einer schweren Lebenskrise zu kämpfen haben, ist der erste Schritt, daß Sie Ihren Träumen mehr Beachtung schenken sollten. In diesem Buch finden Sie die Anleitungen, wie Sie Ihre Fähigkeit zum Einfangen von Träumen verbessern und wie Sie Ihre Träume untersuchen können. Und Sie werden feststellen, wenn Sie sehen, wie andere durch die Arbeit mit ihren Träumen und die Veränderung ihrer Träume mit einschneidenden Ereignissen in ihrem Leben fertig geworden sind, daß Sie dadurch neue Perspektiven für Ihre ureigensten Probleme gewinnen.

Skeptisch? Allgemein heißt es, daß die meisten von uns sich von einer Krise erholen, indem sie ihr Wachleben ändern – und nicht ihre Träume. Kann es auch umgekehrt funktionieren? Diejenigen, die die Methode des KrisenTräumens ausprobiert haben, beantworten diese Frage mit einem begeisterten »Ja!« Viele, mit denen ich gearbeitet habe, sagen mir, daß ihre Träume ihnen in zweierlei Hinsicht geholfen haben: Sie haben ihnen zum einen die Verbindung zwischen Gegenwart und Vergangenheit gezeigt und zum anderen den entscheidenden Anstoß gegeben, das Programm des Selbst so zu verändern, daß es besser zu ihrem gegenwärtigen Leben paßt. Und sie haben festgestellt, daß die Veränderung ihrer Träume ein riesiger Schritt hin zur Erreichung dieser Ziele sein kann. Dahinter steht ein Konzept, das die traditionelle Psychoanalyse schockiert. Da es die Grundidee von der Natur der Beziehung zwischen dem wachen Geist und Träumen herausfordert, die Freud vor fast einhundert Jahren einführte.

Was Freud über Träume nicht wußte

Die Traumdeutung. Über den Traum, ursprünglich 1900 veröffentlicht, brachte Sigmund Freud nicht spontan die Anerkennung, die er sich erhofft hatte. In den ersten sechs Jahren wurden lediglich dreihunderteinundfünfzig Exemplare verkauft. Wie viele Autoren haderte auch Freud mit den Rezensenten. »Die wenigen Berichterstattungen, die sich in wissenschaftlichen Journalen gezeigt haben«, schrieb er 1909 bissig in einem Zusatz zur zweiten Ausgabe, »sind so voll Unverstand und Mißverständnissen, daß ich den Kritikern mit nichts anderem als mit der Aufforderung, dieses Buch noch einmal zu lesen, antworten könnte. Vielleicht dürfte die Aufforderung auch lauten: es überhaupt zu lesen.«[1]

Aber trotz des insgesamt kläglichen Debüts revolutionierte *Die Traumdeutung. Über den Traum* nicht nur das allgemein vorherrschende Verständnis von Träumen, sondern von der menschlichen Natur insgesamt. Träume, sagt Freud, zeigen uns, was hinter den Masken liegt, die wir der Welt im Wachleben präsentieren. Das Buch, das im allgemeinen als Freuds herausragendstes Werk betrachtet wird, gibt einen Überblick über die mentalen Funktionsweisen und führt die Psychoanalyse, die Heilmethode mittels Gespräch, als globales Instrument für die Erforschung der Funktionsweisen von Geist und Psyche ein.

Heute, fast ein Jahrhundert später, werden Freuds Ansichten weithin, wenn auch nicht universal, akzeptiert.[2] Und die meisten Therapeuten und Therapeutinnen, die andere Ansätze vertreten, sehen sich gemüßigt zu erklären, inwieweit ihre Theorien sich von Freuds Theorien unterscheiden, der einen neuen Kurs für die Psychiatrie und die Kultur im allgemeinen begründete. Versuchen Sie sich nur Woody Allen oder Tennessee Williams oder auch nur *The Simpsons* ohne Beiträge von Freud vorzustellen.

Freuds Arbeit wurde zum Prüfstein für die Traumpsychologie. Fünfzig Jahre, ehe die ersten Untersuchungen aus dem Schlaflabor bewiesen, daß er recht hatte, hatte Freud den Geist als ständig aktiv dargestellt, sowohl im Wachzustand als auch im Schlaf. Er sah den Geist als »ein linear aufgerolltes Schema« und unterschied zwischen drei Ebenen verschiedener Bewußtseinszustände, von denen die Gedanken kommen.[3]

Die oberste Ebene, das *Bewußtsein*, operiert im Hier und Jetzt. Es enthält, was wir sehen, hören, fühlen, riechen und schmecken, sowie das, woran wir uns aus der Vergangenheit erinnern und was wir uns von der Zukunft vorstellen können. In diesem Teil des Geistes können wir wählen, ob wir unsere Aufmerksamkeit hierhin oder dorthin wenden, nach innen, um über irgendein Problem nachzudenken, oder nach außen, um einer Unterhaltung zuzuhören. In unserem bewußten Denken formen wir unser Bild von der Realität. Wir erkennen, daß das, was uns durch den Kopf geht, unsere eigenen Gedanken und Gefühle sind.

Die mittlere Ebene des Freudschen Schemas ist das *Vorbewußte*.

Hier finden sich die Gedanken und Erinnerungen, die gegenwärtig nicht genutzt werden. Sie befinden sich jedoch am Rande unserer Bewußtheit und können mit ein wenig Mühe in den Brennpunkt gerückt werden.

Die unterste, tiefste Ebene ist das *Unbewußte*. Dieser Bereich beherbergt die dunklen, ursprünglichen Teile unseres Selbst, die nie erfüllten kindlichen Wünsche und die Gefahren und Strafen, die wir ob unserer verbotenen Wünsche fürchten. Wir können leugnen, daß wir Wut, Haß, Eifersucht oder Gehässigkeit empfinden. Und weil wir diese Gefühle aus unserem Bewußtsein verbannt haben, können wir sie nicht mehr willentlich kontrollieren. Sie schlummern aber nichtsdestotrotz im Keller unseres Geistes und unserer Psyche, sagt Freud, und beeinflussen unser Verhalten. Im Schlaf kommen sie dann jedoch zur höchsten Ebene hoch. Befreit von den Fesseln, die ihnen im Wachzustand angelegt sind, liefern sie dann das Feuer, mit dem unsere Träume geschmiedet werden.

Wir erkennen weder, daß wir diese Gefühle haben, noch denken wir bewußt darüber nach, sagt Freud. Wir haben sie vergessen, weil es in unserer Entwicklungsgeschichte so lange zurückliegt, daß sie entstanden sind. Aber hier liegen die alten Rivalitäten, wie sie etwa zwischen den feindlichen Brüdern zum Ausdruck kommen, wenn es heißt: »Du warst doch schon immer Mutters Liebling.« Hinzu kommt, daß es sich dabei oft um Impulse handelt, die wir nicht so ohne weiteres ausleben können. »Ich würde dich am liebsten umbringen«, denkt ein Kind vielleicht angesichts des Neugeborenen in der Familie. »Aber wenn ich das täte, hätte Mama mich nicht mehr lieb.«

Wir lernen früh, Frieden zu bewahren, indem wir diese Impulse aus unserem Geist verdrängen. Und dort bleiben sie dann, zumindest bis wir schlafen, um dann aus ihrem Versteck zu kommen und durch unsere Träume zu spazieren. Während des Schlafes müssen wir den Gesetzen der Realität nicht gehorchen noch unsere Versprechen halten, gut zu sein. So träumen wir von unseren innersten Wünschen, um diesen vergessenen Teil unseres Selbst zurückzuholen.

Freud verwendete den Begriff »Wunsch«, so wie wir ihn für gewöhnlich verwenden, um ein Verlangen und um Aspirationen auszudrücken, Bestrebungen, die wir erkennen oder auch nicht erkennen. Da Träume, während wir sie haben, uns real erscheinen, sagt Freud, kommen wir in den Genuß der Freude, daß unsere verbotenen Wünsche befriedigt werden. Träume sind unser Sicherheitsventil.

Unser Unbewußtes legt uns in unseren Träumen herein und lullt uns mit der imaginären Erfüllung unserer stärksten Sehnsüchte ein.[4]

Wenn Träume ein derart sicherer Ausdruck unseres inneren Selbsts sind, warum sind diese Phantasien dann nicht präziser in ihrem Ausdruck? Wenn wir durch unsere Träume gezwungen würden, sagt Freud, uns unverblümt unseren verborgenen Wünschen zu stellen, so würden diese uns so erschrecken, daß wir davon wach werden. Darum verschlüsseln wir unsere Wünsche in stellvertretenden Symbolen und kondensieren Gedankenketten in visuelle Metaphern. Wobei wir unsere Gefühle im Traum mitunter auf einen anderen Charakter, ein Tier oder ein Objekt übertragen. Und ein Gefühl gelegentlich sogar in der Form maskieren, daß wir vom Gegenteil träumen. Ein Traum, der uns weckt, ist ein mißlungener Traum. Er hat unsere verbotenen Gedanken nicht gut genug versteckt. Er hat unser Selbstbild, das wir im Wachzustand haben, und unseren Schlaf nicht geschützt.[5]

Wie können wir nun Angstträume und Albträume erklären, insbesondere solche, die uns Nacht für Nacht der gleichen entsetzlichen Situation aussetzen? Freuds Antwort war, daß nicht alle Träume erfolgreich sind. Und daß wir in diesen Träumen versuchen, die früheren Skripte umzuschreiben, um Situationen zu beherrschen, in denen wir ursprünglich hilflos waren.

Träume, sagt Freud, in einem seiner bekanntesten Aphorismen, sind »die Via regia zur Kenntnis des Unbewußten im Seelenleben«.[6] Die Traumdeutung verbindet das Bewußte mit dem Unbewußten. Träume erhellen den Weg, wie unsere Psyche arbeitet. Sie können uns zu den Ursachen führen, die hinter den fortwährenden Schwierigkeiten stecken, die wir in unserem Leben haben, die wir aber nicht erkennen und über die wir nicht direkt sprechen können.

»Das seelische Leben des menschlichen Einzelwesens«, sagt Freud, »ergibt uns bei psychoanalytischer Untersuchung die Aufklärungen, mit denen wir manches Rätsel im Leben der Menschenmassen lösen oder doch ins rechte Licht rücken können.«[7] Wir müssen, so Freud, Schicht für Schicht der Psyche des Patienten aufdecken, ehe wir an die tiefsten, kostbarsten Schätze gelangen. Träume liefern uns Bruchstücke von Erinnerungen, die uns zeigen, wo wir suchen müssen, um die alte mentale Geschichte aufzudecken, die zum Fortbestehen unserer derzeitigen emotionalen Probleme beiträgt.

Für Freud war diese Forschungsarbeit harte Arbeit. Er unterschied zwischen manifestem Trauminhalt und latenten Traumgedanken.

Die Traumgeschichte, die Erzählung, die wir in unseren Träumen sehen, diente, wie er meinte, als Vorhang, hinter dem sich verbotene Wünsche, Bestrebungen und Phantasien verstecken.

Um die wahre Bedeutung eines Traumes aufzudecken, müssen wir, so Freud, die im manifesten Traum sichtbaren Symbole dechiffrieren, indem wir die Gedanken, Erinnerungen und Gefühle untersuchen, die sie aufrühren.[8] Ein Mann, der träumt: »Ich fahre in meinem Auto, aber ein anderer Mann sitzt am Steuer«, könnte damit sagen: »Jemand anders – mein Vater, mein Analytiker – bestimmt mein Leben.« Und des weiteren: »Ich möchte meinen Vater umbringen, ihn beiseite schaffen, damit ich selbst auf dem Fahrersitz sein kann, das heißt, meine Mutter heiraten kann.« Freud würde sagen, der Traum *verbirgt* den grundlegenden Konflikt. Nach unserem heutigen Verständnis *offenbart* er ihn.

Freud lehrte uns, daß die Gründe für unser Verhalten sehr komplex sein können, und daß Gedanken und Gefühle aus unserer frühesten Kindheit noch in der Gegenwart lebendig sind, auch wenn wir sie nicht erkennen. Nichtsdestotrotz können wir uns heute für Freuds Bild vom Geist als einem kleinen rationalen Bereich, der über einem mit primitiven Sex- und Gewaltimpulsen blubbernden Sumpf sitzt, nicht mehr erwärmen. Der Wissenschaftler fragt: »Wo ist der Beweis für diese These?« Und dem Rest von uns fällt es schwer zu glauben, daß wir keine besseren Möglichkeiten haben sollten, um uns selbst zu verstehen und unser Verhalten zu kontrollieren.

Fällt es uns denn in unserer heutigen Gesellschaft, die weitaus freizügiger als die in Freuds Wien vor einem Jahrhundert ist, noch immer so schwer, uns sexuellen und aggressiven Gefühlen zu stellen, daß wir sie nur in unseren Träumen zum Ausdruck bringen können? Ist es nicht wahrscheinlicher, daß unsere Träume nur deshalb unklar für uns sind, weil wir ihre Bildersprache nicht verstehen? Vielleicht sind unsere Schwierigkeiten, die wir dabei haben, ja nur ein Spiegel der Tatsache, daß unser Gedächtnis unsere Gedanken im Wachleben anders miteinander verbindet als im Schlaf. Und vielleicht würde es uns überhaupt nicht schwerfallen, sie zu verstehen, wenn wir mehr von unseren Träumen festhalten und uns mit ihrer Sprache vertraut machen würden, so daß wir sie etwas fließender beherrschen. Julie und Harold stellten das sehr schnell fest.

Ein Traum beginnt vor Einbruch der Nacht, sagt Freud, wenn irgendein Gefühl oder Gedanke in einer Ecke der Seele aktiv bleibt, wenn wir einschlafen.[9] Mit einsetzendem Schlaf kreuzen sich die

Wege dieser Tagesreste und irgendeines unbewußten Wunsches, der nach Ausdrucksmöglichkeiten sucht. Sofern Ähnlichkeiten existieren, kombiniert sich dieser Wunsch mit den Tagesresten, ähnlich wie bei einem chemischen Prozeß, und ein Traum kristallisiert sich heraus. Auf diese Weise verknüpfte sich meine Sorge um ein junges Mädchen, das ich in Gefahr sah, es könnte von einem Auto überfahren werden, mit meinem unbewußten Wunsch, ich hätte meine Tochter retten können, und dabei heraus kam mein Traum von einem jungen Mann, der auf Rollschuhen eine vielbefahrene Straße überquerte.

Da der Tagesgedanke und der starke emotionale Wunsch bei diesem Verschmelzungsprozeß Transformationen unterliegen, kann es uns schwerfallen, die Bedeutung der neuen Bilder und Gefühle zu erkennen. Wir wachen mit dem Gefühl auf, daß wir einen sehr sonderbaren Traum hatten. Möglicherweise können wir einen Teil des Traums zu einer Quelle zurückverfolgen, die wir erkennen, den Teil, der zu dem trivialen bewußten Gedanken führt. Wir werden den Traum in seinem Kern jedoch nicht verstehen, wenn wir nicht auch die unbewußten Elemente aufdecken, die darin zum Ausdruck gebracht wurden.

Wir können uns vorstellen, wie Freud seine Patienten hier warnen würde: »Mit Ihren besten Bemühungen, Ihre Träume allein zu deuten, werden Sie nicht weit kommen, allenfalls bis zu den banalen Tagesgedanken, aber nicht bis zu dem wirklich wichtigen Anstoß, der ausschlaggebend für den Traum war, den unbewußten Wünschen. Dafür brauchen Sie eine in die Tiefe gehende Langzeitanalyse, die Ihnen nur ein Psychoanalytiker geben kann.«

In Julies erstem Traum im Schlaflabor wurde ein junger Mann wider seinen Willen von anderen gedrängt, abends zu einer unpassenden Zeit mit einer Frau in den Zoo zu gehen. Auf der Suche nach einer Erklärung für ihren Traum könnte Julie vielleicht ein Gespräch vom Vortag einfallen, das sie über »blind dates« mitbekommen hatte. Solange sie aber nicht dahinterkommt, warum der Traum sich um diese klägliche Wahl von Aktivitäten drehte, würde sie nicht die Parallelen zu ihrer eigenen unpassenden Partnerwahl mit einem älteren Mann sehen und ebensowenig, inwieweit diese Wahl ein Spiegel ihres unbewußten Wunsches war, ihrem Vater zu gefallen – ein Wunsch, der nach wie vor starken Einfluß in ihrem Leben hatte. Freud ermutigte seine Patienten, frei über ihre Träume zu assoziieren und zu sagen, was immer ihnen in den Sinn kam. Auf diese Weise konnten sie, so Freud, über die in den Träumen hergestellten Verbindungen zur Vergangenheit die eigentliche Bedeutung ihrer Träume aufdecken.

Mein Traum über einen jungen Menschen, der sich sicher seinen Weg über eine vielbefahrene Straße bahnte, zeigt, wo Freuds Beitrag zu unserem heutigen Traumverständnis nach wie vor Gültigkeit hat. Der Traum demonstriert, wie ein Tageserlebnis einen verborgenen Wunsch aufrühren kann, der über Jahre hinweg aktiv bleibt. Das Beispiel zeigt aber auch, wo Freuds Sicht nicht stichhaltig ist. Denn dieser Traum ist auch ohne die Hilfe eines Analytikers nicht allzu schwer zu dechiffrieren, und seine Bedeutung war für mich weder schockierend noch beschämend und damit auch problemlos alleine zu verkraften.

Ihre Blütezeit erlebte die Psychoanalyse im ersten Teil dieses Jahrhunderts. In den vierziger Jahren kam die Traumdeutung in der Psychiatrie außer Mode. Für die Tatsache, daß Träume nunmehr außer acht gelassen wurden, machte der Psychologe Erik Erikson das langwierige Geschäft der psychoanalytischen Behandlung verantwortlich, die sich mit ihren Sitzungen an fünf Tagen in der Woche oft über mehrere Jahre hinweg erstreckt und die Patienten und Therapeuten, wie er es sah, mit dem endlosen Wühlen im Morast der Traumassoziationen immer weiter weg von der Realität der Gegenwart brachte.[10] Experten, die am Unbewußten interessiert waren, versuchten nun mit anderen Mitteln ihr therapeutisches Ziel zu erreichen. Etwa mit Hypnose und projektiven Tests, die schnellere Routen zur inneren Welt boten. Träume waren in ihren Augen im übrigen zu flüchtige Erscheinungen, um bei der Behandlung ernsthaft in Betracht gezogen zu werden.

In den fünfziger Jahren machte es dann die Entwicklung potenter neuer Medikamente möglich, Tausende von Patienten, die durch Depressionen und Ängste gehandikapt waren, sogar noch schneller zu behandeln. Ein Fortschritt, der die biologische Psychiatrie in den Vordergrund rückte, wo sie bis heute ihren Platz behauptet – wie das weithin hochgehaltene Konzept widerspiegelt, wonach die Verwendung von Medikamenten zur Befreiung von Symptomen wesentlich praktikabler als zum Beispiel die Arbeit mit Träumen ist. Im Vergleich zu Medikamenten und neuen verhaltenstherapeutischen Ansätzen war die Traumarbeit in den Augen mancher Therapeuten ein zu indirekter, zu langwieriger und zu mühsamer Weg, um das Ziel psychischer Gesundheit zu erreichen.

Hinzu kommt ein weiteres Handikap, das der Finanzierbarkeit. Die Finanzgürtel werden heute enger geschnallt. Nicht jede Krankenkasse bezahlt jede Therapie und schon gar nicht beliebig lange. Wobei sich allerdings das Problem stellt, daß Kurzpsychotherapien oft mehr auf die Befreiung von Symptomen denn auf eine Neudefinition der Identität abzielen. So daß Träume in der Regel per se unter den Tisch fallen. Und nicht zuletzt erhält die neue Generation von Therapeuten kaum noch eine formale Ausbildung für die Arbeit mit Träumen.

Das Interesse an Träumen ist jedoch nicht tot – es ruht nur. Die Traumberichte, die Freud von seinen Patienten hörte, erfaßten, wie wir heute wissen, nur einen Bruchteil all der Träume, die sie in Wirklichkeit hatten. Ein Dilemma, mit dem alle Therapeuten noch bis in die jüngste Zeit konfrontiert waren. Freud kannte das Problem, das eine mangelhafte Erinnerung an Träume darstellt, er konnte es jedoch nicht lösen. Die modernen Traumtherapeuten können es lösen. Sie können auf die im Schlaflabor entwickelten Techniken zurückgreifen. Und diese Techniken können Sie auch zu Hause anwenden.

Die Traumdimensionen verstehen

Schlüsselfragen zu jedem Traum, an den Sie sich erinnern, sind: »Warum dieser Traum?« und »Warum träume ich diesen Traum jetzt?« Um sie beantworten zu können, müssen Sie nach den dahinterstehenden Themen suchen, die Ihre Träume und Ihr Wachleben miteinander verbinden, jene emotionalen Themen, die Ihr schlafendes Selbst veranlassen zu erklären: »Das ist es, was ich fühle. Das ist es, woran die Ereignisse des Alltags mich erinnern. Das ist es, was ich bei meinem gegenwärtigen Selbst mehr beachten muß.«

Wir bauen unsere Traumgeschichten, um diese grundlegenden Themen zum Ausdruck zu bringen, und nehmen dabei verschiedene Traumdimensionen zu Hilfe, Unterscheidungen, die wir machen, um unsere Erfahrungen zu definieren und zu kategorisieren. Diese Dimensionen, die gegensätzliche Zustände oder Eigenschaften reflektieren, erfassen unseren ureigensten Weg, wie wir die Welt, in der wir leben, gewohnheitsmäßig ordnen und einordnen. Ab frühester Kindheit fällen wir Werturteile mit klaren Unterscheidungen: Das fühlt sich gut an; das fühlt sich schlecht an. Das ist warm; das ist kalt. Diesen ursprünglichen Unterscheidungen haben wir, bis wir erwachsen sind, viele weitere hinzugefügt. Die spezifischen Bilder in unseren Träumen – oder auch deren Gegenteil – zeigen uns, wie wir Menschen und Ereignisse sehen. Und sie drücken damit unsere innersten Werturteile und Gefühle zu diesen Menschen und Ereignissen aus. Unser Gefühl, wer wir sind, beruht darauf, wo wir innerhalb des Spektrums der Kategorien stehen, die durch unsere wichtigsten Traumdimensionen gezeigt werden.

Auf die Idee, daß wir in unseren Träumen auch mit dem Prinzip der Umkehrung arbeiten, also das Gegenteil dessen darstellen, was uns bewegt, hat mich nicht zuletzt das Werk des renommierten Anthropologen Claude Lévi-Strauss gebracht, der diesen Ansatz für die Analyse der Denkstrukturen und Mythenbildungen bei Naturvölkern nutzte. Claude Lévi-Strauss zufolge setzt der Geist sich mittels einer »systematischen Verdoppelung« mit Schlüsselproblemen auseinander. Er kehrt den jeweiligen Inhalt auch um, stellt beide Bilder paarweise gegenüber, so daß sich auf beiden Seiten der Symmetrie-Ebene zwei Bilderreihen ergeben, mit denen er jongliert, die einzelnen Elemente mal so und mal so arrangiert und geduldig solange immer wieder neu kombiniert, bis sie den Bedürfnissen desjenigen entsprechen, der die Geschichte erzählt.[11]

Untersuchungen des Gedächtnisses im Wachzustand zeigen, daß wir mental neue Informationen zusammen mit ähnlichen Informationen wie auch mit deren Gegenteil ablegen. Das heißt, daß wir einen neuen Fakt nicht nur nach dem Kriterium sortieren, was er ist, sondern auch danach, was er nicht ist. So überrascht es zum Beispiel nicht, wenn wir von einem Lotteriegewinn träumen, uns in Wirklichkeit aber sorgen, daß wir unsere Rechnungen nicht bezahlen können, oder daß wir unmittelbar nach einer wichtigen Beförderung träumen, wie wir mit zehn Jahren mit einer blamablen Aktion beim Baseball den Ball ins Aus geschlagen haben. Die nachfolgende Liste zeigt einige der Dimensionen, denen wir in Träumen im Schlaflabor am häufigsten begegnen:

- Sicherheit versus Gefahr
- Hilflosigkeit versus Kompetenz
- Stolz versus Scham
- Aktivität versus Passivität
- Nähe versus Distanz
- Unabhängigkeit versus Abhängigkeit
- Vertrauen versus Mißtrauen
- Männlich versus weiblich

- Authentizität versus Vortäuschung
- Auflehnung versus Fügsamkeit
- Alt versus jung

Jeder einzelne Traum kann mehrere Dimensionen haben, die Regel ist jedoch, daß die gleichen Dimensionen in der Traumserie einer Nacht wiederholt zum Ausdruck kommen. Wobei Teile des Traums möglicherweise die positive Seite der Dimension und andere die negative Seite reflektieren. Das heißt, daß einem Traum, in dem wir das Gefühl haben, in Gefahr zu sein, ein Traum vorhergehen oder auch folgen kann, der uns das Gefühl gibt, daß wir in Sicherheit sind. Wenn wir bei allem, was ein Traum uns präsentiert, nachhaken und fragen: »Und was ist das Gegenteil davon?« werden uns im Zweifel die Augen für wichtige Themen geöffnet, die wir ansonsten nicht sehen würden.

Nehmen wir Julies erste Traumserie im Schlaflabor: Sie beobachtete, wie andere ein Rendezvous arrangierten, sie ging den Highway entlang und sah in Autos hinein, und sie sah eine Kollegin, die von ihren Kollegen und Kolleginnen schäbig behandelt wurde. Sie war wiederholt »draußen« und sah nach »innen«. Die Schlüsseldimensionen in diesen ersten Träumen waren: Mißtrauen/Vertrauen, Auflehnung/Fügsamkeit, außen/innen, Scham/Stolz sowie Zurückhaltung/Mitmischen. Julies Traumdimensionen blieben die gleichen, auch als sie die Kontrolle über ihr Leben wiedergewonnen hatte, aber mit dem Unterschied, daß sie sich zur positiven Seite verlagerten.

Nachfolgend finden Sie ein weiteres Beispiel, wie wir diese Dimensionen in unseren Träumen verwenden: Bob ist ein junger Mann, der die Beziehung mit seiner Freundin Gloria abbrechen, sie jedoch nicht verletzten und sich auch keine Schuldgefühle einhandeln wollte, daß er sie enttäuschte. Er erzählte folgenden Traum:

Auf dem Hof war ein verrückter Hund. Ich sah ihn nicht. Ich wußte aber, er war da und stellte eine Bedrohung dar. So vergiftete ich ihn. Ich wußte dann, er war tot, denn ich sah eine alte Frau, die über den toten Hund gebeugt stand. Sie sah wie meine Großmutter aus. Dann war ich in meiner Wohnung. Irgendwie war der Hund oder ein Wolf jetzt auch dort. Jedenfalls lauerte hinter einer Tür eine große Gefahr. Dann sah ich mich selbst im Fell des Wolfes. Ich zog es einfach über.

»Was machen Sie nun mit dem verrückten Hund?« fragte ich Bob.

»Gloria bezeichnet mich manchmal als ›bösen Freund‹«, sagte er. »Wenn ich vergesse, sie anzurufen, beschimpft sie mich auch schon mal als ›bösartigen Hund‹. Ich schätze, dieser verrückte/bösartige Hund ist ein Teil von mir, der für andere eine Bedrohung darstellt.«

»Und das Gegenteil davon?« fragte ich.

»Ich muß dieses Image des bösartigen Hundes loswerden, das sie von mir hat. Es behagt mir nicht. Das bin ich ja nicht wirklich. Ich bin in Wirklichkeit ein guter Freund, hilfsbereit, zuverlässig. Aber jetzt im Moment möchte ich nicht noch mehr Nähe.«

Die Hauptdimensionen, die Bob soweit identifizierte, waren: verletzend/hilfsbereit und böse/gut.

»Warum glauben Sie, haben Sie Ihre Großmutter in diesem Traum gesehen?« fragte ich.

Bob zögerte einen Augenblick. Dann erzählte er, er habe zusammen mit seiner Mutter bei seiner Großmutter väterlicherseits gelebt, nachdem sein Vater, ein Alkoholiker, der sich in keiner Hinsicht im Griff hatte, als Bob noch ein Jugendlicher war, die Familie verlassen hatte. Er war inzwischen tot.

»Meine Großmutter lebt noch. Heute tut es mir leid, daß ich meinen Vater bis zu seinem Tod so völlig abgelehnt habe. Ich wollte ihn nie besuchen. Ich bin ihm wohl irgendwie ähnlich, aber ich möchte es nicht sein.« Daß seine Großmutter im Traum auftrat, hing mit dem Verschwinden seines bösen Vaters und der Frage zusammen, die er sich immer wieder stellte: »Bin ich auch böse?«

Andere wichtige Elemente in Bobs Beziehungen waren Nähe/Distanz und Akzeptieren/Ablehnen. Bob hatte das Gefühl, er bleibe zu Gloria auf Distanz, sei ihr gegenüber ablehnend und verletzend, genau wie sein Vater ihm gegenüber gewesen war. Er wollte sich der Beziehung entledigen, die diese Charakterzüge von ihm zutage brachte. Er vergiftete im Traum den bösartigen Hund, aber er kam zurück und verfolgte ihn.

»Sie können den Teil von sich, der wie Ihr Vater ist, nicht so leicht loswerden«, sagte ich. »Und was fällt Ihnen ein, wenn Sie nach dem Gegenteil fragen?«

Bob lachte. »Daß ich ein Lamm im Wolfspelz bin!« sagte er.

Sein Traumbild löste sein Unbehagen, das er mit der Ähnlichkeit hatte, die er zwischen sich und seinem Vater sah. Es beruhigte ihn, denn er konnte sagen: »Daß ich mich wie ein bösartiger Hund verhalte, ist nur oberflächlich. Unter dieser Oberfläche bin ich in Wirklichkeit gut. Ich bin kein Teufel, der nur vorgibt, gut zu sein, sondern ein Guter, der nur böse erscheint, weil diese Beziehung mit Gloria nicht stimmt.«

→ SELBSTHILFE: Ein Traum-Tagebuch führen

Voraussetzung, um unsere Träume nutzen zu können, ist zunächst einmal, daß wir uns an sie erinnern können. Wir brauchen irgendein System, um sie festzuhalten. Mit sehr einfachen Mitteln sammelte die Psychologin Mary Calkins vom Wellesley College in nur wenigen Monaten Hunderte von ihren eigenen Träumen: mit Papier, Bleistift, Kerzen und Streichhölzern. Das war in den neunziger Jahren des letzten Jahrhunderts.

Diese Materialien genügen noch immer, um unsere Träume aufzuzeichnen, auch wenn modernere Geräte wie Kugelschreiber mit eingebautem Licht oder Klemmbretter mit kleinen batteriebetriebenen Lämpchen die Aufgabe vielleicht etwas erleichtern. Und wenn Sie lieber sprechen als schreiben, können Sie auch ein Tonband verwenden, sofern Sie damit Ihren schlafenden Partner oder Ihre schlafende Partnerin nicht stören. Wenn Sie eines mit einer eingebauten Sprachsteuerung verwenden, das also automatisch auf Aufnahme schaltet, wenn es etwas hört, brauchen Sie nicht einmal das Licht anzumachen. Halten Sie die Sachen griffbereit an Ihrem Bett, die Sie für die Aufzeichnung Ihrer Träume brauchen.

Schreiben Sie alles auf, oder sprechen Sie alles auf Band, woran Sie sich jeweils erinnern, je mehr Details, um so besser. Scheinbar banale Aspekte eines Traumes können sich später als bedeutsam erweisen. Und Bilder oder Ereignisse, die verrückt oder völlig aus dem Zusammenhang gerissen erscheinen, können sich in Verbindung mit einem vorhergehenden oder nachfolgenden Traum oder mit einem, den Sie gestern hatten oder morgen haben werden, als relevant erweisen.

Diese Übung, Gedanken schriftlich oder auf Band festzuhalten, ist wichtig und besonders hilfreich für diejenigen, die ihre inneren emotionalen Reaktionen im Trubel des Alltagsgeschehens für gewöhnlich nicht erkennen. Auf diese Weise wird der Mechanismus verstärkt, daß es zur Gewohnheit wird, immer wieder die Verbindung zum eigenen mentalen Leben zu suchen. Das Aufzeichnen von Träumen hilft auch oft, an solche Teile des Traums wieder heranzukommen, die anfänglich sehr flüchtig erschienen. Zeichnen Sie eine Skizze, wenn Ihnen das hilft, den Traum bildlich besser zurückholen zu können.

Ideal wäre, jeden Traum festzuhalten, an den Sie sich erinnern, und so gewohnheitsmäßig Tagebuch über Ihre Träume zu führen, daß es so selbstverständlich wie das Zähneputzen am Morgen wird. Die meisten von uns führen jedoch ein vielbeschäftigtes Leben. Sofern Sie neben allen anderen Dingen im Alltag keine Zeit finden, um Ihre Träume aufzuzeichnen, versuchen Sie alternativ, hierfür an den Wochenenden die entsprechende Zeit zu erübrigen.

Schreiben Sie den Traum auf, ehe Sie duschen oder frühstücken. Träume, die beim Aufwachen noch lebendig in der Erinnerung sind, bleiben darüber hinaus länger abrufbereit. Erzählen Sie den Traum jemandem, wenn möglich. Einen Traum zu erzählen, so wie man einen Witz erzählt, hilft, daß er besser in der Erinnerung bleibt.

→ SELBSTHILFE: Traumdimensionen identifizieren

Nachdem Sie etwa zehn Träume in Ihrem Tagebuch festgehalten haben, können Sie erste Muster der Traumdimensionen erkennen, die Sie oft verwenden. Achten Sie auf diese Traumdimensionen. Sie machen uns bewußter, wie wir in der Regel unsere Lebenserfahrungen einordnen. Da unsere Identität sich daraus entwickelt, wie wir uns selbst mit den Augen anderer Menschen sehen, ist es sehr hilfreich zu erkennen, wie unsere Träume unsere Gefühle zu anderen und ihre Reaktionen auf uns reflektieren. Probieren Sie folgende Techniken aus, um diese Dimensionen bzw. die Bewertungen zu erkennen, die Sie in Ihren Träumen vornehmen:

- Lesen Sie Ihre Notizen über Ihre Träume nochmals sorgfältig durch. Halten Sie jeweils stichwortartig fest, was in Ihrem Wachleben passierte, das einen bestimmten Traum ausgelöst haben könnte – sofern Sie das in Ihrem Tagebuch nicht bereits gemacht haben.
- Unterstreichen Sie die Adjektive, die Sie verwenden, um andere Personen und sich selbst in Verbindung mit ihnen zu beschreiben. Verwenden Sie dabei einen andersfarbigen Stift, damit die Worte ins Auge fallen. Zum Beispiel:
  - Er war ein *riesiger* Mann, wirklich absolut *fett*.
  - Er war *alt*, *weiß* gekleidet und hatte einen *strubbeligen* Bart, der auch *weiß* war.
  - Ich war *wütend* auf meine Mutter, daß sie so *nörglerisch* mit mir umging.

- Schreiben Sie auf einem separaten Blatt die Adjektive auf, die Sie oft verwenden (z. B. mehr als dreimal bei zehn Träumen).
- Stellen Sie jedem Adjektiv eines mit gegenteiliger Bedeutung gegenüber. Aus den vorgenannten Beispielen ergeben sich dabei folgende Dimensionen: riesig/winzig, fett/schlank, alt/jung, weiß/schwarz, strubbelig/gekämmt, wütend/liebevoll, nörglerisch/schmeichelhaft.
- Suchen Sie in allen Ihren Träumen nach diesen Dimensionen.

→ SELBSTTEST: Beziehungen bewerten

Der Psychologe George Kelly entwickelte einen Test, mit dem wir unsere persönlichen Konstrukte, wie er es nannte, entdecken können: jene Unterscheidungen, die wir hinsichtlich Personen treffen, die uns in unserem Leben emotional wichtig sind.[12] Der Test der *Persönlichen Konstrukte* zeigt, wie wir diese »anderen, die uns etwas bedeuten«, miteinander vergleichen und sie gegenüberstellen. Wir haben diesen Test für unsere Zwecke etwas abgewandelt, so daß Sie erkennen können, wie Sie über sich selbst in Verbindung mit diesen Personen denken. Kelly entwickelte diesen Test zwar nicht zur Analyse von Träumen, er ist jedoch ein guter Weg, um Klarheit über Ihre emotionalen Orientierungspunkte zu gewinnen. Nehmen Sie sich etwa eine Stunde Zeit, um diesen Test zu machen.

Teil 1: Personen in meinem Leben

1. Meine Mutter (oder eine Person, die wie eine Mutter für mich ist) __________
2. Mein Vater (oder eine Person, die wie ein Vater für mich ist) __________
3. Mein Bruder, der mir altersmäßig am nächsten steht (oder eine Person, die wie ein Bruder für mich ist) __________
4. Meine Schwester, die mir altersmäßig am nächsten steht (oder eine Person, die wie eine Schwester für mich ist) __________
5. Mein engster Freund/meine engste Freundin, den/die ich hatte, ehe ich meinen jetzigen Partner bzw. meine jetzige Partnerin kennenlernte __________
6. Mein Mann/meine Frau oder mein jetziger engster Freund bzw. meine jetzige engste Freundin __________
7. Ein Chef/eine Chefin oder eine anderweitig vorgesetzte Per-

son, für den/die ich in einer Zeit tätig war, als ich größten Belastungen ausgesetzt war ________

8. Eine Person, die mich aus irgendeinem Grund offenbar nicht mag ________

9. Eine Person, die ich kürzlich kennengelernt habe und die ich besser kennenlernen möchte ________

10. Die Person, der ich am liebsten helfen würde oder die ich am meisten bedauere ________

11. Die intelligenteste Person, die ich persönlich kenne ________

12. Die erfolgreichste Person, die ich persönlich kenne ________

13. Die interessanteste Person, die ich persönlich kenne ________

Teil 2: Vergleichen und gegenüberstellen

Schauen Sie sich Ihre Liste mit den dreizehn Personen an. Nachfolgend finden Sie diese Personen mit den jeweiligen Zahlenangaben in Dreiergruppen zusammengestellt. Überlegen Sie bei jeder Dreiergruppe, inwieweit *zwei* davon sich jeweils unter einem wichtigen Aspekt *ähnlich* sind, mit einem Charakteristikum, das die dritte Person nicht hat. Nachdem Sie sich festgelegt haben, was dieser wichtige Unterschied ist – jung/alt, warmherzig/kalt, klug/dumm oder was Sie auch immer als passend empfinden –, schreiben Sie dieses Charakteristikum, das die Ähnlichkeit ausmacht, in die erste Spalte und das gegenteilige Charakteristikum in die zweite Spalte. Machen Sie einen Kreis um die Zahlen der beiden Personen, die sich ähnlich sind.

Ein persönliches Beispiel: Als ich 2, 7 und 8 miteinander verglich und einander gegenüberstellte, stellte ich fest, daß ich sowohl meinen Vater als auch Carl Rogers, meinen früheren Kollegen, als zurückhaltend beschreiben konnte, während ich die dritte Person in dieser Gruppe, jemand, der mich offenbar nicht mag, als extrem aufdringlich identifizierte. Durch diesen Vergleich wurde mir bewußt gemacht, daß ich Zurückhaltung, nicht aber Aufdringlichkeit tolerieren kann. Und das sagt mir etwas über eine Dimension, die für mich wichtig ist, und welche Seite für mich negativ und welche positiv ist.

Charakteristikum	Charakteristikum von zwei Personen	Gegenteiliges Charakteristikum der dritten Person
8, 9, 10	______	______
3, 12, 13	______	______
4, 9, 11	______	______
2, 7, 8	______	______
7, 9, 1	______	______
1, 4, 5	______	______
6, 10, 12	______	______
1, 2, 6	______	______
2, 3, 5	______	______

Teil 3: Wie denken Sie über sich selbst?

Schreiben Sie jedes positive Charakteristikum auf, das Sie in Ihrer Liste für andere notiert haben (z. B. »hilfsbereit«). Dann beurteilen Sie sich anhand einer Skala von 1 - 5 nach den gleichen Charakteristika. (Ihre Liste ist möglicherweise länger, so daß Sie ein separates Blatt zu Hilfe nehmen müssen. In der Annahme, daß Ihre Liste verschiedene Doppelnennungen enthält, haben wir uns hier auf fünf Punkte beschränkt.)

Charakteristika	Mir nicht ähnlich				Mir sehr ähnlich
1. ______________	1	2	3	4	5
2. ______________	1	2	3	4	5
3. ______________	1	2	3	4	5
4. ______________	1	2	3	4	5
5. ______________	1	2	3	4	5

(Der Test wurde in Anlehnung an George Kellys Buch *Die Psychologie der Persönlichen Konstrukte* entwickelt.)

Durch diesen Test dürfte Ihr Gespür dafür geschärft werden, wie Sie nach den gegenteiligen Aussagen Ihrer Traumbilder suchen können, die Sie in Ihrem Traumtagebuch festgehalten haben. Dieser Test konzentriert sich zwar auf zwischenmenschliche Beziehungen, er zeigt Ihnen aber auch sehr gut, wie die Suche nach den Traumdimensionen funktioniert. Sie müssen auf viele Arten von Dimensionen achten, die in Ihren Träumen zum Ausdruck kommen. Achten Sie zum Beispiel auf solche, die sich um das Setting drehen, etwa hell/dunkel und offen/eng begrenzt, sowie solche, die den Fluß der Zeit hervorheben, etwa Frühling/Herbst und neu/alt. Je mehr Traumdimensionen Sie identifizieren können, um so umfassender können Sie einen Traum in seinen vielschichtigen möglichen Bedeutungen verstehen.

4. Die Jagd auf Träume

Die Tatsache, daß wir heute sagen können, wann Träume im Gange sind, haben wir mehr oder weniger einer Zufallsentdeckung zu verdanken. Anfang der fünfziger Jahre wollte der Physiologe Nathaniel Kleitman von der University of Chicago die Unterschiede in der Herzfrequenz, Atmung, den verschiedenen Körperbewegungen und anderen Körperfunktionen zwischen Schlaf und Wachzustand untersuchen. Kleitman bat einen graduierten Studenten, Eugene Aserinsky, die Augenbewegungen bei Kleinkindern zu beobachten.[1] Es ist zwar kein Problem zu beobachten, wie sich die Augen unter geschlossenen Lidern während des Schlafens bewegen, das aber bei Babys zu beobachten, die sich ständig irgendwie bewegen und zucken, ist keine leichte Aufgabe. Aserinsky fand schließlich ein älteres Versuchsobjekt, seinen achtjährigen Sohn. Um sich die Aufgabe noch weiter zu erleichtern, brachte er Elektroden an den Schläfen seines Sohnes an und schloß diese an ein Aufzeichnungsgerät an.

Er war selbst überrascht, dabei festzustellen, daß es in jeder Nacht, während sein Sohn schlief, mehrere Episoden mit sehr schnellen Augenaktivitäten gab. Zusammen mit Kleitman, der heute als der Vater der modernen Schlafforschung gefeiert wird, gelangte er zu der Erkenntnis, daß diese Phasen, in denen sich die Augen ebensoviel hin und her bewegen und zucken wie im Wachzustand, zugleich mit einem schnelleren Herzschlag und einer beschleunigten Atmung verbunden sind. Die Forscher fragten sich, ob diese schnellen Augenbewegungen – oder REMs, wie sie sie nannten – bedeuteten, daß die betreffenden Personen sich dabei die Traumgeschichten ansahen, die »vor ihren Augen abliefen«. Einem Medizinstudenten im zweiten Jahr, der zu dem Projekt hinzugezogen wurde, William Dement, wurde die Aufgabe übertragen, die Schlafenden zu verschiedenen Zeitpunkten während der Nacht zu wecken.[2]

Dabei stellten die Forscher fest, daß diejenigen, die während der REM-Schlafphasen geweckt wurden, fast immer von Träumen zu berichten hatten. Was im Gegensatz dazu bei denjenigen, die in den Non-REM-Phasen geweckt wurden, in denen die Augen sich nicht bewegten, nur selten der Fall war. REM-Schlaf und Non-REM-Schlaf wechselten sich etwa alle neunzig Minuten ab, wie sie feststellten. Das heißt, daß wir jede Nacht fast zwei Stunden im REM-Schlaf verbringen, vom Kleinkindalter bis ins hohe Alter.

Wir träumen nicht nur viel. Unser Bedürfnis zu träumen ist vielleicht sogar so elementar wie unser Grundbedürfnis nach Nahrung und Wasser. Wenn wir unser reguläres Soll an Traumzeit nicht bekommen, versuchen wir, dieses Defizit beim nächsten Mal, wenn wir schlafen, wettzumachen. Als wir im Zuge unserer Forschungen versuchen wollten, den REM-Schlaf zu eliminieren, indem wir die Schläfer jedesmal bei Einsetzen dieser Phase weckten, stellten wir fest, daß wir innerhalb von drei Nächten den Punkt erreicht hatten, an dem wir manche Versuchspersonen bis zu dreißigmal in der Nacht wecken mußten.[3]

Vor der Entdeckung des REM-Schlafes glaubten die meisten Wissenschaftler, der Schlaf sei eine ruhige Zeit, für den Körper wie für den Geist. Die Entdeckung, daß der Schlaf beides, ruhige und aktive Phasen beinhaltet, elektrisierte die Forschung. »Es war ein Durchbruch«, sagt Dement, heute Direktor des Schlafzentrums an der Stanford University und einer der herausragendsten Wissenschaftler auf dem Gebiet. »Er veränderte die Schlafforschung und machte die bis dahin relativ langweiligen Untersuchungen zu einem immens aufregenden Unterfangen, das nunmehr mit großer Entschlossenheit in Laboratorien und Kliniken auf der ganzen Welt vorangetrieben wurde.«[4]

Man wollte nun endlich das Geheimnis lüften, wie Träume konstruiert werden und wie sie mit unserem Wachleben zusammenhängen. Und in diesem Bemühen ließen die Forscher sich allerlei Dinge und Kniffe einfallen, um bei weiteren Experimenten ihre Versuchspersonen im Schlaf zu stimulieren. Man klebte ihnen zum Beispiel mit Heftpflaster die Lider fest, um zu verhindern, daß ihnen beim Schlaf die Augen zufielen, und bombardierte die Schläfer dann bei offenen Augen mit blitzlichtartig aufflackernden Lichtstrahlen. Man sprenkelte ihnen Wasser ins Gesicht und überflutete sie während des Schlafes über Lautsprecher mit unterschiedlichsten Geräuschen. Man servierte ihnen Pepperoni-Pizza und Bananencremekuchen vor dem Zubettgehen.[5]

Bei einigen frühen Untersuchungen in unserem Labor versuchten wir herauszufinden, ob starke emotionale Reize, denen man vor dem Zubettgehen ausgesetzt ist, das Träumen beeinflussen. So zeigten wir einigen Gruppen junger hetero- und homosexueller Männer beispielsweise Pornofilme, die wir vom Kinsey-Institut geliehen hatten. Alle diese Versuche hatten jedoch keinen nennenswerten Einfluß auf die Träume unserer Versuchspersonen. Deren Traummaschinen gingen ihre eigenen Wege und produzierten Träume, die auf ihren jeweiligen Alltagserfahrungen beruhten. Wenn unsere Reize überhaupt in irgendeiner Form zutage traten, dann indem sie mit den Geschichten verschmolzen, die die Träumer selbst konstruiert hatten.

»Wir wissen alle, wie Träume sind«, schreibt der Psychiater Frederick Snyder. »Wir wissen, daß sie vage sind, irrational, zusammenhanglos, inkohärent, bizarr, absurd, unsinnig und ausschweifend – eine Art vorübergehende Verrücktheit, die eine fremde, archaische Welt jenseits der Gesetze der Zeit oder des Raumes oder der Logik oder der Moralität reflektiert. Was unsere eigenen Träume angeht«, fügt er hinzu, »unterstellen wir jedoch vielleicht insgeheim, daß sie oft ein Ausdruck ungeahnter Brillanz, Intelligenz, Poesie und Intuition sind.«[6]

Solchen Kriterien genügen aber wohl nur sehr wenige Träume. An unsere bizarren Träume erinnern wir uns aber nicht zuletzt deswegen besser, weil sie so bizarr sind. Obwohl unsere Träume oft im Ruf stehen, so etwas wie abstrakte Fellinische Produktionen zu sein, erweisen sich die meisten als relativ sachlich und nüchtern. Neben den Höhenflügen unserer Phantasie im Wachleben nehmen sich die meisten Träume sogar geradezu blaß aus. Typisch für Schriftsteller, Dichter, Künstler und Musiker ist in diesem Zusammenhang natürlich das Bestreben, bewußt das Sonderbare, das Widernatürliche oder das Absurde darzustellen. Unter dem Einfluß von Drogen, im Fieber oder im Zustand extremen Schlafentzugs sehen und hören wir vielleicht Dinge, die es nicht gibt. Aber auch im gewöhnlichen Leben, im Wachzustand, kann der Geist auf Wegen wandeln, die nicht beabsichtigt sind.

In einer bahnbrechenden Untersuchung im Schlaflabor am National Institute of Mental Health sammelte Snyder seinerzeit 635 Träume von 250 gesunden, normalen Versuchspersonen.

Als Fazit seiner Erkenntnisse schrieb Snyder: »Das verblüffendste Merkmal ist die Allgegenwärtigkeit des Selbsts, des so allüberragend wichtigen ›Ich‹.«[7] Wir treten in 95 Prozent unserer Träume in Erscheinung und spielen bei der Handlung eine entscheidende Rolle. Wir weisen uns sogar fast immer die Hauptrolle zu. Nur in einem von rund zwanzig Träumen sind wir nicht bewußt beteiligt, sondern beobachten die Handlung nur. Hier erkennen wir vielleicht erst später, daß wir in irgendeiner symbolischen Form präsent waren, als massive Steinmauer zum Beispiel oder als ein Auto, das nicht anspringt.

Typisch ist des weiteren, daß wir fast nie allein sind. Zur Besetzung gehören sowohl Personen, die wir erkennen, als auch solche, die wir nicht erkennen. Was wir in unseren Träumen am häufigsten tun, ist Sitzen und Reden, sagte Snyder, obwohl Träume für uns vorrangig etwas Visuelles sind. Unsere Träume spielen in der Regel in vertrauten Settings oder – wenn nicht – so doch zumindest in gewöhnlichen Umgebungen. Wir beschwören nur selten tatsächlich exotische oder phantastische, irreale Welten herauf. Unsere Träume sind, wie Snyder sagt, in Wahrheit »eine bemerkenswert genaue Nachbildung des Wachlebens«.[8]

In Träumen kommen unangenehme Emotionen doppelt so oft wie angenehme vor, am häufigsten Furcht und Angst, gefolgt von Wut. Von den angenehmen Gefühlen kommt am häufigsten die Freundlichkeit vor. Von den Träumen, die Snyder und seine Kollegen in ihrer Studie erfaßten, bewerteten sie nur jeden fünften als »interessant« – das heißt, als eine gute Geschichte. Nicht überraschend in diesem Zusammenhang war allerdings, daß manche Personen im Vergleich zu anderen generell interessantere Träume hatten.[9]

Die moderne Traumerfassung

Die Methoden, die von den frühen Forschern zur Erfassung von Träumen im Labor eingeführt wurden, werden auch heute noch verwendet. Die jeweiligen Versuchspersonen treffen gegen 21 Uhr, bewaffnet mit Schlafanzug und Zahnbürste, im Labor ein. Wir weisen sie in Einzelzimmer ein und sind bemüht, alles so einzurichten, daß sie sich wohl und entspannt fühlen. Wenn sie bereit sind, zu Bett zu gehen, bringt der Techniker winzige Elektroden an verschiedenen Stellen auf dem Kopf, an jeder Schläfe, hinter den Ohren und unter dem Kinn an. Diese Elektroden fangen selbst minimale elektrische Signale auf, die über Drähte in einen anderen Raum übertragen werden. Dort werden diese Signale von polygraphischen Instrumenten aufgezeichnet und Gehirnwellen, Muskelveränderungen und Augenbewegungen während der ganzen Nacht auf einer fortlaufenden Graphik festgehalten. Jeder Schläfer produziert pro Nacht eine Papierschlange von knapp einem Kilometer Länge.

Ehe das Licht ausgemacht wird, sagen wir den Versuchspersonen, daß wir sie mehrmals wecken werden. »Wenn Sie hören, daß Ihr Name gerufen wird«, sagt ihnen der Techniker, »erzählen Sie einfach, was Ihnen gerade durch den Kopf ging. Vielleicht haben Sie gerade geträumt oder an etwas gedacht oder auch von nichts ein Bewußtsein. Was immer Sie berichten können, ist in Ordnung. Wir werden Ihnen jedesmal eine Reihe von Fragen stellen, ehe Sie dann wieder weiterschlafen können. Okay? Gute Nacht.«

Der Techniker überwacht sodann die graphischen Aufzeichnungen und beobachtet den Schläfer auf einem Videomonitor. Jedesmal, wenn die Gehirnwellen sich beschleunigen und die Augen anfangen, sich schnell zu bewegen, und der Muskeltonus des Kinns sinkt, wissen wir, daß ein Traum im Anmarsch ist. Manche Menschen glauben, daß Träume spontan hervorbrechen und innerhalb von Sekunden ablaufen. Dem ist nicht so. Unsere Träume dauern von etwa zehn Minuten zu Beginn der Nacht bis zu fünfundvierzig Minuten, unmittelbar ehe wir regulär am Morgen aufwachen. Das heißt, daß wir sozusagen eingangs eine schnelle Vorschau über die anstehenden Attraktionen erhalten und später den Bericht in voller Länge.

Der erste Traum zeigt in der Regel das Thema der nachfolgenden Träume an, wobei er für gewöhnlich auf eine Erfahrung aus der jüngeren Vergangenheit Bezug nimmt, bei der irgendwelche Angstgefühle oder Unsicherheiten im Spiel waren. Der nächste Traum greift dann auf eine ähnliche frühere Erfahrung zurück. Und die übrigen machen sich daran, das Alte mit dem Neuen zu integrieren, wobei sie in die Zukunft springen und sich dann oft auch wieder in die Gegenwart zurückschlängeln. Bemerkenswert ist auch, daß die Traumgeschichten mit jeder weiteren REM-Schlafperiode »verrückter« werden, komplexer in der Struktur der Geschichte, mit stärkeren Emotionen und älteren Bildern aufwarten, die sich immer weiter von der gegenwärtigen Realität entfernen. Es ist der letzte Traum, der, der oft der phantastischste ist, aus dem wir gewöhnlich am Morgen aufwachen. Wir täuschen uns also, wenn wir glauben, alle unsere Träume seien so, wie der des großen Finales. Unsere Untersuchungen im Labor belegen stichhaltig, daß dem nicht so ist.

Beim Wecken der Schläfer sind wir bemüht, möglichst weitgehend das Ende jeder REM-Phase abzuwarten, um möglichst wenig vom Traumerlebnis zu kappen. Es ist jedoch riskant, solange zu warten, bis die Gehirnwellen anzeigen, daß der Traum vorbei ist. Denn sobald die Schläfer den REM-Schlaf hinter sich lassen, fällt es ihnen selbst bei den lebhaftesten Träumen schwer, sich noch daran zu erinnern. Um im Labor an einen Traum heranzukommen, müssen wir die Show unterbrechen, während der Film noch läuft. Was natürlich heißt, daß wir das Ende verpassen, aber wir fangen so den Großteil der Handlung ein. Mit diesem Verfahren gelingt es uns, die Mehrzahl der Träume zu erfassen, die in einer Nacht stattfinden.

Synchron zu der natürlichen Verlängerung der REM-Schlafphasen während der Nacht wartet der Techniker jedesmal jeweils fünf Minuten länger, ehe er den Schläfer wegen eines Berichtes weckt. So daß der Weckruf in der ersten REM-Phase nach fünf Minuten erfolgt, in der zweiten nach zehn Minuten und so weiter.

Auch zwischen den Träumen ist unser Kopf nicht völlig leer. Wenn wir jedoch während des Non-REM-Schlafes geweckt werden, sagen wir eher, daß wir an etwas gedacht haben, statt daß wir etwas geträumt haben. Unsere REM-Schlaf-Traumberichte sind mehr visueller und geschichtenähnlicher Natur. Sie nehmen unsere Aufmerksamkeit gefangen, indem sie uns in die Handlung verstricken – wie in folgendem Beispiel:

Ich raste auf einem Spielzeugauto auf einem Highway entlang, aber es schien auf Schienen zu laufen, so daß ich es nicht steuern konnte. Ich fühlte mich in Gefahr, da ich von riesigen Lastwagen umgeben war, die die ganze Fahrbahn einnahmen. Ich war unterwegs nach Kalifornien.

In den Non-REM-Schlafberichten fehlen in der Regel sowohl die Bilder wie auch das unmittelbare Gefühl, dort zu sein, was beides typisch für die REM-Berichte ist. Sie ähneln mehr unseren alltäglichen Gedanken:

Ich dachte darüber nach, nach Kalifornien zu fahren und fragte mich, ob mein kleines altes Auto das wohl noch schaffen würde.

Non-REM-Gedanken sind in der Tat oft so logisch, daß wir nicht einmal glauben, daß wir überhaupt schlafen; wir glauben vielmehr, daß wir einfach nur im Bett liegen und über Dinge nachdenken. Personen, die von sich sagen, daß sie unter massiver Schlaflosigkeit leiden, haben in Wirklichkeit oft einen leichten Schlaf mit sehr viel Non-REM-Schlaf-Grübeleien.

REM-Träume beinhalten oft mehrere Episoden. Wobei der Träumer Hunderte von Worten braucht, um einen Traum ganz zu erzählen. Im Gegensatz dazu genügt für einen Non-REM-Gedanken oft ein einziger Satz. Natürlich sind manche Personen besser im Visualisieren als andere. So daß manche nach allen Schlafphasen, wenn sie geweckt werden, von Bildern berichten. Demgegenüber berichten andere selbst während des REM-Schlafes mehr von Gedanken als von Bildern.

Die Erfassung von Träumen im Labor hat gleichwohl gewisse Nachteile. Die Situation als solche ermutigt nicht gerade zu dramatischen Berichten. Durch die Tatsache, daß die Versuchspersonen in einer fremden Umgebung schlafen, Elektroden tragen, wissen, daß sie mit einer Kamera beobachtet werden und unerwartet und wiederholt geweckt werden, werden die Traumberichte zwangsläufig durch die Umwelteinflüsse gefärbt. Die hier gewonnenen Traumgeschichten sind weniger sexueller Natur und weniger aggressiv, und sie beschäftigen sich weniger mit Erfolgen und Mißerfolgen als die Geschichten, die dieselben Personen nach eigener Aussage in der Abgeschiedenheit ihres eigenen Schlafzimmers erleben. Ihre Träume drehen sich oft um die Laborsituation – was gewiß ein ungewöhnliches Thema für einen Traum zu Hause wäre. Hinzu kommt das Problem, daß sie hier vom Techniker, dem sie gerade erstmals begegnet sind, über Kopfhörer geweckt und gebeten werden, einen Traum zu erzählen. Das ist nicht vergleichbar mit der intimeren Situation, wenn man dem eigenen Therapeuten oder auch einem Familienmitglied am Frühstückstisch einen Traum erzählt. Im Labor bekommen wir oft zu hören, daß die Versuchspersonen sagen, sie hoffen, daß wir nicht schockiert sind oder daß sie sich nicht schämen müssen wegen dem, was sie träumen.

Dennoch stellten Wissenschaftler große Ähnlichkeiten fest, als sie die unter den gleichen Lebensumständen zu Hause und im Labor erfaßten Träume miteinander verglichen. Für die zu Hause zu erfassenden Träume stellten sich die Versuchspersonen einen Wecker, der sie jeweils um halb sieben morgens weckte. Dann diktierten sie ihren Traumbericht auf Band. Ob zu Hause oder im Labor, ihre Träume erwiesen sich als gleichermaßen lebhaft; allerdings waren die im Labor geträumten Bilder weniger aggressiv als die zu Hause geträumten.[10]

Unsere Träume tragen unseren persönlichen Stempel. Das mag folgendes zeigen: Vor die Aufgabe gestellt, die Träume von verschiedenen Personen aus einer ganzen Reihe von Nächten zu sortieren, konnten Fachleute zum einen zuverlässig sagen, welche Träume in derselben Nacht stattfanden. Und zum anderen konnten sie auch die Träume einer bestimmten Person von denen der anderen unterscheiden. Unsere Träume sind so individuell wie unsere Fingerabdrücke.[11]

Die in Schlaflaboratorien durchgeführten Traumstudien unterstützen viele Freudschen Theorien, sie erlauben uns aber auch, darüber hinauszugehen. Unbestritten ist Freuds These, daß der Geist gleichzeitig auf vielen Ebenen arbeitet. Im Wachzustand sind wir in der Regel voll und ganz mit dem Alltag unseres Lebens beschäftigt. Scannerähnlich tasten wir ständig die Realität ab und reagieren darauf. Wenn wir dann einschlafen, wird der bewußte Kanal des Geistes zu einer Art Hintergrundgeräusch, eine Art ständiges Brummen, das wir für gewöhnlich bis zum Morgen ignorieren können. Wir schlafen manchmal mit einem offenen Ohr, um zu hören, wenn das Baby schreit, weitestgehend schenken wir der äußeren Welt jedoch kaum Beachtung.

Sobald wir uns dem Schlaf hingegeben haben, rückt die zweite Ebene des Geistes ins Rampenlicht unserer Bewußtheit, jene, die sich um unsere emotionalen Belange kümmert. Emotionen, die wir im Wachleben vielleicht nicht einmal erkennen, werden in den Schlaf hineingetragen. Sie lösen dann im REM-Schlaf Erinnerungen an Zeiten aus, in denen wir ähnliche Gefühle erfuhren. Wir weben Vergangenheit und Gegenwart in die Geschichte hinein – wie Halluzinationen von Träumen, wobei wir aus dem großen Vorrat von Bildern schöpfen, die in den Netzwerken unseres Gedächtnisses abgelegt sind. Dabei sind die Gefühle der Faden, der ein Traumbild mit dem nächsten und alle Träume einer Nacht miteinander verbindet.

Angenommen, im hintersten Winkel meines Geistes macht mir das Älterwerden zu schaffen, außerdem mache ich mir Gedanken über die Härten, die der kommende Winter wieder mit sich bringt. Und hinzu kommt, daß ich seit jeher Angst habe, mich lächerlich zu machen. Ehe ich zu Bett gehe, höre ich den Wetterbericht, der Schnee vorhersagt. Würde ich nun in der ersten Non-REM-Phase geweckt und gefragt, was mir durch den Kopf ging, würde ich vielleicht sagen:

Ich habe mich gefragt, ob ich in meinem Alter noch Skifahren lernen könnte.

Sodann trete ich in die erste REM-Phase mit ihrem erregteren Gehirnzustand ein. Hier kommen Erinnerungen an die Oberfläche, die sich emotional mit den grundlegenden Sorgen verbinden, die ich im

Wachzustand habe. Sie kommen von der Ebene, die Freud das Unbewußte nannte. Zusammengenommen erlebe ich im Traum dann:

Ich fuhr Ski und hatte dabei nur meinen rosa Slip an. Jeder lachte über mich.

Die Identitätsbotschaft dieses Traumes sagt: »Es ist mir peinlich, gesehen zu werden, wenn ich mich nicht von meiner besten Seite zeige.« Ich beantworte dabei auch die Frage, die ich in der ersten Non-REM-Phase stellte, indem ich mir sage: »Vielleicht könnte ich noch Skifahren lernen. Ich müßte nur aufhören, mich darüber zu sorgen, ob ich mich lächerlich mache.«

Zwei Bostoner Psychoanalytiker, Ramon Greenberg und Chester Pearlman, zeichneten im Schlaflabor die Träume eines Mannes auf, der sich einer Psychoanalyse unterzog. Dabei stellten sie fest, daß seine Träume oft seine größten emotionalen Sorgen widerspiegelten, die Sorgen, die er auch in den vorhergehenden psychoanalytischen Sitzungen angesprochen hatte. Aber mehr noch: Die Träume zeigten oft auch den Versuch, diese Sorgen zu lösen. Und wenn er dabei im Traum eines seiner Probleme lösen konnte, verbesserte sich nach Aussage seines Analytikers in der Folge auch sein emotionales Gleichgewicht im Wachleben.

Diese Erkenntnisse brachten Greenberg und Pearlman auf die Idee, zu untersuchen, wie wahrheitsgetreu ihre eigenen Träume die Themen widerspiegelten, die sie im Wachleben beschäftigten.[12] Da keiner von beiden die Zeit erübrigen konnte, seine Träume im Schlaflabor aufzeichnen zu lassen, beschlossen sie, zwei Tagebücher zu führen: eines, in dem sie die Tagesereignisse aufschrieben, und eines, in dem sie in den Sommerferien ihre Träume aufschrieben. Einer von ihnen stellte bald fest, daß er drei- bis fünfmal in der Nacht aufwachte und sich an einen Traum erinnern konnte – ein Muster, das der normalen Frequenz der REM-Phasen entspricht.

Ihre ersten Träume drehten sich zum einen um ihre Schuldgefühle, daß sie ihre Patienten in der Urlaubszeit im Stich ließen, und zum anderen um ihr Ziel, mehr über Träume zu erfahren. Diese Themen kamen in unterschiedlichster Form an die Oberfläche: Sie träumten von Detektiven, die etwas suchten; von Fernrohren, mit denen etwas gesucht wurde; von Schlüsseln, nach denen gesucht wurde; und von Dingen, die auseinandergenommen wurden. Des weiteren setzten sie sich in ihren Träumen mit Gefühlen gegenüber Eltern auseinander, die sie in den Ferien aufsuchten, und gegenüber einem Kind, das aufs College wechselte. Darüber hinaus träumten sie von den Themen, die in den Büchern behandelt wurden, die sie gerade lasen. Und einer von ihnen, der seinen Urlaub in einem Feriendorf verbrachte, setzte sich in seinen Träumen mit dem Problem auseinander, ob er von den anderen Feriengästen akzeptiert wird. Und gegen Ende des Urlaubs blickten ihre Träume zunehmend nach vorne und beschäftigten sich mit den Problemen der Rückkehr zu ihrer Arbeit.

Manche Träume porträtierten reale Situationen und spiegelten die Gedanken wider, mit denen sie tatsächlich beschäftigt waren. Einer von ihnen war zu Beginn des Sommers mit dem Tod seines Vaters konfrontiert worden. Die Auseinandersetzung mit seiner Trauer und sein Bemühen, damit fertig zu werden, beherrschten sowohl sein Wachleben als auch seine Träume.

Hindernisse für die Erinnerung an Träume

Die meisten von uns ignorieren ihr Traumleben. Wir haben gelernt, uns darüber keine Gedanken zu machen. Unsere action-orientierte Kultur mißbilligt es, Träumen Beachtung zu schenken. Sie haben ja keinen praktischen Wert! Die Idee, daß wir unsere Träume vergessen, weil sie Wünsche heraufbeschwören, denen wir uns in unserem Wachleben weder stellen können noch wollen, mag etwas Faszinierendes haben, aber wir müssen gar nicht erst bis zu derart komplexen Beweggründen gehen, um Erklärungen dafür zu finden, warum unser Erinnerungsvermögen uns am Morgen so kläglich im Stich läßt. Warum wir uns so schlecht an unsere Träume erinnern können, hat viele praktische Gründe. Dazu gehören:

Der emotionale Zustand beim Zubettgehen

Wenn wir im Frieden mit uns und der wachen Welt sind, haben wir im allgemeinen einen gesunden Schlaf, wir träumen regelmäßig, erinnern uns aber nur an wenige dieser Träume. Wenn wir von Sorgen gequält werden, ein schlechtes Gewissen haben oder von irgendwelchen starken Gefühlen erregt sind, ehe wir schlafen gehen, haben wir hingegen einen leichteren Schlaf. Fest steht, daß starke Emotionen und ein leichter Schlaf Hilfen für das Traumgedächtnis sind. Denn wenn wir unruhig schlafen, werden wir oft wach, ehe der Traum vorüber ist, so daß wir uns eher daran erinnern können. Bis zu einem gewissen Punkt erhöht Streß die Erinnerung an Träume.

Manchmal sind aber gerade die Träume, die uns aufwachen lassen, so belastend, daß wir es vorziehen, sie zu vergessen und das auch prompt tun. In Kapitel 11 werden wir noch darüber sprechen, wie Überlebende des Holocaust den Inhalt eines Traums nicht nur am Morgen, wenn sie aufwachen, sondern bereits während des REM-Schlafes aus ihrer Erinnerung löschen können. Personen, die in streß-intensiven Zeiten Angstattacken im Schlaf erleben oder schlafwandeln, können den ganzen Traum hinter sich lassen, ohne daß eine Erinnerung an das bleibt, was sie gemacht haben.

Wie lange wir schlafen

Langschläfer können sich besser an Träume erinnern als Kurzschläfer, weil sie im Schlaf mehr Zeit mit Träumen verbringen. Sie haben einfach mehr Träume, an die sie sich erinnern können. Hinzu kommt, daß die REM-Schlafphasen sich im Laufe der Nacht verlängern, und je länger man schläft, desto wahrscheinlicher ist es, daß man aus einer REM-Phase – oder unmittelbar danach – aufwacht.

Die Art des Traumes

Noch im Schlaf erkennen wir manchmal, daß etwas Seltsames geschieht, und uns wird bewußt, daß wir träumen. Je absurder oder bizarrer die Phantasie, desto wahrscheinlicher ist es, daß sie unsere Aufmerksamkeit gewinnt und wir sie behalten. Seltsame Träume sind leichter zu erinnern als Routineträume.

Die befremdlichen Aspekte eines Traumes sind oft der Schlüssel zu seiner Bedeutung. Eine in Scheidung lebende Frau erzählte mir folgenden Traum:

Ich öffnete meine Wohnungstür, sah meinen Ex-Schwager im Flur stehen und bat ihn hereinzukommen. Er lehnte das ab. Ich war enttäuscht.

Sie hatte ihren Schwager immer gemocht und vermißte den Kontakt, nachdem sie mit ihrem Mann gebrochen hatte. Ihr Traum war kurz und leicht zu erinnern, aber ein Detail machte ihr zu schaffen. Sie konnte nicht verstehen, warum ihre Wohnungstür sich in die falsche Richtung öffnete, zum Flur hin statt in die Wohnung hinein. Erst als sie nach einer Erklärung des Bildes suchte, wurde ihr seine Bedeutung schlagartig klar. »Was diese Familie angeht«, sagte sie, »bin ich jetzt auf der falschen Seite, eine Außenseiterin.«

In manchen Träumen ist der Plot eng in die Geschichte verwoben. In anderen wechselt das Geschehen von Szene zu Szene, die im übrigen untereinander kaum irgendwelche Verbindungen aufweisen. Das Erinnerungsvermögen im Schlaf hängt davon ab, wie zusammenhängend der Traum ist. Genau wie beim Erinnerungsvermögen im Wachzustand gilt hier, daß eine gute Geschichte leichter zu behalten ist als ein Sammelsurium von Einzelinformationen. Des gleichen gilt, wenn den einzelnen Träumen einer Nacht scheinbar jeder Zusammenhang fehlt, daß sie schwerer zu behalten und Stunden später, wenn wir aufwachen, kaum noch abrufbar sind.

Manche Träumer packen sehr viel Inhalt in die wenigen Minuten der REM-Zeit und erzählen komplizierte Geschichten mit vielen Szenen. Während andere nach einem gleich langen REM-Schlaf sagen: »Ich kann mich an nichts erinnern. Sie haben mich geweckt, als der Traum gerade anfing.«

Das Ausmaß des Dramas

Manche Träume beinhalten sehr starke Gefühle wie Angst, Wut, Entsetzen, Freude oder sexuelle Erregung. In anderen sind die Gefühle eher neutral oder unverbindlich. Starke Emotionen bleiben eher in Erinnerung.

Die sinnliche Beschaffenheit

Träume können viele Arten sinnlicher Wahrnehmungen beinhalten. Wir können sehen, hören, schmecken, berühren. Manche Träume handeln von befremdlichen körperlichen Erfahrungen: Unsere Beine sind zu schwer, um laufen zu können, oder wir versuchen zu schreien, sind aber außerstande, auch nur einen Ton herauszubringen.

Ein Traum muß nicht in jedem Fall visueller Natur sein. In folgendem Traum geht es zum Beispiel darum, was die Träumerin dachte und hörte, während sie in ihrem Versteck war: »Ich hatte mich im Dunkeln unter der Veranda versteckt und hörte, wie meine Mutter nach mir rief.« Je reicher der Traum in seiner sinnlichen Beschaffenheit, desto wahrscheinlicher ist es, daß wir ihn behalten können.

Die Bereitschaft, sich den in den Träumen aufgeworfenen Themen zu stellen

Manche Menschen sind bestrebt zu erfahren, was ihre inneren Stimmen sagen. Andere ziehen es vor, die Ohren zu verschließen. Keine Frage, wer von beiden sich besser an seine Träume erinnern kann.

Die Motivation, sich an Träume zu erinnern

Wenn unsere Träume uns erschrecken oder uns zu neuen Einsichten verhelfen, ist es wahrscheinlicher, daß wir uns an sie erinnern. Künstler und Schriftsteller, die in ihren Träumen nach Ideen suchen, können sich besser an ihre Träume erinnern als Personen, die der Auffassung sind, Träume erfüllten keinen nützlichen Zweck. Von dem surrealistischen Schriftsteller Saint-Pol-Roux ist bekannt, daß er ein Schild an seiner Schlafzimmertür hängen hatte, auf dem es hieß: »Nicht stören. Dichter bei der Arbeit.«[13] Desgleichen erinnern sich Personen, die eine Therapie machen und Mitglieder von Gruppen, die mit Träumen arbeiten, besser an ihre Träume als Personen, die dieses Ventil, ihre Träume mitzuteilen, nicht haben. Der Wunsch, jemandem zu gefallen, der uns nach unseren Träumen gefragt hat, stimuliert die Traumerinnerung.

→ SELBSTHILFE: Tips und Tricks, wie man sich besser an Träume erinnert

Führen Sie parallel zu Ihrem Traumtagebuch ein Tagebuch über die Ereignisse und Sorgen Ihres Wachlebens

Nehmen Sie sich jeden Tag einige Minuten Zeit, um kurz aufzuschreiben, was Ihnen im Kopf herumgeht, am besten vor dem Zubettgehen. Schriftsteller und Schriftstellerinnen sagen oft, daß sie schreiben, um selbst Klarheit in ihren Gedanken zu gewinnen. Worte auf Papier zu bringen, hat eine nahezu magische Qualität, die Sie von einem Gedanken zum anderen führt. Wenn Sie es sich zur Gewohnheit machen, unmittelbar vor dem Schlafengehen den Tag Revue passieren zu lassen und die Ereignisse oder Gedanken zu notieren, die die stärksten Gefühle aufwühlten, dann füttern Sie damit gleichzeitig ihr Traumsystem mit dem Rohmaterial für die kommende Nacht. Es ist wie bei einer Filmvorschau im Fernsehen, die Ihr Interesse für einen später gesendeten Film weckt.

Freud sprach von den »Tagesresten« und nicht von den »Resten von gestern«, die im wesentlichen unsere Träume ausmachten. Aus unseren Laboruntersuchungen wissen wir jedoch, daß Tagesereignisse oft eine Woche oder länger brauchen, bis sie in unseren Träumen auftauchen. Mit einem Tagebuch, in dem Sie sowohl Ihre täglichen als auch nächtlichen Erfahrungen festhalten, können Sie rückblätternd die Quelle eines Traumes finden. Wieviel Sie schreiben müssen, wird die Erfahrung Sie lehren.

So wie wir unsere Träume besser verstehen lernen, kommen wir oft auch mit weniger Notizen aus. Wir lernen, ökonomisch zu sein – was wir brauchen, und was wir auslassen können. Aber je mehr Sie schreiben, desto mehr haben Sie, worauf Sie später zurückgreifen können, wenn Sie nach der Verbindung zwischen einem Traum und Ihrem Wachleben suchen. Es kann wie ein Erkenntnisblitz sein, wenn Sie auf das Ereignis stoßen, das den Traum auslöste.

Erinnern Sie sich vor dem Einschlafen nochmals an Ihr Anliegen, daß Sie Ihre Träume verfolgen möchten

Genau wie Sie sich an die Strecke zu einem unbekannten Ort besser erinnern, wenn Sie selbst fahren, als wenn Sie mitgenommen werden, gilt hier, daß Sie sich besser daran erinnern, wohin Sie in Ihren Träumen reisen, wenn Sie für die Fahrt auf Freuds Via regia auf dem Fahrersitz Platz nehmen. Personen, die sich bereiterklären, im Labor zu schlafen, um ihre Träume überwachen zu lassen, wissen, daß wir sie bei jedem Wecken um einen Bericht bitten. Diese Erwartungshaltung hilft, daß sie uns dann auch wirklich erzählen können, was war, wenn wir sie wecken.

Programmieren Sie sich selbst, daß Sie nach jeder REM-Phase aufwachen

Es ist nicht schwer, diese Technik zu beherrschen. Im Rahmen einer Studie im Labor baten wir die Schläfer, selbst über einen in ihrer Hand befestigten Schalter die Zeit zu bestimmen, wann sie wegen eines Traumberichtes geweckt werden wollten. Wir sagten ihnen, wir würden sie nur dann wecken, wenn sie eine Faust machten, um anzuzeigen, daß ihnen bewußt war, daß sie träumten. Wir baten sie im übrigen, den Schalter vor dem Einschlafen zu testen, so daß ihr Geist sich nochmals auf diese Aufgabe einstellen konnte.

Alle zehn Personen, die den Schalter ausprobierten, waren bereits in der ersten Nacht in der Lage, uns zumindest einmal ein korrektes Signal zu geben. Am häufigsten drückten sie den Schalter gegen Ende einer REM-Phase. Einige warteten, bis die REM-Phase vorbei war, und sagten: »Ich wollte sehen, wie mein Traum zu Ende geht, ehe Sie mich rufen.« Einige konnten sich nicht einmal mehr daran erinnern, daß sie den Schalter gedrückt hatten. Als wir sie weckten, fragten sie: »Wie wußten Sie, wann Sie mich wecken sollten?«

Sie mögen es verblüffend finden, daß Menschen ihre Aufmerksamkeit in dieser Weise spalten können. Es ist jedoch leicht, wenn Sie Ihren Geist entsprechend darauf einstellen, und es ist die Mühe wert, es zumindest gelegentlich zu machen. Es regelmäßig zu versuchen, könnte insofern negativ zurückschlagen, als daß Sie dabei zuviel Schlaf verlieren.

Bleiben Sie ruhig liegen, wenn Sie – während der Nacht oder am Morgen – aufwachen und Ihren Traum nochmals durchgehen

Eine Verlängerung der Muskellähmung, die typisch für die REM-Phase ist, hilft, das zurückzuholen, was Ihnen gerade durch den Kopf ging. Wenn wir die Leute im Labor wecken, sagen sie als erstes oft: »Mann, ich weiß nicht... warten Sie... ich glaube... oh, ja... ich war...« und so weiter. Wenn man aus dem Schlaf herausgetreten ist, ist es schwer, wieder weit genug zurückzugleiten, um den entschwindenden Traum zu suchen und einzufangen. Sie erinnern sich eher an einen Traum, wenn Sie spontan aufwachen und sich die Zeit nehmen, in dieser Phase zwischen Schlaf und Wachzustand eine Weile zu verharren und nachzusinnen, als wenn Sie durch das Läuten eines Weckers oder durch Musik geweckt werden, Geräusche, die dann mit dem Traum um Ihre Aufmerksamkeit konkurrieren.

Übersetzen Sie die Bilder in Worte, ehe Sie die Augen öffnen

Wenn Sie in der Nacht aufwachen und sich ein Schlüsselwort oder Bild einprägen, können Sie den Traum am nächsten Morgen oft besser zurückholen. Es ist oft eine wirksame Hilfe für die Traumerinnerung, wenn Sie dem Gesehenen kurz einen Titel geben. Wenn Sie als Titel gar einen zusammenfassenden Satz wählen – *Mein Mann rennt mit Sophia Loren weg – Die radioaktiv strahlende Dame versucht, mich zu fangen – John bringt mir Himbeertrüffel* –, werden Sie sich an den Rest des Traums noch leichter erinnern können.

Um Ihrem Gedächtnis auf die Sprünge zu helfen, sollten Sie wie ein Detektiv vorgehen, der einen Augenzeugen interviewt. Fragen Sie sich: Was ist das letzte, woran du dich erinnerst? Und davor? Wenn Sie auf diese Weise zurückgehen, läßt sich ein Traum oft leichter rekonstruieren.

Wenn Sie sich nur an ein Fragment erinnern können, aber den ganzen Traum zurückholen möchten, versuchen Sie, in der darauffolgenden Nacht beim Einschlafen an dieses Fragment zu denken.

Die Einzelheiten des restlichen Traums kommen dann in den ersten Minuten des Schlafens oft vollständiger zurück als am Morgen, als Sie nach dem Aufwachen versuchten, ihn zurückzuholen. Das Denken an dieses Fragment bewirkt offensichtlich, daß das Netzwerk des Gedächtnisses, aus dem es kam, wieder in Gang gesetzt und der Traum neuerlich aktiviert wird.

Versuchen Sie, die im Traum geweckten Gefühle wiedereinzufangen

Wenn Sie sich auf die durch einen Traum hervorgerufenen Gefühle konzentrieren, können Sie oft die ganze Geschichte zurückholen. Es ist, wie durch das Läuten einer Glocke auch die anderen zum Mitschwingen gebracht werden.

Wenn Sie generell Schwierigkeiten haben, sich an Träume zu erinnern, versuchen Sie, an den Wochenenden lange zu schlafen

Je länger Sie schlafen, desto länger sind Ihre REM-Perioden, und desto länger und komplexer sind Ihre Träume. Wenn Sie im Bett bleiben, bis Sie ausgeschlafen sind, ist die Wahrscheinlichkeit größer, daß Sie aus dem REM-Schlaf statt aus dem Non-REM-Schlaf aufwachen. Und damit steigt die Wahrscheinlichkeit, daß Sie sich an einen Traum erinnern können.

Versuchen Sie, Ihren Schlaf verschiedentlich während der Nacht zu unterbrechen

Manche nehmen zu diesem Zweck die Hilfe einer befreundeten »Nachteule« in Anspruch. Sie stellen sich ihr Telefon ans Bett und bitten diesen Freund oder diese Freundin telefonisch, unmittelbar ehe sie das Licht ausmachen, sie später zu wecken. Der Freund oder die Freundin wartet dann anderthalb Stunden und ruft zurück, um zu fragen, woran sie sich von ihrer Reise ins Traumland erinnern können. Durch Auffangen des ersten Traumes kann man das Thema der betreffenden Nacht identifizieren und die Erinnerung an die späteren Träume unterstützen.

Durch ihr frühes Aufstehen wochentags verlieren viele von uns zwangsläufig den letzten und längsten Traum der Nacht. Ich weiß von einem Mann, der sich als Hilfe, um seine Träume einzufangen, seinen Wecker für vier Uhr morgens stellt, kurz das Wesentliche seines Traumes notiert und dann weiterschläft.

→ SELBSTHILFE: Interviewen Sie sich selbst zu Ihren Träumen

Wenn Sie an einen Traum herangekommen sind, bleibt, wie Sie ihn weiter entziffern können. Wenn wir die Schläfer im Labor wecken, lassen wir sie als erstes alles erzählen, woran sie sich von sich aus erinnern können. Dann versucht der Techniker, mit gezielten Fragen mehr Einzelheiten aus ihnen herauszuholen. Diese Fragen helfen zu klären, wer, was, wann und wo in ihrem Kopf herumgeisterte. Sie können sich zu Hause die gleichen Fragen stellen.

Wer war in dem Traum? Haben Sie irgendwelche der Charaktere erkannt?

Es ist nicht in jedem Fall geradewegs offensichtlich, wer in unserem Traum vorkommt, wie wir in meinem vorher erwähnten Traum über Michael Young gesehen haben. Einzelne Charaktere können eine Verschmelzung verschiedener Personen darstellen. Ebenso können sie bestimmte Eigenschaften repräsentieren, die uns bei uns selbst oder bei anderen beschäftigen. So daß eine Person, obwohl sie im Traum erkennbar ist, vielleicht nur dazu da ist, irgendein Attribut von uns oder von anderen aufzuzeigen.

In gleicher Weise können wir Tiere in unseren Träumen verwenden, wie wir es nicht zuletzt ja auch in unserem Wachleben tun, wenn wir jemanden als »schlau wie einen Fuchs« oder »miesepetrig wie einen Bär« beschreiben. Gleichfalls können Objekte menschliche Charakterzüge repräsentieren. So träumte eine Frau von einem Bleistift, der gespitzt wurde. Sie war der Bleistift, der gespitzt wurde, um ein neues Kapitel in ihrem Leben zu schreiben.

Selbst die Kleidung, die jemand im Traum anhat, kann der Schlüssel zur Enthüllung der Bedeutung des Traumes sein. So träumte eine Frau, sie sei im Gefängnis und werde von einem sadistischen Wärter bewacht. Die Uniform dieses Wärters war die gleiche, die der Sicherheitswart des Apartmenthauses trug, in dem ihre Eltern lebten.

Was passierte?

Waren Sie an der Handlung beteiligt oder lediglich Beobachter/in des Geschehens? Sofern Sie beteiligt waren, was haben Sie gemacht? Hat jemand Ihnen etwas getan?

Eine Frau, die an Depressionen litt, hatte folgenden Traum:

Eine Kollegin nahm alle meine Sachen aus meinem Schreibtisch, und ich konnte nichts dagegen tun.

Vergleichen Sie diesen Traum von Hilflosigkeit mit dem einer Person, die dabei ist, sich mit einer lebensbedrohlichen Krankheit abzufinden:

Ich hätte fast meinen Bus verpaßt. Der Fahrer war bereits im Begriff wegzufahren, aber ich lief hinterher und trommelte an die Tür, bis er wieder anhielt.

Wo fand die Handlung im Traum statt?

Kennen Sie das Setting oder einen Teil davon aus dem realen Leben, oder war alles Phantasie? Manchmal liefert das Setting des Traumes, zum Beispiel ein freier Platz, auf dem Sie als Kind oft spielten, den entscheidenden Schlüssel zu den Gefühlen, die den Traum auslösten.

Wie war der zeitliche Rahmen?

Fanden die Ereignisse im Traum in der Vergangenheit, Gegenwart oder in der Zukunft statt? Waren Sie so alt, wie Sie jetzt sind? Oder älter oder jünger?

Ein Mann berichtete einen Traum, der wie folgt beginnt:

Ich war acht Jahre alt und lebte zu Hause bei meinen Eltern. Meine Eltern stritten sich, und meine Mutter drohte wegzugehen.

Er wachte schluchzend auf. Etwas von der Vergangenheit zu träumen, um Dinge Revue passieren zu lassen, ist durchaus gesund. Aber fortwährend von der Vergangenheit zu träumen, Traum für Traum, Nacht für Nacht, ist ein schlechtes Zeichen. Das darauf schließen läßt, daß die betreffende Person hier festgefahren ist.

Wer ist verantwortlich für das, was im Traum geschieht?

Geben Sie sich die Schuld für alles, was schiefläuft? Ein Mann, der unter Depressionen litt, träumte:

Einige Männer drohten, meine Freundin zu vergewaltigen. Wir waren draußen in der Wüste, und es war mein Fehler, sie so solchen Gefahren auszusetzen.

Wer sind Sie in Ihrem Traum?

Spielen Sie eine Rolle, die Sie mögen, eine, die konsistent ist mit Ihrem »möglichen Selbst«, oder ist Ihr Traumselbst jemand, der Sie nicht sein möchten? Eine Frau träumte, sie sei der ungeschickte Kapitän eines sinkenden Schiffes. Sie rief ein vorbeikommendes Schiff zu Hilfe, dessen Kapitän, auch eine Frau, dann kam, um sie zu retten. Sie erkannte, daß sie beide Rollen spielte, einmal die Hilflose und Unfähige, dann die Kompetente, die wußte, was zu tun ist.

Depressive Frauen, die eine Scheidung durchmachen, sehen sich in ihren Träumen oft als »Magd« oder »Sklavin«. Im Gegensatz dazu sehen diejenigen, die nicht depressiv oder die glücklich verheiratet sind, sich eher als »Hosteß« oder »Liebhaberin«.

Wußten Sie, daß Sie träumen, als Sie träumten?

Waren Sie sich bewußt, daß das nur in Ihrem Kopf ablief, oder hatten Sie das Gefühl, es fände wirklich statt? Träume führen uns für gewöhnlich in die Irre mit ihrer Hier- und Jetzt-Unmittelbarkeit. Wenn Sie es lernen, anhand der speziellen in Kapitel 6 beschriebenen Methode, ein beteiligter Beobachter im Prozeß zu werden, können Sie erkennen, wenn Sie träumen und gegebenenfalls sogar das Ende Ihrer Träume umschreiben.

Was sind die Dimensionen Ihrer Träume?

Wenn Sie die Polaritäten in Ihren Träumen erkennen, erhalten Sie eine prägnante Zusammenfassung von den Themen, die Ihnen gegenwärtig zu schaffen machen. In dem Zuge, wie Sie es lernen, sich besser an Ihre Träume zu erinnern, werden Sie am Ende zwei oder sogar drei Träume aus einer einzigen Nacht einfangen können. Und damit haben Sie die Chance, die verschiedenen Themen und ihre Gegensätze zu sehen, die im Laufe der Nacht auftauchen, und Sie können sich ein Urteil über die jeweiligen Fortschritte bilden. Aber auch wenn Sie Ihre Träume nur gelegentlich aufzeichnen, können Sie davon ausgehen, daß Sie die gleichen Themen sehen, die immer wieder, mehr oder weniger eindringlich auftauchen und Ihre derzeitigen Sorgen reflektieren.

Was waren Ihre Gefühle, als Sie träumten, und wie sind sie jetzt?

Wie Snyder in seiner Untersuchung mit gesunden Versuchspersonen feststellte, sind Träume in der Regel eher unangenehm als angenehm. Sie fordern uns auf, unseren emotionalen Problemen Beachtung zu schenken, genau wie ein Kopfschmerz oder eine Magenverstimmung uns auf bestimmte Körperfunktionen aufmerksam macht, die wir normalerweise als garantiert nehmen.

Bei der Erzählung unserer Träume konzentrieren viele von uns sich mehr auf die Geschichte als auf die Gefühle. Es sind aber die Gefühle, die in der Regel den Schlüssel dafür liefern, daß wir die Bedeutung des Traumes verstehen können. Waren Sie ängstlich, wütend, erregt oder enttäuscht? Gefühle sind gewöhnlich der Zündstoff für die Entwicklung der Traumgeschichte und ausschlaggebend für die hervorgerufenen Bilder. Wir können nicht verstehen, warum wir so denken oder handeln, wie wir es tun, ohne die Gefühle zu untersuchen, die mit unseren Gedanken und unserem Verhalten verbunden sind, sagt der Psychoanalytiker Walter Bonime. »Eine Emotion, die im Traum erfahren wird, symbolisiert nie irgend etwas«, sagt er. »Sie ist immer eine authentische Reaktion auf etwas im Leben des Träumers.«[14]

5. Allgemeine Träume und normale Albträume

Alle Träume, auch die scheinbar einfachsten, stehen offen für viele verschiedene Interpretationen. Alle können richtig sein – oder auch keine. Nur der Träumer kann mit Sicherheit sagen, welche Erklärung nach seinem Gefühl zutrifft, welche Version der Traumdeutung ihm jenes innere befriedigende Gefühl gibt, das sich einstellt, wenn man neue Verbindungen sieht.

Natürlich wäre es schön, wenn es ein Standardnachschlagewerk über Träume gäbe, in dem wir nur zu blättern brauchten, um Auskunft über die Bedeutung der verschiedenen Bilder zu erhalten. Aber das einzige Werk, das in dieser Hinsicht Bestand hat, ist das, was wir selbst schreiben. Genau wie wir unseren Erfahrungen im Wachleben eine individuelle Bedeutung beimessen, so definieren wir auch selbst die Bedeutung der Symbole, die wir häufig in unseren Träumen verwenden. Wir können sie nur dann wirklich verstehen, wenn wir unseren Träumen insgesamt Beachtung schenken, insbesondere den Bildern und Dimensionen, die wir immer wieder verwenden.

Wir beziehen uns in unseren Träumen oft auf vertraute Bilder, wenn durch Ereignisse alte Gefühle aufgerührt werden, insbesondere durch Ereignisse, die in grundsätzlicher Hinsicht eine Bedrohung für unsere Identität darstellen. Gemeint sind Krisen, die eine Herausforderung für unsere körperliche Gesundheit und Sicherheit darstellen, für unser Kompetenz- und Selbstwertgefühl, für unsere Fähigkeit zu vertrauen, zu lieben, anderen nahe zu sein und ihren Respekt zu gewinnen. Das sind die drei großen Themen, die unsere stärksten Gefühle wecken und mit denen wir uns nicht nur einmal, sondern wiederholt in unserem Leben auseinanderzusetzen haben.[1] Und das erklärt, warum ein schwerer Unfall oder eine Krankheit, warum die Tatsache, daß wir eine Beförderung nicht bekommen haben, oder warum die Begegnung mit einer Person, die uns feindselig gegenübersteht, uns am Morgen aufwachen und sagen läßt: »Ich hatte letzte Nacht wieder diesen gleichen alten Traum.«

Was wir im Traum sehen, die Handlung, die Personen, das Setting und die Themen, ist von Zeit zu Zeit und natürlich von Person zu Person verschieden. Jede Frage kann ihre ureigenste Ausdrucksform im Traum haben. Obwohl wir alle in der Kindheit und zeit unseres Lebens mit ähnlichen Problemen zu kämpfen haben, so gilt dennoch, daß wir unsere Traumskripte mit unserem individuell einmaligen Vokabular schreiben.

Wir beziehen unsere Traumbilder aus vielen Quellen. Manche entspringen unserer Phantasie, andere haben wir im Fernsehen, im Film oder real mit eigenen Augen gesehen. Gelegentlich greifen wir bis in die Kindheit, bis hin zu Märchen oder Sagen zurück, insbesondere wenn diese Bilder starke Gefühle der Sympathie für die jeweiligen Charaktere in uns weckten. Welche am häufigsten übernommen werden, ist natürlich von Kultur zu Kultur verschieden und hängt davon ab, mit welchen Figuren wir aufwuchsen. Bei jungen Frauen sind es oft Frauengestalten, die eine gewisse Erhabenheit vermitteln und als Traumbilder immer wieder auftauchen – wie in den USA beispielsweise Mary Poppins, wie sie ruhig und erhaben durch die Luft segelt. Und bei jungen Männern sind es oft Sportgrößen, die sich als Bild männlicher Stärke in ihren Träumen halten.

Genauso wie wir es in der Kindheit mit der Zeit lernen, auch abstraktere und subtilere Gedanken auszudrücken, so lernen wir auch, in unserer Kommunikation im Alltag Redewendungen und umgangssprachliche Wendungen zu benutzen, die aus sprachlicher Sicht mitunter einiges zu wünschen übriglassen. Vielleicht sind Sie selbst schon so manches Mal zusammengezuckt, wenn Sie plötzlich merkten oder damit konfrontiert wurden, welcher sprachliche Lapsus und welche Grammatikfehler Ihnen unterlaufen waren. Auch in Träumen bedienen wir uns oft umgangssprachlicher Wendungen, wir verwenden bildliche Abkürzungen, um Bedeutungen schneller und oft weitaus lebendiger zu vermitteln, als wir es mit Worten je könnten.

Ein Mann träumte, er habe den Bus verpaßt. Für viele bedeutet »Bus verpassen« eine verpaßte Chance. Für diesen Mann, ein Literaturprofessor, war der »Bus« jedoch ein visuelles Wortspiel. Als er mit seinem Analytiker, Walter Bonime, darüber sprach, erkannte er, daß der Traum auf Probleme in seiner Ehe abzielte.[2] Er verpaßte das »Busserl«, er vermißte den Kuß seiner Frau. Eine Frau träumte, sie trat auf dem Heimweg in eine Pfütze und verschmutzte mit ihren Schuhen zu Hause den ganzen Teppich. Im Traum sagte sie zu sich selbst: »Meine Sohle ist schmutzig«, aber es war ihre »Seele«, die sie beschäftigte. Sie hatte Schuldgefühle wegen ehelicher Untreue, und dieses Problem schleppte sie zu sich nach Hause. Zur Bildersprache ist natürlich zu sagen, daß manche Träume – und manche Träumer – eloquenter als andere sind.

Bei Menschen, die die gleiche Sprache sprechen und Kultur haben, ist es verständlicherweise durchaus gang und gäbe, daß sie bestimmte Symbole in gleicher Weise verwenden. »Wir entnehmen die Bilder in unseren Träumen der Kultur, in der wir leben«, schreiben Montague Ullman und Nan Zimmerman in *Mit Träumen arbeiten*, »und es sollte uns daher nicht überraschen, daß wir dieselben Bilder benutzen, um dieselben Inhalte auszudrücken.[3]«

Freud betrachtete bestimmte Symbole sogar als universal. Das Primat, das er sexuellen Bezügen in seinem Denken einräumte, veranlaßte ihn, vielen in unseren Träumen auftauchenden Objekten und Aktivitäten sexuelle Bedeutungen beizumessen. Gewehre, Schlangen, Schirme und andere längliche oder spitze Objekte, wie auch Springbrunnen, Wasserhähne und andere Objekte, aus denen Wasser fließt, repräsentierten ihm zufolge den Penis. Während Container, Türöffnungen und runde Objekte für die weiblichen Geschlechtsorgane standen. Und Aktivitäten wie Klettern oder Fliegen bedeuteten Masturbation oder Geschlechtsverkehr.

Entscheidend für die Interpretation nach meinem Dafürhalten ist, daß die Symbole in einem Traum in Zusammenhang mit dem Leben des einzelnen Träumers zu sehen sind. So kann Haar in einem Traum zum Beispiel für eine Heranwachsende, die sich Gedanken über ihr Äußeres macht, eine völlig andere Bedeutung haben als für eine Frau, die ihr Haar vor dem Hintergrund von Brustkrebs aufgrund einer Chemotherapie verloren hat, oder für eine Frau, die als Friseuse arbeitet. Und das gleiche Symbol kann natürlich auch für die gleiche Person zu unterschiedlichen Zeiten unterschiedliche Bedeutungen haben.

Jeder Traum ist einmalig. Dennoch kann es sein, daß Sie den Traum eines anderen Menschen hören und denken: »So einen Traum hatte ich auch schon mal.« Da die meisten von uns jedoch gewisse grundsätzliche Sorgen teilen, überrascht es nicht, daß wir in gewisser Hinsicht auch den Ausdruck dieser Sorgen in Träumen teilen. Ich träume zum Beispiel, daß ich mein Portemonnaie mit allen wichtigen Papieren und den Wagenschlüsseln verliere – Dinge, die Symbole meiner Mobilität und dessen sind, wer ich bin. Ich nenne diesen Traum meinen »Inkompetenztraum«. Wenn ich ihn träume, nehme ich ihn als Warnung, daß ich »sie verliere« (meine Mobilität, Identität und damit

Kompetenz). Eine andere Frau mag das gleiche Bild so interpretieren, daß sie aus einer Ehe oder einer anderen Beziehung ausgesperrt ist. Und für noch eine andere Person kann es den Verlust finanzieller Sicherheit darstellen.

Nehmen wir einen weitverbreiteten Traum:

Ich sollte eine Prüfung ablegen, aber ich hatte von dem Thema keine Ahnung und konnte keine Frage beantworten.

Bei vielen von uns taucht diese alte Schulerinnerung in Träumen wieder auf, wenn wir Situationen begegnen, die Gefühle aufrühren, daß wir vor einer Prüfung stehen. Solche Träume haben individuell völlig verschiedene Bedeutungen, sagt der Psychologe Alfred Adler. »Jemand, der vor einer Prüfung steht und sich nicht viel zutraut, träumt, daß er von einem Berg den Abhang heruntergefallen ist. Wir werden uns nicht wundern, wenn die ängstliche Stimmung dieses Menschen durch diesen Traum eine weitere Steigerung erfahren hat, daß er seinen Mut verliert und am nächsten Tag bei der Prüfung nicht erscheint«, schreibt Adler. »Ein anderer wieder, der sich etwas zutraut, wird durch seinen Traum in der Stimmung des Vorwärtsgehens bekräftigt... Dieser Mensch wird frisch und froh erwachen und wird in dieser Stimmung mutig an seine Prüfung gehen.«[4] Für erstere ist der Traum wie eine Warnung, entweder zu büffeln oder die Konsequenzen oder auch Schamgefühle in Kauf zu nehmen. Und letzteren liefert der Traum die Beruhigung, daß sie es, vorbereitet oder nicht, schaffen können.

Prüfungsträume können sich um Situationen im Klassenzimmer drehen, müssen aber nicht. Der Psychoanalytiker Wayne Myers beschreibt einen Mann, einen glänzenden Skifahrer, der vor wichtigen geschäftlichen Unterredungen, sexuellen Begegnungen oder angesichts von familiären Streitigkeiten immer wieder träumt, wie er auf einer zwar schwierigen, aber ihm vertrauten Skipiste »weggeputzt« wird. Die Sorge zu scheitern, wenn er gefordert und damit auf den Prüfstand gebracht wird, ist hierbei das hervorstechende Merkmal aller vorgenannten Situationen.[5]

Alkoholiker, die sich in Abstinenz üben, träumen oft, wie ihr Trockenbleiben getestet wird. Solche Träume zeigen, daß sie noch immer mit der Versuchung und ihrer Machtlosigkeit gegenüber Alkohol zu kämpfen haben. Der Soziologe Norman Denzin beschreibt einen typischen Traumbericht, wie er bei Treffen der Anonymen Alkoholiker zu hören ist:

»Ich saß vor einer ganzen Kolonne Bier. Drei Gläser, alle gehörten mir, standen vor mir. Ich trank sie sehr schnell aus. Dann wachte ich auf, zitternd und weinend. Ich kann diesen Traum einfach nicht mehr aus meinem Kopf rauskriegen.«[6]

Manche Alkoholiker fürchten, daß solche Träume einen bevorstehenden Rückfall signalisieren. Andere ehemalige Trinker finden demgegenüber, wie Denzin sagt, positivere Interpretationen. »Ich bin Alkoholiker«, sagt einer. »Und ich werde ein Alkoholiker bis zu dem Tag sein, an dem ich sterbe. Ich bin machtlos gegenüber Alkohol, selbst in meinen Träumen. Verdammt, ich habe noch immer diese Träume. Letztes Jahr im Urlaub träumte ich, daß ich wieder bei einer Flasche Gin gelandet und mit den Jungs wieder voll bei der Sache war.

Diese Träume erinnern mich daran«, fährt er fort, »wie schlimm es war. Sie sagen mir auch, daß mein Hauptziel das Trockenbleiben ist. Wenn ich in meinen Träumen trinken muß, um trocken zu bleiben, wenn ich wach bin, dann ist das okay. Besser dort als im wirklichen Leben.«

Solche »Prüfungs-« oder »Test«-Träume sind nur zwei Arten gängiger Träume, die viele Interpretationsmöglichkeiten bieten. Es ist wahrscheinlicher, daß wir in unseren Träumen wiederholt dem gleichen Thema und den gleichen Gefühlen der Angst und des Unvorbereitetseins als einem identischen Traum begegnen. Die Bedeutung eines Traums mag nicht immer auf Anhieb klar sein. Möglich ist sogar, daß Jahre später ein Ereignis oder ein anderer Traum einem bestimmten Traum, den wir hatten, eine neue Bedeutung beimessen. Und manchmal brauchen wir die Hilfe eines Partners, eines Freundes oder eines Therapeuten, um hinter unsere blinden Flecke zu kommen.

Nachfolgend finden Sie einige gegensätzliche Versionen von weitverbreiteten Träumen. Es sind Träume, die oft in Zeiten emotionaler Aufruhr in unserem Leben auftauchen.

Allgemein verbreitete Träume

Fallen und Fliegen

Fallen ist der früheste Traum, an den viele sich erinnern können. Es ist leicht zu verstehen, warum. In den ersten Monaten und Jahren unseres Lebens müssen wir viele physischen Fertigkeiten beherrschen lernen. Wir stoßen gegen Dinge, stolpern und fallen. Selbst als Erwachsene träumen wir vielleicht noch, daß wir tief ein Loch hinunterfallen, wie Alice im Wunderland. Oder daß wir von einer Klippe herunterfallen oder aus einem Flugzeug. Wir wissen vielleicht nicht einmal, wie wir so hoch in die Luft kamen, aber dort sind wir dann, und fallen schnell.

Der Volksmund sagt, wenn man im Traum auf die Erde fällt, stirbt man. Aber sehr viele haben diesen Traum geträumt, davon berichtet und leben immer noch. Eine Frau erzählte mir, sie habe geträumt, sie sei von einem sehr hohen Gebäude gestoßen worden. »Ich hatte entsetzliche Angst, während ich fiel«, erinnerte sie sich. »Ich sagte mir: ›Du kannst nicht sterben, weil das ein Traum ist.‹« Sich des Umstandes bewußt zu sein, daß man träumt, während man träumt, kann sehr beruhigend sein.

Träume, in denen wir fallen, tauchen während unseres ganzen Lebens immer wieder auf, oft zu Zeiten, in denen unser Sicherheitsgefühl in seinen Grundfesten bedroht ist, etwa durch den Verlust des Arbeitsplatzes oder durch eine gescheiterte Liebesaffäre. In Träumen, in denen wir fallen, laufen unsere Gefühle auf Hochtouren. Wir fühlen uns hilflos, außer Kontrolle. Wir erkennen oft, daß wir etwas Ungewöhnliches tun, daß wir einen Riesensatz machen oder über eine Kante hinaustreten, daß wir Regeln verletzen. Manchmal kommen wir glatt dabei weg. Häufiger wachen wir jedoch mit pochendem Herzen, schwitzenden Händen und dem zutiefst erleichterten Gefühl auf, daß wir ja sicher im Bett sind. Und wir beruhigen uns damit, »daß es ja nur ein Traum war«.

Flugträume sind im Gegensatz dazu in der Regel aufmunternd. Wir entfliehen darin den physischen Gesetzen der Schwerkraft und den Anforderungen der wachen Welt. Während wir träumen, sind wir über allem. Manche Menschen erinnern sich, daß sie wie Flugdrachen durch die Lüfte schwebten oder Treppenhäuser hinunterflogen, ohne die Stufen zu berühren.

Genau wie der Dichter W. H. Auden schreibt:

»Since he weighs nothing
Even the stoutest dreamer
Can fly without wings.«[7]

(»Da er nichts wiegt
kann selbst der stämmigste Träumer
ohne Flügel fliegen.«)

Träume, in denen wir fliegen, begleiten oft eine »gute« Krise, wenn wir zum Beispiel stolz auf eine Leistung sind, etwa daß wir einen akademischen Grad erreicht haben oder daß wir befördert wurden. Wir sind mit uns selbst zufrieden, haben ein »hohes« Selbstwertgefühl und fühlen uns anderen überlegen. Aber auch Flugträume können ihre ängstlichen Momente haben. Wenn wir feststellen, daß wir zu weit, zu hoch oder zu schnell sind. Oder wir versuchen, vom Boden wegzukommen, schaffen es aber irgendwie nicht. In einer Zeit voller Unsicherheit träumte eine Frau, sie sei ein kleiner Vogel, der von tobenden Winden hin und her geworfen wurde. Angstbesetzte Flugträume kommen Fallträumen sehr nahe; sie entspringen unserer frühen Sorge um unsere körperliche Sicherheit. Um einen Traum verstehen zu können, müssen wir uns bewußt machen, ob das Bild mit positiven oder negativen Gefühlen verbunden war.

Gejagt oder umarmt werden

Gejagt werden von Dieben oder Mördern oder von Tieren verfolgt oder angegriffen zu werden verdeutlicht eine andere Art der Sorge. Hier kommt die Gefahr von anderen Menschen, von deren aggressiven Absichten. Solche Träume warnen uns möglicherweise, indem sie uns sagen: »Menschen sind nicht vertrauenswürdig.« Hier kann irgendeine Krise in der Gegenwart Gefühle aufrühren, die wir in der Kindheit hatten, wenn wir etwa erwarteten, von einem Elternteil, das wütend war, bestraft zu werden, oder wenn wir bei einer Lüge ertappt wurden.

In diesen Träumen sind wir oft in einem Versteck, aber wir hören die näherkommenden Schritte. Wir versuchen, um Hilfe zu rufen, können aber keinen Laut herausbringen. Wir versuchen zu laufen, können uns aber nicht bewegen. Wir fühlen uns möglicherweise in der Falle, sehen aber keinen Ausweg. Wir sind hilflos, an den Umständen etwas zu ändern oder uns vor denen zu schützen, die uns, gelinde gesagt, Schaden zufügen wollen. Wie einer meiner Patienten, der träumte, seine Frau wollte ihn mit einem Kissen ersticken, können wir der Situation oft nur entkommen, indem wir uns ins Wachsein flüchten.

Umarmt zu werden in einem Traum ist das Gegenteil zu derartigen Erfahrungen und in der Regel ein positives Erlebnis, ein Weg, uns nochmals zu bestätigen: »Es gibt Menschen, denen ich vertrauen kann.« Dabei kann es sich um Begegnungen mit Freunden, Verwandten oder Liebhabern handeln, selbst mit solchen, die nur Produkte unseres Wunschdenkens sind, wie etwa Filmstars.

Sexuelle Träume werden bisweilen als einfache Wunscherfüllung interpretiert, sexuelle Bilder können jedoch mit vielen Arten von Gefühlen, positiven wie negativen, verbunden sein. Nehmen Sie nur den Unterschied zwischen den Träumen einer jungen alleinstehenden Frau in der Nacht, ehe sie eine Urlaubsreise antritt, und der Nacht, nachdem sie erfahren hat, daß eine Freundin von ihr vergewaltigt wurde. In der letzteren dürften die Gefühle mehr etwas mit Gejagtwerden denn mit Umarmtwerden zu tun haben. Von anderen Befriedigung zu bekommen oder ihnen auf Gedeih und Verderb ausgeliefert zu sein, sind nur zwei Themen aus dem weiten Spektrum sexueller Träume.

Scheitern oder gewinnen

In *Versager*träumen sind die negativen Gefühle unsere eigene Schuld. Wir machen uns selbst runter. Wir vergessen, einen Auftrag zu erledigen, verlieren eine Brieftasche, verpassen den Bus, verirren uns. Es sind oft Träume des Selbstzweifels oder Selbstvorwurfs. Wir haben nicht alles getan, was wir hätten tun können, um irgendein schlimmes Ereignis zu verhindern. Wir scheitern, und es ist unser Fehler.

Ein Mann, der sich für unsere Studie über Scheidungen gemeldet hatte, Craig, träumte, wie er seine Garage saubermachte:

Ich räumte die ganzen Gartenmöbel und anderen Gegenstände heraus und stapelte sie am Ende der Zufahrt. Während ich die Garage fegte, kam ein Mann auf einem Lastwagen vorbei und machte sich an meinen Möbeln zu schaffen. Ich schrie: »Hey, das sind meine Sachen!« Und der Mann erwiderte: »Dann sollten Sie sie nicht so hinlegen, daß jeder sie mitnehmen kann.«

Das dreiste Vorgehen des anderen Mannes hielt Craig seine Verluste vor Augen. Er konnte ausziehen, seine Frau und seine Kinder verlassen, aber sein Traum hielt ihm vor Augen, daß irgendein anderer schnell schaltender Mann dann kommen und alle die guten Sachen bekommen konnte, die er noch nicht bereit war wegzuwerfen.

Die Kehrseite von dieser Art von Traum ist der *Erfolgs*traum. Wir schütteln unsere Selbstzweifel ab. Wir erfüllen eine wichtige Aufgabe. Wir können sogar träumen, daß wir zu mehr imstande sind, als wir es in Wirklichkeit sind, daß wir etwas tun, was wir in Wirklichkeit nicht beherrschen. Etwa, daß wir ein Flugzeug fliegen oder einen tollen Blues auf dem Klavier spielen. Eine Jurastudentin, die Angst vor einer Arbeit hatte, die sie schreiben sollte, hatte folgenden Traum:

Ich war an den Obersten Gerichtshof berufen worden. Ich saß dort und unterhielt mich mit Thurgood Marshall, dem Präsidenten des Gerichts. Plötzlich fiel mir ein, daß ich eine Arbeit zu schreiben hatte, und sprang auf. Dann wurde mir bewußt, daß ich mir darüber keine Sorgen mehr zu machen brauchte. Ich war ja bereits am Obersten Gerichtshof. Also setzte ich mich wieder hin und führte die Unterhaltung glücklich und zufrieden fort.

Sie wachte auf und dachte, daß die vor ihr liegende Aufgabe doch nicht so schwer ist, wie sie ursprünglich geglaubt hatte.

Scham oder Stolz

In *schamauslösenden* Träumen, in denen wir öffentlich bloßgestellt werden, werden wir zum Beispiel irgendwo nackt erwischt, wo jeder uns sehen kann, oder wir finden uns als Frau auf einer öffentlichen Herrentoilette oder als Mann auf einer Damentoilette wieder. Es sind Träume, in denen wir uns beschämt und bloßgestellt fühlen, weil wir uns in den Augen anderer lächerlich machen. In solchen Träumen können wir ebenso im wahrsten Sinne des Wortes wie im übertragenen Sinne mit heruntergelassen Hosen erwischt und damit überrumpelt werden. Sie treten in der Regel in Zeiten auf, in denen wir Angst haben, so gesehen zu werden, wie wir wirklich sind, zum Beispiel vor einem Vorstellungsgespräch oder einem Rendezvouz mit jemandem, an dem uns sehr gelegen ist.

Ruhmgekrönte Träume sprühen demgegenüber vor Stolz. Wir gewinnen eine Goldmedaille bei den Olympischen Spielen oder ernten donnernden Applaus für unseren Auftritt in der Metropolitan Oper. Der Schlafforscher Allan Rechtschaffen erzählte mir von einem Traum, in dem er die Frage des Weltfriedens endgültig gelöst hatte.

Ich erfand ein Instrument, um alle Kriege zu stoppen, die gerade geführt wurden. Mit einem Knopfdruck konnte ich jeden auf der Welt solange in den Schlaf fallenlassen, bis er den Drang zu kämpfen überwunden hatte.

Er erwachte mit dem Gefühl, etwas Großartiges geleistet zu haben.

Geburt und Tod

In bestimmten Situationen, wie bei einer Schwangerschaft oder einer tödlichen Krankheit, können Geburts- und Todesträume uns helfen, uns auf die Zukunft einzustellen. (Siehe auch Kapitel 9.) Geburts- und Todesträume gehen jedoch weit über ihre direkten Implikationen hinaus. Geburten können für einen Anfang stehen, für ein wachsendes Bewußtsein und Verständnis, für eine religiöse Errettung oder ein Umgestaltungsprojekt. Der Tod in Träumen, auch der des Träumers selbst, kann als Metapher für das Ende einer Beziehung oder Beschäftigung dienen. Der Tod kann auch Wut reflektieren. »Ich bin so wahnsinnig wütend, ich könnte dich umbringen«, würden wir im Wachleben vielleicht in mancher Situation am liebsten sagen. Im Traum können wir das.

Träume von Männern und Frauen

Die Frage, ob wir männlich oder weiblich sind, bestimmt im wesentlichen, wer wir sind. Männer und Frauen träumen auch anders. In den Träumen von Frauen kommen in der Regel mehr Charaktere als in denen von Männern vor. Diese Ungleichheit reflektiert die Wurzeln dessen, wie sich unser Selbstbild entwickelt. Frauen definieren sich öfter durch ihre Interaktionen mit anderen Menschen: Ich bin Sallys Mutter, Rosas Tochter, Jennys Freundin. Männer definieren sich demgegenüber häufiger über das, was sie in der Welt tun: Ich bin ein Ingenieur, ein Golfer, ein Kaufmann.

Frauen bekommen traditionell das, was sie zur Wahrung ihres Selbstgefühls brauchen, durch ihre Beziehung mit anderen – und Männer durch Hantieren mit Objekten, Geld und Maschinen.

Frauen werden zu einer fürsorglicheren Haltung gegenüber der Familie und anderen erzogen. Und Männern wird beigebracht, daß sie, um erfolgreich zu sein, konkurrenzorientiert und Gewinner, nicht Geber sein müssen.

In einer Untersuchung von eintausend Träumen – jeweils zur Hälfte von Männern und Frauen – kamen die Psychologen Calvin Hall und Robert Van de Castle zu dem Ergebnis, daß die Träume von Frauen im Vergleich zu denen von Männern mit freundlicheren Charakteren besetzt sind.[8] In Männerträumen sind die agierenden Personen oft feindselig, aggressiv und konkurrenzorientiert. Von den Teilnehmern in unserer Studie über Scheidungen träumte ein Mann, daß mit Skifahrermützen maskierte Männer ihn ausraubten, und ein anderer, daß seine Freunde ihm den Weg versperrten. Im Gegensatz dazu setzte eine Frau sich in ihrem Traum mit der neuen Partnerin ihres Ex-Mannes zusammen, um über verschiedene Dinge zu sprechen.

Typisch für Frauen ist, daß sie von ihrem Zuhause und ihren Familien träumen. Was Männer selten tun, es sei denn, dieses Thema wird für sie zu einem »heißen« Eisen. Frauen träumen vom Einkaufen, daß sie Dinge mit den Kindern machen oder alten Freunden und Freundinnen begegnen. Männer träumen vom Reisen, von der Arbeit oder daß sie Dinge in Ordnung bringen. Explizit sexuelle Träume kommen bei beiden Geschlechtern relativ selten vor.

Die Träume von Frauen spielen sich in der Regel innerhalb von Gebäuden ab, und die von Männern draußen. In unserer Studie über Scheidungen zählten zu den Settings verschiedener Frauenträume ihr Elternhaus, ihr Büro, Restaurants. Im Vergleich dazu spielt sich die Handlung in den Männerträumen an einer Tankstelle, an einem Ort, von wo aus sie übers Meer blicken, paddelnd auf offener See oder draußen in der Wüste ab.

Außerdem bringen Frauen in ihren Träumen im Vergleich zu Männern ein breiteres Gefühlsspektrum zum Ausdruck. Ihre Träume beinhalten mehr Wut, Furcht, Angst und Überraschung. Was dem entspricht, daß unsere Gesellschaft im allgemeinen von Frauen erwartet, daß sie emotionaler als Männer sind und ihre Gefühle freier zum Ausdruck bringen. Die Träume von Männern sind demgegenüber handlungsorientierter als die von Frauen.

Diese grundlegenden Unterschiede in den Träumen zwischen Männern und Frauen bleiben angesichts gesellschaftlicher Veränderungen bestehen. Das zeigt das Ergebnis von Halls Untersuchungen, der zusammen mit seinen Kollegen 1950 und des weiteren 1980 die Trauminhalte und geschlechterspezifischen Unterschiede in den Träumen von US-amerikanischen Collegestudenten und -studentinnen verglich. In dieser Spanne von dreißig Jahren lag die Zeit der Frauenbewegung, die weithin eine Liberalisierung der Einstellungen zu sexuellem Verhalten mit sich brachte. Dennoch konnten die Forscher kaum Veränderungen bei den Trauminhalten feststellen. Und keinerlei Veränderungen, was die Unterschiede zwischen Männern und Frauen anging. »Die menschliche Natur hat sich also«, resümierten die Forscher, »trotz aller gesellschaftlicher Veränderungen nicht verändert.«[9]

Die Frage, ob Sie männlich oder weiblich sind, ist weitaus entscheidender für die Natur Ihrer Träume als die Frage, ob Sie jung oder alt, schwarz oder weiß oder anderer ethnischer Abstammung sind. Das ist das Ergebnis einer Studie des Psychiaters Milton Kramer, der im Rahmen einer repräsentativen Erhebung die Träume von dreihundert Erwachsenen aus Cincinnati untersuchte. »Im Innern, insgeheim, subjektiv«, sagte Kramer, »sind die Belange Ihrer Geschlechterrolle allgegenwärtiger als die Ihrer Rassenzugehörigkeit oder Altersgruppe.«[10]

Gleichwohl Alter und Rasse auch gewisse Unterschiede bedingen, wie Kramers Studie zeigt. So hatte zum Beispiel Angst in den Träumen der 21- bis 35jährigen mit Schuldgefühlen zu tun, die mit der Frage von Recht und Unrecht zusammenhingen. Bei den ab 65jährigen konzentrierte die Angst sich demgegenüber auf Tod und Sterben. Und in den Träumen von Weißen war eine verdecktere Feindseligkeit als in den Träumen von Schwarzen erkennbar.

Normale Albträume

Schlechte Träume sind zwar üblicher als gute, aber die meisten schlechten Träume lassen uns nicht wach werden. Es sind Albträume, jene erschreckenden, Herzklopfen verursachenden Träume, die uns aus dem Schlaf rütteln.

Die Flugbegleiterin Susan White träumte monatelang von Flugzeugunglücken, nachdem ihr Flugzeug 1989 in Sioux City in Iowa verunglückt war. Ein Unfall, bei dem 112 Menschen starben. »Ich träumte immer wieder von der Frau, die weinte, und von den Kindern, die allein waren«, sagte sie gegenüber dem *Wall Street Journal*. Manchmal hatten ihre Träume nur mittelbar etwas mit dem tatsächlichen Geschehen zu tun. »So träumte ich, daß wir bei einer Sicherheitsübung waren, und ein Mann lag vor der Notaufnahmetür, und ich konnte ihn nicht bewegen«, erinnerte sie sich.

Ihre Träume spiegelten sowohl ihre innere Qual über die Tragödie als auch ihre Hilflosigkeit wider, sie zu verhindern. Flugbegleiterinnen wird beigebracht, sich für die Sicherheit ihrer Passagiere persönlich verantwortlich zu fühlen. Richard Gist, Berater des Gewerkschaftsverbandes der FlugbegleiterInnen, erklärte, daß sie nach Unfällen »die Dinge ständig wiederkäuen, die sie gemacht haben, die Dinge, die sie hätten tun sollen, die Was-wäre-gewesen-wenns, die Vielleichts und die Wies, wie konnte das passieren? – jede Anweisung, die sie jedem Passagier gaben.«[11]

Wie Susan White kann jeder von uns nach einem einschneidenden Ereignis unter Albträumen leiden. Sie zwingen uns manchmal, den Schrecken des Ereignisses immer wieder neu zu erleben. Übliche Beispiele solcher Ereignisse sind etwa plötzliche Verletzungen oder schwere Unfälle, tätliche Angriffe, zu sehen, wie jemand schwer verletzt oder umgebracht wurde, die Nachricht vom plötzlichen Tod oder Unfall einer nahestehenden Person, Hausbrände und Naturkatastrophen wie Wirbelstürme oder Erdbeben.

Ein Mann, dessen Tochter ermordet worden war, sah in seinen Albträumen den Tathergang in allen grausamen Einzelheiten, obwohl er nicht selbst Augenzeuge der Tat war. Nacht für Nacht sah er in seinen Träumen, wie seine Tochter von der Bushaltestelle zur Schule ging. Machtlos, aufzuschreien und sie zu beschützen, beobachtete er mit Entsetzen, wie ein Mann seine Tochter packte und in einen Wagen zerrte. Er sah, wie der Mann sie fesselte, knebelte, mit ihr zu einem alleinstehenden Haus fuhr, wo er sie vergewaltigte, schlug und ihr Verbrennungen mit Zigaretten beibrachte. Er erzählte dem Psychiater Edward Rynearson in Seattle, er werde immer nach Luft schnappend und schreiend in dem Moment wach, wo der Kerl dem Mädchen die Kehle durchschnitt.[12]

Albträume zeigen nicht immer das tatsächliche Ereignis, als vielmehr das Destillat des damit verbundenen emotionalen Schlags. So träumt eine Frau, die Opfer einer Vergewaltigung wurde, statt von der Vergewaltigung selbst vielleicht eher, daß sie von einem mit einem Messer bewaffneten Angreifer auf einer Straße verfolgt oder daß sie gewürgt oder ertränkt wird. Und manche Menschen träumen nicht von dem gerade erlebten Schock, sondern von entsetzlichen Ereignissen, die sie früher erlebten, nie verheilten Wunden, die das jüngste Ereignis wiederum aufriß. Und so mancher kommt dahin, daß er das Träumen so sehr fürchten lernt, daß er kaum noch schläft.

Albträume sind eine vorhersehbare – und normale – Reaktion auf traumatische Ereignisse, die jenseits unserer Kontrolle liegen, insbesondere solche, die uns mit großer Furcht, mit Qualen, Hilflosigkeit oder Entsetzen erfüllen. Das Opfer eines Unfalls oder Erdbebens, das zwischen den Trümmern eingeklemmt wird, die Mutter, die sieht, wie ihr Kind von einem schnellfahrenden Auto erfaßt wird, der unschuldige Passant, der bei einem Überfall auf ein Geschäft in den Arm geschossen wird, das Kind, das sieht, wie der Vater die Mutter stranguliert – alle diese Menschen werden mit an Sicherheit grenzender Wahrscheinlichkeit unter quälenden Albträumen zu leiden haben. Je schwerer das Trauma und je größer die Bedrohung für unser Leben oder unser Sicherheitsgefühl, desto größer wird die Last für unser Traumsystem sein. Je hilfloser wir sind, mit dem Tag fertig zu werden, desto größer ist die Furcht, die für das Träumen zur Bewältigung in der Nacht zurückbleibt. Aber irgendwie müssen wir unser Selbstvertrauen wiederfinden, daß wir mit Dingen fertig werden können.

Fast jeder, der ein traumatisches Ereignis erlebt, träumt in den darauffolgenden Tagen und Wochen davon. Der Bostoner Schlafforscher und Psychiater Ernest Hartmann stellte fest, daß zum Beispiel eine Person, die mit dem Rest der Familie aus einem brennenden Haus flieht, wochenlang fast jede Nacht vom Feuer und Qualm und dem Entsetzen träumt. Das ist die erste Phase der Traumreaktion. Nach dieser Phase können andere Bilder in die Träume einbezogen werden, so daß diese Person träumt, wie sie mit anderen Mitgliedern der Familie zusammen ist und das brennende Haus betrachtet. Wochen oder Monate später können sich diese Träume dann erweitern, so daß auch andere Häuser einbezogen werden, in denen die betreffende Person schon einmal lebte. Mit der Zeit finden ihre Träume dann jedoch wieder zu der Form zurück, die sie vor dem traumatischen Ereignis hatten.

Die Frage, wie sehr wir in das Ereignis einbezogen oder davon betroffen sind, hat Einfluß darauf, welche Tragweite es für unseren Schlaf und unsere Träume hat. Obwohl diese Frage des »Wie-sehr« natürlich höchst subjektiv ist. Jeder von uns hat seine individuelle Richter-Skala. Manche Ereignisse wie Kriegserlebnisse, Folterungen, anhaltender sexueller Mißbrauch in der Kindheit oder der Gefangenschaft in Todeslagern – Horrorerlebnisse, die so extrem sind, daß diejenigen, die sie nicht erfahren haben, deren Tragweite nie wirklich verstehen können – sind oft mit extrem schlimmen Nachwirkungen verbunden. Die sich nicht nur in Schlafstörungen und Albträumen äußern, sondern auch in tagsüber wiederkehrenden Rückblenden, in emotionaler Starre und in anderen Symptomen, die unter dem Sammelbegriff posttraumatische Streßstörungen (Post-Traumatic Stress Disorder, PTSD) zusammengefaßt werden. In Kapitel 11 werden wir uns näher mit dem Problem der posttraumatischen Streßstörungen befassen.

Je jünger wir sind, wenn eine traumatische Erfahrung uns ereilt, desto geringer sind unsere Ressourcen. Je weniger erfolgreiche Strategien wir für die Bewältigung lebensbedrohlicher Krisen in den Netzwerken unseres Gedächtnisses haben, desto größer ist die Wahrscheinlichkeit, daß die Angst unseren Traummechanismus überwältigt und uns weckt.

Im Alter zwischen drei und acht Jahren erfahren 5–10 Prozent der Kinder mindestens einmal in der Woche Träume, aus denen sie aufschrecken. Die Häufigkeit nimmt mit den Jahren jedoch allmählich ab. Wie eine kürzlich von James Wood und Richard Bootzin an der University of Arizona durchgeführte Untersuchung zeigte, leiden Collegestudenten und -studentinnen noch etwa zweimal im Monat unter Albträumen.[13] Im Erwachsenenalter erfahren die meisten von uns derartige Katastrophenträume, aus denen wir angsterfüllt aufwachen, dann nur noch etwa einmal im Jahr. Unsere Albträume nehmen in dem Zuge ab, wie wir älter und kompetenter werden, um im Wachleben mit der Welt fertig zu werden.

Was aber nicht heißt, daß Erwachsene, die unter häufigen Albträumen zu leiden haben, zwangsläufig Personen sind, die keine guten psychologischen und praktischen Bewältigungsmechanismen entwickelt haben. In seinem Buch *The Nightmare* schreibt Hartmann, daß es zwei Typen von Erwachsenen gibt, die unter wiederkehrenden Albträumen zu leiden haben: Diejenigen, die zeit ihres Lebens unter Albträumen leiden, und diejenigen, die sie erst nach einer Krise unerwarteten, unvermeidbaren und größeren Ausmaßes entwickeln.[14] Was all diejenigen, die unter Albträumen leiden, verbindet, ist die Wehrlosigkeit angesichts eines realen Problems. Bei einigen fing der Angriff auf die persönliche Integrität früh an, und er verhinderte die Entwicklung eines von Selbstvertrauen und Selbstwertgefühl getragenen Selbstbildes. Bei anderen wurde das Selbstvertrauen durch irgendeinen späteren Schlag zertrümmert.

Wir wollen uns nun Albträume anschauen, wie sie in und nach

bestimmten Krisen auftreten, und sehen, wie wir sie verstehen und mit unserem Leben weitermachen können. Es sind Verlustkrisen – Krisen, in denen unser eigenes Leben bedroht ist; Krisen aufgrund des drohenden oder tatsächlichen Verlustes durch den Tod eines Kindes, des Partners oder der Partnerin oder einer anderen nahestehenden Person, aufgrund des Verlustes des Arbeitsplatzes, der Wohnung, von Besitz, von Dingen, die entscheidend für unsere grundlegende Sicherheit und Identität sind. Solche Verluste wecken, wenn wir erwachsen sind, Erinnerungen an ungelöste Ängste aus unserem früheren Leben.

Der Tod eines nahestehenden Menschen

Der Tod eines nahestehenden Menschen weckt bei fast jedem Gefühle tiefen Leids. Eine überwältigende Trauer ist eine normale Reaktion, sogar eine gesunde. Derart starke Gefühle können jedoch auch Schlafstörungen, schwermütige Träume und Konzentrationsstörungen während des Tages auslösen. Solche Konsequenzen sind ebenso üblich wie vorhersehbar. Verlustgefühle können monate- oder sogar jahrelang fortbestehen – und mit Ängsten verbunden sein, ob wir auch alles getan haben, was wir hätten tun können, mit Schuldgefühlen, wenn der Hinterbliebene das Gefühl hat, bestimmte Dinge unterlassen zu haben, mit Erleichterung, wenn die betreffende Person zu leiden hatte, oder auch mit Wut auf den verstorbenen Menschen, daß er »mich« im Stich gelassen hat. Die Intensität dieser Gefühle nimmt mit der Zeit ab. Die mit dem Tod verbundenen Belastungen sind stärker, wenn der Tod einen jungen Menschen traf oder das Ergebnis eines Unfalls, Selbstmords, Mords oder einer plötzlichen Krankheit war.

Manche Menschen leiden auch akut unter dem Tod eines Haustieres oder sogar eines Idols, dem sie persönlich nie begegnet sind: Rudolph Valentino, John F. Kennedy, Elvis Presley oder James Dean sind bekannte Beispiele dafür. Wenn diese emotionalen Verbindungen in ihrem Leben eine wichtige Rolle spielten, kann dieser Verlust ebenso tiefgreifende Folgen wie der Verlust einer real nahestehenden Person haben.

Unsere Reaktionen auf den Tod wie auch auf jedes andere Ereignis sind individuell einmalig und folgen nicht unbedingt vorhersehbaren Phasen. Durch unsere Träume werden vielleicht Aspekte unserer Beziehung zu der verstorbenen Person in den Vordergrund gerückt, die wir übersehen haben, als sie noch lebte. Unsere Träume helfen uns möglicherweise, mit Gefühlen zu Rande zu kommen, mit denen wir früher Schwierigkeiten hatten und heute noch haben. Und sie können uns helfen, die Endgültigkeit des Ereignisses zu akzeptieren und uns auf ein Leben ohne diese Person einzustellen.

Bei der Untersuchung von zehntausend Träumen, die eine Frau im Laufe von fünfzig Jahren aufgezeichnet hatte, stellte Margarete Gerne von der Universität Zürich fest, daß die auf den Tod eines nahestehenden Menschen folgenden Träume in drei unterschiedlich lange Phasen unterteilt werden können. In der ersten Phase konzentrierten die Träume sich auf den Tod, auf die Person, die starb, und die Trauer. In der zweiten Phase tauchten dann auch Themen wie »Arbeit« und »neue Orientierung« sowie lebende Personen auf. In der dritten Phase ließ das Träumen nach. Ein Zeichen, wie Gerne meint, daß die Trauerkrise überstanden war.[15]

Der Verlust eines Elternteils ist die üblichste Form der Trauer, die wir im Erwachsenenleben erfahren. Obwohl dieser Verlust schmerzlich sein kann, löst er für gewöhnlich dennoch keine lange oder intensive Trauer aus, sofern er nicht in allzu frühem Alter eintritt. Er wird als ein Ereignis des normalen Lebenszyklus' akzeptiert, auf das wir in der Regel irgendwie durch die Erfahrungen von anderen Familienmitgliedern und Freunden vorbereitet sind. Um die Zeit des Todes sind Träume von dem toten Elternteil durchaus üblich. Sie arten zwar selten zu Albträumen aus, können aber gleichwohl intensiven Schmerz verursachen. »Unmittelbar nachdem mein Vater gestorben war«, berichtete eine Frau, »träumte ich, mein Vater stünde draußen vor meinem Schlafzimmerfenster. Er sprach ganz klar mit mir. Ich wachte schreiend und weinend vor Schmerz auf«, erinnerte sie sich. »Der Traum ließ mich glauben, er sei da, und als ich dann aufwachte, war er nicht da, so verlor ich ihn nochmals.« Obwohl ihr Schlafzimmer sich im zweiten Stock befindet, fand sie es nicht ungewöhnlich, daß ihr Vater im Traum vor dem Fenster war. Heute, nachdem einige Jahre vergangen sind, taucht ihr Vater in ihren Träumen in der Zeit um ihren Geburtstag oder andere wichtige Jubiläumstage auf, und gelegentlich auch aus keinem erkennbaren Grund. Er sagt nicht mehr viel zu ihr. »In der Regel schaut er mich nur an«, sagt sie. »Oder er wirft mir vom Auto aus einen Kuß zu, wenn er wegfährt, so wie er es immer gemacht hat.«

Der Tod des Partners oder der Partnerin ist für die meisten Menschen wesentlich schwerer zu akzeptieren. Untersuchungen zeigen, daß junge Menschen und Personen mittleren Alters nach dem Tod des Partners oder der Partnerin mehrere Jahre lang selbst einem erhöhten Todesrisiko ausgesetzt sind. Einem Bericht der National Academy of Science zufolge ist bei Männern, die nicht wieder heiraten, im Vergleich zu Männern, die wieder heiraten, etwa sechs Jahre lang nach dem Tod der Partnerin eine höhere Todesrate feststellbar. Bei Frauen ist im zweiten Jahr nach dem Tod des Ehemannes ein höheres Todesrisiko zu verzeichnen.[16]

In den Vereinigten Staaten werden rund 800000 Menschen in jedem Jahr zu Witwen und Witwern. Dem Academy-Bericht zufolge sind rund 10–12 Prozent der verwitweten Personen ein Jahr nach dem Tod des Partners oder der Partnerin oder auch noch darüber hinaus sehr depressiv. Diese Zahl ist zwar niedriger als die bei Personen, die eine Scheidung erleben, aber es ist dennoch eine große Zahl – immerhin sind davon 80000 bis 160000 Menschen betroffen.

Der Verlust eines Kindes stellt eine noch größere Katastrophe und vielleicht sogar ein Ereignis dar, von dem man sich nie ganz erholt. Therapeuten, die mit Gruppen von Eltern arbeiten, die ein Kind verloren haben, berichten oft, daß neu hinzugekommene Mitglieder die anderen fragen: »Wie lange werden wir noch so leiden?« Und irgend jemand in der Gruppe gibt dann die Antwort, die fast immer die gleiche ist: »Es braucht seine Zeit. Mein Kind starb vor zwanzig Jahren, und ich bin immer noch nicht darüber hinweg.«

Ich weiß, wie wahr diese Antwort ist. Es ist inzwischen sieben Jahre her, daß meine Tochter Christine beim Überqueren einer schlecht beleuchteten Landstraße von einem zu schnell fahrenden Autofahrer getötet wurde. Sie war 28 und hatte gerade ihren Dr. phil. gemacht. Sie war auf der Stelle tot. Ich wurde durch einen Anruf der Polizei um halb zwei nachts mit dieser Nachricht geweckt. Noch immer befällt mich jedesmal Angst, wenn spät abends das Telefon klingelt.

Am Anfang konnte ich überhaupt nicht von Christine träumen. Nach einigen Wochen fing ich an, von ihr als von einem kleinen Kind zu träumen, das in Schwierigkeiten steckte. Ich hörte sie weinen und rannte zu ihr hin, um sie zu retten. In einem Traum fiel sie in die Toilette, und ich zog sie wieder raus. In einem anderen wurde sie von einem Auto überfahren, aber ihr dicker Schneeanzug schützte sie. Ich hob sie auf und tröstete sie. In jedem Traum wurde sie ein wenig älter.

Einige Monate nach ihrem Tod hatte ich folgenden Traum:

Ich war bei einer großen Tagung und wartete in einer Menschenmenge auf den Aufzug. Da kam Chris auf mich zu, die jetzt erwachsen war.

»Christine!« sagte ich. »Ich bin so glücklich, dich zu sehen. Ich dachte, du wärst tot.«

»Das bin ich auch«, sagte sie. »Ich bin nur gekommen, um bei dir zu sein, bis du dich an den Gedanken gewöhnt hast.«

Das sah ihr so ähnlich, daß der Traum tröstlich für mich war. Ich sah schließlich ein, daß ich sie nicht retten konnte, aber sie konnte auf eine Weise bei mir sein, die mir Frieden gab. Das war der letzte Traum der Trauerperiode. Die Gefahren- und Rettungsträume wandelten sich in Träume, in denen ich das Geschehen akzeptieren und damit leben konnte.

Unnatürliches Sterben

Die Frage, wie jemand stirbt, kann entscheidend für die Natur des Trauerns sein. Wenn jemand friedlich, in Anwesenheit von Familienmitgliedern stirbt, bleiben bei den Hinterbliebenen in der Regel völlig andere Gefühle, als wenn dieselbe Person bei einem Überfall erstochen oder auf einem Zebrastreifen von einem Betrunkenen überfahren wurde.

Rynearson, ein Psychiater, interviewte fünfzehn Mitglieder einer Selbsthilfegruppe, die einen Verwandten durch Mord verloren hatten. Bei allen lag das Verbrechen mindestens drei Jahre zurück. Sieben hatten Kinder verloren, fünf hatten Geschwister und drei hatten ihre Ehepartner verloren. Sechs der Ermordeten waren erschossen worden, vier erstochen, drei stranguliert und zwei waren zu Tode geschlagen worden. In zwölf Fällen war der Mörder gefaßt und hinter Gitter gebracht worden. Drei der Mordfälle waren unmittelbar durch Familienmitglieder verübt worden.[17]

Alle der von ihm Interviewten hatten vor dem Mord schon einmal einen Trauerfall durch den Tod eines Verwandten erlebt. Und alle sagten, daß der Schmerz nach einem Mord ein völlig anderer sei. Wie der zuvor erwähnte Mann, der den Tod seiner Tochter immer wieder durchspielte, wurden auch sie ständig, im Wachzustand und im Schlaf, von Bildern des Tatherganges gejagt. Keiner von ihnen war Augenzeuge des Verbrechens gewesen, so daß die Bilder, die sie sich zusammensetzten, durch Zeugenaussagen oder die polizeilichen Ermittlungen bzw. durch ihre eigenen Vorstellungen, wie es sich zugetragen haben mußte, zustande gekommen waren. Sie konzentrierten sich vor allem auf die panische Angst und Hilflosigkeit, der die Opfer ausgesetzt gewesen sein mußten.

Alle berichteten von sehr lebhaften wiederkehrenden Albträumen über das Mordgeschehen. Oft träumten sie, genau wie ich, daß sie versuchten, das Opfer zu retten. Zehn der Gruppe sagten, sie hätten sowohl tagsüber Phantasien als auch nachts Albträume, in denen sie versuchten, den Mörder zu ermorden. Einige entwickelten die Angst, sie könnten selbst angegriffen werden, und manche betrachteten die Zukunft nunmehr als unsicherer und weniger erfüllend.

Für den Mann, der immer wieder die Ermordung seiner Tochter rekonstruierte, war ihr Tod so erschütternd, daß dadurch selbst die schönen Erinnerungen an sie verblaßten. Durch ihren Tod isolierte er sich von allem anderen, auch von den übrigen Familienmitgliedern, gleichwohl er sie jetzt streng kontrollierte und nicht mehr aus den Augen lassen wollte. Er war wütend auf die Polizei, daß sie den Mörder nicht gefaßt hatte. In der Therapie konnte Rynearson ihm dann helfen, auch die Erinnerungen an die positiven Erfahrungen mit seiner Tochter wieder zu wecken. So daß er es lernte, peu à peu jene entsetzlichen Bilder durch solche zu ersetzen, in denen er Trost fand. Seine Horrorträume ließen sowohl in der Häufigkeit als auch in ihrer Intensität nach. Mit der Zeit begann er sogar davon zu träumen, daß er mit seiner Tochter wieder vereint sei. Solche Träume sind, wie Rynearson sagt, durchaus üblich bei Hinterbliebenen, wenn sie anfangen, sich mit dem Verlust abzufinden.

Selbstmord stellt die Hinterbliebenen noch vor wiederum andere Probleme. Hier sind Opfer und Täter ein und dieselbe Person. Edward Shneidman zufolge, einem der frühen Forscher auf diesem Gebiet, »hinterläßt die Person, die Selbstmord verübt, im emotionalen Schrank des Hinterbliebenen ihr psychologisches Skelett. Sie verurteilt den Hinterbliebenen zu einem Komplex von negativen Gefühlen und, was noch entscheidender ist, zu einer Obsession, was die Gründe für den Selbstmord angeht.«[18]

Diese Obsession kommt oft in Träumen zum Tragen und verstärkt das Leid des Hinterbliebenen. Es sind nicht wenige, die mit dem Problem des Selbstmords eines nahestehenden Menschen fertig werden müssen. In den Vereinigten Staaten sind jährlich etwa dreißigtausend Selbstmordopfer zu beklagen, wovon mehr als ein Viertel junge Menschen im Alter bis zu vierundzwanzig Jahren sind, die mehrere Familienmitglieder hinterlassen.

Enge Verwandte von Personen, die Selbstmord begingen, werden mit Erfahrungen konfrontiert, die den Angehörigen von Personen, die durch andere Ursachen starben, in der Regel erspart bleiben. Dazu gehören der Schock sowie die Notwendigkeit, nach einer Erklärung zu suchen, und die Schwierigkeit, die Gefühle, die der Selbstmord auslöste, mit anderen zu teilen. »Der Selbstmord bleibt eine unbegreifliche Tatsache in Zusammenhang mit dem geliebten Menschen«, sagen die Psychiater David Ness und Cynthia Pfeffer vom New York Hospital-Cornell Medical Center.[19] Angehörige von Selbstmördern scheinen in der Folgezeit selbst einem erhöhten Selbstmordrisiko ausgesetzt zu sein. So daß fürsorgliche Freunde gefordert sind. Sie sollten es im übrigen nicht nur vermeiden, den Hinterbliebenen Schuldvorwürfe zu machen, sondern ihnen, im Gegenteil, helfen, ihren Gefühlen Luft zu machen. Sie nach ihren Träumen zu fragen, ist ein direkter Weg zu diesen Gefühlen.

Bedrohungen der persönlichen Sicherheit

Wenn wir uns in Gefahr befinden, selbst wenn der Vorfall nur Sekunden dauert und wir körperlich unbeschadet davonkommen, können die Nachwirkungen jahrelang andauern. In einem Artikel beschreibt der Kolumnist James Kilpatrick, wie er nach fünf Jahren immer noch unter den Folgen eines Überfalls zu leiden hatte. Er hatte mittags sein Büro verlassen und wollte zu seinem Wagen gehen, den er einige Hundert Meter weiter weg geparkt hatte. Plötzlich versperrten zwei Jugendliche ihm den Weg. »Sie drohten mir mit etwas, das ich für eine Pistole hielt. Sie beraubten mich meines Geldes, meiner Uhr und meiner Selbstachtung. Dann flohen sie«, berichtet er.

»Es gab in diesen fünf Jahren nicht eine Woche, in der ich diese entsetzlichen Augenblicke nicht nochmals durchlebte. Andere Opfer erzählten mir, daß es ihnen genauso ging«, schreibt er. »Albträume lassen sich nicht verbannen. Sie rasen einfach wie wild durch deinen Schlaf.«[20]

Wer Opfer eines Verbrechens wird, erfährt Gefühle, die verwandt mit den Gefühlen Trauernder sind. Dennoch gibt es zwischen beiden gewichtige Unterschiede. »Der Trauernde fühlte den Verlust. Das Opfer fühlt sich wie ein Verlierer. Der Trauernde fühlt sich traurig. Das Opfer fühlt sich gedemütigt«, stellt der Psychiater Frank Ochberg in seinem Buch *Post-traumatic Therapy and Victims of Violence* fest. »Der Trauernde hat oft das Gefühl, als sei ein Teil von ihm weggerissen worden. Das Opfer fühlt sich oft herabgewürdigt, in der Machthierarchie herabgesetzt, ausgenutzt und zutiefst verletzt.«[21] Diese Gefühle kommen besonders zum Tragen, wenn es sich bei dem Verbrechen um ein Sexualdelikt handelt, das den Betroffenen seines Autonomie- und Kontrollgefühls beraubt. In Kapitel 10 werden wir die Auswirkungen von Sexualdelikten auf Träume und das Selbstgefühl noch eingehend untersuchen.

Ungeachtet ihres Ausmaßes an Zerstörung hinterlassen Naturkatastrophen erstaunlich wenige bleibende emotionale Wunden. Was in wesentlichen Teilen damit zu erklären ist, daß die Katastrophe in der Regel von ganzen Familien und Gemeinschaften erfahren wird. Wenn viele Opfer sind, können die Menschen sich gegenseitig beim Wiederaufbau ihres Lebens helfen. Gleichwohl gibt es keine Studie, die jemals über die psychologischen Folgen von Naturkatastrophen durchgeführt wurde, in der die Überlebenden nicht von einer Periode berichteten, in der sie unter Schlafstörungen und Albträumen zu leiden hatten – ob beim Ausbruch des Mount St. Helens, der Flut in Johnstown, Pennsylvania, beim Hurrikan Hugo oder bei anderen Katastrophen.

Nach dem Erdbeben 1989 im Norden Kaliforniens wurde in den Gesprächen am nächsten Tag auch immer wieder nach dem Schlafen gefragt. Wie hat man geschlafen, wie konnte man schlafen? war eine Frage, die fast alle beschäftigte. Nicht zuletzt durch die zahlreichen Nachbeben sagten viele, sie hätten Angst und seien nervös, insbesondere wenn sie über doppelstöckige Brücken und Stadtautobahnen fuhren. Kleinere Kinder wollten bei ihren Eltern schlafen. Ältere hatten Angst, zur Schule zu gehen. Viele Menschen nahmen das Erdbeben jedoch auch als Anstoß, ihre Häuser zusätzlich abzusichern und zu verstärken, sich Wasser- und Konservenvorräte anzulegen, sich mit Taschenlampen einzudecken oder sich in der Form auf künftige Beben einzustellen, daß konkrete Fluchtwege von zu Hause oder vom Arbeitsplatz aus geplant wurden. Sechs Wochen nach dem Beben waren Albträume noch immer weitverbreitet, wie Psychiater berichteten. Aber sechs Monate später sagten dann bereits alle Befragten, ihre Albträume hätten nachgelassen oder auch ganz aufgehört.

Naturkatastrophen oder die Folgen von Ereignissen wie einem schweren Flugzeugunglück oder dem Einsturz von Gebäuden können auch bei nicht unmittelbar betroffenen Personen Albträume auslösen. Es genügt oft, das Geschehen als Augenzeuge miterlebt oder am Fernsehschirm verfolgt oder davon durch die Erzählungen anderer erfahren zu haben. Eine Frau, die an der Ostküste lebte und nach dem Erdbeben 1989 ihre Schwester in San Francisco nicht telefonisch erreichen konnte, berichtete folgenden Traum:

»Ich war mitten im Erdbeben. Ich stand draußen vor meinem Haus. Die umstehenden Gebäude standen alle in Flammen, und ein Funkenregen ging auf mein Haus nieder. Ich weiß noch, daß ich meine Eltern und meine Katzen in den Wagen packte. Dann fuhren wir einfach los. Wir fuhren einfach immer weiter, um davon wegzukommen. Dann wachte ich auf und fing an zu weinen.«

Ihre Verzweiflung, daß sie ihrer Schwester nicht helfen und nicht einmal mit ihr sprechen konnte, hatte diesen Fluchttraum ausgelöst.

Auch Helfer bei Katastropheneinsätzen sind nicht immun gegenüber solchen Folgen. Diejenigen, die von Berufs wegen oft in Kontakt mit Lebenstragödien kommen, wissen, daß Albträume zu ihrem Job dazugehören können. Bei einer Studie über Polizeibeamte, die in die weitläufigen Ermittlungen zu einem Flugzeugabsturz eingeschaltet waren, wurde festgestellt, daß einer von fünf wegen Streßsymptomen behandelt werden mußte.

Ein Katastrophenhelfer erinnerte sich an die Szene eines Flugzeugabsturzes. »Es war ein Inferno, ein Wahnsinnsfeuer und ein Wahnsinnsqualm. Ich habe so etwas überhaupt noch nie erlebt, es war der helle Wahnsinn. Überall verstreut lagen Körperteile herum, Köpfe, Beine, Rümpfe ohne Gliedmaßen, Menschen, die halbiert waren, mit Blut bedeckt, manche bis zur Unkenntlichkeit verbrannt. Diese zerstückelten Teile lagen verstreut zwischen dem Wust der ganzen anderen Trümmer – Bücher, Koffer, Kleidung. Es gab niemanden, dem ich hätte helfen können, nichts, was ich für jemanden hätte tun können. Nacht für Nacht, wenn ich träumte, sah ich diese entsetzliche Szene«, sagte er. Mit der Zeit änderte der Traum sich dann schließlich.

Ich war wieder am Unfallort, aber es war hellichter Tag. Es gab kein Feuer und keinen Qualm. Die Körper lagen herum. Ich wußte, daß die Menschen tot waren, aber sie waren ganz.

Dieser Mann konnte nicht verdrängen, daß der Unfall geschehen war. Indem er den Tod in seinem Traum jedoch akzeptabler machte, war es ihm möglich, weiterhin seiner Arbeit nachzugehen.[22]

→ SELBSTHILFE: Albträume nutzen

So schrecklich sie auch sein mögen, Albträume, die durch Tod oder eine Katastrophe ausgelöst werden, erfüllen einen wichtigen Zweck. Sie weisen uns brutal und mitfühlend zugleich darauf hin, daß das entsetzliche Geschehen uns noch immer beschäftigt und noch immer an uns nagt. Der Überlebende eines Erdbebens formulierte es so: »Es ist ja nicht so, als ob ich die Wahl hätte zu sagen, ich bin mit dem Erdbeben fertig. Das Erdbeben ist nicht fertig mit mir.«

Albträume sind der Schrei nach einer Lösung, der Schrei, einen Weg zu finden, die entsetzliche Erfahrung in unser Leben zu integrieren. Sie treiben uns an, ein neues Bild von uns selbst zu schaffen und zu akzeptieren, ein Bild, das die Katastrophe mitberücksichtigt, und dann mit unserem Leben weiterzumachen. Es ist eine gewaltige Aufgabe, die wir nicht immer schnell oder allein erledigen können. Dazu benötigen wir möglicherweise die Hilfe von jemandem, dem wir vertrauen, unserem Partner oder einem engen Freund oder auch von einem Therapeuten, von jemandem, der uns hilft, unsere Gefühle und unseren Schmerz über den Verlust in unserem Leben auszudrücken, das jetzt nicht mehr so ist, wie es vorher war.

Die Erforschung schlechter Träume kann insbesondere dann sinnvoll sein, wenn der Schmerz lange anhält oder sehr intensiv ist. Wenn es dem Überlebenden schwerfällt, die Realität des Ereignisses anzuerkennen, kann es in vieler Hinsicht hilfreich und wichtig für seine Gesundheit sein, seine Träume zu nutzen, um Zugang zu bestimmten Gefühlen zu finden. Sie können einem leidenden Menschen allein dadurch enorm helfen, daß Sie ihm zu verstehen geben, daß das, was er denkt und fühlt, sich in der Regel in seinen Träumen zeigt, und daß Sie ihm zuhören, wenn er von seinen Träumen erzählen möchte.

Wenn Sie mehr als ein- oder zweimal im Jahr von Albträumen geweckt werden, können Sie es lernen, sie zu entschärfen, indem Sie in Ihrem Wachleben über diese Träume nachdenken und ein besseres Ende für sie entwerfen. Im nächsten Kapitel werden wir uns mit einer Methode zum Umgang mit quälenden Träumen beschäftigen, mit einem Weg, wie Sie durch Einbeziehung positiver Traumdimensionen das Ende Ihrer Träume verbessern können. Dieser Ansatz kann Albträume weniger bedrohlich machen und dazu beitragen, daß sie nachlassen.

6. Von Alltagsträumen zu Krisenträumen

Wenn unser Leben ruhig verläuft, enthalten die meisten Träume ein wenig hiervon und ein wenig davon. Unsere Träume haben nicht viel mehr zu tun, als das Bild von unserem gegenwärtigen Selbst in einem stabilen Zustand zu halten. Es fehlt ihnen dann möglicherweise auch das eine verbindende Thema, das sich ansonsten durch alle Träume einer Nacht zieht. Oft kann man sich an diese Träume nicht mehr als an das erinnern, was man heute morgen beim Frühstück gedacht hat. In solchen Zeiten haben wir uns einfach nicht sehr viel Wichtiges zu sagen.

Wenn wir offen, ungehemmt und kreativ sind, können unsere Träume ausgesprochen kurios sein. So erzählte ein Mann, er habe mitten in einem ihm bereits vertrauten Traum – worin er einer Prozession von Menschen in prächtigen Renaissance-Kostümen zuschaute – plötzlich eine Unterbrechung durch Werbung erlebt. Ein großer lächelnder Mund erschien auf dem Bildschirm seines geistigen Auges: Eine Zahnpasta-Reklame!

Wenn unser Leben im Alltag mit unserem etablierten Selbstgefühl übereinstimmt, wird unsere nächtliche Traumarbeit per Automatik gesteuert. Unsere Träume erledigen im stillen ihre Arbeit, ob wir sie zur Kenntnis nehmen oder nicht. Sie sortieren unsere gegenwärtigen emotionalen Erfahrungen, vergleichen sie mit älteren gespeicherten Erinnerungen und malen ausgehend von dem, was dabei herauskommt, vorausblickend neue Szenarien aus. Dieses Traumsystem ist selbstregulierend, wie viele andere Systeme des Körpers auch. Träume stellen immer eine Integration von neuen Informationen dar, aus denen sich aber nicht die Notwendigkeit ergibt, das grundlegende Bild zu ändern, das wir von uns selbst haben.

In Krisenzeiten, wenn wir unter Streß stehen oder in eine neue Rolle katapultiert werden, auf die wir nicht vorbereitet sind, kommt dann jedoch »Action« in unsere Träume. Wir durchforsten in unseren Träumen dann unsere Datenspeicher auf der Suche nach Material, aus dem wir aus der Vergangenheit Rückschlüsse für die Gegenwart gewinnen können. Wenn diese neuen Informationen in unserem Gedächtnis nichts Vergleichbares finden, oder wenn schlechte Träume durchbrechen, müssen wir auf das hören, was unsere Träume uns zu sagen haben.[1]

KrisenTräumen

Einer meiner Patienten hatte, als er auf der High-School war, durch Herumexperimentieren mit Feuerwerkskörpern sein Augenlicht verloren. Monate später träumte er noch immer, wie er mit dem Auto fuhr und Fußball spielte, genau wie vor dem Unfall. Es dauerte einige Jahre, erzählte er mir, bis ihm in seinen Träumen bewußt wurde, daß er eigentlich nicht fahren sollte, weil er blind war.

Erst fünfundzwanzig Jahre später fing er in seinen Träumen an, sich zu sehen, wie er mit einem Blindenstock umherging oder wie er Blindenschrift las. Und selbst heute, fünfundvierzig Jahre später, sieht er sich in seinen Träumen noch nicht immer so, »wie in echt«. Dabei spielen seine Träume keineswegs alle in der Vergangenheit. Auf der Leinwand seines geistigen Auges erscheint er dann vielmehr mit seinem heutigen Alter und kann dennoch ganz normal sehen.

Seine Geschichte ist nicht ungewöhnlich. Sie ist im Gegenteil eher die Regel als die Ausnahme. Seine Erfahrung deckt sich mit der von Menschen, denen etwa ein Arm oder ein Bein amputiert wurde. Selbst in ihrem Wachleben erfahren viele manchmal ein Gefühl, in der Regel Schmerzen, das sie so wahrnehmen, als käme es von den fehlenden Gliedmaßen. Und viele sehen sich in ihren Träumen so, als wären ihre Gliedmaßen intakt. Ähnlich haben Männer, die infolge eines Unfalls von der Taille abwärts gelähmt blieben, weiterhin explizit sexuelle Träume. Manche, die in ihrem Wachleben keinen Orgasmus mehr erfahren können, erleben ihn in ihren Träumen.[2]

Mein blinder Patient weiß in seinem Wachleben, daß er nicht sehen kann. Er würde sich nie hinter das Steuer eines Autos setzen, obwohl er sich vielleicht wünscht, er könnte es. In seinen Träumen sieht er sich jedoch nicht so, wie er ist, sondern so, wie seine Emotionen es ihm diktieren.

Sehen oder Nichtsehen kann in einem Traum natürlich eine Metapher für die Erkenntnis einer wichtigen Tatsache sein. Mit einem Blindenstock zu gehen, kann ein Hindernis für Fortschritte symbolisieren, und das Lesen der Blindenschrift kann dafür stehen, daß er in »Berührung« mit irgendeinem Gefühl kommt. Die gleichen Metaphern können auch in den Träumen von Personen auftauchen, die normal sehen können. Aber wenn sie in den Träumen eines Blinden erscheinen, ist die Blindheit eine weitere Dimension, die zu untersuchen ist.

Die Psychologin Nancy Kerr und der Psychologe David Foulkes vom Georgia Mental Health Institute untersuchten im Schlaflabor Erwachsene, die in ihrer Jugend ihr Augenlicht verloren hatten. Viele Jahre nach diesem Ereignis erlebten diese Personen ihre Träume noch immer in visueller Form. Manche schufen visuelle Bilder von Menschen und Orten, die sie erst nach dem Verlust ihres Augenlichtes kennengelernt hatten. Eine Blinde beschrieb zum Beispiel ein Picknick im Haus einer Freundin. Sie erinnerte sich, daß die Freundin sehr dick geworden war und daß sie »sehr, sehr blondes« Haar hatte, obwohl nichts von beidem tatsächlich zutraf. »Träume«, betonen die Forscher, »sind nie einfach Simulationen des Sehens; sie sind Simulationen des Lebens.«[3] Und unsere Träume reflektieren unser Leben nicht nur so, wie wir es gegenwärtig wahrnehmen, sondern vielmehr, wie wir es empfinden, es uns vorstellen oder es uns wünschen.

Aber auch all diejenigen von uns, die normal sehen können, haben ihre emotionalen blinden Flecke. Und wir brauchen möglicherweise lange, um die innere Identität unseres Selbst zu revidieren, insbesondere wenn es sich dabei um Veränderungen handelt, zu denen wir gezwungen werden und die wir eigentlich nicht machen möchten. In unseren Träumen schaffen wir durch Rückgriff auf unsere Erinnerungen und unsere gegewärtigen Erfahrungen ein Gemisch, das unsere gegenwärtigen Gefühle zum Ausdruck bringt. Die Kombination, die dabei zustande kommt, kann die Realität – ganz oder in Teilbereichen – akzeptieren oder ignorieren.

Kerrs und Foulkes' Studie zufolge ist es ein langsamer Prozeß, durch den wir unsere Sicht von uns selbst so verändern, daß sie auch das reflektiert, was in der äußeren Welt geschieht. Wir können diesen Prozeß beschleunigen und ihn im Wachleben zu unserem Vorteil nutzen, indem wir aktiv in unsere Träume eingreifen. Und das ist der Grund, warum ich die in diesem Kapitel beschriebene Traumtherapie entwickelt habe. Ich wollte all denen helfen, deren Leben und deren Träume festgefahren waren.

Träume, die nirgendwo hinführen

Tony, einer meiner Patienten, kam zu mir, als er tief in einer Depression steckte. Ehe er in seine Ehekrise geraten war, hatte Tony sich zu denen gezählt, die es geschafft hatten. Er war Ingenieur, hatte einen guten Job, ein schönes Zuhause, eine attraktive Frau und drei Söhne. Äußerlich gab er eine gute Figur ab, ein stattlicher Mann – groß, schlank, prächtige Glatze und sehr gepflegt. Sein Gesicht war jedoch starr und düster. Essie, die Frau, die ihn vor vier Monaten verlassen hatte, als er sich zu unserer Studie meldete, war nicht nur seine Frau, sie war auch seine »Traumfrau«.

Tony hatte eine emotional kalte Kindheit erlebt. Seine Eltern hatten sich weder gegenseitig noch ihm ihre Zuneigung gezeigt. Als Tony fünfzehn war, ging seine Mutter von zu Hause weg, um mit einem jüngeren Mann zusammenzuleben. Sie wohnte weiterhin im gleichen Viertel, was dazu führte, daß Tony fortwährend Zielscheibe von Hänseleien war. In seiner frühen Jugend fing er an, in seiner Phantasie von einem schönen Mädchen mit langen weichen blonden Haaren zu träumen, das Hand in Hand mit ihm spazierenging und ihn für all die Einsamkeit entschädigen würde, die er in jungen Jahren erfahren hatte. Als er Essie begegnete, kurz ehe er nach Vietnam geschickt wurde, glaubte er, dieses Mädchen gefunden zu haben.

Sie heirateten, als er zurückkam. Essie war an ihr emanzipiertes Leben gewöhnt und hatte keine Lust, ein Dasein als Heimchen am Herd zu fristen, wie Tony es sich so sehr gewünscht hätte. Wenn sie uneins waren, sprang sie auf, lief aus dem Haus und übernachtete bei Freundinnen. Sie drohte oft mit Scheidung. Aber Scheidung war etwas, was Tony als tief religiöser Mensch nicht einmal bereit war, in Betracht zu ziehen. Sie verständigten sich schließlich darauf, daß sie versuchen wollten, das beste aus ihrer Ehe zu machen. Nachdem drei Kinder da waren, verlangte sie von ihm, daß er sich sterilisieren ließ. Sie blieben insgesamt neunzehn Jahre zusammen. Aber eine Zeit ohne Probleme gab es nie. So daß Essie auch wieder anfing, alleine auszugehen und über Nacht wegzubleiben.

Tony wollte um alles auf der Welt seine Familie zusammenhalten und war so beschäftigt mit diesem Wunsch, daß er lange brauchte, bis er merkte, daß seine Frau seit langem eine Liebesbeziehung mit einer anderen Frau unterhielt. Als Essie ihn schließlich mit ihren Bedürfnissen konfrontierte und ihm erklärte, sie brauche dieses Ventil, war er mit der Situation völlig überfordert. Er schrie sie an und beschimpfte sie wüst. Sie wehrte sich mit Tritten, schnappte ihren jüngsten Sohn und zog aus. Tony wohnt nach wir vor mit den zwei älteren Söhnen im selben Haus, obwohl Essie ein Gerichtsverfahren gegen ihn angestrengt hat, um die Hälfte des Hauses einzuklagen. Er hat keine Ahnung, wo sie wohnt.

Trotz seiner vielen Stärken fiel Tony in eine schwere Depression. Seine langen unglücklichen Träume, die in einer Nacht im Schlaflabor aufgezeichnet wurden, zeigen, wie sehr der Verlust seiner Frau sein Selbstbild zerstört hat. Sie signalisieren auch, was sich ändern muß, daß er mit sich selbst wieder zufriedener wird und wieder lieben kann. Sie veranschaulichen auch, wie Träume aktuelle Sorgen verdeutlichen und sie mit Erinnerungen an frühere Ereignisse verbinden.

Wie es typisch für viele depressive Menschen ist, begann auch Tonys erster Traum nicht in der Gegenwart. Er führte ihn in eine frühere Zeit, nach Vietnam, und an den Anfang seiner schwierigen Ehe zurück.

Traum 1

Ich war in einem kleinen Boot, einem 15-Mann-Schlauchboot. Ich versuchte, auf die Küste zuzupaddeln, und ein Sturm kam auf und erfaßte uns irgendwie wie auf offener See. Das Ganze war irgendeine militärische Operation, die etwas mit dem U-Boot zu tun hatte, das uns dort abgesetzt hatte. Es war ein großes Schlauchboot, aber neben mir waren nur noch zwei weitere Männer drin. Das Boot wurde hin und her geworfen. Es war eine geheime amphibische Landeaktion. Alles hatte aber etwas Künstliches, als sei es nur ein Scheingefecht, das mit einem Übungsboot gefilmt würde. Es war dunkel und stürmisch, und das Boot drehte sich wie ein Kreisel in dem aufgepeitschten Wasser.

Der Traum zeigte Tony »auf See« mit zwei anderen, wie sie versuchten, sicher an Land zu kommen. Die Mannschaft war kleiner, als sie für eine ordnungsmäßige Besatzung des Bootes erforderlich gewesen wäre. Klar, daß er und seine Söhne versuchten, aus eigener Kraft heraus zu überleben.

Als Tony seinen Traum beschrieb, sagte er, das Ganze sei ihm wie ein Scheingefecht vorgekommen. Und das war es, wie er sich hinsichtlich seiner Ehe fühlte; er war getäuscht worden. Sein Bild von einer glücklichen Familie war nur Schein. Obwohl die Handlung dramatisch klingt, war sie irgendwie künstlich, wie er sagte. Sie erschien ihm nicht real. Nach seiner Trennung war er von jedem Gefühl abgespalten. Im Gespräch über seinen Traum identifizierte Tony verschiedene Traumdimensionen: real / Schein, sicher / gefährlich sowie unter Kontrolle / außer Kontrolle.

Dieser Traum formulierte Tonys Problem: »Wie können meine Jungs und ich es sicher durch ein Meer von Schwierigkeiten schaffen, nachdem ich entmannt und von einer bisexuellen Frau im Stich gelassen wurde?« Seine eigene Frage beantwortete er sich im Traum zum Teil selbst, indem er auf Erinnerungen an seine Militärdiensterfahrungen zurückgriff, auf Bilder der Kompetenz und Stärke, die er brauchte, um diese Krise zu überstehen.

Traum 2

Es war irgendwie ein sehr häuslicher Traum. Er hatte etwas mit einer riesigen Thermoskanne zu tun, die auf einem Tisch stand. Ich glaube, ich sollte das Ding an einen anderen Ort bringen. Dabei spielte auch noch ein großer Lkw eine Rolle. Ich beobachtete ihn auf einem Fernsehmonitor. Dieses Ding mußte von einem Haus zu einem anderen gebracht werden.

Hier war Tony ebenfalls in einer Übergangssituation, die im übrigen ein Thema darstellt, das oft in den Träumen von Personen auftaucht, die eine Veränderung in ihrem Leben durchmachen. Diesmal war es ein häuslicher Umzug von einem Haus zu einem anderen. Und wieder war da etwas Abgekoppeltes und Distanziertes, das durch sein Mitverfolgen am Monitor zum Ausdruck kam und vielleicht widerspiegelte, wie er die Überwachungssituation im Labor empfand.

Traum 3

Es war ein sexueller Traum. Ich war in einem fremden Land. Ich war bei der Armee und lernte eine viel jüngere Frau kennen, fast noch ein Mädchen. Ich wohnte in einem fremden Hotel, und sie wohnte auch dort. Sie ließ mich wissen, daß sie mich mochte. Ich versuchte, zu einem Entschluß zu kommen, wie ich damit umgehen sollte. Ich sagte mir: »Dieses Mädchen ist viel zu jung für dich, mach also keine dummen Geschichten.« Denn das wäre typisch für mich.

Schließlich hatte ich das Hin und Her satt und ging zu ihrem Zimmer. Es war aus einer Höhle hergerichtet worden. Alle Zimmer des Hotels waren aus Höhlen hergerichtet. Statt Türen hingen Plastikstreifen am Eingang, wie Vorhänge, durch die man hindurchgehen konnte. Ich wußte, es war falsch, hierher gegangen zu sein. Aber je weiter ich hineinging, desto schwieriger war es, wieder umzukehren. Ich dachte, noch ist es früh genug, wieder rauszugehen.

Ihre Mutter wohnte in einem anderen Zimmer. Sie hatte mir bereits verdeutlicht, daß sie unsere Verbindung nicht guthieß, und ich hatte ihr entsprechende Zusagen machen müssen. Aber jetzt war ich dabei, mein Versprechen zu brechen, da das Mädchen sexuell verdammt interessiert an mir schien. Wir saßen zusammen auf einem Bett. Dann sagte sie, sie müsse ins Bad gehen. Diese Höhlenzimmer hatten kein Bad. Sie war lange weg.

Ich machte mich auf, um sie zu suchen. Dabei kam ich an dem Zimmer ihrer Mutter vorbei und hörte im Vorbeigehen, wie sie zu jemandem sagte: »Wußtest du, was sie jetzt gerade macht? Sie ist mit diesem alten Typen in ihrem Zimmer.« Es war sehr schmeichelnd, daß ein Mädchen dieses Alters mich attraktiv fand.

Tony steckte in einem moralischen Dilemma. Er fühlte sich bloßgestellt und beschämt, daß er einem unangemessenen sexuellen Verlangen nachgegeben hatte, aber er fühlte sich zugleich auch geschmeichelt und empfand es als angenehm. Er wurde in Versuchung geführt, geriet auf Abwege und wurde nur durch das Verhalten des Mädchens gerettet, als es ins Badezimmer verschwand.

Dieses unterirdische Hotel erinnert uns daran, daß er sich in seinem ersten Traum auf einem Schlauchboot befand, das ein U-Boot ausgesetzt hatte. In seinem zweiten Traum mußte er eine Thermoskanne zu einem anderen Haus bringen, ein Behältnis für Flüssigkeit, das in seiner Form einem U-Boot ähnelt. Nach Freuds Theorien sind das U-Boot und die Thermoskanne beides Symbole für Tonys Sexualität. Die Höhlenräume mit den vorhängeähnlichen Streifen, die im dritten Traum erschienen, können als eine graphische Darstellung weiblicher Genitalien verstanden werden. Diese Interpretation würde zu dem passen, was wir von Tonys Sorgen wissen. Wichtig ist jedoch festzuhalten, daß Tony der einzige ist, der uns sagen könnte, was die Symbole tatsächlich für ihn darstellen.

In diesem Traum geriet Tony in einer heterosexuellen Situation in Schwierigkeiten, als er sich passiv auf die Avancen eines jungen Mädchens einließ. Er fragte sich: »Wie habe ich angemessenerweise mit meiner Sexualität umzugehen, jetzt, da ich älter werde?« Wir erinnern uns, daß er seine Mutter verurteilt hatte, daß sie mit einem jüngeren Mann weggelaufen war. In seinem dritten Traum kamen weitere Traumdimensionen hinzu: zu Hause/fremd, jung/alt sowie moralisch/unmoralisch.

Traum 4

Ich wollte einige Leute in einem Restaurant treffen. Ich war bei der Familie meiner Frau. Die Tante meiner Frau hatte mich im Büro abgeholt und brachte mich zu einem Familientreffen dorthin. Wir begegneten zwei Zwerginnen, Zwillingsschwestern. Wir gingen zu einer kleinen Pilzhauswohnung, in der sie lebten. Sie kamen als Jungen verkleidet heraus, aber ihre Verkleidung war nicht sehr gut, weil sie sich nur Schnurrbärte ins Gesicht geklebt hatten und beide noch Kleider trugen. Sie waren sehr alt und sahen mit den künstlichen Schnurrbärten auf den Oberlippen etwas ulkig aus.

Meine Schwiegermutter versuchte, alles zu koordinieren und dafür zu sorgen, daß jeder zum Treffpunkt kam. Sie war verärgert, daß alles schieflief. Die Zwerginnen gingen zu dem falschen Ort. Sie kamen aus dem kleinen Pilzhaus, aus der Kellerwohnung herausgestürmt, wo sie wohnten. Ihre Gesichter waren ganz sonderbar, sie sahen wie zusammengepreßt, irgendwie gequetscht aus. Sie dachten, ihre Verkleidung würde funktionieren, und wir würden sie nicht erkennen. Als die Tante meiner Frau merkte, daß sie zum falschen Ort gingen, fing sie an zu schreien und erklärte: »Zum Teufel damit, ich gehe jetzt nach Hause.«

Das Restaurant, in dem wir uns treffen sollten, gehörte Mike Ditka, dem Trainer der Bears. Überall waren Swimmingpools. Ich hatte einen Anzug an. Ein Bursche führte mich runter an einen Pool, unmittelbar unter dem Büro von Mike Ditka, der dort schwamm. Es war dunkel, und ich ging zwischen diesen Stufen geradewegs in den Pool hinein, bis ich mit meinem Anzug bis zur Taille schließlich im Wasser stand.

Vorher war ich im Zoo und hatte Bären gesucht, bis ich diesem Kerl begegnete, der mir komisch vorkam, weil er mir folgte. Er griff mich irgendwie aus der Menge heraus und brachte mich zu Ditkas Laden. Es machte mich verrückt, daß ich schließlich im Wasser gelandet war.

Als wir am nächsten Morgen über diesen Traum sprachen, konnte Tony sofort die Bedeutung einiger Bilder erklären. Die Zwerginnen, die Zwillingsschwestern mit den gequetschten Gesichtern erinnerten ihn an die Fehde zwischen seiner Schwiegermutter und deren Schwester. Die beiden Schwestern hatten sich über die Versorgung ihrer pflegebedürftigen Mutter zerstritten. Ihre Mutter war ein winziges Persönchen mit einem im Alter völlig eingefallenen Gesicht, das irgendwie zusammengedrückt aussah.

Wir sehen in diesem Traum auch Tonys Sorge, was bei seiner Frau »herauskam«, als sie sich als bisexuell entpuppte – und zwar im Bild der zwei Frauen, die als Männer verkleidet zu entkommen versuchten und zum falschen Ort losstürmten. Tony träumte aber auch von einem sehr maskulinen Mann, Mike Ditka, und einem unverkennbar homosexuellen Mann, der ihn verfolgte und ihn zu einem unangemessenen Akt verleitete, der damit endete, daß er schließlich ganz naß war.

In diesem Traum sagte Tony: »In der Familie läuft alles schief, die Menschen streiten miteinander und verstehen sich nicht, und ich bleibe dabei mit dem Dilemma meiner männlichen Identität übrig.« Und er fragte: »Was macht das aus mir, daß ich eine bisexuelle Frau habe? Wo gehöre ich hin?« Hier sehen wir wieder die Traumdimensionen real/Schein sowie unter Kontrolle/außer Kontrolle. Zusätzlich kamen in diesem Traum folgende Dimensionen ins Spiel: heterosexuell/schwul, aktiv/passiv, Stolz/Scham sowie exponiert/insgeheim.

Im letzten Traum der Nacht träumte Tony schließlich direkt von seiner Frau.

Traum 5

Meine Frau hatte sich irgendwie verletzt, und sie zeigte mir eine operierte Wunde. Sie war an ihrem Bein. Wir sprachen miteinander. Sie zeigte mir die Wunde und sagte mir, sie müsse noch mehr operiert werden.

Tony träumte, daß seiner Frau etwas passiert war und sie noch nicht wieder ganz in Ordnung war, womit er vielleicht seinen Wunsch zum Ausdruck brachte, eine Operation würde bei Essie sexuell wieder alles in Ordnung bringen und sie zu ihm zurückbringen.

Als er am nächsten Tag seine Träume genauer unter die Lupe

nahm, entdeckte er viele sinnfällige Verbindungen, als er auf der Suche nach ihren Ursprüngen verschiedene Bereiche seines Wachlebens durchstöberte. Die operierte Wunde brachte die Erinnerung an die Sterilisation zurück, die Essie von ihm nach der Geburt ihres dritten Kindes verlangt hatte. Zu seinem Traum vom türlosen Höhlenhotel erinnerte er sich an einen Abend, der noch nicht lange zurücklag, wo bei einer Veranstaltung der Army, der er noch als Reserveoffizier zur Verfügung stand, zwei Teenager und ein junger Mann auf ihn zugekommen waren. Er hatte mit einem der Mädchen getanzt und gedacht, daß sie seine Gesellschaft genoß. Es machte ihm Mut, daß ein junges Mädchen ihn sexuell attraktiv fand. Und er war überzeugt, die sexuelle Versuchung, der er hier ausgesetzt war, habe den Ausschlag für diesen Traum gegeben.

Dabei war diese ältere Erinnerung an die Army-Veranstaltung aller Wahrscheinlichkeit durch den unmittelbareren Tagesreststimulus ausgelöst worden, daß eine attraktive junge Technikerin in einem hotelähnlichen Schlaflabor ihn an jenem Abend zu Bett gebracht hatte. Darüber hinaus spiegelte dieser Traum noch eine ältere Erinnerung an die Kellerwohnung seiner Mutter wider, in der sie, nachdem sie von zu Hause fortgegangen war, mit ihrem Liebhaber gehaust hatte. Tony erinnerte sich, daß die Tür zu der Wohnung ein Fenster hatte. Und im Labor wußte er, daß eine Videokamera auf ihn gerichtet war. Sein Traum offenbarte sein Gefühl des Verlustes von Privatsphäre.

Der Restauranttraum erinnerte ihn an die Familie seiner Frau, ein großer, engverbundener und emotional lebhafter Clan. Es war Usus, sich zu großen Familienessen in einem Restaurant zu treffen. Mit dieser schönen Gepflogenheit wurde gebrochen, nachdem die beiden Schwestern sich zerstritten hatten und nicht mehr bereit waren, miteinander zu sprechen. Er vermißte diese Verbundenheit und Nähe sehr.

Seinen Traum, wonach er Haushaltsartikel mit einem Lkw transportieren sollte, sah er in Zusammenhang mit einer Fahrt, die er kürzlich zu einer von Nonnen geführten Mission für AIDS-Opfer gemacht hatte und eine Sammlung von Kleider- und Möbelspenden dorthin gebracht hatte. Er bewunderte die Hingabe dieser guten »Schwestern« so sehr, daß er hernach versuchen wollte, Essie zu finden, um es noch mal mit seiner Ehe mit seiner lesbischen Frau zu versuchen.

In allen Träumen sahen wir Tonys Selbstbild als passiv und ausgeklinkt. Er beobachtete und tat nur so, als handele er oder ließe sich von anderen führen. Er fragte sich, ob er maskulin oder feminin sei, als er sich mit den Gefahren der Heterosexualität und Bisexualität, von Moralität und Immoralität, von Jugend und Alter auseinandersetzte. Er jonglierte mit seinen Dilemmata, mal so und mal so von Traum zu Traum.

Was Tony in allen seinen Träumen fehlte, war die Fähigkeit, mit den Problemen, die aufgeworfen wurden, hinlänglich fertig zu werden. Er war in seiner inneren Welt so festgefahren wie in der Realität seines Wachlebens. Er geriet in Schwierigkeiten, weil er zuließ, daß das geschah, was andere sich wünschten. Er sah sich als Zuschauer, als Außenseiter, als ein Opfer, das versuchte, das Richtige zu tun. Er hatte Zweifel an seiner Männlichkeit und fühlte sich hilflos. Er war »schuldig gemäß Anklage«, daß er sexuelle Begierden hatte und daß seine nicht mehr »intakte« Traumfrau ihn im Stich gelassen hatte. Er arbeitete in seinen Träumen jedoch nicht auf eine Lösung dieser Probleme hin. Und meine Sorge war, daß er ohne fremde Hilfe nicht aus seinen emotionalen Schwierigkeiten herauskäme. Fast zwei Jahre später begann er dann eine Therapie und fing an, an seinen Träumen zu arbeiten.

Traumskripte umschreiben: Die RISC-Methode

Die Traumtherapie geht, kurzgesagt, von folgendem aus: Wenn schlechte Traumskripte bewirken, daß Sie entmutigt und niedergeschlagen aufwachen, dann müßte das Umschreiben des Drehbuches, in der Form, daß Sie ein besseres Ende für Ihren Traum finden, auch zu einer Verbesserung Ihrer Stimmung führen.

Die Traumtherapie umfaßt nur vier Schritte, die Sie auch auf sich allein gestellt lernen können:

- *Erkennen.* Erkennen Sie, wenn Sie einen schlechten Traum haben, jene Art, die bewirkt, daß Sie sich am nächsten Morgen hilflos, schuldig oder verärgert fühlen. Dazu muß Ihnen, während Sie träumen, bewußt werden, daß Ihr Traum ein schlechter Traum ist und kein gutes Ende nimmt.
- *Identifizieren.* Identifizieren Sie, was es an dem Traum ist, das bewirkt, daß Sie sich schlecht fühlen. Finden Sie in Ihren Träumen die Dimensionen, die Sie in einem negativen Licht darstellen – zum Beispiel als schwach statt als stark, als unfähig statt als fähig,

als jemanden, der die Kontrolle verloren hat statt als jemanden, der alles unter Kontrolle hat.

- *Stoppen.* Stoppen Sie jeden schlechten Traum. Sie müssen nicht zulassen, daß er weitergeht. Sie haben das Sagen. Die meisten Menschen sind überrascht festzustellen, daß es oft genügt, sich zu sagen, man müsse einen schlechten Traum, der im Gange ist, erkennen, um ihn stoppen zu können.
- *Ändern.* Ändern Sie negative Traumdimensionen in deren gegenteilige positive Seiten. Möglicherweise müssen Sie dazu zunächst wach werden und einen neuen Schluß finden, ehe Sie wieder einschlafen können. Mit zunehmender Übung werden Sie später auch in der Lage sein, sich im Schlaf die Anweisung zur Änderung der Handlung zu geben.

Ich bezeichne diese Methode als die «RISC«-Methode (*R*ecognize, *I*dentify, *S*top, *C*hange). Dahinter steht die Idee, daß Sie den Schritt »riskieren« sollten, das jeweilige Ende Ihrer Träume zu verändern und damit auf ein positiveres Selbstbild hinzuarbeiten.

Personen, die von ihren Träumen gequält werden und Hilfe suchen, beherrschen diese vier Schritte in der Regel nach nur acht Wochen, und oft schneller. Dieser Prozeß kann durch die Arbeit mit einem Therapeuten möglicherweise beschleunigt werden; und ein Therapeut kann Ihnen vielleicht helfen, Aspekte in Ihren Träumen zu sehen, die Sie ansonsten vielleicht übersehen würden. Es spricht jedoch nichts dagegen, daß Sie allein den Versuch wagen, an und mit Ihren Träumen zu arbeiten – und abzuwarten, wie weit Sie kommen.

Wie andere Techniken der Psychotherapie greift auch die RISC-Methode sowohl durch das, was gemacht wird, als auch durch das, wie es gemacht wird. Bei den meisten psychotherapeutischen Ansätzen geht es darum, die Einstellungen und das Verhalten des Patienten im Wachleben zu verändern. Dabei hilft der Therapeut dem Patienten, die »richtigen Dinge rauszulassen«, damit darüber gesprochen und daran gearbeitet werden kann. Auch bei der RISC-Methode geht es darum, die Einstellungen und das Verhalten im Wachleben zu verändern. Das wird hier jedoch dadurch erreicht, daß wir die negativen Aspekte der Identität beleuchten, die in den Träumen des Patienten offenbar werden. Eine Therapie erstreckt sich in der Regel auf acht Wochen, manchmal auch darüber hinaus. In dieser Zeit kommen die Patienten wöchentlich zu jeweils einstündigen Sitzungen zu mir.

Der Vorteil der RISC-Methode ist, daß Patienten nicht nach Themen suchen müssen, die besprochen werden könnten. Bereits in der ersten Sitzung können wir auf die Träume der vorhergehenden Nacht zurückgreifen, die im Schlaflabor aufgezeichnet wurden. Und damit haben wir einen zwingenden Bericht über die Dinge, die sie nachts beschäftigen. Gemeinsam arbeiten wir dann an den Problemen, die in diesen Träumen offenbart werden. Darüber hinaus bringen meine Patienten in der Folge ihre Traumtagebücher von zu Hause mit, so daß wir auch an ihren übrigen Träumen arbeiten können. Diejenigen, die sich anfänglich schlecht an ihre Träume erinnern können, bitte ich, den in Kapitel 3 beschriebenen Test über die persönlichen Konstrukte zu machen und mir außerdem alle Träume zu erzählen, an die sie sich erinnern können; beides fördert für gewöhnlich das Erinnerungsvermögen für neue Träume.

Patienten können sich in der Therapie nicht auf die Rolle des passiven Empfängers beschränken. Sie sind Co-Forscher und müssen mit danach suchen, wo die Zusammenhänge zwischen ihren Träumen und ihren gegenwärtigen Krisen sowie ihren früheren Lebenserfahrungen liegen. Wir üben in unseren Sitzungen, wie sie ein gesünderes und glücklicheres Ende für die Träume finden, die sie quälen. »Finden Sie ein besseres Ende«, sage ich ihnen.

Wie dieses »Besser« definiert wird, ist manchmal erstaunlich. So hatte ein sehr schüchterner junger Mann oft einen Albtraum, in dem er von einem Bus überfahren wurde. Als er diesen Traum änderte, gab er sich ein Maschinengewehr in die Hand, so daß er den Bus angreifen und den Fahrer erschießen konnte. Er fühlte sich anschließend wesentlich besser und hatte den Traum nie wieder. Warum nicht? Er konnte sich in seinem Traum nunmehr an all den Schindern rächen und sie vernichten, die in jungen Jahren auf ihm herumgetrampelt waren. Durch seinen Erfolg im Traum wurde ein gewisser Stolz in ihm wiederaufgebaut, den er bitter brauchte.

Die Unterschiede zwischen der RISC-Methode und anderen psychotherapeutischen Methoden werden in der zweiten Sitzung der insgesamt acht Sitzungen noch deutlicher, wenn die Patienten ihre zu Hause aufgezeichneten Träume mitbringen, so daß wir sie zusammen untersuchen können. Nur sie wissen, was sie zu Hause geträumt haben. Sie entscheiden, was sie mir mitteilen. Sie können den wichtigsten Teil der Arbeit, das Ende eines Traums zu ändern, zwar in meiner Praxis üben, die Aufgabe selbst müssen sie jedoch zu Hause alleine erledigen.

Durch ihre Träume stellen sie oft fest, daß ihre gegenwärtige Krise belastende Gefühle von alten, weit zurückliegenden Geschichten wiederaufgerührt hat. In solchen Fällen ist oft ein Therapeut erforderlich, der die emotional belasteten inneren Bilder des demolierten Selbsts erkennen und dem Betreffenden beistehen kann. Denn es bedarf eines scharfen Auges, das erkennt, wie gut der Patient es verkraftet, sich diese Bilder anzuschauen. Der Therapeut muß außerdem dem Patienten helfen, Bilder der Stärke zu finden, auf denen er aufbauen kann. Insgesamt kann gesagt werden, daß der Patient in der Traumtherapie eine aktivere Rolle als bei den meisten traditionellen Ansätzen der Psychotherapie übernimmt.

Den Ausgang einer Traumgeschichte zu ändern, ist eine große, aber zu bewältigende Aufgabe, wie unsere Untersuchungen zeigen. Zwischen Bewußtsein und schlafendem Geist besteht ein aktives Geben-und-Nehmen. Und selbst wenn Sie einen bestimmten Traum nicht ändern, kann die Beschäftigung mit Ihren Träumen, die Erforschung der depressiven Elemente Ihrer Träume und das so gewonnene Bewußtsein, was Sie ändern könnten und sollten, lohnend sein. Personen, die ihre Hausaufgaben machen und verschiedene Lösungsmöglichkeiten für ihre Traumdilemmata entwerfen, berichten, daß es ihnen hingegen oft gelingt, die im Wachleben gewonnenen neuen Einstellungen in ihre Träume einzubauen.

Diese Erfolge werden dann auch unmittelbar im Wachleben reflektiert. Durch die Übernahme einer aktiveren Rolle in unseren Träumen gewinnen wir auch eine positivere Einstellung zur Zukunft. Eine erfolgreiche Traumnacht hat einen unmittelbaren positiven Effekt auf die Stimmung am nächsten Morgen. Einen schlechten Traum stoppen und verändern, hebt die Stimmung. Personen, die wissen, daß sie ihren schlechten Träumen nicht auf Gedeih und Verderb ausgeliefert sind, gewinnen ein gewisses Machtgefühl. Und so wie sie beginnen, das Bild von einem abgelehnten, hilflosen Selbst zu dem eines Selbst zu verändern, das mehr Kontrolle hat, verbessert sich auch das Verhalten im Wachleben. Hier fangen sie nun an, die zunächst in ihren Träumen geübten neuen Rollen mit den noch unterentwickelten, aber besseren Aspekten ihres Selbsts auszuprobieren.

Bei manchen ist das Erinnerungsvermögen für ihre Träume ebenso dürftig wie etwaige Einsichten über ihr Gefühlsleben im Wachleben. Bei ihnen ist die Kommunikation zwischen ihrem äußeren Leben und ihrem inneren Leben zusammengebrochen. Sie kommen vielleicht über die Runden, können aus ihrem Leben aber nur eine minimale Befriedigung ziehen. Und vor lauter Mühe, anderen zu gefallen, haben sie sich oft selbst aus den Augen verloren.

Sie suchen manchmal psychotherapeutische Hilfe, aber ihre allgemeine Unzufriedenheit ist so vage, daß es ihnen schwerfällt, das Problem überhaupt zu artikulieren. Sie können weder sagen, was sie wollen, noch, wie sie sich fühlen. Ihnen fehlt das Vokabular, um über sich selbst zu sprechen. Den so Betroffenen hat die Traumarbeit ebenso schnelle wie bemerkenswerte Belohnungen zu bieten.

Vor über zehn Jahren versuchte ich im Rahmen eines Projektes, dem psychologischen Beratungsdienst an einer Universität zu helfen. Man sah sich dort vor dem Problem, daß fast die Hälfte der Studenten und Studentinnen, die zunächst hilfesuchend zur psychologischen Beratung kamen und erkennbar eine individuelle Langzeitpsychotherapie brauchten, nach den ersten Sitzungen nicht mehr kamen und die Therapie abbrachen. Bei näherer Betrachtung zeigte sich, daß in der Regel diejenigen ihre Therapie nicht fortsetzten, die grundsätzliche Schwierigkeiten hatten, überhaupt zu artikulieren, warum sie gekommen waren. Typisch für alle war das Problem, daß sie sich schwertaten, ihre Gedanken und Gefühle mitzuteilen.

Ich fragte mich, ob potentielle »Aussteiger« vielleicht länger in der Therapie blieben und sie besser nutzen könnten, wenn sie über ihre Träume mit ihrem Innenleben vertraut gemacht würden und es lernten, über ihre Träume zu sprechen. Zusammen mit der Sozialarbeiterin des Beratungsdienstes wählte ich achtundvierzig Studenten und Studentinnen aus, bei denen es nach unserer Einschätzung absehbar war, daß sie die Behandlung abbrechen würden.[4]

Formal bot ich ihnen die Teilnahme an einem Programm an, das darauf abziele, Menschen zu helfen, die Möglichkeiten der Psychotherapie umfassender zu nutzen. Sie nahmen das Angebot an. Zu Versuchszwecken unterteilte ich sie in zwei bzw. drei Gruppen. Zweiunddreißig von ihnen verbrachten acht Nächte in unserem Schlaflabor. Die übrigen sechzehn begannen direkt mit ihrer Therapie. Von der ersten Gruppe im Schlaflabor weckte meine Technikerin die Hälfte nur während der REM-Schlafphasen – und die andere Hälfte nur während des Non-REM-Schlafes. Beide Gruppen wurden gebeten, jeweils zu erzählen, was ihnen gerade durch den Sinn gegangen sei. Allmorgendlich setzte ich mich mit denen zusammen, die im Labor geschlafen hatten. Sie sollten dann jeweils versuchen, sich an die Träume zu erinnern, die sie nachts geschildert hatten, und alles erzählen, was ihnen dazu einfiel. Ich gab keine Interpretationshilfen, half denen jedoch auf die Sprünge, die ihre Träume vergessen hatten und sich nicht mehr daran erinnern konnten. Allen stellte ich zwei Fragen: »Sehen Sie irgendeine Verbindung zwischen den einzelnen Träumen?« Und: »Sehen Sie irgendeine Verbindung zwischen Ihren Träumen und Ihrem Leben?«

Mein Ziel war es, sie dahin zu bringen, zu erkennen, daß das, was in ihrem Innern ablief, nicht nur verständlich war, sondern auch mit den Problemen in ihrem Alltag zusammenhing. Und das schafften sie erstaunlich gut. Am Ende stellte sich heraus, daß es bei denjenigen, die während des REM-Schlafes geweckt worden waren und mehr als die Hälfte der Zeit von Träumen berichtet hatten, am wahrscheinlichsten war, daß sie mindestens über zehn Sitzungen an ihrer Therapie festhielten, nachschürften und hart daran arbeiteten, die notwendigen Veränderungen in ihrem Leben vorzunehmen. Und selbst diejenigen, die während des Non-REM-Schlafes geweckt worden waren und nur wenige Träume berichtet hatten, schienen von den morgendlichen Gesprächen über ihre nächtlichen Gedankengänge zu profitieren. Denn selbst im Vergleich zu ihnen stieg die Mehrzahl derer, die nicht ins Labor gekommen waren, sondern direkt mit der Therapie begonnen hatten, wesentlich eher aus der Behandlung aus – und zwar ohne irgendeinen Fortschritt gemacht zu haben.

Die Mitglieder der Laborgruppen hatten ein grundsätzliches Problem: Da wir nicht wollten, daß ihre Therapeuten wußten, in welcher Gruppe sie waren, um jede Subjektivität in der Bewertung ihrer therapeutischen Fortschritte auszuschließen, gaben wir die Aufzeichnungen über ihre nächtlichen Berichte nicht aus der Hand. Die Studenten und Studentinnen wollten jedoch über ihre Träume sprechen. Und wenn sie dann versuchten, das Thema anzusprechen, wiegelten viele Therapeuten ab und meinten: »Träume sind nicht mein Fach.« Damit war das Thema erledigt, und die Stunde wurde sodann genutzt, um sich mit den realen Problemen in der Realität auseinanderzusetzen. Aber auch ohne die Hilfe des Therapeuten lernten sie es, über den neugewonnenen Zugang zu ihren Träumen die emotionalen Fragen zu identifizieren, die sie beschäftigten, und auch, sich wohler zu fühlen, wenn es darum ging, über belastende Gefühle zu sprechen.

Da es nicht praktikabel ist, Patienten regelmäßig in ein Schlaflabor zu schicken, wollten wir diese Untersuchung mit einem einfacheren Ansatz und einer weiteren kleinen Pilotstudie absichern. Wir luden acht Studenten und Studentinnen, die eine Therapie machen sollten und bei denen ein vorzeitiger Ausstieg nach unserem Dafürhalten absehbar war, zur Teilnahme an einem Traumarbeitsworkshop ein, der über die Dauer von acht Tagen mit einer Stunde täglich angesetzt war. Sie schliefen nicht im Labor. Statt dessen wurde ihnen an jedem Tag zunächst ein zehnminütiges Video über eine Traumschilderung und das dazugehörige morgendliche Sitzungsgespräch mit einem der Studenten oder einer der Studentinnen gezeigt, die bei der vorhergehenden Untersuchung zu der Gruppe derer gehört hatten, die während des REM-Schlafes geweckt worden waren. Anschließend sollten die acht Studenten und Studentinnen zunächst nach Bedeutungen suchen, die der jeweilige Träumer übersehen hatte, und dann den Rest der Stunde in ähnlicher Weise an einem ihrer eigenen Träume arbeiten. Diese Methode des Lernens durch Beobachten anderer erwies sich als vielversprechend. Denn in ihrer eigenen Therapie zeigte sich dann, daß fünf der acht Studenten und Studentinnen zehn oder mehr Sitzungen durchhielten. Was einem fast so hohen Prozentsatz wie bei denjenigen entsprach, die wir im Labor während es REM-Schlafes geweckt hatten.

Finnische Forscher griffen unsere Studie zur Lösung eines anderen Problems in der Psychotherapie auf, das darin besteht, die immer wieder auftauchenden Durststrecken zu überwinden. Sie schickten eine Gruppe von Patienten, die in ihren Behandlungserfolgen steckengeblieben waren, ins Schlaflabor, um ihre Träume aufzeichnen zu lassen. Und stellten fest, daß damit der therapeutische Prozeß wiederbelebt wurde. Durch den Zugang, den die Patienten über ihre Träume gewonnen hatten, wurden sie offener für die weitere Erforschung ihres emotionalen Lebens.[5]

→ SELBSTHILFE: Nutzen Sie die RISC-Methode, um Ihre Träume zu verändern

Mit Motivation und etwas Übung werden Sie die RISC-Methode beherrschen. Im einzelnen geht es um folgende Schritte:

- Als erstes schauen Sie sich unter Zuhilfenahme Ihres Traumtagebuches und Ihres Tagebuches über die Alltagserlebnisse genauer die Träume an, die Sie am meisten quälen. Versuchen Sie herauszufinden, warum das so ist. So wie Sie es lernen, negative Selbstgespräche zu identifizieren, wird Ihnen das zunehmend leichter fallen.
- Schauen Sie sich die Botschaft an, die jeder Traum offenbart, und

konzentrieren Sie sich auf die jeweiligen Traumdimensionen. Jede Dimension kennt zahlreiche Bilder, die ihren entgegengesetzten Pol verdeutlichen. Anfänglich sehen Sie in Ihren Träumen vielleicht überwiegend negative Dimensionen. Aber indem Sie in Ihrem Wachleben nach den positiven Seiten der am häufigsten auftauchenden Dimensionen suchen, programmieren Sie sich automatisch, auch in Ihren nächtlichen Träumen mehr Bilder zu verwenden, die von Selbstvertrauen getragen sind.

- Nehmen Sie einen bestimmen Problemtraum, und überlegen Sie sich verschiedene Möglichkeiten, wie er anders ausgehen kann. Sie sind der Drehbuchautor bzw. die Drehbuchautorin. Wie hätte der Traum anders ausgehen können? Überlegen Sie sich verschiedene Varianten. Welche gefällt Ihnen am besten?
- Denken Sie an Zeiten, in denen Sie in ähnlichen Situationen waren und die ein gutes Ende nahmen. Wenn Sie in Ihrer Erinnerung nicht viele positive Bilder finden, auf die Sie zurückgreifen können, müssen Sie neue Bilder schaffen. Was in der Praxis heißt, daß Sie, wenn Sie zum Beispiel in der Vergangenheit steckengeblieben sind, Ihre Traumszenarien im Geiste so umschreiben, daß Sie jetzt ein erwachsener Mensch und kein hilfloses Kind mehr sind. Wenn Sie feststellen, daß Sie in Ihren Träumen immer wieder das Opfer sind, üben Sie in Ihrer Phantasie, für sich selbst einzutreten, denn auf dieser Ebene können Sie das sicher und bedenkenlos tun. Denken Sie an diese neue Möglichkeiten vor dem Einschlafen.
- Sagen Sie sich: »Wenn ich das nächste Mal träume, möchte ich erkennen, daß ich träume.« Und noch wichtiger ist, daß Sie sich sagen: »Wenn ich das nächste Mal einen schlechten Traum habe, möchte ich ihn erkennen, stoppen und ändern.« Sie können einen Traum stets einfach dadurch stoppen, daß Sie die Augen öffnen.

Das nachfolgende Beispiel mag zeigen, wie die RISC-Methode sich in der Praxis bewährt.

Judith war Mitte Vierzig und alleinstehend. Sie hatte ihren Job als Vertreterin verloren, als der Betrieb im Zuge drastischer Rationalisierungen den Personalbestand massiv abbaute. Nachdem sie sich monatelang vergeblich um eine neue Stelle bemüht und Dutzende von Bewerbungen – meistenteils aufgrund von Stellenanzeigen – geschrieben hatte, war sie niedergeschlagen. Außerdem wurde ihr Geld allmählich knapp. Je länger ihre Arbeitslosigkeit dauerte, desto mehr setzte sich in ihr das Gefühl fest, mit ihr stimme etwas nicht, daß sie nicht vermittelbar war. Sie empfand ihre Situation als Schande. Sie schämte sich, wenn sie früheren Kolleginnen begegnete, mit denen sie eigentlich befreundet war. Sie wich Treffen aus und hörte auf, sie anzurufen; und sie hörten auf, Judith anzurufen.

Judith träumte oft, sie sei mit dem Wagen liegengeblieben und befände sich an einem abgelegenen Ort, weit weg von jeder Hilfe. So fühlte sie sich, wenn sie aufwachte, bereits erschlagen, noch ehe der Tag überhaupt begonnen hatte. Nachdem sie die RISC-Methode gelernt hatte, erzählte sie mir folgenden Traum:

Mein Auto war an einem Fähranleger liegengeblieben. Es wurde sehr schnell dunkel. Der Wagen gab keinen Mucks mehr von sich. Ich stand irgendwo eine ganze Ecke von ihm weg, war völlig verzweifelt und schaute mir den rauhen Wellengang und den bedrohlichen Himmel an. Ich wollte verzweifelt nach Hause, aber dazu hätte ich mein Auto gebraucht. Ich fühlte mich absolut macht- und kraftlos.

»Ich wachte mit einem Gefühl der Leere auf«, sagte sie. »Ich hatte das Gefühl, versagt zu haben. Ich war niedergeschlagen und enttäuscht über mich selbst. Und ich dachte: ›Jetzt kommt ein weiterer schlechter Tag.‹ Aber dann mußte ich an die Dimensionen denken, die ich in meinen Träumen von meinem liegengebliebenen Auto ständig wiederhole: tot versus lebendig, Hilflosigkeit versus Verantwortung übernehmen, liegenbleiben versus vorwärts bewegen. Und ich fragte mich immer wieder: ›Was kann ich tun, um mir zu helfen?‹

Das nächste, woran ich mich erinnern kann«, sagte sie, »ist, daß ich mich im gleichen Traum wiederfand.«

Es war am nächsten Morgen. Mein Auto war in einer Werkstatt. Ein Mechaniker kam auf mich zu und sagte: »Nehmen Sie Ihr Auto. Es ist wieder in Ordnung, und wir haben den Tank voll gemacht, umsonst.« Das bedeutete für mich, daß die Werkstatt sich damit bei mir entschuldigen wollte, daß sie die ganze Nacht gebraucht hatte, um meinen Wagen zu reparieren. Ich brauchte ihn so dringend; er war für mich die Voraussetzung, um mit meinem Leben weitermachen zu können. Ich war überrascht und dankbar.

Dieser Traum ist ein gutes Beispiel für die positiven Effekte der Traumtherapie. Er zeigte Judiths Dankbarkeit für die »Hilfe«, die sie »über Nacht« bekommen hatte. Im übrigen hatte sie im Traum die Nacht zum Tag und ihr defektes Auto zu einem funktionierenden gemacht. Ihre Traumdimensionen zeigten sich von ihrer positiven

Seite. Sie sah auch, daß sie nicht allein mit allem kämpfen mußte. Sie erkannte, daß es keine Schande war, andere um Hilfe zu bitten, insbesondere wenn sie, wie der Mann in ihrem Traum, über Kenntnisse verfügten, die sie nicht hatte.

Nach diesem Traum wurde Judith bewußt, daß es notwendig war, ihren Stolz etwas zurückzustellen. Und sie war bereit dazu, obwohl sie Unabhängigkeit über alles liebte und in niemandes Schuld sein wollte. Sie nahm ihr Adressbuch und rief frühere Kollegen und Kolleginnen sowie Klienten an. Sie ging wieder zu den Mittagstischgruppentreffen von Geschäftsfrauen und Unternehmerinnen, an denen sie immer gerne teilgenommen hatte. Und sie erzählte jedem, den sie auftun konnte, daß sie Arbeit suchte. Nach noch nicht einmal zwei Wochen kam ein Stellenangebot, von einer erstaunlichen Seite, wie Judith fand: Einer ihrer ehemaligen Klienten fand seit langem, sie gehöre zu den besseren Vertreterinnen, die ihm die Tür einrannten, und er wollte sie nun für sein eigenes Unternehmen gewinnen.

In einem ihrer letzten Träume fuhr Judith über eine große Brücke. In einem anderen fuhr sie auf einem vielbefahrenen Highway, konnte mit den anderen Verkehrsteilnehmern mithalten und genoß die Fahrt. Sie hatte jetzt neue Bilder der Stärke, die sie in ihrem Gedächtnis speichern konnte. Und für Sie gilt: Je mehr solche Bilder Sie für sich schaffen können, desto eher können Sie im Bedarfsfall die Bilder finden, die Sie brauchen, und desto größer ist die Wahrscheinlichkeit, daß der Traumprozeß von selbst gut funktioniert, wenn Sie sich das nächste Mal in einer Situation befinden, in der die gleichen emotionalen Knöpfe gedrückt werden.

7. Die Krise der Scheidung

Wir Menschen sind schlecht dafür gerüstet, allein zu leben, wie es so viele heute tun. Wir werden geboren und bedürfen der Fürsorge anderer. Dieses Bedürfnis bleibt zeit unseres Lebens in unterschiedlichster Form. Sowohl unsere psychische als auch physische Gesundheit sind ein Spiegel der Qualität und Quantität unserer Bindungen und Beziehungen mit anderen Menschen. Gesundheitsstatistiken bestätigen, daß Menschen mit nur wenigen oder mangelhaften persönlichen Beziehungen einem größeren Unfall-, Krankheits- und Todesrisiko und ebenso einem größeren Risiko für psychiatrische Störungen ausgesetzt sind. Bei allen führenden Todesursachen sind die Sterblichkeitsraten bei Geschiedenen am höchsten und bei Verheirateten am niedrigsten, das gilt für beide Geschlechter und alle Altersgruppen.[1]

Warum ist die Gesundheit so eng damit verknüpft, ob wir einen Partner oder eine Partnerin haben? Die Antwort liegt nicht so sehr darin, was ein Partner *für* uns tut, als vielmehr darin, was der Verlust eines Partners uns *an*tut. Der Verlust von jemandem, der unserem Leben eine Bedeutung gab, weckt in der Regel eine Streßreaktion. Das Ergebnis ist ein psychischer Alarmzustand, bei dem der ganze Körper aktiviert und in Alarmbereitschaft versetzt wird, so als sei unser eigenes Leben bedroht. Laura, der wir im ersten Kapitel begegneten, fragte: »Wenn ich nicht Jims Frau bin, wer bin ich dann?« Diese Reaktion ist natürlich noch stärker, wenn die Bindung an den verlorenen Partner mit starkem Engagement und emotionaler Abhängigkeit verbunden ist, wie das in den meisten Ehen, zumindest am Anfang, der Fall ist.

Wenn diese Art von Notfallreaktion eine gewisse Zeit anhält, ohne daß eine Lösung gefunden wird, wie es so oft der Fall ist, wenn eine Ehe schiefgeht, können die entsprechenden körperlichen Veränderungen wie erhöhter Blutdruck und Schlafstörungen zum Dauerzustand werden. Solche Veränderungen machen uns anfällig für eine Fülle von Krankheiten. Ein Zustand fortwährender Bedrohung kann im übrigen auch zu psychischen Veränderungen führen. Nach dem ersten Schock und Angstschub kann ein Zustand der Hilflosigkeit einsetzen, ein Gefühl der Resignation, daß nichts getan werden kann, um die Situation zu ändern. Ein Punkt, an dem der Absturz in eine Depression dann oft nicht mehr weit ist.

Mehr als eine Million Amerikaner und Amerikanerinnen werden jedes Jahr geschieden, etwa 50 Prozent aller Erstehen. Gleichwohl vier von fünf Geschiedenen wiederheiraten, werden drei von fünf ein weiteres Mal geschieden. »Eine Scheidung ist eine schillernde Sache. Aus rechtlicher Sicht handelt es sich dabei um ein Einzelereignis, psychologisch aber um eine – manchmal endlose – sich durch die Zeit fortsetzende Kette von Ereignissen, Ortsveränderungen und sich radikal wandelnden Beziehungsgeflechten. Es handelt sich um einen Prozeß, der das Leben der Betroffenen ein für allemal verändert«, sagen Judith Wallerstein und Sandra Blakeslee in ihrem Buch *Gewinner und Verlierer*. Und weiter: »Bei einer Scheidung gibt es unweigerlich Gewinner und Verlierer. In manchen Familien, insbesondere in solchen, in denen lang andauernde Konflikte bestanden haben oder sogar physische Gewalt gebraucht wurde, ist es möglich, daß es nach der Scheidung allen Beteiligten bessergeht. Aber in den meisten Familien profitiert einer der Erwachsenen mehr von der Scheidung als der andere. Für diesen – meist derjenige, der die Scheidung betrieben hat – kann sich die Lebensqualität entscheidend verbessern, oft sogar weit über seine oder ihre Erwartungen hinaus. Für den anderen Teil jedoch kann die Scheidung tragische Konsequenzen haben – oft bis zu zehn, zwölf oder gar fünfzehn Jahre nach dem eigentlichen Ereignis.«[2]

Es ist ein schmerzlicher Prozeß, die vielen Fäden zu entwirren, die zwei Menschen miteinander verbinden, die sich dereinst lebenslange Liebe und Achtung geschworen haben – selbst unter den besten Voraussetzungen, wenn beide Parteien bereit sind, sich einvernehmlich zu trennen. Jeder, der sich scheiden läßt oder geschieden wird, erfährt Gefühle der Trauer, Enttäuschung und des Bedauerns, selbst diejenigen, für die die Scheidung anfänglich eine Erleichterung ist.

Nach Auffassung der Psychologin Mavis Hetherington von der University of Virginia werden Männer und Frauen zeitlich unterschiedlich von den negativen psychologischen Folgen einer Scheidung getroffen. »Für Frauen sind die Monate unmittelbar vor und nach der Scheidung die härteste Zeit. Es sind die quälenden Monate, die unmittelbar davorliegen und danach kommen«, sagt sie. »Bei Männern sind die Gefühle des Bedauerns demgegenüber eher schleichend.«

Ein Jahr nach der Scheidung sagen 65 Prozent aller Geschiedenen, die zugleich Eltern sind, sie bedauern, daß sie sich haben scheiden lassen. Selbst diejenigen, die ihre Ehen als unerträglich empfanden, sagen nach einem Jahr, sie wünschten, sie hätten sich mehr bemüht, ihre Probleme zu lösen. Aber sie teilen diese Gefühle ihren Ex-Partnern nicht mit, sagt Hetherington, um zu versuchen, die Dinge wieder zu kitten. »Nach meiner Erfahrung«, sagt sie, »werden die Dinge eher schlechter, ehe sie besser werden.«

Unmittelbar nach der Scheidung leiden Männer wie Frauen nach Hetheringtons Untersuchungen sehr stark unter dem Gefühl versagt zu haben. Sie fühlen sich sozial inkompetent und verlieren ihr Selbstwertgefühl. Frauen fühlen sich hilflos und unattraktiv; Männer fühlen sich entwurzelt. Beide fühlen sich depersonalisiert, nachdem sie die Identität verloren haben, die ihnen der Ehestatus gab. Und beide fühlen sich extrem einsam. Frauen verlieren oft das Netz der sozialen Kontakte, das auf den beruflichen Verbindungen ihrer Ex-Männer beruhte; allerdings haben inzwischen auch viele Frauen dank ihrer eigenen beruflichen Verbindungen ihre eigenen Netzwerke, auf die sie sich stützen können.

Glücklicherweise fallen nicht alle von den Ängsten nach der Trennung ins Loch der Depression. Manche schaffen es wesentlich besser als andere, die Scheidung hinter sich zu lassen und ein neues Leben anzufangen. Wieso können manche so schnell wieder auf die Beine kommen? Und warum brauchen andere so lange? Was fördert den Prozeß? Was verzögert ihn? Können wir ihn beschleunigen?

Mit einer vom National Institute of Mental Health geförderten Studie versuchten wir, diese Fragen zu beantworten. Wir rekrutierten die Teilnehmer – einhundert Männer und einhundert Frauen – über Anzeigen in Lokalzeitungen. Wir suchten Personen, die sich im ersten Trennungsjahr befanden. Wir wollten von ihnen erfahren, was ihres Erachtens zum Scheitern ihrer Ehen geführt hatte und wie sie damit fertig wurden. Wir hofften, so zu erfahren, was sie über sich selbst dachten und wie es um ihr Selbstgefühl bestellt war – im Wachzustand wie auch in ihren Träumen. Und wir hofften zu erfahren, inwieweit diese beiden Faktoren ihnen halfen oder sie hinderten, mit ihrem Leben weiterzumachen.

Die einzigen Bedingungen, die wir stellten, waren, daß es ihre erste Ehe war und daß sie mindestens drei Jahre bestanden hatte. Die Frauen, die sich zu unserer Studie meldeten, waren zwischen fünfundzwanzig und fünfundvierzig Jahre alt; die Männer zwischen fünfundzwanzig und fünfzig. Die Mehrzahl war Mitte Dreißig und hatte zwei Kinder. Ein Viertel war kinderlos. Bei den Versuchspersonen handelte es sich um Weiße, Schwarze, Latinos und um Amerikaner asiatischer Abstammung – mit unterschiedlichsten Berufen, Einkommen und mit unterschiedlichem Bildungsniveau. Zweidrittel hatten das College besucht, und fast jeder Fünfte hatte nach dem ersten akademischen Grad noch ein weiteres Studium absolviert. Die Zahl derer, die die Trennung initiiert hatten, war ebenso hoch wie die derjenigen, die die Verlassenen in der Beziehung waren. Alle versprachen, nach einem Jahr zu einer Folgeuntersuchung wiederzukommen, so daß wir sehen konnten, wie sie diese Zeit des Übergangs überstanden hatten. Julie, Harold und Tony gehörten zu den Teilnehmern an dieser Studie.

Einige kamen um des Geldes willen, obwohl sie nur ein kleines Honorar als Entschädigung für den Zeitaufwand und die Reisekosten erhielten. Scheidung ist ein teueres Geschäft. Und viele waren so knapp bei Kasse, daß sie dankbar für jede zusätzliche Einnahme waren. Andere kamen um der Chance willen, mehr über ihre Träume zu erfahren. Die meisten kamen um der Gelegenheit willen, hier über die Dinge sprechen zu können, die mit ihrer Ehe passiert waren – verbunden mit der Hoffnung, so neue Einsichten zu gewinnen und alles besser verstehen zu können, und nicht zuletzt auch in der Hoffnung, hier eine gewisse Unterstützung zu finden.

Viele weinten bei dem ersten Gespräch, die meisten sagten aber auch, sie seien froh, gekommen zu sein. Sie alle hielten sich an ihr Versprechen, ein Jahr später zu einem Folgegespräch wiederzukommen, selbst diejenigen, die inzwischen in einen anderen Bundesstaat gezogen waren. Die meisten antworteten auch auf eine Fragebogenerhebung, die wir in periodischen Abständen vier Jahre lang nach ihrem ersten Besuch durchführten, und viele schicken uns noch immer regelmäßig ihre Berichte, wie es ihnen geht.

Für alle Versuchspersonen begann das Projekt damit, daß sie mit mir eine Stunde über ihre Ehe sprachen. Sie erzählten, wie sie begonnen hatte, sich entwickelt hatte und in die Brüche gegangen war. Sie füllten viele Fragebogen aus, um sich selbst, ihre Stimmungen und ihre sozialen Netzwerke zu beschreiben, und zwar sowohl während ihrer Ehe als auch danach, als sie auf sich allein gestellt waren.

Alle hatten im übrigen ein Gespräch mit einem Psychiater, der sie befragte, um festzustellen, ob sie gegenwärtig depressiv waren oder es zuvor gewesen waren, und ob Depressionen in ihrer Familiengeschichte eine Rolle spielten. Durch ihre Antworten bekamen wir ein Bild von ihren Persönlichkeitsstrukturen, ihren Bewältigungsmustern, dem Schweregrad von Depressionen sowie von ihren Stärken und Schwächen. Die Antworten sagten uns auch, wie sie ihre Beziehungen und ihren Umgang mit anderen gestalteten und wie sie hofften, sich selbst oder etwas in ihrem Leben zu ändern.

Um Schlaf- und Traummuster zu bewerten, wählten wir siebzig Personen aus, die, repräsentativ für die gesamte Gruppe, drei Nächte im Schlaflabor verbringen sollten. Dreißig davon kamen gut mit ihrer Situation zurecht; vierzig hatten Schwierigkeiten, damit fertig zu werden; in beiden Gruppen waren gleich viele Männer und Frauen vertreten.

In den ersten beiden Nächten konnten die Versuchspersonen durchschlafen, ohne von uns geweckt zu werden. Wir wollten, daß sie sich mit dem Labor und unseren Prozeduren vertraut machten. Aber auch wir mußten uns mit ihren spezifischen Schlafmustern vertraut machen. Hatten sie einen gesunden Schlaf? Oder wälzten sie sich ständig hin und her? War bei ihnen das Muster von Non-REM- und REM-Schlaf normal, was Dauer und Rhythmus anging?

Am dritten Abend sagten wir ihnen vor dem Schlafengehen, daß wir sie mehrfach wecken und jeweils bitten würden, zu berichten, was ihnen gerade durch den Kopf gegangen sei. Wir erklärten ihnen, daß sie dann vielleicht gerade etwas geträumt oder an etwas gedacht hätten oder daß sie sich vielleicht auch an gar nichts erinnern könnten, und daß alles, was sie zu berichten hätten, in Ordnung sei. Wir sagten ihnen auch, ehe sie dann weiterschlafen könnten, würden wir ihnen noch eine Reihe von Fragen zu ihren Träumen stellen.

Wir weckten die Träumer in jeder REM-Phase und erhielten im Durchschnitt jeweils vier Traumberichte. Am nächsten Morgen gingen die Teilnehmer ihre Träume nochmals durch und sprachen mit mir darüber, wie die einzelnen Träume zusammenhingen, um so den roten Faden in der Geschichte zu rekonstruieren, die sie in der Nacht erzählt hatten. Wir gaben ihnen die Abschriften von ihren Traumberichten. Und viele meinten, diese Abschriften hätten ihr Interesse an Träumen weiter geweckt und ihnen geholfen, sich zu Hause an mehr Träume zu erinnern.

Parallel dazu analysierte unser Forschungsteam sorgfältig die Traumskripte, um Anhaltspunkte darüber zu finden, wie unsere Versuchspersonen diese stürmischen Zeiten überlebten. Wir wollten diejenigen ermitteln, die gut über die Runden kamen, sehen, welche Arten von Träumen sie hatten und was ihre Träume uns über den Bewältigungsprozeß sagten. Und wir wollten natürlich auch diejenigen identifizieren, deren Traumsystem sie im Prozeß der Scheidung daran hinderte, sich ihrer neuen Rolle anzupassen. Und wir hofften, bei denjenigen, die erfolgreich ihre Situation bewältigten, Strategien zu finden, die wir denen vermitteln könnten, die über ihren Kummer nicht hinwegkamen und sich festgefahren hatten.

Geschieden, aber die Krise bewältigt

Maggie war erfolgreich dabei, ihre Ehekrise zu überwinden. Sie und ihr Mann Matthew hatten jung geheiratet, sie war einundzwanzig und er neunzehn. Als Maggie zweiunddreißig war, eröffnete Matthew ihr, daß er eine andere Frau liebte.

Maggie sagte, ihre Ehe sei von Anfang an schwierig gewesen. Während der ersten zwei Jahre studierte Matthew noch, und sie sicherte mit ihrem Einkommen als Sekretärin den Unterhalt der Familie. Sie waren übereingekommen, sobald er seinen Abschluß hätte, würde er arbeiten und Geld verdienen, so daß Maggie studieren könnte. Aber nachdem er fertig war, wurde er freier Journalist und verdiente nicht genug, als daß Maggie hätte aufhören können zu arbeiten.

»Ich war total auf ihn zentriert«, sagte Maggie. »Und am Boden zerstört, als er mir sagte, er wolle mich verlassen. Aber all das zwang mich auch, mir eine Menge Dinge bewußt zu machen und meine eigenen Annahmen zu hinterfragen. Ich wuchs mit dem Gefühl auf, daß der Mann immer als erstes kommt. Ich übernahm die Muster meiner Mutter, die meinen Vater immer nur bediente und versorgte. Matthew ging abends noch gerne spät und lange aus, während ich eher eine Stubenhockerin war. Vor einigen Monaten, als er mich verlassen hatte, merkte ich dann, welche Angst ich hatte, alleine auszugehen, aber daß ich auch eine Heidenangst vor dem Alleinsein hatte. Wenn ich von der Arbeit nach Hause kam, gab es niemanden mehr, mit dem ich sprechen konnte.

Um Gesellschaft zu haben, habe ich mir zwei Katzen zugelegt«, erzählte sie weiter. »Aber allmählich lernte ich es, meine freie Zeit für mich zu nutzen. Ich habe inzwischen einige Kurse an der Universität belegt, wo ich auch einige nette Leute kennengelernt habe. Ich habe ein neues Gefühl von Freiheit. Ich muß kein Essen mehr machen, wenn ich nicht hungrig bin. Und ich bin auch irgendwie stolz, daß ich allein zurechtkomme.«

Maggie hatte bereits angefangen, ihren Träumen Beachtung zu schenken. »Als Matthew mich verließ, hatte ich einen ständig wiederkehrenden Albtraum. Darin hatte ich mein Portemonnaie verloren, in dem alles gewesen war, was mir wichtig war«, sagte sie. »Ich rannte durch Gänge und flehte die Leute an, mir zu helfen. Dieser Traum hat inzwischen aufgehört.« Und entsprechend blickte denn auch Maggies erster Traum im Labor in die Zukunft und nicht zurück in die Vergangenheit.

Traum 1

Ich war mit einem Mann zusammen. Es war wirklich schön. Wir saßen draußen auf einer Klippe und betrachteten den Sonnenuntergang über dem Meer. Dann wechselte die Szene, und wir lagen in einem sterilen Krankenhauszimmer auf dem Bett, vollständig angezogen. Wir unterhielten uns, dabei gab es nichts Sexuelles. Aber ich hatte diese starken Gefühle, daß etwas passieren würde. Ich war sicher, daß die sexuellen Gefühle, die ich ihm gegenüber hatte, zu etwas führen würden. Und ich war mir nicht sicher, ob ich diese Gefühle haben wollte oder nicht, diese Gefühle der Zuneigung zu jemandem.

Maggie brachte in diesem Traum ihren Wunsch nach einer idyllischen, romantischen Beziehung zum Ausdruck. Und sie offenbarte darin auch einen gewissen Konflikt, ob sie diesen Gefühlen soweit folgen sollte, daß sie eine neue Bindung einging. Sie sehnte sich nach Liebe, zögerte aber, sich dazu zu bekennen, und hatte Angst, diese Gefühle könnten im Labor preisgegeben und vielleicht harsch verurteilt werden. Der Traum war ein Probelauf, mit dem sie testete, wie sie sich fühlte, wenn sie andere wissen ließ, daß sie bereit war für eine neue Beziehung.

In ihrem letzten Traum in dieser Nacht, einer langen detaillierten Geschichte, besiegelte Maggie endgültig ihre Beziehung mit Matthew. Sie akzeptierte, daß sie in seinem Leben keinen Platz mehr hatte.

Traum 4

Ich hatte Schlüssel zu der Wohnung der Frau, mit der mein Ex-Mann jetzt zusammen ist. Ich ging in die Wohnung, zu ihrem Küchentisch, weil dort drei oder vier kleine Blätter, genaugenommen, Zettelchen mit Notizen darauf lagen, die mit meiner Arbeit zu tun hatten und aus meinem Büro waren. Ich wollte sie von ihrem Küchentisch holen. Ich wußte nicht, wie sie dahingekommen waren. Aber ich war dort, um sie zu holen, und sie kam aus dem Badezimmer.

Sie hatte mich nicht kommen hören, und ich wußte nicht, daß sie in der Wohnung war. Sie flippte völlig aus. Sie rannte aus dem Badezimmer ins Wohnzimmer, und ich lief hinter ihr her. Sie war wütend und konnte nicht begreifen, wieso ich, ohne mich zu melden oder ihr etwas zu sagen, einfach in die Wohnung gekommen war. Ich sagte, es tue mir leid, ich hätte nicht gewußt, daß sie da war, sonst hätte ich es nicht gemacht, aber ich wäre gekommen, um einige Dinge zu holen, die bei ihr auf dem Tisch lagen.

Ich erinnere mich, daß ich Schuldgefühle hatte, als ob ich Sachen genommen hätte, die vielleicht nicht mir gehörten, und daß ich vielleicht Sachen nehmen würde, die ihr gehörten. Und ich sagte ihr, es tue mir leid, aber ich bräuchte die Sachen wirklich. Sie sagte, sie sei entsetzt, daß ich es fertigbrächte, ohne ihr Wissen in die Wohnung zu kommen, und daß sie Angst hätte.

Sie und mein Ex-Mann hatten beide Angst, ich würde in ihrer Abwesenheit irgendwann kommen und wertvolle Dinge oder jede Menge Sachen mitnehmen. Ich sagte ihr, daß ich das nicht vorhätte, und daß ich genau soviel Angst hätte, sie könnten mir Sachen wegnehmen. Ich ging vermutlich davon aus, daß sie ebenfalls Zugang zu meiner Wohnung hatten.

So gestanden wir uns beide unsere Ängste ein und gaben uns irgendwie zu verstehen, daß wir beide uns so etwas nicht antun würden. Ich erinnere mich, daß wir in ihrem Wohnzimmer saßen, das ein großes Panoramafenster hatte, und daß es wirklich schön draußen war, einfach herrlich und sonnig.

Maggies Traum besiegelte etwas: Die Vergangenheit war die Vergangenheit. Sie merkte, daß sie sich aus dem Leben ihres Ex-Mannes heraushalten mußte, und er sich aus ihrem. Die Hauptdimensionen in Maggies Träumen drehten sich um die Frage, der Vergangenheit nachzuhängen oder sie abzuhaken, und um den Punkt, neue Kontakte mit anderen zu suchen und einzugehen oder sich davon fernzuhalten. In ihren Träumen hatte sich das Schwergewicht von der Vergangenheit zur Zukunft hin verlagert. Maggie kam gut zurecht; sie brauchte keine gesonderte Hilfe.

Robert gehörte ebenfalls zu denen, die gut mit ihrer Situation fertig wurden. Er hatte den Punkt erreicht, an dem er die Scheidung wollte. Das Wunder war vielmehr, daß die Ehe so lange gehalten hatte, rund zwanzig Jahre. Robert war erst neunzehn und seine Frau Karen achtzehn gewesen, als sie heirateten. Und sie hatte in dieser Zeit aus ihrem Kranksein einen Vollzeitjob gemacht. In all den Jahren, in denen sie zusammen gewesen waren, hatte sie sich wegen einer Fülle von Beschwerden behandeln lassen, die meisten davon hypochondrisch. Sie nahm ständig Medikamente und oft Überdosen.

Sie spielte die Krankenrolle so gut, daß Robert sich in einem Muster verfing, wonach er alles andere fallenließ, um ihr über viele Krankenhausaufenthalte und Operationen hinweg beizustehen. Eines Tages war seine Grenze erreicht, er warf alle Pillen weg und verließ sie. Sein erster Traum im Schlaflabor zeigte deutlich, daß er nicht mehr bereit war, Karen weiterhin zu pflegen, und daß er mit seiner Entscheidung in Frieden lebte:

Ich war auf einer Zufahrtsstraße, auf der Autos geparkt waren. Es sah wie Kalifornien aus, mit dem Ozean unterhalb der Straße. Plötzlich tauchten zwei Kerle, mit Skimützen maskiert, auf und wollten mein ganzes Geld und das Geld meiner Frau. Einer der beiden packte Karen. Ich drückte auf die Hupe, aber er sagte: »Das ist zwecklos, was du da machst, hier draußen hört dich niemand.« Ich lachte und sagte: »Wahrscheinlich hast du recht, mach, und nimm, was du willst.«

Die wichtigste Dimension in diesem Traum war Beschützen versus Aufgeben. Robert hatte das Gefühl, der Traum sagte: »Ich gebe mit ihr auf. Ich kann ihr nicht helfen, und niemand sonst wird uns zu Hilfe kommen.« Und Robert sagte auch: »Sie kostet mich eine Menge Geld, und darauf kann ich jetzt gerne verzichten.«

Robert und Maggie hatten beide mit ihren Ehen klar Schiff gemacht und waren bereit für eine neue Phase in ihrem Leben. Das zeigten ihre Träume. Bei keinem von beiden gab es in der Familie ein krankengeschichtliches Problem mit Depressionen. Beide hatten einen guten und stabilen beruflichen Hintergrund sowie gute Freundschaften. Als sie ein Jahr später zu den Folgeinterviews und

-tests wiederkamen, berichteten beide von neuen Liebesbeziehungen. Mit Hilfe guter Freunde, guter Gene, einem gefestigten Selbstbild und der Umorientierungsarbeit, die ihre guten Träume geleistet hatten, schafften beide erfolgreich den Übergang von ihrem Eheleben zum Single-Dasein.

Aber auch die meisten derjenigen, die, als sie sich für unsere Studie über Scheidungen meldeten, emotional festgefahren waren und in Depressionen steckten, hatten ihr Leben und ihre Träume verbessert, bis sie ein Jahr später wiederkamen. Wir waren neugierig auf diese Gruppe. Wie hatten diejenigen, die der Schlag am Anfang völlig aus der Bahn geworfen hatte, es geschafft, wieder Boden unter den Füßen zu gewinnen und mit ihrem Leben weiterzumachen?

Geschieden und depressiv

Helen, eine Frau, die so niedergeschmettert war, als wir sie das erstemal sahen, daß sie daran dachte, ihr Leben zu beenden, gehörte zu denjenigen, die es schafften, ihr Leben aus eigener Kraft heraus zu verbessern. Sie war Rechtsanwaltsgehilfin und hatte einen harten Job. Ihr Traum war es, Jura zu studieren. Sie war in einer großen, sehr religiösen, emotional engverbundenen Familie und in bescheidenen wirtschaftlichen Verhältnissen aufgewachsen. Ihre Eltern hatten zwar von ihren Kindern erwartet, daß sie es weit bringen, es überstieg jedoch ihre Möglichkeiten, ihnen ein Studium zu finanzieren. Ihre Collegezeit hatte Helen sich selbst finanziert. Helens Mann hatte nicht ihre starke moralische Ader. Er war unreif, vergnügungssüchtig, ein Bonvivant, der für den Augenblick lebte. Als Helen dahinterkam, daß er eine Affäre hatte, war sie völlig außer sich. Er nahm das Ganze jedoch locker und meinte, es sei »nichts Ernstes«. Sie stellte ihn dann jedoch vor die »Wahl«. Er wählte. Er verließ sie.

In der ersten Nacht, in der ihre Träume im Labor aufgezeichnet wurden, träumte sie folgendes:

Traum 1

Ich stieg in die Hochbahn und wollte irgendwohin fahren. Aber ich kam immer wieder zur gleichen Stelle zurück. Ich machte immer wieder diesen großen Bogen. Ich kam nirgendwohin. Ich landete immer wieder da, wo ich losgefahren war. Und dann war ich plötz-

lich im Büro, und dieser Mann fragte mich, wie es käme, daß ich nicht arbeitete. Ich erinnere mich, daß ich mich sehr, sehr schuldig fühlte und mich fragte, warum ich nicht arbeitete.

Traum 2

Ich wurde gefragt, wann Dick mich um die Scheidung gebeten habe, und ich erklärte es ihnen. Dann lief das Ganze plastisch vor mir ab. Aber nicht so, wie es wirklich war. In meinem Traum gingen wir in ein Restaurant, ich und Dick und meine jüngere Schwester und einige andere. Wir saßen am Tisch und tranken Bier, und eine Kollegin sagte: »Oh, sie haben Lagerbier. Ob sie's wohl auch aufwärmen?« So fragte ich die Kellnerin, ob sie das Bier aufwärmen würde. »Ja«, sagte sie, »wir haben eine Mikrowelle.« Ich nahm dann ein Glas Bier und wärmte es auf. Und als ich zurückkam, sagte Dick: »Ich lasse mich von dir scheiden. Ich verlasse dich.« Und er stand auf und ging weg.

Traum 3

Ich ging hinter einer Schule entlang und sah ein Kind, das mit einem kleinen Hund spielte. Er war so klein, einfach winzig. Ich ging hin, um mit ihm zu spielen, und er hat mich vollgeschissen. Meine Schwester war dort, sie meinte, wie niedlich er sei, und daß kleine Hunde so etwas nun mal machen.

Das Thema, um das es hier geht: »Etwas, von dem ich glaube, es würde Spaß machen, entpuppte sich als ein Schuß, der nach hinten losging, und alles ist meine Schuld«, sehen wir oft in den Träumen von Menschen, die unter Depressionen leiden. Ihre Träume sind voll von Selbstbeschuldigungen. Und das Motiv der Selbstvorwürfe tritt um so mehr in den Vordergrund, je schwerwiegender die Depression ist.

In allen drei Träumen war das Bild, das Helen von sich hatte, kein sehr glückliches. Sie drehte sich im Kreis und ging ihrer Arbeit nicht nach. Ihr Mann ließ sie öffentlich fallen, als sie ihm einmal kurz den Rücken zugedreht hatte. Und Scheiße war es, was ein unreifes Tier für sie übrig hatte. In diesen Träumen konnte sie folglich auch nicht weiterkommen, sie war schuldig, weggeworfen und besudelt worden. Sie porträtierte nur die negativen Seiten ihrer Traumdimensionen. Sie sah sich als festgefahren, nicht als weiterkommend, als schuldig, nicht als unschuldig, als gedemütigt, nicht als gelobt, als anderen dienend, nicht als sich um sich selbst kümmernd, und als besudelt, nicht als gereinigt. Wie schaffte sie es, dieses Selbstbild aus eigener Kraft heraus zu revidieren?

Helen war anfänglich zwar am Boden zerstört, sie verfügte im Kern aber über all die Stärken, die sie brauchte, um wieder auf die Beine zu kommen: über gute genetische Voraussetzungen durch ihre Eltern, über ein starkes Unterstützungssystem durch ihre Schwestern, Freunde, Kollegen und Vorgesetzten und über ein sehr kreatives Traumsystem. Als Helen ein Jahr später wiederkam, brachte sie einige gute Nachrichten mit. Sie war zum Jurastudium zugelassen worden und hatte ein Teilstipendium erhalten. Sie hatte einen neuen Freund, der älter und reifer als Dick war. Dick war von seiner Freundin fallengelassen worden und wollte nun gerne zu Helen zurückkommen. Aber Helen hatte inzwischen festgestellt, daß sie ohne ihn besser dran war.

Helens spätere Träume zeigen, wie sehr sich inzwischen ihr Selbstgefühl verbessert hatte, und sie demonstrieren ihre Fähigkeit, selbst zurechtzukommen. Sie verdeutlichen auch, wie Träume uns helfen, unser Selbstbild zu revidieren und denkbare Zukunftsperspektiven abzuklopfen. Sie hatte unter anderem folgenden Traum:

Ich machte eine Reise, mit etwa dreißig Leuten zusammen, eine Abenteuerreise in Japan. Wir sollten einen Berg besteigen. Wir waren in einem Tal mit sehr steilen Bergwänden, und es war sehr, sehr neblig, niemand konnte irgend etwas sehen. Jeder tappte mit ausgestreckten Armen herum. Es sah aus, als ob sie schlafwandelten und versuchten, sich vorzutasten. Ich sagte schließlich: »Das ist einfach lächerlich, ich will sehen, daß ich hier rauskomme.« Ich nahm also meine Arme wieder herunter und machte die Augen auf. Und ich fand einen Fels, der wie eine Treppe nach oben führte. Und schon fingen alle zu streiten an, wer als erster gehen sollte. Ich war der Meinung, ich sollte als erste gehen, weil ich sie entdeckt hatte. So fing ich an, die seitlich in den Berg hineingehauene Treppe hinaufzugehen, und alle folgten mir und stiegen hintereinander in einer Reihe langsam die Treppe hinauf. Ich weiß noch, daß ich mich am Anfang sehr ängstlich und nervös fühlte, aber als ich dann den Treppenaufgang gefunden hatte, fühlte ich mich sehr gut und ausgesprochen stark. Ich hatte das Gefühl, ich war die einzige, die das konnte. Ich mußte selbst den Weg nach oben finden. Und das tat ich.

Dieser Traum zeigte, wie sehr sich Helens Gefühl verbessert hatte, daß sie kompetent war. »Wenn ich feststelle, daß ich in der Falle sitze und mich im Kreis drehe, kann ich einen Ausweg für mich finden. Ich muß mir nur selbst vertrauen, die Augen aufmachen und mich der Realität stellen«, sagte sie sich. Und sehen Sie sich die Veränderungen in ihren Traumdimensionen an: Sie bewegte sich jetzt vorwärts und war nicht festgefahren, sie fühlte sich gelobt statt verächtlich gemacht, sie kümmerte sich um sich selbst statt sich nach anderen zu richten, und sie fühlte sich beschwingt statt gedemütigt. Sie hatte alle wichtigen Dimensionen zur positiven Seite gewendet.

Nicht alle, die über das Scheitern ihrer Ehe in Depressionen verfallen waren, waren in der Lage, eine derartige Veränderung von sich heraus zu schaffen. Zu ihnen gehörte Harold, der unter anderem als Lkw-Fahrer gearbeitet hatte. Sein Selbstbild als jemand, der alles im Griff hatte, erlitt einen derben Schlag, als seine Frau ihn verließ. Ihm fehlten die Ressourcen, die ihm über seine Krise hätten hinweghelfen können: Er hatte kaum Freunde. Als adoptiertes Kind wußte er nichts über seinen genetischen Hintergrund. Seine Träume waren festgefahren und nur ein Spiegel seiner Probleme. In seinen ersten Träumen im Schlaflabor hatte er kein Geld, er konnte kein Mädchen davon abhalten, ihn zu verlassen, und an der Tankstelle konnte er nicht tanken, weil er den Schlauch nicht zu seinem Tankstutzen bekam.

»Es geht mir heute schlechter als vor einem Jahr, als ich bei Ihnen war«, meinte Harold, als er wiederkam. Weil er mit Lastwagenfahren mehr als mit anderen Jobs verdienen konnte, hatte er wieder mit der Arbeit angefangen, die er eigentlich verabscheute. Zu allem Unglück hatte er sich bei der Arbeit verletzt und war nun erst einmal entlassen worden.

Im übrigen, erzählte er, »hat meine Ex-Frau ohne jede Vorwarnung wiedergeheiratet. Meine Kinder erzählten, sie seien auf einer Hochzeit gewesen. ›Auf wessen Hochzeit?‹ fragte ich. ›Auf Mamis‹, sagten sie.« Er sagte, er habe inzwischen erkannt, daß er und seine Frau nicht hart genug gekämpft hätten, um ihre Schwierigkeiten zu lösen.

Aber noch härter als Harold hatte Tony damit zu kämpfen, daß seine Frau sich von ihm getrennt hatte. Tonys Selbstbild geriet in eine Krise, als seine Frau Essie ihn nach neunzehn Jahren Ehe verließ, um mit einer anderen Frau zusammenzuleben. In seinen ersten Träumen im Labor fand er sich fortwährend in tiefem Wasser wieder, buchstäblich in einem Meer von Schwierigkeiten. Seine Träume hatten im Laufe der Nacht kein Fortkommen gezeigt. Ich hatte schon damals befürchtet, daß er ohne fremde Hilfe nicht aus seinen emotionalen Schwierigkeiten herauskäme. Aber ich wollte ihm Zeit lassen, das selbst zu erkennen.

Seine ersten Träume im Labor drehten sich um die Themen maskulin/feminin, alt/jung, aktiv/passiv, oberirdisch/unterirdisch, moralisch/unmoralisch. Nur bei zwei dieser Dimensionen hatte er sich von der positiven Seite dargestellt: aktiv und moralisch. Aber eine aktive Rolle spielte er nur im Umgang mit anderen Männern. Und seine Moralität bewies er, trotz aller Versuchungen, bei beiden Geschlechtern. Seine Träume, in denen er positiv handelte, gingen weitestgehend auf seine Erfahrungen als Offizier in Vietnam zurück, wo er seine Kompetenz unter Beweis gestellt hatte. Seine Moralität spiegelte seine starken religiösen Verhaftungen wider, die im übrigen auch grundlegend für seine Überzeugung waren, daß man, um gut (und beliebt) zu sein, bescheiden und ein Mensch sein muß, der gibt statt nimmt.

Einer der augenscheinlichsten Charakterzüge, die seinem persönlichen Glück im Wege standen, war seine inflexible, Alles-oder-nichts-, Schwarzweiß-Sicht der Dinge, insbesondere was Frauen anging. Er sah Frauen nicht als Menschen mit der üblichen Mischung von Stärken und Schwächen, sie waren entweder Heilige oder Huren.

Als Tony nach einem Jahr wiederkam, berichtete er auch, daß er ein weiteres Mal die perfekte Liebe gefunden und auch sie wiederum verloren hatte. Wiederum hatte er die Frau idealisiert und sie mit Geschenken und seiner Zuneigung überhäuft. Als sie seinen Heiratsantrag ablehnte, fiel er in eine tiefe Verzweiflung und dachte sogar an Selbstmord. Er suchte noch immer Perfektion. Sein ganzes Selbstwertgefühl basierte darauf, daß er der Kopf einer liebevollen Familie war. Er mühte und mühte sich, aber es klappte nicht, so wie er es wollte.

Das tiefe Loch, in das er durch die Zurückweisung der zweiten Frau, die er bewunderte, gefallen war, veranlaßte ihn, psychotherapeutische Hilfe zu suchen und zu Antidepressiva zu greifen. Aber nach sechs Monaten Behandlung hatte sich sein Zustand noch immer nicht gebessert. Er rief mich an. Ich hatte inzwischen das RISC-Programm entwickelt und lud ihn ein, an einer Traumtherapie teilzunehmen. Ich dachte, es würde ihm helfen zu erkennen, wie seine alte emotionale Geschichte nach wie vor aktiv sein Selbstbild und Verhalten prägte. Bis er in dieses Programm einstieg, waren mehr als achtzehn Monate seit seinem ersten Besuch im Labor vergangen. Er hatte in dieser Zeit viele neue Erfahrungen gemacht. Seine zwei ältesten Söhne gingen inzwischen aufs College, wo sie sich gut schlugen. Tony mußte das Haus verkaufen, um die Scheidung bezahlen und seine Frau auszahlen zu können, und lebte jetzt allein. Er hatte zwar noch Kontakt mit einigen alten Freunden und arbeitete noch in dem gleichen Job, aber er war verzweifelt und wußte nicht, wie er sein Leben verbessern konnte. Er beschäftigte sich ständig mit der Vergangenheit und grübelte, wie er mehr hätte geben können, um die Liebe zu bekommen, die er brauchte.

In seiner ersten RISC-Sitzung erzählte Tony, er habe immer wieder Träume von Gewalt.

Ich war bei einem Viehtrieb. Wir kämpften gegen die hartgesottensten Indianer, die ich je gesehen hatte. Wir wollten mit ihnen verhandeln, und sie sagten, sie wollten verhandeln. Aber das erste, was sie machten, war, den Jungen mit dem Signalhorn umzubringen, der einfach in Grundstellung dastand und sein Signal blies. Er fiel einfach auseinander.

Wir zogen uns zurück und schliefen am Hang eines Berges. Am nächsten Tag gingen wir zu den Indianern zurück, um mit ihnen zu reden, und wir boten ihnen einige Geschenke an. Sie sagten, sie würden die Geschenke annehmen, uns aber trotzdem umbringen. Sie sagten: »Wir bekommen sowieso alles, was ihr habt, warum sollten wir also verhandeln?«

In diesem Traum gelang es Tony nicht, durch Passivität und Geschenkemachen Frieden zu schließen. Seine Feinde wollten alles nehmen – auch sein Leben. Dieser Traum offenbarte, wie Tony seine Lebensumstände sah. Er hatte der Frau, die ihn betrogen hatte, sowohl Geld als auch sein Haus geben müssen. Er hatte sogar einen Sohn aufgeben müssen, den, der jetzt bei Essie lebte, der Junge mit dem Signalhorn in seinem Traum. Seine neue Freundin hatte die Geschenke genommen, mit denen er sie überhäuft hatte, ihn aber dennoch abgewiesen. Seine fromme Passivität hatte ihn in die Verzweiflung und an den Rand des Selbstmords getrieben. Tony meinte, die wichtigste Dimension in diesem Traum sei Betrug versus Vertrauenswürdigkeit. Sein Traum verdeutlichte auch seinen Kampf zwischen Macht und Hilflosigkeit.

Diese Themen beschäftigten ihn die ganze Woche, bis er zu seiner zweiten RISC-Sitzung kam – und von einem Erfolg berichten konnte. Es war ihm gelungen zu erkennen, daß er einen schlechten Traum hatte, und ihn zu unterbrechen, indem er dafür sorgte, daß er wach wurde. Er beschrieb den Traum:

Es war wieder bei der Army. Eine Grundausbildungskompanie. Der Trupp der Rekruten kam aus der Innenstadt, Schwarze, Weiße und Latinos. Sie wollten die Sau rauslassen, gehorchten nicht und waren feindselig. Ich wußte, ich würde damit dank der Macht meiner Führungsqualitäten schon zurechtkommen. Draußen hingen Leute herum, die sie aufstachelten und die Formationen völlig durcheinanderbrachten. Die Rekruten fingen an, über mich zu lachen, und ich geriet außer mir vor Wut.

»Ich fing an, mich so unwohl zu fühlen, daß ich den Traum stoppte«, erzählte Tony. »Ich konnte nicht wieder einschlafen und dachte mir ein neues Ende aus, während ich wach lag. Das sah so aus, daß ich die Menge weggehen ließ und die Truppen sich ordentlich verhielten.«

Die wichtige Dimension in diesem Traum war das Gefühl, die Kontrolle zu haben versus die Kontrolle verloren zu haben, wobei letzteres als potentielle körperliche Gewalt zum Ausdruck kam. Das Risiko, andere zu töten oder selbst getötet zu werden, kam in Tonys Träumen nahe an die Oberfläche. Die Rekruten in diesem Traum, meinte Tony, könnten seine beiden Söhne sein, für die er sich verantwortlich fühlte, auch verantwortlich, sie zu formen. Er machte sich Sorgen, sie könnten trotz seiner Disziplin schlecht werden. Und er machte sich Sorgen, seine Ex-Verwandten könnten über sein Unvermögen lachen, etwas aus den Jungs zu machen.

Tonys Traum zeigte seine Ängste vor der Niederlage und vor Demütigungen wie auch seine Wut auf seine frühere Frau und deren Verwandtschaft, die er sich nicht einmal selbst eingestehen konnte. In diesem Traum kam er selbst mit seiner Großzügigkeit und seinen Führungsqualitäten nicht zum Zuge.

In einem anderen Traum erzählte Tony:

Mein Sohn bekleckerte einen brandneuen Teppich von hinten bis vorne. Überall Milch und Erdnußbutter, alles in einer Pampe vermischt. Ich schnappte ihn und schimpfte auf ihn ein, das wieder sauberzumachen. Im Traum war er erst sechs oder sieben. Er weinte. Es war schrecklich. Im Traum fing ich bereits an, Schuldgefühle zu be-

kommen. So nahm ich ihn auf den Arm und tröstete ihn und sagte ihm, ich würde ihm beim Saubermachen helfen.

Tonys perfektionistische Persönlichkeit traf jeden hart. Dahinter verbarg sich eine Menge innerer Wut. Er glaubte, er müsse gut sein, um Liebe zu bekommen, aber er zahlte einen hohen Preis dafür, daß er seine Wut im Wachleben nicht zum Ausdruck brachte: In seinen Träumen brach sie dann aus ihm heraus. Die neuen Enden, die er sich für seine Träume ausmalte, machten ihm Mut. In den darauffolgenden Wochen hatte er dann auch positivere Träume.

In einem schönen Traum, an den er sich in dieser Zeit erinnerte, fand er sich in seiner alten Nachbarschaft wieder, wo Schwarze und Weiße zusammenlebten.

Ich gehörte zu einer Gruppe, die versuchte, das Bandenproblem im Viertel zu lösen und Dinge zu reparieren, die zerstört worden waren. Ich war so glücklich, daß ich fliegen konnte. Ich mußte einen großen Sprung machen, um hochzukommen, aber ich flog mehrmals im Traum aus eigener Kraft heraus im Viertel herum.

In seinem Traum löste Tony die Dinge so, daß die Menschen trotz aller Differenzen zusammenleben konnten. Als er aufwachte, war seine Stimmung besser denn seit geraumer Zeit. Er wußte, welche Freude es ihm machte, sich um junge Menschen zu kümmern und anderen Menschen bei der Lösung ihrer Probleme zu helfen. Und das Fliegen gab ihm ein Hochgefühl.

»Mehrmals sagte ich: ›Warte, ich kann das nicht.‹ Dann sagte ich: ›Doch, ich kann. Los, versuch's.‹ Und dann flog ich tatsächlich«, erklärte er. »Ich hob ab und flog in der alten Nachbarschaft herum. Es war, als könnte ich förmlich sehen, wie die Dinge besser für mich wurden.«

Und was war mit seinen rigiden Schwarzweiß-Einstellungen zu Frauen, wo es für ihn nur Gut oder Böse gab? Würden sie nicht weiterhin ein Problem für ihn bleiben, solange er nicht einsah und akzeptierte, daß jeder, selbst er, Schwächen und Fehler hat?

Wenig später kam Tony mit zwei bemerkenswerten Träumen an. Sie verdeutlichten zum einen Teil die Wurzeln dieser Gefühle und zum anderen, wie diese Gefühle sich durch unsere gemeinsame Arbeit und die Auseinandersetzung mit den Traumdimensionen veränderten, die ihn quälten.

Traum 1

Ich war in einer Kirche, wo mehrere ältere Frauen rauchten. Die Leute forderten sie immer wieder auf, aufzuhören, aber sie weigerten sich. Das Problem war, daß diese Damen zugleich diejenigen waren, die für die Mahlzeit in der Kirche die besten Desserts machten, und ich wollte noch einen weiteren Nachtisch haben. Ich schlich mich in den Raum hoch, wo die Desserts waren, und hoffte, niemand würde mich sehen, aber ein jüngeres Mädchen erwischte mich. Sie rauchte ebenfalls. Sie wußte, daß ich Nachspeisen liebte, und dachte so, ich wäre auf der Seite der Raucherinnen, weil ich ja schließlich ihre Desserts aß. Genau das hatte ich befürchtet. Deswegen hatte ich ja versucht, mich dorthin zu schleichen.

»Diese Frauen schienen eine Mischung aus Gut und Böse darzustellen«, sagte ich. »Und in Ihrem Traum waren auch Sie nicht ganz unschuldig. Sie wollten, trotz aller Aversionen, etwas von den guten Sachen, die sie anzubieten hatten.«

Tony zögerte eine Weile, bis er antwortete. »Sie haben recht«, sagte er. »Meine Mutter war eine sehr starke Raucherin. Sie rauchte immer im Badezimmer. So daß es dort furchtbar nach Tabak roch. Andererseits habe ich ihr viele wundervolle Dinge zu verdanken. Alles Gute in unserer Kindheit kam von ihr.«

»Und Sie möchten mehr von den süßen Dingen, die Frauen zu bieten haben«, erwiderte ich. »Aber Sie wissen nicht, wie Sie offen, auf legitimem Wege an sie herankommen sollen. Denn mit dem schmutzigen Teil an ihnen wollen Sie schließlich nichts zu tun haben.«

»Ich weiß noch, daß ich im Traum innerlich sehr zerrissen war. Ich wollte das Dessert, aber nicht mit ihnen in Verbindung gebracht werden«, sagte Tony.

»Wie können Sie mit jemandem umgehen, der sowohl gute als auch schlechte Seiten hat, Dinge, die Sie wollen, und solche, die Sie nicht wollen?« fragte ich.

»Meine Mutter hat mir auch eine Menge Leid verursacht«, erwiderte er, statt auf die Frage direkt einzugehen. »Ich habe ihr noch immer nicht verziehen, daß sie mit dem jungen Kerl weggelaufen ist. Es war demütigend für mich. Sie blieben in unserer Nachbarschaft, und alle meine Freunde wußten Bescheid.«

»Frauen sind etwas Gemischtes für Sie«, sagte ich. »Aber in Ihrem Traum haben Sie eingesehen, daß Sie das auch sind. Sie schwanken zwischen Akzeptieren und Ablehnen Ihrer eigenen Gefühle und Wünsche und hängen fest.«

Dann berichtete Tony von einem weiteren Traum:

Traum 2

Ich war in eine Kommune gezogen, in der auch meine drei besten Freunde mit ihren Frauen lebten. Alle Frauen in dieser Kommune waren irgendwie blind geworden. Ich hatte ein ganz starkes Gefühl, allein zu sein. Bei allem, was wir machten, mußten wir uns nach den blinden Frauen richten. Es war nervend, daß das soweit ging, daß wir uns nach ihnen richten mußten.

»Haben Sie das in Ihren Augen in Ihrem Leben gemacht, sich zu sehr nach anderen gerichtet?« fragte ich ihn.

»Ja, bei meiner Frau und auch bei der anderen Frau«, sagte er. »Ich akzeptierte Dinge, die ich nicht sehen wollte. Ich war taub und blind, bewußt. Es war für mich unvorstellbar, daß jemand, den ich, ja, für so perfekt hielt, solche Dinge tun könnte.«

»Sie haben sie nicht wirklich akzeptiert«, erwiderte ich. »Sie haben sie nur aus Ihren Gedanken verdrängt, Sie haben sie ignoriert und ein falsches Bild von diesen Frauen aufgebaut. Wie würden Sie diesen Traum ändern, damit er besser endet?«

»Die Blinden würden aufhören zu erwarten, daß man sich nach ihnen richtet. Sie würden verlangen, genau wie jeder andere behandelt zu werden. Und dann könnten wir auch ohne diese bizarren Rituale miteinander kommunizieren.«

Tony war selbst leicht sehbehindert, die Folge einer Verletzung, die er sich in Vietnam zugezogen hatte. Die Frage, wie schwer seine Behinderung wirklich war, erwies sich in seiner Ehe oft als Zankapfel. Seine Frau warf ihm oft vor, daß er sie manchmal einfach nicht beachten wollte.

»In Ihrem Traum waren Ihre drei besten Freunde verheiratet«, sagte ich. »Und sie blieben verheiratet, trotz der Tatsache, daß ihre Frauen blind waren. Aber Sie waren allein. Andere schafften es also besser, mit Defiziten zurechtzukommen. Als ich Sie fragte, wie Sie den Traum ändern würden, sagten Sie: ›Die Frauen würden verlangen, daß ihnen keine Sonderbehandlung zuteil wird. Sie möchten behandelt werden wie jeder andere auch.‹ Ist das, wie Sie behandelt werden möchten?«

»Ich? Ja. Ich glaube schon. Nein«, sagte Tony und versuchte, sich über seine Gefühle klarzuwerden. »Ich wünsche mir mehr Mitgefühl von meinen Jungen, etwas Verständnis, daß die Scheidung die Schuld ihrer Mutter war. Ich habe genau das auch meinem Vater angetan, als er die Geschichte mit meiner Mutter durchzustehen hatte. Ich hatte keinerlei Mitgefühl mit ihm.«

Dieser Traum setzte eine Flut von emotional schmerzlichen Erinnerungen aus parallelen Zusammenhängen frei. Seine Verärgerung über die blinden Frauen, die zuviel Beachtung erhielten, rührte Erinnerungen an die frühere Wut seiner Frau auf und an ihre Zurückweisung, an sein Unvermögen, die Bedeutung ihrer Wut zu erfassen, an seinen Wunsch nach mehr Verständnis bei seinen Söhnen, an sein Versäumnis, ebendieses Verständnis seinem Vater entgegenzubringen, und an die Schmach wegen der Sexualität seiner Mutter.

Der Traum zeigte klar zweierlei: Tonys Bedürfnis, sich in Liebesdingen selbst zu betrügen, und seine Neigung, Liebe als Strafe vorzuenthalten. Diese beiden Punkte waren die Schlüssel zu seinen Problemen. Sein Modell der perfekten Liebe war die alles gebende Liebe zwischen Mutter und Kind. Und er wünschte sich auch für sich das absolute Angenommensein, das man einem Baby aufgrund seiner moralischen Reinheit entgegenbringt.

Tony erkannte plötzlich, daß das, was er als Erwachsener geben und bekommen konnte, etwas anderes war. Die Traumlösung, die er den blinden Frauen in den Mund gelegt hatte, »wie jeder andere akzeptiert und geliebt zu werden«, weist insofern in die falsche Richtung, als daß dies genau das sein dürfte, was für ihn angezeigter ist. Wenn Tony diese Einsicht beherzigen und anfangen würde, dementsprechend zu handeln, so wäre das ein großer Schritt in Richtung Gesundung. Durch das Lesen unserer Träume erhalten wir einen schnellen Zugang zu den Quellen unserer emotionalen Geschichte, die letztlich die Ursache von wiederkehrenden Irrtümern in unseren aktuellen Beziehungen sind.

Tonys Mutter, seine einzige Quelle der Liebe in seiner Kindheit, lief weg und verließ ihn. Seither kämpfte er darum, gut zu sein, um zu verhindern, daß andere Menschen, die er liebte, vor ihm wegliefen. Und dazu mußte er sich gegenüber ihren Fehlern blindstellen und idealisierte Beziehungen, Scheinbeziehungen aufbauen. Er konnte weder sich selbst noch jemand anderen als naturgemäß unvollkommenen Menschen akzeptieren. Nun, da er seine Träume verstand, hatte er einen Anfang, auf dem er aufbauen konnte.

Tony war ein Extremfall von jemandem, der kaum Einsichten darüber hat, wie seine Vergangenheit noch immer seine gegenwärtigen Emotionen kontrolliert und seine Stimmungen und Beziehungen unterminiert. Als er seinen Träumen Beachtung schenkte, erkannte er sehr schnell, daß er mit seinem rigiden moralistischen Standpunkt skrupellosen Menschen sowieso nicht gewachsen war. Und so begann er allmählich, sich zu entspannen und sich selbst als unvollkommenen Menschen zu akzeptieren, der ein Recht darauf hatte, geliebt zu werden, ob er perfekt war oder nicht.

Die Träume der Teilnehmer in unserer Studie über Scheidungen verdeutlichen, welche nachdrücklichen Folgen eine Krise für die Identität eines Menschen hat – und zwar sowohl die Träume derjenigen, die depressiv waren, als auch derjenigen, die insgesamt gut damit fertig wurden. Und sie verdeutlichen die großen Unterschiede, die zwischen denjenigen bestehen, die in ihren alten Problemen gefangen bleiben, und jenen, die bereit sind, sie hinter sich zu lassen.

Für Tony war die Scheidung ein Angriff auf sein Selbstverständnis als Mann. Seine Reaktion war Hilflosigkeit. Harold sah seine Scheidung als eine Krise, in der er machtlos war, dafür zu sorgen, daß seine Bedürfnisse befriedigt wurden, und machtlos, das Handeln anderer zu kontrollieren. Seine Reaktion war, wie auch seine Träume widerspiegelten, weiterhin zu versuchen, die Dinge so zu handhaben, wie er sie immer gehandhabt hatte. Für Helen bedeutete die Scheidung eine erstaunliche Schmach. Ihre Reaktion war, endlich die Augen aufzumachen, um ihre Probleme zu lösen. Maggie und Robert, die nicht in Depressionen verfallen waren, sagten in ihren Träumen beide: »Ich habe genug investiert und verloren. Jetzt ist es Zeit, die Verluste zu begrenzen.«

Tony und Harold mangelte es an der Reife und der psychischen Gesundheit, um eine vernünftige Entscheidung zu treffen und ein Lebensmuster zu ändern, das ihnen zum Verhängnis wurde. Vor dem Hintergrund ihrer frühen emotionalen Bindungen gingen sie, genau wie Julie, Ehen ein, deren Scheitern von vornherein praktisch programmiert war. Und als sie dann scheiterten, war ihr Umgang mit Liebesbeziehungen prinzipiell in Frage gestellt. Zurückgeworfen auf sich selbst gerieten sie ins Schwimmen wie Kinder, die schmählich im Stich gelassen und sich selbst überlassen wurden.

Beide mußten umfassend ihre inneren Selbstbilder revidieren, wenn sie künftig ähnliche Schwierigkeiten vermeiden wollten. Und bei beiden traten die Wurzeln ihrer emotionalen Fallen wesentlich klarer in ihren Träumen als in ihrem wachen Geist zutage. Diese unerledigten Dinge, die in ihren Träumen widergespiegelt wurden, verlangsamten natürlich den Übergang zu starken, sich selbst achtenden Individuen. Durch das Scheitern ihrer Ehen wurden alte Probleme wiedergeweckt. So daß sie im wahrsten Sinne des Wortes jetzt doppelte Probleme hatten.

→ SELBSTHILFE: Die Krise der Scheidung überstehen

Wenn Sie in einem Scheidungsprozeß stecken, begegnen Sie in Ihren Träumen aller Wahrscheinlichkeit nach auch Gefühlen, die Sie im Wachleben erfahren: Gefühle der Wut, Schmach, Verzweiflung, Hilflosigkeit, Selbstanklage und des Verlassenwordenseins. Sofern Sie feststellen, daß Ihre Träume sich wiederholen und bewirken, daß Sie sich am nächsten Morgen niedergeschlagen und unglücklich fühlen, versuchen Sie die RISC-Methode.

- *Erkennen* Sie, wenn Sie einen belastenden Traum haben, während er abläuft. Teilnehmer in unserer Studie über Scheidungen berichteten in diesem Zusammenhang zum Beispiel von folgenden Träumen:

TRÄUMER 1: Mich beschimpfte jemand vor Gericht und bezichtigte mich der Lüge.

TRÄUMER 2: Mein Ex-Mann trampelte mit seinen verschmutzten Schuhen auf meinen weißen Vorlegern herum, so daß sie voll Schlamm waren. Auf Knien schrubbte ich auf ihnen herum.

TRÄUMER 3: Ich war mit zwei Frauen im Bett, eine davon war meine Ex-Frau.

- *Identifizieren* Sie, was in Ihrem Traum schiefgelaufen ist.

TRÄUMER 1: Ich fühlte mich unrecht behandelt und öffentlich beschuldigt, unehrlich zu sein.

TRÄUMER 2: Ich mußte mit dem Schmutz fertig werden, mit dem mein Ex-Mann mich bewarf.

TRÄUMER 3: Ich fühlte mich schuldig, untreu zu sein, obwohl ich in Wirklichkeit frei bin.

- *Stoppen* Sie die Handlung, dann ändern Sie sie, so daß Sie das, was im Traum geschieht, selbst in die Hand nehmen.

TRÄUMER 1: Ich blieb cool und bat den Richter, denjenigen vorzuladen, der mich denunziert hatte.

TRÄUMER 2: Ich sagte meinem Ex-Mann, er solle verschwinden, und ich würde ihm die Rechnung für die Reinigung der Vorleger schicken.

TRÄUMER 3: Ich stellte meine Ex-Frau meiner neuen Freundin vor.

- *Untersuchen* Sie die Botschaften, die Sie sich in Ihren Träumen selbst schicken, und identifizieren Sie ihre Dimensionen. Dann versuchen Sie, neue Bilder mit der positiven Seite dieser Dimensionen zu schaffen.

TRÄUMER 1: Die Botschaft: Ich bin passiv, wenn ich angegriffen werde, selbst wenn ich zu Unrecht angegriffen werde. Die Dimensionen: passiv/aktiv. Hausaufgaben: Ich muß in meinen Träumen wie auch in meinem Wachleben Situationen identifizieren, in denen ich passiv war, und mir Alternativen überlegen, wie ich mich mehr hätte behaupten können.

TRÄUMER 2: Die Botschaft: Ich übernehme immer die Verantwortung und behebe den Schaden, den andere anrichten. Die Dimensionen: selbst die Verantwortung übernehmen/andere in die Verantwortung nehmen. Hausaufgaben: Ich muß Wege finden, anderen die Verantwortung zu übertragen für Probleme, die sie schaffen.

TRÄUMER 3: Die Botschaft: Ich habe Schuldgefühle wegen meiner Sexualität. Die Dimensionen: schuldig/unschuldig. Hausaufgaben: Ich muß mir vorstellen, wie ich Sexualität ohne Schuldgefühle genießen kann, über meine Ängste mit einer neuen Partnerin sprechen und Sex langsam in eine neue Beziehung einführen.

8. Wenn eine Krise zu Depressionen führt

Wenn wir im Labor den Schlaf von Personen untersuchen, die an Depressionen leiden, stellen wir fest, daß ihre Nächte einen symptomatisch typischen Verlauf nehmen. Sie sehen anders aus als die schlechten Nächte, wie viele sie von uns zum Beispiel nach einem Schock oder vor einem aufregenden Ereignis oder auch einfach dann erleben, wenn wir aus unserer üblichen Routine gerissen werden, etwa durch Reisen oder Wechselschichtarbeit. In solchen Fällen sind Schlafprobleme durchaus üblich. Wir brauchen wesentlich länger, bis wir einschlafen können. Sobald wir das aber geschafft haben, ist der Schlaf normal. Das heißt, wir durchlaufen die üblichen Zyklen mit den jeweils üblichen Anteilen von REM- und Non-REM-Schlaf. Der Schlaf von depressiven Menschen unterscheidet sich jedoch, wie Laboruntersuchungen zeigen, von dem nicht depressiver Personen und sogar von dem jener, die unter den üblichen Schlafstörungen leiden.

Die meisten von uns beginnen die Nacht mit einem einstündigen oder auch länger dauernden gesunden, tiefen, entspannenden Schlaf. Erst danach treten wir in die Phase des sehr aktivierten Gehirnzustandes des REM-Schlafes ein. Die erste REM-Phase dauert normalerweise nur etwa zehn Minuten, ehe wir wiederum in einen tiefen Schlaf verfallen. Dieses Muster, zuerst ruhen, dann träumen, wiederholen wir mehrmals im Laufe der Nacht. Erst gegen Morgen, wenn wir genügend Schlaf hatten, den Körper zu regenerieren, verfallen wir in einen leichteren Schlaf mit längeren Traumperioden und noch aktiveren Augenbewegungen. Das sind die Phasen, die den Geist regenerieren.

Im Gegensatz dazu kann die erste REM-Phase bei depressiven Personen die längste sein. Der Psychiater David Kupfer wies mit seinen Kollegen an der University of Pittsburgh in Untersuchungen nach, daß manche depressiven Personen nur einen leichten Schlaf und überhaupt keinen Tiefschlaf haben, ehe sie in diese erste REM-Phase eintreten – und das manchmal nach nur zwanzig Minuten Schlaf.

Auch die Angehörigen von Personen mit Depressionen, insbesondere diejenigen, die selbst schon einmal an Depressionen gelitten haben, zeigen oft frühe REM-Phasen. Für Kupfer und viele andere Forscher auf diesem Gebiet sind frühe REM-Phasen ein Warnsignal für eine Anfälligkeit gegenüber Depressionen, ein biologischer Anzeiger. Sie hoffen, daß die Identifizierung und Untersuchung von Personen mit diesen Anzeichen letztlich dazu führt, daß Wege und Möglichkeiten entwickelt werden, bereits im Vorfeld das Auftreten von Depressionen zu verhindern bzw. bei Patienten wie auch bei ihren Familien und Ärzten ein Bewußtsein für die Notwendigkeit einer Behandlung beim ersten Auftreten von Symptomen zu schaffen.[1]

Schwermut bewirkt, daß das Träumen zu früh einsetzt. Was aber schlimmer ist, ist, daß die Nacht auch zu früh, oft bereits um zwei, drei oder vier Uhr nachts endet. Dabei sieht es ganz so aus, als würden Personen mit Depressionen die erste Hälfte der Nacht überspringen, in der Mitte beginnen und dann nach nur drei oder vier Stunden Schlaf wieder aufwachen. Etwa bei einem Drittel der an Depressionen leidenden Teilnehmer an unserer Studie über Scheidungen war dieses charakteristische Muster erkennbar.

Was passiert mit den Träumen, wenn der REM-Schlaf phasenverschoben auftritt? »Schlafen! Vielleicht auch träumen! – Ja, da liegt's: Was in dem Schlaf für Träume kommen mögen, wenn wir den Drang des Ird'schen abgeschüttelt, das zwingt uns stillzustehn«, sagte Hamlet, als er seine Schwermut wegen der Ermordung seines Vaters und der Wiederheirat seiner Mutter beschrieb.[2] Bei Depressionen reflektieren Träume oft das, »wo's liegt«. Sie zeigen neuerlich die Probleme des Träumers auf, aber sie lösen sie nicht. Tony, Sie erinnern sich, fand sich auf einem auf offener See treibenden Schlauchboot wieder. »Es war dunkel und stürmisch, und das Boot drehte sich wie ein Kreisel in dem aufgepeitschten Wasser«, sagte er.

Im Wachzustand und im Schlaf betrachtet der depressive Mensch die Welt als einen feindseligen Ort, an dem seine Bedürfnisse nicht befriedigt werden. Der Träumer möchte etwas – Geld, einen besseren Job, ein Lebensziel, Verbundenheit mit anderen Menschen –, kann aber keines dieser Bedürfnisse befriedigen, nicht einmal in seinen Träumen. Die Träume depressiver Personen erzählen von Enttäuschung, Zurückweisung und Schmerz. (Siehe auch Anhang »Checkliste der Symptome bei Depressionen«, S. 295.)[3]

Frühe REM-Phasen zu haben heißt jedoch nicht, auf Lebenszeit zu Depressionen verurteilt zu sein. Im Gegenteil. In unserer Scheidungsstudie stellten wir fest, daß diejenigen, die über dieses Merkmal verfügten, schneller als jene wieder auf die Beine kamen, die ebenfalls unter Depressionen litten, aber keine verfrühten REM-Phasen hatten. Träume, die außergewöhnlich früh beginnen, scheinen, wenn man so will, direkt zur Sache zu kommen. Wir bezeichnen sie nicht als »gute« Träume, weil sie nur selten schön sind. Aber sie spiegeln oft die emotionalen Probleme wider, die den Träumer beschäftigen, wenn es etwa um den Verlust einer Beziehung, von Besitz oder der Wohnung geht. Bezeichnend für die »verfrühten« ersten Träume von Personen mit Depressionen ist, daß sie emotionaler, bilderreicher, bizarrer und komplexer in ihrer Geschichte sind als Träume, die zu einem normalen Zeitpunkt beginnen. Sie inkorporieren die Ursache der schwermütigen Gefühle – den Partner oder die Partnerin. Und sie verdeutlichen die Notwendigkeit für den Träumer, sich um sich selbst zu kümmern.

Im Gegensatz dazu sind die Träume von depressiven Personen, deren REM-Phasen zu normalen Zeiten auftreten, oft flach im Ausdruck von Gefühlen und ebenso inhaltlich flach, eher belanglos und alltäglich. Sie drehen sich vielfach um Themen wie Hilflosigkeit, Verlassenwerden, Schuldgefühle, Alleinsein und das Unvermögen, mit Dingen fertig zu werden. Sie zeigen wenig Handlung und drehen sich nur selten um den Partner oder die Partnerin. Sie haben sehr viel Ähnlichkeit mit den Träumen von Personen, die nicht an Depressionen leiden.[4]

Personen mit Depressionen berichteten von ihren verfrühten ersten REM-Träumen zum Beispiel:

Ich war im Büro, und ein Mann fragte mich, warum ich nicht arbeite. Ich fühlte mich beschämt und ärgerte mich, daß ich mich nicht konzentriert hatte.

Ich beobachtete jemanden, der einen Mann ins Kreuzverhör nahm, der sehr wütend war. Ich wurde im Gericht angebrüllt.

Ich wurde von jemandem reingelegt. Ich hatte Angst, und mein Mann sorgte dafür, daß ich Schuldgefühle bekam.

Ich beobachtete, wie mein Mann Schwierigkeiten mit der Zollabfertigung am Flughafen hatte, weil er etwas durch den Zoll bringen wollte, das mir gehörte.

Demgegenüber berichteten Personen mit Depressionen von ihren ersten REM-Träumen, die zu normalen Zeiten auftraten, zum Beispiel:

Ich glaube, ich war dabei, ein Buch zu verkaufen.

Ich unterhielt mich mit Freunden über eine Reise nach Minnesota.

Ich war auf einem Flugzeugträger, der irgendwie beschädigt war.

Und die ersten REM-Träume von Personen, die nicht an Depressionen litten, drehten sich zum Beispiel um folgendes:

Ich sah mir mit meiner Mutter ein Baseballspiel im Fernsehen an.

Ich hatte mich etwas abseits gestellt und schaute meinem Sohn beim Lebensmitteleinkaufen zu.

Ich saß mit Leuten an einem Tisch.

Die zweite und dritte Gruppe von Träumen sind sich sehr ähnlich. Um ihr Gewicht zu ermessen, müssen wir uns die restlichen Träume der Nacht anschauen. Bei Personen mit Depressionen, deren REM-Phasen zu normalen Zeiten auftreten, sind kaum Fortschritte dahingehend erkennbar, daß sie sich in den Träumen im Laufe einer Nacht ihren Problemen stellen. Jeder Traum ist genau wie der erste. Genau wie Helen, die Frau, die sich in ihrem Traum von dem kleinen Hund im wahrsten Sinne des Wortes bescheißen ließ, als sie depressiv war, malen diese Personen sich immer wieder Ereignisse aus, die schiefgehen. Ihre Traumdimensionen sind negativ, negativ und noch mal negativ.

Als Forscher der University of Pennsylvania 287 Psychiatriepatienten und -patientinnen baten, den letzten Traum zu erzählen, an den sie sich erinnern konnten, stellten sie fest, daß Personen mit Depressionen im Vergleich zu solchen, die unter anderen psychischen Störungen litten, unterschiedslos mehr von Träumen über Selbstanklagen berichteten. Dabei gilt, daß ihre Traumthemen genau wie bei uns allen ein Spiegel ihrer Gedanken und Handlungen im Wachleben sind, sagen die Psychiater Aaron Beck und Clyde Ward.[5] Hinzu kommt, daß die Patienten und Patientinnen dieser Studie erklärten, sie hätten Träume wie diese ihr Leben lang gehabt, also auch lange ehe sie in Depressionen verfielen. Fest steht, daß ihre negativen Träume ihren Depressionen Vorschub leisteten. Und es ist davon auszugehen, daß sie mit großer Wahrscheinlichkeit auch in Zukunft

Depressionen erfahren werden, wenn ihr Traumprogramm nicht geändert wird.

Personen, die sich Vorwürfe machen und selbst kritisieren und glauben, Strafe verdient zu haben, träumen oft, daß sie angeklagt, zurückgewiesen oder bestraft werden. Genau wie diejenigen, die sich bei ihren Zielsetzungen selbst Hindernisse in den Weg legen oder sich allgemein in ihrem Wachleben durch Unentschlossenheit und ambivalente Haltungen auszeichnen, oft davon träumen, wie sie versuchen, ein Ziel zu erreichen, ihr Bemühen aber immer wieder durch irgendwelche Umstände vereitelt wird. Bewußte selbstzerstörerische Triebe können Träume von Verletzt- oder Totsein nach sich ziehen.

Solche Träume sind nicht unbedingt ein Zeichen von Krankheit, sagen Beck und Ward. In Krisenzeiten kann jeder von uns derartige Träume haben. Konsistenter kommen sie jedoch bei depressiven Personen vor.

Der Psychologe Peter Hauri von der Mayo-Klinik bestätigt dieses Bild.[6] Bei ehemals depressiven Patienten stellte er fest, daß die gleichen Themen sie weiterhin verfolgten, selbst nachdem ihre Symptome im Wachleben verschwunden waren. Er verglich die Träume von elf Personen, die von einer Depression genesen waren, mit denen von elf nicht depressiven Personen gleichen Geschlechts, Alters sowie mit dem gleichen Bildungsniveau und gleichem beruflichem Hintergrund. Mit dem Ergebnis, daß die ehemals depressiven Patienten im Vergleich zu den gesunden Versuchspersonen viermal mehr von unglücklichen Träumen berichteten. Sie träumten häufiger, daß sie weinten, sich traurig, verlassen oder zurückgewiesen fühlten oder daß ihre Pläne durchkreuzt wurden.

Darüber hinaus stellte Hauri fest, daß leblose Objekte in den Träumen von depressiven Personen eine größere Rolle spielten. Ihre Träume handelten von Stürmen, laufenden Motoren und Schüssen, die abgegeben wurden, was zugleich verdeutlichte, daß sie die Welt um sich herum im Vergleich zu nicht depressiven Personen als wesentlich gewalttätiger und bedrohlicher sahen.

Kurz, die Traumskripte von Personen, die Depressionen unterworfen sind, untergraben permanent das Selbstvertrauen, das sie benötigen, um in ihrem Wachleben mit neuen Problemen fertig werden zu können. In ihren Träumen bringen sie neue Erfahrungen immer wieder mit Erinnerungen zusammen, wo sie versagt haben. So wahren sie ein Selbstbild, das unzulänglich, hoffnungslos und selbststrafend ist. Und es ist kein Wunder, daß Personen, die einmal eine Depression hatten, oft weitere haben.

Jerry war noch gefangen in seiner Vergangenheit. Er war ein leise sprechender, poetischer Mann von zweiunddreißig Jahren, als seine Ehe in die Brüche ging. Er war Sozialkundelehrer an einer High-School. Eine liebe Seele. Und schlecht gerüstet für einen häßlichen Scheidungsprozeß. Jerrys Frau Lois, eine emotional instabile Frau, die zu Wutanfällen neigte, brauchte Jerry noch immer und wollte, daß er sich um sie kümmerte. Jenseits davon stritten sie sich bei der Scheidung im wesentlichen um das Sorgerecht für Mark, ihren vier Jahre alten Sohn.

Nachdem Jerry Lois verlassen hatte, lernte er Elaine kennen, eine warmherzigere und weniger anstrengende Liebe. Ihre Zukunft war nicht ohne Komplikationen: Elaine lebte weit weg und war im Prinzip auch dabei, sich von ihrem Mann zu trennen und sich von ihrer schlechten Ehe zu verabschieden. Aber sie war noch nicht soweit, daß sie sich endgültig zwischen ihrer Liebe für Jerry und der Verbundenheit gegenüber ihrem Mann hätte entscheiden können. Jerry hatte eine lange Periode des Übergangs vor sich, ehe er darauf hoffen konnte, mit seiner alten Ehe abgeschlossen und zu einem neuen Lebensmuster gefunden zu haben. Er war zu sensibel, als daß er zu der aufbrausenden Frau gepaßt hätte, die er verlassen hatte, aber er hatte doch weiterhin mit ihr als der Mutter seines Sohnes zu tun.

Als Jerry sich zu unserer Studie über Scheidungen meldete, litt er an einer starken Depression. Seine Träume waren voll von dem Konflikt zwischen seiner romantischen Hoffnung auf ein neues Leben mit Elaine und seinen Ängsten vor der Wut seiner Frau. Er lernte aber sehr schnell, anhand der RISC-Methode zu erkennen, wenn er schlechte Träume hatte, und sie zu stoppen. Er erhielt dazu folgende Anleitungen: »Es sind Ihre Träume. Sie erschaffen sie. Und nur Sie können sie ändern. Wenn es Ihnen nicht gefällt, wie die Dinge ablaufen, machen Sie die Augen auf, und stoppen Sie den Traum. Dann schlafen Sie weiter und sorgen dafür, daß das Ganze besser ausgeht.«

Nach vier Wochen Gesprächen über seine Probleme mit Lois, über seine Traurigkeit, daß er von seinem Sohn getrennt war, über seinen Frust wegen der ungelösten Beziehung mit Elaine und über seine Hoffnungen für die Zukunft hatte Jerry erstmals Erfolg mit der RISC-Methode. Er erzählte von folgendem Traum:

Ich fuhr mit Elaine in einen Wald zum Picknick. Es war ein grauer Herbsttag. Als ich den Picknickkorb auf einem alten Holztisch auspackte, kam Wind auf und alles wurde von einer Bö erfaßt. Die Pappteller, das Essen, die Servietten, alles flog wie Blätter über unseren Köpfen herum. Ich sprang immer wieder hoch, um die Sachen zu fangen, sie waren aber außer meiner Reichweite.

Dieser Traum spiegelte seine Frustration wider, daß Elaine nicht frei und bei ihm war. Durch ihre stürmische Ehe blieb ihr gemeinsames Glück außer Reichweite. Es gelang Jerry aber, seinen Traum zu stoppen und ihn zu verändern.

»Ich merkte im Traum, daß mir nicht gefiel, was dort passierte«, sagte er. »So wachte ich auf. Ich lag dann eine Weile wach und dachte über den Traum nach. Dann schlief ich wieder ein.«

Diesmal träumte ich nicht, es sei Herbst, es war Frühling. Die Farben waren satt und leuchtend statt dunkel. Die Sonne schien, und die ersten Blumen blühten. Es war wie ein Postkartenbild. Wir fuhren in meinem roten Wagen zu einem brandneuen Picknickplatz, der gerade erst eröffnet worden war. Es war noch niemand dort gewesen. Alles war toll. Ich fühlte mich ausgesprochen gut, daß ich diesen wunderschönen Platz gefunden hatte.

Jerry erzählte diesen Traum nicht ohne Stolz. Er hatte erfolgreich sein Gefühl überwunden, die Dinge nicht kontrollieren zu können. Er hatte die Dimensionen von Herbst zu Frühling, von düster zu leuchtend und von alt zu neu verändert. Aber am wichtigsten war, er hatte sein Selbstbild im Traum verändert, von jemandem, der passiv auf Gedeih und Verderb Kräften ausgeliefert war, die sich seiner Kontrolle entzogen, zu jemandem, der imstande war, eine neue und bessere Erfahrung für Elaine und sich zu arrangieren. Und sie waren jetzt die ersten, die etwas zusammen genießen konnten.

Daß Jerry diesen Traum erfolgreich ändern konnte, hieß nicht, daß er in Wirklichkeit auch an seiner Beziehung mit Elaine etwas ändern konnte. Sein Traumerfolg gab ihm jedoch Auftrieb und ermutigte ihn, sich zu bemühen, Aspekte an sich zu verändern, die die Bewältigung seiner gegenwärtigen Krise behinderten.

In der nächsten Sitzung konnte Jerry wiederum von einem erfolgreich geänderten Traum berichten. Und es war ein wichtiger Durchbruch, bei dem es um seine Schuldgefühle wegen seines Sohnes ging, darum, daß er Mark verlassen hatte. Er erzählte:

Ich wohnte mit Elaine in einem neuen Haus. Es roch alles so frisch, der Geruch von Firnis hing noch in der Luft. Es war früh am Morgen, ein frostiger Morgen, es war kalt und klar. Ich ging zur Haustür und öffnete sie und fand ein Baby auf der Schwelle. Das heißt, dort stand eine Holzkiste mit Deckel, wie sie für Äpfel verwendet wird. Ich öffnete sie und fand ein fast zu Tode erfrorenes Baby darin. Ich zog die Kiste ins Haus und rief Elaine. »Was sollen wir tun?« fragte ich sie. Wir fuhren dann damit zur Notaufnahme des Krankenhauses, und sie legten es auf ein Regal. Und die Frau dort fragte mich: »Wer zeichnet dafür verantwortlich?«

»An diesem Punkt wachte ich auf«, sagte Jerry. »Mein Herz raste, und ich sagte: ›Das war ja ein schrecklicher Traum. Diesen Traum sollte ich beenden.‹ So schlief ich wieder ein und ließ ihn weitergehen.«

Die Frau sagte: »Wer ist für die Kosten verantwortlich?« Elaine und ich schauten uns an, und dann sagte ich: »Ich unterschreibe.« Und tat es. Sie nahmen das Kind, um es wiederzubeleben. Und wir saßen in der Zeit im Wartezimmer und lösten Kreuzworträtsel und halfen uns gegenseitig dabei. Ich ging dann los, um nach dem Baby zu sehen, und es war in Ordnung. Es lag in einem Kinderbettchen und hatte die Beine hoch, so daß ich nicht sehen konnte, welches Geschlecht es hatte.

»Vielleicht ging's dabei um Mark«, sagte Jerry. »Am Morgen nach diesem Traum rief ich Elaine an, um mit ihr über ihren Besuch an dem Wochenende zu sprechen, an dem ich auch Mark hatte. Wir sprachen darüber, ob sie ihren Besuch nicht lieber verschieben sollte. Ich sagte aber: ›Laß es uns auf die harte Tour versuchen, wenn auch Mark hier ist.‹ Vielleicht werde ich ja jetzt auch von ihm träumen können, wie er im Haus ist. So großartig es auch ist, in einem Haus zusammenzusein«, fuhr er fort, »ich habe ein ausgesetztes Baby, das ich nicht einfach in einem Regal ablegen kann, in der Hoffnung, daß irgend jemand sich darum kümmert. Das heißt, ich muß sagen, ich möchte, daß das Baby, Mark, ein Teil meines neuen Lebens mit Elaine ist. Mark ist nicht Nobodys Baby. Er ist mein Kind.« Jerrys Träume konzentrierten sich nun zunehmend auf die Zukunft. Er hatte gelernt, wie er schlechte Träume in gute verwandeln und sie im Wachleben in positives Handeln umsetzen konnte.

Ein Jahr später, nachdem wir diese Arbeit abgeschlossen hatten und er gelernt hatte, seine Träume umzugestalten, kam Jerry zu einer nochmaligen Kontrolluntersuchung seiner Träume ins Labor zurück. Seine Scheidung war inzwischen besiegelt, aber was eine definitive Entscheidung Elaines anging, hing er immer noch in der Luft. In dieser Nacht im Schlaflabor hatte er folgende Träume:

Traum 1

Es war ein Albtraum! Ich glaubte, ich sei in einer Großstadt wie New York. Ich schlief in irgendeinem Raum, wo geforscht wurde. Aber irgend jemand dort war sehr eifersüchtig auf die Arbeit, die wir machten, und versuchte, die Ergebnisse zu vernichten und mich umzubringen. Es war eine Frau. Sie versuchte, mich zu ersticken. Sie stülpte mir einen Kissenbezug über den Kopf. Ich wollte anfangen, mich zu wehren. Es war dunkel, und ich konnte kaum etwas sehen. Ich war ganz auf mich allein gestellt. Meine Kehle war zugeschnürt, und mein ganzer Körper war heiß. Ich wollte gerade nach meiner wissenschaftlichen Assistentin rufen, sie solle zurückkommen und mir helfen, als Sie mich aufweckten.

In diesem ersten Traum brachte Jerry seine Verwundbarkeit gegenüber seiner Ex-Frau und seine Unsicherheit gegenüber seiner neuen Partnerin zum Ausdruck. Er konnte nicht auf sie zählen, daß sie da war, wenn er sie brauchte. Da lag er, flach auf dem Rücken, und mußte allein um sein Leben kämpfen. Dieser Traum benannte das Problem, mit dem er sich in dieser Nacht beschäftigte: »Lois würde mich eher umbringen, als mich gehen zu lassen. Ich muß mich schützen.«

Als Jerry seine Ehe aufkündigte und Lois verließ, mußte er auch einen wichtigen Teil seiner Identität, den des fürsorglichen Beschützers, hinter sich lassen. Eine Entscheidung, die sehr viele Schuldgefühle bei ihm weckte. Und schuldig fühlte er sich auch wegen seiner außerehelichen »Schlafexperimente«. Was neu für ihn war, kam in den letzten beiden Träumen der Nacht zum Ausdruck.

Traum 4

Mark und ich kehrten von einer Reise nach Alaska zurück, wo wir die Wildblumen genossen hatten. Als wir in die Zufahrt zu meinem alten Haus einbogen, um Mark für seine Geburtstagsparty abzusetzen, machte ein Nachbar mich an und sagte, ich hätte keine Erlaubnis, daß die Party im Freien stattfinden könne. Ich sagte ihm jedoch selbstsicher, Lois habe sich darum gekümmert.

Traum 5

Ich war in meinem Wagen. Ich hatte gerade Geld bei Lois abgeliefert, den Scheck über die Unterhaltszahlungen für das Kind. Sie fragte, ob ich sie zu einem großen Bekleidungsgeschäft fahren könnte, sie wollte einkaufen. Ehe wir losfuhren, schwang sie ihre Beine über meinen Schoß. Ich nahm sie und stellte sie auf den Boden zurück, um den Zündschlüssel ins Schloß zu bekommen und den Wagen starten zu können. Ich war wütend, daß sie immer jede Gelegenheit auszunutzen versuchte.

Was die Träume am Ende dieser Nacht zeigten, war, daß Jerry darauf vertrauen konnte, daß Lois sich um Mark kümmerte, und daß er effektiv mit Lois fertig werden konnte. Er war nicht länger ein hilfloses Opfer. Er saß auf dem Fahrersitz und ging ruhig mit ihrer Provokation um. Sein Traum zeigte ihm, was er wollte, nämlich, loszukommen, »den Zündschlüssel ins Schloß zu bekommen«, eine neue sexuelle Beziehung anzufangen und nicht zu Lois zurückzugehen. In dieser Nacht hatte er daran gearbeitet, klar zu definieren, was er bereit war, für sie zu tun, und was nicht: Es war bereit, sie zu dem Geschäft zu fahren, aber nicht, sich physisch manipulieren zu lassen. Er war bereit, die Unterhaltszahlungen für das Kind abzuliefern, aber nicht, sich drohen oder verführen zu lassen. In seinem letzten Traum übernahm Jerry die Rolle eines von Selbstachtung getragenen Ex-Mannes und unterstützenden Vaters. Ein gutes Traumprogramm, das sich da abspulte.

Dieser Traum stimmte allerdings keineswegs mit der Realität überein. Er war mehr ein Probelauf, Wunschdenken, wie ein kompetentes Selbstbild in der Zukunft auszusehen hätte, ein Bild, das erst noch zu erreichen war. Lois hatte im übrigen einen anderen Mann gefunden und war dabei, wieder zu heiraten. Jerry war wütend auf sie, daß sie mit dieser Veränderung ihren Jungen aus dem Gleichgewicht bringen könnte, wo er gerade erst dabei war, sich in der Situation mit dem ständigen Hin und Her zwischen zwei Haushalten zurechtzufinden. Jerry war selbst ein Scheidungskind und wußte nur zu gut, wie sehr er unter dem Gefühl des Verlassenwordenseins zu leiden hatte. In seiner ganzen Kindheit hatte er mit diesem Damoklesschwert gelebt, da sein Vater und seine Mutter sich immer wieder gegenseitig mit Scheidung gedroht hatten. Dieses Schwert hing bis in seine Jugend ständig über ihm, bis seine Eltern sich dann schließlich tatsächlich trennten. Als sein Vater auszog, schlüpfte Jerry gegenüber seiner Mutter in die Unterstützerrolle seines Vaters, und er haßte sie.

Was nun Lois anging, so empfand Jerry ihren neuen Mann natürlich auch als Bedrohung seiner Fähigkeiten und Möglichkeiten in seiner bisherigen Rolle des Fürsorgers und guten Vaters. Er befürchtete, mit der Einführung eines Stiefvaters könnten seine Pläne durchkreuzt werden, seinem Sohn ein besserer Vater zu sein, als sein Vater ihm war. Hinzu kam, daß seine Beziehung mit Elaine noch immer nicht geklärt war. Sie trafen sich, aber sie hatte ihren Mann noch nicht verlassen.

Und nicht zuletzt fehlte es Jerry immer noch an den nötigen Ressourcen, um mit seiner Lebenskrise wirklich fertig zu werden. Seine männlichen Freunde zeigten wenig Geduld bezüglich seines Bedürfnisses, über seine Gefühle zu sprechen. Und was Freundinnen anging, so sagte er, »daß alle nur Heirat im Kopf haben«. Wie bei vielen derjenigen, die an unserer Untersuchung teilnahmen und an Depressionen litten, waren auch bei ihm emotionale Relikte aus der Bindung zu seinen Eltern feststellbar, die sowohl seine Partnerwahl beeinflußt als auch zum Scheitern der Ehe beigetragen hatten. Um sich von seiner erdrückenden Mutter zu befreien, heiratete er jung. Er hatte Lois gewählt, sagte er mir, weil sie stark genug war, um seiner Mutter die Stirn zu bieten und ihm zu helfen, sich dem festen Griff seiner Mutter zu entziehen. Nichtsdestotrotz: Lois war der gleiche Frauentyp wie seine Mutter. Was blieb, war, daß er sich dann seinen Weg von ihr freikämpfen mußte.

Von einer Mutter, die ihn dazu verführt und gedrängt hatte, sich um sie zu kümmern, nachdem ihr Mann sie verlassen hatte, ging Jerry zu Lois, nur um festzustellen, daß er eben die gleiche Rolle wieder spielte. Und verließ seine Frau, genau wie sein Vater es gemacht hatte. Im Grunde war er mit seinen zweiunddreißig Jahren immer noch ein Heranwachsender, der jetzt zum zweitenmal von zu

Hause auszog. Seine Träume zeigten sehr anschaulich, wie sehr er nach seinen innersten Gefühlen der Überzeugung war, es verdient zu haben, daß seine Ex-Frau wütend auf ihn war, daß er sie verlassen und mit einer anderen Beziehung herumexperimentiert hatte. Und er erwartete, von ihr verführt oder bestraft zu werden, als wäre sie seine Mutter.

Die Scheidung mag rechtlich abgeschlossen gewesen sein, emotional war die Trennung nicht vollzogen. Jerry wußte, daß seine Ex-Frau sehr gut für sich und ihren Sohn sorgen konnte, aber in seinen Träumen war er noch immer der Versorger. Jerry steckte noch immer in einer Phase des Übergangs. Er hatte noch einiges an innerer Arbeit zu leisten, ehe er seinem Vater und sich selbst verzeihen konnte, daß sie desertiert waren, und sich damit die Möglichkeit zu geben, ganz in der Gegenwart zu leben.

Die RISC-Therapie bei Depressionen

Manche der Teilnehmer und Teilnehmerinnen an unserer Studie brauchten das RISC-Programm nicht: Sie waren nicht depressiv. Andere, die mit Depressionen zu uns kamen, schafften es aus eigener Kraft oder mit Hilfe der Familie oder von Freunden, sich aus ihrer Depression herauszuholen. Wiederum andere nutzten andere Formen der Psychotherapie, um ihre Krise zu bewältigen. Und bei einigen war leider keine Besserung feststellbar. Dazu ist jedoch anzumerken, daß wir bei manchen nur auf die Informationen der Kontrolluntersuchung nach einem Jahr zurückgreifen können und es (noch) keine weiteren Untersuchungen gibt, und sei es, weil die Betreffenden erst später in unsere Studie eingestiegen sind. Von anderen, die hingegen früh in unsere Untersuchung einbezogen waren, mit der wir 1988 begannen, wissen wir demgegenüber mehr. Manche schreiben uns noch immer von Zeit zu Zeit oder rufen an, um zu berichten, wie es ihnen geht und wie sie schlafen und träumen. Keiner von denen, denen Sie in diesem Buch begegnet sind, hat bis heute wieder geheiratet. Am besten kommen diejenigen heute mit ihrem Leben zurecht, die nicht an Depressionen gelitten hatten, und diejenigen, die an der RISC-Therapie teilgenommen haben. Und ihre Fortschritte werden durch ihre Träume widergespiegelt.

Laura, die Frau, die träumte, ihr Mann habe die Socke mit dem Loch weggeworfen, steckte in einer tiefen Depression, als sie erstmals zu uns kam. Wir waren uns ziemlich sicher, daß sie ohne Hilfe aus ihren Problemen nicht herauskommen würde. Und dem war leider so. Sie zog in einen anderen Bundesstaat, wo sie eine Stelle als Buchhalterin annahm und sich bemühte, ihren Kindern ein schönes Zuhause zu geben. Als sie ein Jahr später zur Kontrolluntersuchung kam, fragte ich sie, ob sie mit Männern ausging oder eine neue Beziehung eingegangen sei. »Bestimmt nicht!« sagte sie. »Ich habe keine Ambitionen. Ich bin glücklich, wenn ich irgendwann Enkelkinder habe; das genügt mir.«

»Und wie schlafen Sie?« fragte ich.

»Ich schlafe nur hier mal zwanzig Minuten und da mal eine Stunde«, sagte sie.

»Träumen Sie?«

»Ja, manchmal. Es sind traurige Träume.«

Sie erinnerte sich an folgenden Traum:

Ich ging auf dem Bürgersteig an einer Straße entlang, die an meiner alten Schule vorbeiführte. Ich dachte, ich würde um nichts in der Welt bei jemandem ins Auto steigen, und sei's, um mein Leben zu retten. Es war Abend und dunkel. Ich beeilte mich und rannte, weil ich irgendwie Angst in dieser Gegend hatte. Ich blickte immer wieder um mich, ob jemand kam. Dann ging ich auf die andere Seite, weil ein Wagen sich näherte. Ich war ganz die Vorsichtige, die ich immer bin.

Laura sah sich in ihren Träumen als jemand, der allein und aufgrund drohender Gefahren verwundbar war. Ihre Traumdimensionen – allein zu sein statt mit anderen zusammen zu sein, in Gefahr statt sicher zu sein und ängstlich statt selbstsicher zu sein – zeigten, daß ihr ängstliches, schüchternes Selbstbild noch immer verhinderte, daß sie wieder Boden unter die Füße bekam.

Julie, die auch ängstlich und in sich zurückgezogen gewesen war, als sie sich zu unserer Studie meldete, konnte demgegenüber nach nur sechs RISC-Therapiesitzungen erhebliche Fortschritte hinsichtlich der Änderung ihres negativen Selbstbildes verbuchen. Bei der Kontrolluntersuchung ein Jahr später war sie eine wesentlich selbstsicherere junge Frau. Sie träumte, sie habe sich von einem Sturz und der Schmach erholt, daß man sie unbekleidet in der Öffentlichkeit gesehen hatte.

Als Harold, der Lkw-Fahrer, nach einem Jahr zurückkam, litt er noch immer unter Schwermütigkeit. »Wenn ich meine Depression im Zaum halten kann«, sagte er, »dann kann ich klarer denken. Aber ich denke im stillen: ›Du bringst es hier zu nichts und bringst es da zu nichts.‹ Ich gehe immer wieder mit Power an Dinge ran, schaffe es aber nicht, sie dann auch durchzuziehen.«

»Und wie schlafen Sie?« fragte ich ihn. »Im allgemeinen habe ich keine Probleme«, sagte er, »aber meine Träume sind im Moment absolut schwammig.« Er konnte sich nicht an einen einzigen erinnern, den er mir hätte erzählen können. Selbst im Schlaflabor waren seine Träume unergiebig. Einmal berichtete er:

Ich kämpfte mit jemandem, wir rangen miteinander. Sie versuchten, mir etwas wegzunehmen.

Und von einem anderen:

Ich hörte immer wieder ein Lied, in dem es hieß: »Mein Baby hat mir gerade einen Brief geschrieben.«

Die Dimensionen in diesen Träumen waren Gewinnen/Verlieren sowie Nähe/Distanz. Diese Fragmente zeigten, daß Harold nach wie vor unter Verlustgefühlen und dem Getrenntsein von seiner Familie litt. Und er hatte den Kontakt zu seinem inneren Selbst verloren. Er hätte von der RISC-Therapie profitieren können, er wollte sich aber nicht darauf einlassen. Er hatte zwischenzeitlich jedoch eine Psychotherapie begonnen und lernte gerade, wie er sich ausdrückte, »eines nach dem anderen abzuwaschen statt zu versuchen, mit dem ganzen Berg an schmutzigem Geschirr auf einmal fertig zu werden«. Er sah seine Kinder oft und hatte das Gefühl, daß sie allmählich gut mit den zwei getrennten Haushalten zurechtkamen.

Tony, der in einer tiefen Depression steckte, als er erstmals zu uns kam, machte gute Fortschritte, nachdem er nach der RISC-Therapie an seinen Träumen gearbeitet hatte. Drei Jahre später sagte er, sein Leben sei wesentlich besser geworden. Er war stolz auf seine beruflichen Leistungen und auf seine Jungen. Ein Traum, den er als den »glücklichsten« bezeichnete, »den ich je hatte«, verdeutlicht seine Fortschritte.

Ich war verheiratet und hatte eine große Familie. Wir lebten in einer primitiven Umgebung, aber wir waren sehr glücklich. Wir hatten ein Baby, ein Mädchen. Und ich weiß noch, wie ich dieses Baby anbetete. Ich hielt sie in meinen Armen und fütterte sie mit einem winzigen Löffel mit weichem sahnigem Brei. Sie lächelte mich an und liebte mich, weil ich sie fütterte. Es war fast, als würde ich sie stillen.

Neben uns wohnten einige Priester, die uns von einem anderen neugeborenen Baby erzählten, das seine Mutter nicht behalten wollte. So ging ich los, um sie zu fragen, ob sie uns das Baby gäbe. Sie gab es uns, es war auch ein Mädchen, und wir zogen die beiden Babys wie Geschwister groß. Dieser Traum war absolut und voll und ganz von Liebe erfüllt. Als ich aufwachte, fühlte ich mich geliebt und liebenswert.

Im Vergleich zu seinen früheren Träumen hatte sich hier eine dramatische Veränderung vollzogen. Er zeigte den Weg zu einem Neuanfang auf. Er konnte zwar wegen seiner Sterilisation selbst keine Kinder mehr zeugen, er sah aber einen Weg, wie er dennoch Vater sein und Kinder großziehen konnte. Und seine Traumdimensionen, Fürsorge versus Ablehnung sowie Nähe versus Distanz, spiegelten seine neuere, positivere Perspektive wider. Es war ein zukunftsorientierter Traum, ein Probelauf für eine glückliche Vaterschaft und Liebe.

Auch Jerry profitierte von dem RISC-Programm. »Ich bin aus meiner Depression herausgekommen und habe mich der Wirklichkeit gestellt, daß Elaine einfach nicht ausziehen wird, um mit mir zusammenzusein«, sagte er nach zwei Jahren, nachdem er sich unserer Untersuchung angeschlossen hatte. Er sagte, er habe inzwischen angefangen, auch mit vier anderen Frauen auszugehen, und genieße sein Leben als Junggeselle.

»Schlafen Sie inzwischen besser?« fragte ich ihn.

»Oh, ja«, sagte er. »Und hier ist ein Traum, der Ihnen gefallen könnte.«

Elaine sollte kommen, sie kam aber nicht. Ich war in diesem Haus und wollte ins Bad gehen. Ich ging in ein Bad im Keller, das aus Holzlatten gebaut war. Man konnte da durch gesehen werden. So war ich irgendwie möglichen Blicken anderer ausgesetzt. Ich hatte Stuhldrang. Ich ließ die Hose runter, aber dann merkte ich, daß die Toilette voller Sand war. Und ich fragte mich: »Was mache ich jetzt mit dieser ganzen Scheiße?« Ich hörte, wie irgendwelche Teenager die Treppe runterkamen. Die Mädchen sahen mich und boten an, mir zu helfen, mich sauberzumachen. Aber ich sagte: »Ich schaffe das schon selbst.«

»Ich mußte lachen, als ich aufwachte«, sagte Jerry. »Ich habe jede Menge Frauen an der Hand, die anbieten, mir zu helfen, daß ich über die ganze Scheiße hinwegkomme.« Die Dimensionen hier – exponiert versus privat, verschmutzt versus sauber sowie unabhängig versus abhängig – zeigten, daß Jerry auf dem besten Weg war, sich nicht mehr so sehr von Frauen abhängig zu machen, und daß er mit sich selbst besser zurechtkam. Er meinte allerdings, daß er durch die körperliche Seite seines Lebens anfällig für eine Abhängigkeit von Frauen sei, und das sei das Schmutzige; im Traum sagte er aber gleichzeitig, daß er sein Tun selbst bereinigen und seine eigenen Entscheidungen in seinem Leben treffen konnte. Jerrys Träume wie auch sein gutes Selbstbild beschleunigten seine Genesung.

Helen gehörte zu denjenigen, die am Anfang an Depressionen gelitten hatten, sie hatte es aber selbst geschafft, sich da wieder herauszuholen. In einem Schlüsseltraum im Labor, den sie bei ihrem Kontrollbesuch nach einem Jahr hatte, hatte sie im dichten Nebel die Augen aufgemacht und einen Weg gefunden, der den Berg hinaufführte. Zwei Jahre später konnte Helen berichten, daß sie weiter gewachsen war.

»Ich bin wesentlich glücklicher und optimistischer, was die Zukunft angeht«, sagte sie. »Als ich zum erstenmal hierher kam, war ich verzweifelt. Ich wollte sterben. Heute weiß ich, daß ich mich nie selbst umbringen werde. Ich wollte wirklich sterben, aber Gott hat nicht zugelassen, daß ich es tue. Heute habe ich den Wunsch nicht mehr.

Ich hatte einen Traum, der für mich ein Wendepunkt war«, sagte sie.

Ich war in einem alten Haus mit einem Geist, einem weiblichen Geist. Man konnte durch ihn hindurchsehen. Ich lebte dort ganz allein, und der Geist rief nach mir. Ich lebte in einem Schrank. Ich glaube, es war der Geist einer »alleinlebenden, alleinstehenden Frau«, und ich mußte mich ihm stellen und sagen: »Das ist in Ordnung.«

»Heute habe ich mich ihm gestellt, und es ist in Ordnung«, versicherte Helen. Ihre Träume zeigten, daß sie ihre ängstlichen früheren Muster überwunden hatte. Ihre Traumdimensionen – Substanz versus Schatten und Konfrontieren versus Vermeiden – kündeten von ihrem Selbstvertrauen, allein zurechtzukommen, wenn es sein mußte. Sie hatte ihre Selbstbildkrise erfolgreich bewältigt, in die sie durch die Scheidung geraten war.

Maggie, die bei ihrem ersten Besuch im Labor geträumt hatte, daß sie die Dinge mit der neuen Freundin ihres Mannes regelte, hatte nie Depressionen. Zwei Jahre später schrieb sie mir, sie sei inzwischen mit ihrem neuen Leben durchaus zufrieden. Sie stand kurz vor ihrem

Collegeabschluß. Sie hatte mehrere »Freunde«, war aber nicht bereit, sich an irgendeinen fest zu binden. Sie hatte weder Probleme mit ihrem Schlaf noch mit ihren Träumen. »Ich bin selbstsicherer und zufriedener damit, wer ich bin, und ich habe mich akzeptiert«, schrieb sie. »Ich nehme mein Leben heute selbst in die Hand.« Und sie erzählte von einem Traum, den sie unlängst hatte.

Ich war viel jünger und lebte noch zu Hause bei meinen Eltern. Ich sagte meinen Eltern, ich würde mich dem Friedenskorps anschließen. Sie waren schockiert und sagten mir, sie hätten sich immer gewünscht, ich würde in den Bibelunterricht gehen. Ich weigerte mich aber und beschloß, zum Friedenskorps zu gehen.

»Das war für mich ein schöner Traum«, schrieb Maggie. Ihre Traumdimensionen – Unabhängigkeit versus Abhängigkeit und die Stirn bieten versus Fügen – waren ein Spiegel ihres praktisch veranlagten, findigen Selbsts und ihrer Bereitschaft für neue Erfahrungen, wozu auch neue Beziehungen mit anderen gehörten.

Robert, der ebenfalls gut mit seiner Situation fertig wurde, hatte in dem Jahr, nachdem er seine hypochondrische Frau verlassen hatte, einen Autounfall, der fast tödlich ausgegangen wäre. Er lag mehrere Wochen im Krankenhaus, und als er wieder auf den Beinen war, beschloß er, nun sei es endlich an der Zeit zu leben. Er lernte eine Frau kennen, eine gesunde Frau, und zog schließlich mit ihr zusammen. »Wir sprechen und kommunizieren wirklich miteinander«, sagte er bei seinem Besuch nach einem Jahr. »Ich kümmere mich mit um ihre Kinder. Ich habe heute wirklich das Gefühl, eine Familie zu haben. Ich trinke nicht mehr so viel. Ich habe heute einen besseren Kontakt zu meinen Freunden. Ich komme mit mir selbst wirklich gut zurecht. Ich habe noch Schmerzen von dem Unfall«, sagte er, »aber wenn ich frei von Schmerzen bin, schlafe ich sehr gut. Vor dem Labor war ich mir meiner Träume nie bewußt, aber dort hatte ich fünf in einer Nacht. Ich kann mich selbst einfach nicht gut daran erinnern.« Aber Robert brauchte sich auch nicht an seine Träume zu erinnern; es lief alles gut für ihn.

Wenn es gelingt, depressive Personen dahin zu bringen, daß sie ihr Leben selbst in die Hand nehmen, indem man ihnen beibringt, in ihren Träumen eine aktive Rolle zu übernehmen, verbessert sich automatisch auch ihre Perspektive für die Zukunft. Der RISC-Ansatz ist jenseits von Scheidung in vielen Bereichen hilfreich, wie Sie in den nachfolgenden Kapiteln noch sehen werden. Er kann vor allem auch angewendet werden, um Probleme abzuwenden, ehe sie unserer Kontrolle entgleiten. Das mag folgendes Beispiel zeigen:

Barbara, eine Frau von Anfang Sechzig, wollte von einem wiederkehrenden Albtraum erlöst werden:

Ich bin Fahrgast in einem Zug, der durch einen Gebirgspaß fährt. Der Zug fährt immer schneller. Ich weiß, daß er außer Kontrolle geraten ist und verunglücken wird. Kurz ehe er irgendwo gegenrast, wache ich auf.

Barbara hatte nie geheiratet und neben ihrer Arbeit als Bibliothekarin zeit ihres Lebens relativ isoliert gelebt. Davon, an ihrem Lebensstil grundlegend etwas zu ändern, wollte sie nichts wissen. Und sie glaubte im übrigen, nicht genügend Geld zu haben, um es sich leisten zu können, in den Ruhestand zu gehen. Die Schlüsseldimension in diesem Traum ist: außer Kontrolle versus unter Kontrolle. In ihrem Wachleben hätte diese Frau vielleicht nicht einmal erkannt, daß sie »in einer Krise« steckte, aber ihre wiederholten Albträume waren ein starker Hinweis, daß sich Probleme anbahnten, und maßgebend, daß sie sich entschloß, therapeutische Hilfe zu suchen. Wie ihr Therapeut, David Calof, feststellte, war sie auf dem besten Weg, sich in eine tiefe Depression zu verstricken. Er legte ihr nahe, wenn sie das nächste Mal diesen Albtraum habe, zu versuchen, das Ende zu ändern. Und das machte sie, wie sie berichtete:

Als ich merkte, daß der Zug gleich irgendwo gegendonnern würde, sagte ich mir: »Ich muß etwas tun, um das zu verhindern.« Ich ging im Zug nach vorne und stellte fest, daß die Kabine des Zugführers leer war. Ich rang mit mir, ob ich an die Schalter gehen sollte oder nicht, entschloß mich dann aber, es zu tun, um zu versuchen, den Zug wieder unter Kontrolle zu bringen. Wenige Augenblicke später kam ich an eine »Y«-förmige Gabelung der Schienen. Ein Schienenstrang führte weiter in die Richtung, die wir jetzt fuhren. Der andere führte noch oben und aus dem Tal heraus. Ich war sehr aufgeregt, entschied mich dann aber doch für die Strecke, die nach oben und aus dem Tal herausführte.

Sechs Wochen später, berichtet Calof, beriet sie sich mit einem Steuerberater und fand einen Weg, sich berenten zu lassen. Und heute ist sie viel unterwegs, um all die Orte zu besuchen, die sie bisher nur aus Büchern kannte.

→ SELBSTHILFE: Hilfe bei Träumen suchen

Die Herausforderung einer Behandlung besteht darin, den Kreislauf der Depression zu durchbrechen – dafür zu sorgen, daß die Betroffenen gesund werden und bleiben. Die Depression ist eine komplexe Krankheit, deren Symptome sich sehr vielschichtig äußern. Von ärztlicher Seite wurden Dutzende verschiedener Behandlungsansätze im Laufe der Jahre ausprobiert, mit unterschiedlichem Erfolg. Dazu gehören biologische Ansätze wie Medikationen und Elektroschocktherapie sowie psychologische Ansätze wie die Psychotherapie. Derzeit werden in der therapeutischen Praxis vorzugsweise in der Regel kombinierte Ansätze verwendet. Was dann so aussieht, daß der Betroffene beispielsweise jeden Tag Antidepressiva nimmt und einmal in der Woche einen Therapeuten aufsucht.

Viele Antidepressiva helfen den Betroffenen zwar, daß sie die Nacht durchschlafen können, aber bei den meisten geschieht das auf Kosten des REM-Schlafes. Viele unterdrücken überhaupt die erste frühe REM-Phase. Was manchen Spezialisten nicht einmal bedenklich erscheint. Im Gegenteil. Sie sind der Auffassung, daß diese Medikamente die Stimmung ihrer Patienten im Wachleben gerade dadurch verbessern, daß sie abnormales Träumen verhindern. Sie unterstellen, daß die frühe REM-Phase *ungesund* ist, ein Symptom der Probleme statt eine gesunde Reaktion darauf.

Wir sollten aber vielleicht besser die Veränderungen nutzen, die bei Depressionen im Schlaf auftreten, statt sie zu unterdrücken. Wenn das Träumen früher als normal beginnt, so kann das eine Reaktion darauf sein, daß zusätzliche schwere emotionale Belastungen vorliegen, die zu verarbeiten sind. Unseren Erkenntnissen im Labor zufolge setzen diese frühen Träume einen aktiven Nachforschungsprozeß nach einer hilfreichen Antwort in Gang. Und wir haben sogar festgestellt, daß Personen, die diese frühen REM-Phasen erfahren, ein Jahr später eher aus dem Schlimmsten heraus sind als Personen, bei denen das nicht der Fall ist. Fest steht, daß Personen, die diese biologische Reaktion auf einschneidende Lebensereignisse nicht zeigen, zusätzliche Hilfe brauchen, um die inneren Stärken zu finden, die sie benötigen, um mit ihrem Leben weiterzumachen.[7]

Wir müssen darauf hinarbeiten, Traumskripte zu verändern, die fortwährend Bilder der Hilflosigkeit und Hoffnungslosigkeit zeigen, so daß sie optimistischere Sichtweisen vermitteln. Wenn Traumdimensionen an ihren negativen Polen hängenbleiben, ist mit großer

Wahrscheinlichkeit von einem Wiederauftreten der Depressionen auszugehen. Und fest steht, daß die Fähigkeit, die charakteristische Art und Weise zu verändern, wie wir uns in unseren Träumen sehen, tiefgreifenden Einfluß auf unsere Stimmungen im Wachleben haben kann. Unsere beste Quelle der Hilfe in schwierigen Zeiten kann einfach die sein... gut zu träumen.

9. Körperliche Krisen: Schwangerschaft, Krankheit, Tod

Die Frage, wie wir unseren Körper sehen, ist von zentraler Bedeutung für unsere Identität. »Ich bin schön«, »ich bin dick«, »ich bin verkrüppelt«, »ich sterbe« – das alles sind Aussagen, die eine andere Geschichte vom Selbst erzählen. Da unsere Träume eine Fortführung unserer Gedanken und Gefühle im Wachleben sind, überrascht es nicht, daß sie quasi als Bescheinigung dienen, wie wir uns anpassen, wenn wir erhebliche körperliche Veränderungen erleben, seien es gute oder schlechte, wie bei einer Schwangerschaft oder Krankheit. Aber Träume reflektieren diese Veränderungen nicht nur, sie tun mehr: Sie können uns faktisch helfen, sie in unsere Lebensgeschichte zu integrieren. Und aus wissenschaftlicher Sicht haben gerade Träume, die in Zeiten körperlicher Veränderungen auftreten, dazu beigetragen, daß wir heute mehr darüber wissen, wie Träume uns bei der Bewältigung schwieriger Lebenskrisen helfen.

Träume während der Schwangerschaft

Manche Frauen berichten, sie hätten geträumt, schwanger zu sein, noch ehe ihre Schwangerschaft bestätigt wurde. Das gilt sowohl für Frauen, die schwanger werden wollten, als auch für solche, die es in keinem Fall wollten. Da sexuell aktive Frauen im gebärfähigen Alter um die Möglichkeit einer Schwangerschaft wissen, wäre es falsch, diesen Träumen einen hellseherischen Stellenwert beizumessen. Sie können jedoch den Umstand reflektieren, daß Anzeichen subtiler körperlicher Veränderungen erkannt werden, noch ehe sie Eingang ins Bewußtsein finden.

In Untersuchungen der Träume werdender Eltern wurde festgestellt, daß sich in den Träumen beider Elternteile, der angehenden Mutter wie des angehenden Vaters, ihre Sorge um das Wohlbefinden des Kindes und ihre künftige Rolle sowie die Frage widerspiegeln, ob sie gute Eltern sein werden. Ebenso kommen Erwartungen zum Ausdruck, wie die Geburt des Kindes die Ehe verändern wird sowie die

Beziehungen zu den eigenen Eltern und Schwiegereltern und den Lebensalltag allgemein.

Robert Van de Castle, Psychologe an der University of Virginia, untersuchte die Traumtagebücher von über einhundertfünfzig schwangeren Frauen. Und stellte dabei deutliche Unterschiede in den Träumen zwischen den jeweiligen Dreimonatsabschnitten einer Schwangerschaft fest. Seine Untersuchungen hätten bestätigt, sagt Van de Castle, daß Träume während der Schwangerschaft zur Klärung der intimen Beziehungen zwischen Körper, Geist und Seele beitragen.[1]

Zu Beginn einer Schwangerschaft wird der Bezug oft verschleiert dargestellt. So träumt eine Frau vielleicht, daß sie in einem Garten sät. Andere Frauen träumen von kleinen Fischen, was eindeutig ein Symbol ist, das den Fötus im Fruchtwasser darstellt. Das sind für gewöhnlich die ersten von einer Fülle von Träumen über Fische, Flüsse, Meere, Fluten, Schwimmen, Seeungeheuer, Ertrinken und selbst über Waschmaschinen. Das Spektrum der Wassermetaphern ist so breitgefächert, daß sie während der ganzen Schwangerschaft sowohl in den Träumen von Frauen als auch von Männern auftauchen.

Oft tauchen in den frühen Träumen auch kleine Tiere auf, sowohl knuddelige wie kleine Hunde oder Kaninchen als auch bedrohliche wie Ratten, die durch irgendwelche Mauerlöcher kriechen. Frauen träumen überdies oft von weithergeholten Veränderungen des Körperumfangs, was sowohl direkt wie in Träumen von extremer Fettleibigkeit als auch symbolisch wie in Träumen von schweren Schleppkähnen oder Walrossen zum Ausdruck kommt. Selbst diejenigen, die überschwenglich glücklich über ihre Schwangerschaft sind, können Angstträume haben. Ängste vor dem Unbekannten bestimmen die Agenda.

Auch die Träume der angehenden Väter nehmen einen vorhersehbaren Verlauf, der davon bestimmt wird, wie diese Männer sich mit den Veränderungen, die ihre neue Rolle mit sich bringt, auseinandersetzen und sich ihnen anpassen. Luis Zayas von der Columbia University verglich die Träume angehender Väter während der Schwangerschaft mit denen von Männern, die keiner Vaterschaft entgegensahen.[2] Die Träume der werdenden Väter enthielten mehr Hinweise auf die fötale Umgebung, etwa durch Bilder von Einfassungen und anderen Behältnissen. Sie drehten sich auch mehr um Gefühle des Alleinseins und Ausgeschlossenseins. Im Gegensatz dazu überwogen in den Träumen der anderen Männer sexuelle anatomische und geldliche Dinge.

Angehende Väter offenbaren zu Beginn der Schwangerschaft in ihren Träumen sowohl ihre (Ehr)Furcht als auch ihre Neugier hinsichtlich der Schwangerschaft. Ein Mann träumte zum Beispiel, wie Zayas berichtet, er sei in ein noch im Bau befindliches Haus gegangen. Und ein anderer träumte, wie er eine Kellerwohnung aufgesucht habe.

Im zweiten Dreimonatsabschnitt träumen Frauen dann direkter von dem bevorstehenden Ereignis. Wenn das Kind sich zu bewegen beginnt, wird es »realer«. Damit wird der Frau bewußt, daß das, von dem sie sich vorstellte, es würde sich irgendwann ereignen, sich in Wirklichkeit bald ereignen wird. So träumt eine Schriftstellerin beispielsweise, daß ihr Mann ihre Schreibmaschine zum Spielplatz im Park mitnimmt und sie dort läßt. Womit der Traum auf ihre Furcht eingeht, daß sie durch das Kind nicht mehr arbeiten kann.

Der Psychologe Alan Siegel berichtet, daß werdende Väter weitaus häufiger als Männer, deren Frauen nicht schwanger sind, von Babys, Partys und Feiern träumen. Ihre Träume beinhalten geradezu phantastische Bilder. Einer träumte »von einer hölzernen Schale, die seinem Kind in dem wachsenden Bauch seiner Frau Schutz bieten würde«. Ein anderer träumte, wie er auf einer Wasserfläche trieb, »die mit fruchtbarer Vegetation umgeben war, und der Horizont leuchtete rosarot«.[3]

Frauen, die ihre erste Schwangerschaft erfahren, sehen das Kind in ihren Träumen im allgemeinen nicht als Säugling, sondern als ein kleines Kind, als jemanden, mit dem sie besser umgehen können. Nach Ansicht Van de Castles reflektiert diese Transformation Kompetenzängste, ob man denn auch tatsächlich mit einem Säugling umgehen kann. In dieser Zeit, insbesondere um den fünften Monat herum, träumen viele Frauen, sie ließen das Kind fallen, brächten es aus Versehen oder infolge eines Unfalls um oder verlören es.

In ihrem Buch *The Dream Worlds of Pregnancy* beschreibt Eileen Stukane viele solcher Träume. In einem Traum kümmerte eine Frau sich mit ihrer Mutter um die Wäsche. Sie stopften eine Ladung in die Waschmaschine und sortierten den Rest zu Stapeln auf dem Boden. Dann, berichtet die Frau:

»Mit einemmal konnte ich zu meinem Entsetzen mein Kind nicht mehr finden. Ich wurde ganz hysterisch vor lauter Angst, wir hätten

es versehentlich mit in die Waschmaschine gesteckt. Es ist doch gerade erst einmal gut zwölf Zentimeter groß. Wir stoppen die Maschine, aber wir können es nicht finden. Schließlich wühlen wir alle Wäschestücke durch – und finden es, in einem Kissenbezug. Ich war außer mir, bis wir es gefunden hatten.«[4]

Kühlschränke, die oft in den mittleren Monaten der Schwangerschaft als Metaphern in Träumen auftauchen, können ein Spiegel ambivalenter Gefühle hinsichtlich der Schwangerschaft sein. Einerseits hält ein Kühlschrank Lebensmittel frisch, bis sie »hervorgeholt« und auf den Tisch gebracht werden. Andererseits kann die frostige Umgebung auch die Sorgen der Frau über ihre Fähigkeit symbolisieren, dem Ungeborenen die Wärme zu geben, die es braucht, um zu wachsen und sich zu entwickeln; und ebenso kann sie ein Symbol etwaiger Kälte gegenüber ihrem Mann sein.

In den Träumen von werdenden Vätern kommt die Schwangerschaft, wie Siegel berichtet, dann häufiger vor, sobald die Figur der Frau anfängt, sich zu verändern. Ein Mann zeigte seine Freude über die Schwangerschaft und seinen Wunsch, diese Erfahrung mit seiner Frau zu teilen, zum Beispiel in folgendem Traum:

»Ich stehe an einer Straßenecke und trage meinen Babyfötus unter meinem Hemd an meiner Brust. Ich halte meine Hände über den Fötus, um ihn zu schützen. Er bewegt sich, und die Menschen fragen, was es ist. Ich sage, es ist mein Baby!«[5]

Ängste des Ausgeschlossenseins tauchen in den Träumen der Männer während der ganzen Schwangerschaft auf. Seine Sorge, daß »für Daddy kein Platz sein wird«, drückte ein Mann bildlich in folgendem Traum aus – der Hintergrund war ein Baseballspiel:

»In der Mitte des Spiels stehe ich auf, um Bier zu holen. Als ich zurückkomme, kann ich meinen Platz nicht finden. Ich sehe mich nach einem neuen um, doch viele Frauen auf den Rängen sind schwanger und nehmen zwei Sitze in Anspruch. Ich muß in den hinteren Teil des Stadions gehen und stehen. Ich bin sehr ärgerlich.«[6]

In den letzten drei Monaten muß eine Frau sich mit noch weitergehenden Veränderungen ihres Äußeren abfinden. Wobei sie sich möglicherweise fragt, ob ihr Mann sie noch sexuell attraktiv findet, und ob sie nach der Geburt wohl wieder zu ihrer alten Figur zurückfindet. Diese Sorgen lösen oft Träume über Ehemänner und Ex-

Freunde aus. So träumte eine Frau, daß sie niemanden hatte, mit dem sie an Silvester ausgehen konnte. Auch die Ehemänner haben in dieser Phase verstärkt sexuelle Träume, die sich um Themen wie Stolz auf ihre Potenz, Angst vor dem Verlust ihrer Frau als sexuelle Partnerin und um Sorgen hinsichtlich der Wahrung ihrer Männlichkeit drehen, zugleich aber auch fürsorgliche, sogenannte »weibliche« Gefühle gegenüber dem Kind zum Ausdruck bringen.

Manche Frauen zelebrieren regelrecht ihre Schwangerschaft mit Träumen, in denen sie beispielsweise als Königin oder Prinzessin im Mittelpunkt stehen. Stukane berichtet von einer Frau, die von ihrer Schwangerschaft als von einem nachrichtenwürdigen Ereignis träumte.

»Ich bin seit zwölf Monaten schwanger. Aus aller Welt sind Ärzte angereist, um die Situation zu untersuchen, aber sie stehen vor einem Rätsel. Am Ende des Traums gebäre ich zehn Kinder.«[7]

Mit nahendem Geburtstermin konzentrieren die Träume sich dann oft auf Ängste, die mit dem Geburtsvorgang als solchem verbunden sind. Dies trifft insbesondere für Frauen zu, die ihr erstes Kind erwarten. Weitverbreitet in diesem Zusammenhang sind zum Beispiel Träume, daß man in Höhlen oder Schränken gefangen ist, oder daß man sich einen Weg über dunkle Pfade oder durch Tunnel bahnen muß. Den Wehen vor der Geburt sehen manche Frauen mit Träumen von Erdbeben oder Vulkanausbrüchen entgegen. Oder sie haben erschreckende Träume, die sich um Ertrinken oder einstürzende Gebäude drehen.

Immer wieder wird auch von dem Traum berichtet, wonach man das Kind hat, es aber verliert oder irgendwo vergißt, es irgendwo absetzt und ohne es weggeht, oder daß man zum Beispiel das Kinderbettchen leer vorfindet. Solche Träume gehen auf Ängste ein, daß man als Elternteil nicht kompetent sein wird. Viele Frauen träumen auch von Kindern, die mißgebildet oder Monster sind. Und viele erleben in ihren Träumen auch ihren eigenen Tod oder den des Kindes.

In einer Studie über siebzig schwangere Frauen stellten Carolyn Winget und Frederic Kapp an der University of Cincinnati fest, daß Frauen, die vorher Angstträume erfuhren, schnellere und leichtere Geburten hatten.[8] Vielleicht dienen solche Träume also als nützliche Probeläufe. Das heißt, daß eine Frau, wenn die Wehen beginnen und es sich zeigt, daß ihre entsetzlichen Träume sich nicht bewahrheiten und alles normal verläuft, sich vielleicht besser auf ihre Geburt konzentrieren und den Vorgang damit erleichtern kann. Wohingegen eine Frau, die ihre Ängste leugnete und sich weder in ihren Träumen noch in der Therapie damit auseinandergesetzt hat, sich in der Konsequenz während der Wehen möglicherweise weniger entspannen kann.

Zayas Untersuchungen zufolge nehmen in den Träumen der Männer gegen Ende der Schwangerschaft Themen wie Kameradschaft, Unterstützung und Nähe zu. Auch nehmen die Darstellungen des Kindes relativ realistische Züge an, und ebenso kommt vermehrt das wachsende Gefühl zum Ausdruck, wie es sein wird, Vater zu sein. Ein Mann träumte zum Beispiel, das Baby habe dafür gesorgt, daß er und seine Frau die ganze Nacht auf den Beinen blieben, aber »wir fanden das überhaupt nicht tragisch«. Ein anderer sah in seinem Traum ein Baby, das »groß und gesund« und »wie meine Frau und ich aussah«.[9] Solche Träume spiegeln nicht nur die äußere Realität wider, sie tun mehr. Sie helfen dem Mann, sich auf die Erweiterung seines Selbstbildes vorzubereiten, so daß es auch die Rolle der Vaterschaft miteinbezieht.

Was ist, wenn der Gedanke an ein neues Mitglied der Familie dem werdenden Vater oder der werdenden Mutter Angst macht oder ambivalente Gefühle auslöst oder einer von beiden ihm sogar ablehnend gegenübersteht? Könnten diejenigen, die Probleme mit der Situation haben, über die Traumarbeit früh genug identifiziert werden, so daß sie noch eine Beratung in Anspruch nehmen könnten, ehe die Probleme tatsächlich auftauchen? In Kapitel 14 werden wir im einzelnen auf die Gruppenarbeit mit Träumen und die Unterstützung eingehen, die solche Gruppen geben können. In jedem Fall könnten Workshops zur Traumarbeit sich aber als nützliche Ergänzung zu den üblichen Schwangerschaftskursen bei der Vorbereitung auf die Geburt erweisen, da sie eine Beruhigung darstellen und neue Perspektiven weisen, und zwar zu einem Zeitpunkt, wo sie am nützlichsten sind – im vorhinein.

Träume von Krankheiten

Dienen Träume als Seismograph für Krankheiten, der unterirdische Beben registriert, lange ehe die Erdbeben in Form von augenscheinlichen Symptomen uns an der Oberfläche erschüttern? Manche Frauen träumen, daß sie schwanger sind, ehe ihr Zustand bestätigt wird. Können Träume uns so auch sagen, daß sich in unserem Körper eine Krankheit entwickelt, noch ehe wir Symptome wahrnehmen oder unser Arzt Anzeichen einer Krankheit feststellen kann? Wenn ja, so könnten wir unsere Träume nutzen, um früher in Behandlung zu gehen und unsere Gesundheit vielleicht zu verbessern.

Aristoteles verwies bereits vor rund zweitausenddreihundert Jahren auf die mögliche Rolle von Träumen beim Erkennen von Krankheiten. Ebenso ging Hippokrates auf den nachdrücklichen Einfluß von Krankheiten auf Träume ein. Und in diesem Jahrhundert schrieb der Psychoanalytiker Carl G. Jung: »Der bewußte Teil des psychischen Ereignisses erreicht das Bewußtsein, wenn überhaupt, nur auf indirektem Wege... Der unbewußte Teil ist eine Art Hintergedanke, der im Laufe der Zeit entweder mit Hilfe der Intuition oder durch tieferes Nachdenken bewußt werden könnte. Doch kann das Ereignis seinen unbewußten Aspekt – und das ist gewöhnlich der Fall – auch in einem Traum manifestieren.«[10] Gleichwohl viele zeitgenössische Wissenschaftler dieser These mit Skepsis begegnen, ist sie für manche anderen keineswegs weithergeholt.

Der Psychologe Robert Haskell von der University of New England stellte beispielsweise fest, daß sich während des REM-Schlafes im Körper zahlreiche Veränderungen vollziehen.[11] So sind Herzfrequenz und Atmung verstärkt Fluktuationen ausgesetzt. Bestimmte Hormone werden freigesetzt, andere aber unterdrückt. Der Blutdruck steigt. Personen mit Zwölffingerdarmgeschwüren scheiden vermehrt Magensäure aus. Und Träume, von denen wir aufwachen, mit pochendem Herzen und schwitzenden Handflächen, bieten vorzügliches Anschauungsmaterial über den Einfluß von Geist und Psyche auf den Körper. Und dieser Einfluß kann sich auch umgekehrt manifestieren. »Es ist durchaus möglich und begründet, davon auszugehen«, versichert Haskett, »daß genau wie einfache äußere und innere physische und somatische Reize in Träume eingearbeitet werden, auch komplexere ›Erkenntnisse‹ in den Traumprozeß eingearbeitet werden, Erkenntnisse über den Gesundheits- und Krankheitszustand.«

Ernst Hilgard, Forscher an der Stanford University, personifiziert das Traumsystem und spricht von einem »versteckten Beobachter«, einem inneren Selbstüberwachungsmonitor, der uns stetig mit Informationen beliefert und körperliche Signale unter die Lupe nimmt, die wir anderweitig vielleicht nicht wahrnehmen oder als unlogisch abtun.[12]

Die Beweise, daß Träume diese Funktion erfüllen, sind zwar dünn und oft anekdotischer Natur, aber nichtsdestotrotz faszinierend. So schreibt etwa der Chirurg Bernie Siegel, daß Patienten manchmal von Träumen berichten, die ihnen sagen, daß sie krank sind und sogar die Ursachen ihrer Krankheit offenbaren, lange ehe die Symptome auftreten. In seinem Buch *Mit der Seele heilen* beschreibt er einen Patienten, der aus einem entsetzlichen Traum aufwachte: Folterknechte schoben ihm heiße Kohlenstücke unters Kinn:

»Ich spürte genau, wie die Hitze meine Kehle zu verbrennen begann, und ich schrie, meine Stimme wurde immer heiserer vor tierischer Verzweiflung, als die Kohlestückchen meinen Kehlkopf zerfraßen.«

Der Traum weckte in dem Mann die Überzeugung, daß er Kehlkopfkrebs hatte. Er ging zu seinem Arzt, der skeptisch war, zumal die körperliche Untersuchung und die Bluttests negativ verlaufen waren. Der Mann hatte einen weiteren Traum, in dem er von Medizinmännern umgeben war, die subkutane Nadeln in »das Halsgehirn« steckten, wie sie sagten. Mehrere Wochen später entwickelte er eine Geschwulst im Rachen, das schließlich als Schilddrüsenkrebs diagnostiziert wurde.[13]

In seinem Buch *Prognose Hoffnung: Liebe, Medizin und Wunder* beschreibt Siegel eine Krankenschwester, die seit Wochen an einer mysteriösen Krankheit litt. Eines Nachts hatte sie einen Traum,

»in dem sich eine Muschel öffnete und sich zwischen ihren Schalen ein Wurm aufrichtete. Eine alte Frau deutete auf den Wurm und sagte: ›Das ist los mit dir.‹

Die Krankenschwester wachte auf und wußte sofort, daß sie Hepatitis hatte, was sich in den darauffolgenden Untersuchungen bestätigte«, schreibt Siegel.[14] Nun könnte man sagen: »Klar, sie war Krankenschwester und wußte, daß vergiftete Muscheln eine Hepatitis hervorrufen können. Sie hat nur zwei und zwei zusammengezählt.« Vielleicht. Aber sie löste das Problem, während sie schlief, nicht während sie wach war. Ihr Geist sah im Traum Verbindungen, die ihr wacher Geist nicht sah.

In wissenschaftlichen Journalen finden wir zahlreiche Beispiele von ebendiesen Phänomenen.[15] Eine Frau mit rheumatoider Arthritis träumte, ihre Arme seien in eine Zwangsjacke gebunden. Sie erlebte in der Folge einen neuen Schub. Später träumte sie, sie sei auf dem Eis gefallen, hätte aber leicht wieder aufstehen können. Und in der Folge klangen die Symptome ab.

Ein Mann, der seit langem nierenkrank war, träumte von »der Kernschmelze in einem Atomkraftwerk – wo dann nichts mehr zu machen war, ein Super-GAU«. Noch in der gleichen Woche erlitt der Patient einen schweren Niereninfarkt.

Eine Frau, die durch Arbeitsüberlastung völlig gestreßt war, träumte, sie schaue auf ihre Uhr, und sah, daß diese aussah, als sei sie über und über mit Papierstreifen bedeckt. Bald darauf brach sie vor Erschöpfung zusammen und mußte einstweilen krankgeschrieben werden. Nachdem sie eine Zeit ausgespannt hatte, war sie wieder voll einsatzfähig. Dann träumte sie, wie sie nach ihrer verlorengegangenen Uhr suchte, und erinnerte sich, daß sie sie auf ein Regal gelegt hatte. Als sie sie herunternahm, stellte sie fest, daß das Zifferblatt »absolut klar« war.

Wie bei dem Patienten mit Schilddrüsenkrebs, der träumte, er werde mit heißen Kohlen, die auf seinen Hals gelegt werden, gefoltert, weisen Träume oft metaphorisch, sogar auf poetische Weise, auf die spezifische Krankheit des Träumers hin. So träumte eine Frau mit Multipler Sklerose zum Beispiel, sie trample auf einer großen Tarantel herum, die aber nicht sterben wollte. Sie blieb nur mit ausgestreckten und gelähmten Beinen liegen, wie die Frau selbst. Eine andere Frau träumte von einem Krankheitsdämon, der sie zwang, auf einem heißen Rohr zu sitzen. Sie hatte eine Blasenentzündung. Ein Mann mit AIDS träumte von Fisch. Jeder Fisch, den er anfaßte, starb.[16] Eine Frau, die an Magersucht litt, träumte, sie benutze volle Konservendosen mit Möhren und Erbsen als Lockenwickler, um ihr langes Haar einzudrehen. Sie steckte zwar nicht einmal in ihrem Traum Essen in den Mund, kam dem Problem darin aber schon ganz schön nahe.[17]

Solche Bilder offenbaren dem Träumer oft die psychologische Bedeutung der Krankheit. Und sie können somit den Träumer wie auch seinen Arzt auf Aspekte im Leben des Träumers hinweisen, wo es zum Beispiel hilfreich sein könnte, die Medikation umzustellen oder an der Umwelt etwas zu ändern. Die Frau mit rheumatoider Arthritis, die träumte, ihre Arme steckten in einer Zwangsjacke, könnte zum Beispiel sagen, ihre Krankheit hindert sie, ihren normalen Alltagsbeschäftigungen nachzugehen. Vielleicht könnte ihre Lebensqualität durch ein anderes Medikament oder eine andere Dosierung ihrer Medikation oder durch eine Körpertherapie verbessert werden. Generell können Patienten mit quälenden Träumen jedoch auch von der RISC-Methode profitieren, um Bilder der Stärke zu finden, die ihnen helfen, besser mit den Problemen fertig zu werden, die ihre Krankheiten ihnen auferlegen.

Die wissenschaftliche Forschung darüber, daß Träume diagnostische Validität haben und vielleicht sogar den Krankheitsverlauf vorhersagen können, steht erst am Anfang. Robert Smith und seine Kollegen an der Michigan State University interviewten neunundvierzig hospitalisierte Herzpatienten zu ihren Träumen.[18] Ein Mitglied des Forschungsteams bat die Patienten, irgendeinen Traum aus dem vergangenen Jahr zu erzählen, irgendeinen, an den sie sich erinnern konnten. Der Forscher bewertete den Traum sodann am Maßstab von Hinweisen auf Tod oder Trennung.

Ein anderes Mitglied des Teams überwachte einen Test, wonach ein Katheter über eine Vene zum Herz eingeführt wurde, um den Blutfluß des Herzens pro Herzschlag zu messen. Diese als Herzkatheterisierung bekannte Messung gibt Aufschluß über die Schwere einer Herzkrankheit. Abschließend verglichen die Forscher die Ergebnisse der beiden Bewertungen.[19]

Patienten, die überhaupt keine Träume zu berichten wußten, waren am schwersten herzkrank. Bei den Träumern gab es eine aufschlußreiche Verbindung zwischen der Schwere ihrer Herzkrankheit und dem Inhalt ihrer Träume, mit einem interessanten Unterschied zwischen den Geschlechtern. Bei Männern, die die meisten Hinweise auf Tod in ihren Träumen hatten, stellte sich heraus, daß sie auch die schwerste Krankheit hatten. Und die Frauen, die am schwersten krank waren, träumten am meisten von Trennung oder dem Bruch persönlicher Beziehungen. Die größte Angst der Männer war der Verlust des Lebens; die größte Angst der Frauen ein Verlust von Verbundenheit. Da viele der Patienten sich anschließend einer Bypass-Operation unterzogen, womit der Schaden, sozusagen, behoben wurde, konnten die Forscher keinen Zusammenhang zwischen den Träumen und der Überlebenschance herstellen.

Verschiedene Studien über Träume von Asthmapatienten veranschaulichen ebenso die Interaktion zwischen Geist, Psyche und Körper wie auch die erfolgreiche Nutzung von Träumen bei der Behandlung. Harold Levitan von der McGill University stellte fest, daß 40 Prozent der Asthmaanfälle während des Schlafes auftreten.[20] Er mutmaßt, daß belastende Träume der Auslöser dieser Attacken sein könnten, da sie körperliche Veränderungen sowohl auf der Ebene des Hormonsystems als auch auf der Ebene des autonomen Nervensystems wecken, das die Atem- und Herzfrequenz kontrolliert.

Levitan untersuchte fünfundvierzig Träume, die Asthmaanfällen vorhergingen. Die Träume fielen in vier Kategorien: Träume, in denen der Träumer das Opfer eines Gewaltaktes war, in denen er einen Gewaltakt verübte, in denen er in eine sexuelle Handlung involviert war, und Träume, die quälende Erinnerungen enthielten. Das heißt, sagt Levitan, daß es bei diesen Träumen, die den Anfällen vorauseilten, oft um extreme Situationen ging. In Träumen, in denen der Träumer das Opfer ist, ging es zum Beispiel nicht nur um Bedrohung, sondern auch um Verletzungen und Schmerz. In den Träumen, in denen Gewaltakte verübt wurden, ging es um Mord. Sexuelle Träume waren im allgemeinen inzestuöser oder zumindest perverser Natur. Und in Träumen, die sich um quälende Erinnerungen drehten, ging es um die schlimmsten Dinge, an die der Patient sich erinnern konnte. Levitan fand kein Beispiel, wo ein belangloser Traum zu einem Asthmaanfall geführt hätte.

Im Wachleben werden Asthmaanfälle, wie Levitan sagt, oft durch plötzliche starke Emotionen wie Wut oder Traurigkeit ausgelöst. »Möglicherweise offenbaren Träume einfach klarer jene Kräfte«, meint er, »die auch tagsüber im Spiel sind, die aber durch die vielfältigen Komplexitäten des Wachlebens verschleiert werden.«

John Meany, Psychologe am Atascadero in Kalifornien, berichtet von der intensiven Behandlung eines 61jährigen Mannes, der so schwer asthmakrank war, daß er ins Krankenhaus eingewiesen und auf der Intensivstation behandelt werden mußte.[21] Am Abend nach der Krankenhauseinweisung erzählte der Mann von einem erschreckenden Traum, in dem der neben ihm liegende Patient bei einer von einem Ärzteteam durchgeführten Herzoperation gestorben war.

Nachdem der Zustand des Einundsechzigjährigen leidlich stabilisiert wurde, wurde er bei der sich anschließenden Therapie in vierzehn Sitzungen an Biofeedbackgeräte angeschlossen, mit denen er seine Körpertemperatur an Händen und Wangen überwachen konnte. Nachdem er gelernt hatte, warme Temperaturen mit Entspannung und niedrigere mit Anspannung und Streß zu assoziieren, nutzte er die Biofeedbackinstrumente, um in Kontakt mit dem Effekt zu kommen, den seine Gefühle auf seinen Körper hatten. Er lernte zu erkennen, daß Angst Gefühle der Enge in seiner Brust weckte, was dazu führte, daß er noch mehr Angst bekam. Wichtig war außerdem, daß sein Angsttraum immer mehr seine Macht über ihn verlor, nachdem er mit seinem Therapeuten darüber hatte sprechen können. Er lernte es mit der Zeit, zunehmend »seinen inneren Doktor« zu mobilisieren, der allzeit da und bereit war, ihm zu helfen.

Träume vor einer Operation

Selbst wenn wir eine Operation als eine heilende Prozedur betrachten, die uns von Schmerzen und einer Krankheit befreit und unsere Gesundheit wiederherstellt, können wir sie emotional als physischen Angriff erfahren. Es ist normal, daß man einer Operation mit Zittern entgegensieht. Egal, wie beruhigend und erfahren der Chirurg ist, egal, wie sicher wir sind, daß die Operation der richtige und womöglich einzige verbleibende Schritt ist, der Umstand, »unters Messer zu kommen«, löst fast immer Besorgnis aus. Wir denken tagsüber daran und träumen nachts davon.

Bei unserer Sorge schwingen längst begrabene Kindheitsängste und -phantasien mit. Wir haben Angst vor unerträglichen Schmerzen, davor, daß bei der Operation irgend etwas schiefgeht, daß sie letzten Endes doch zu nichts Gutem führt, und vor der unerbittlichen Möglichkeit, dabei zu sterben. Wir haben Angst, was die Ärzte und Krankenschwestern mit uns machen und von uns denken werden. Die Erniedrigungen, die mit Krankenhausaufenthalten verbunden sind, wie daß man uns unsere Kleidung wegnimmt, uns auf unser Zimmer schickt, und daß wir unsere Intimsphäre verlieren, bewirken, daß wir uns in eine kindliche Hilflosigkeit zurückziehen. Studien über die Träume von Patienten, die vor einer Operation standen, gewähren einen weiteren Einblick in die Zusammenhänge, wie wir eine Krisenerfahrung in unser bestehendes Selbstgefühl integrieren. Und diese Untersuchungen zeigen auch auf, was wir im einzelnen zur Förderung einer schnelleren Genesung tun können.

Mitte der sechziger Jahre machte der Psychologe Louis Breger mit der Behauptung von sich reden, daß Träume eine wichtige Rolle bei der Bewältigung des Stresses spielen, der durch eine bevorstehende Operation hervorgerufen wird.[22] In einer bahnbrechenden Untersuchung, bei der erstmals ein Schlaflabor zur Erforschung dieser Theorie genutzt wurde, sammelten Breger und seine Kollegen von der University of Oregon, Ian Hunter und Ron Lane, Traumberichte von fünf Personen, die unmittelbar vor einer schweren Operation standen.

Die Patienten verbrachten vier Nächte vor ihrer Operation und drei Nächte danach im Labor. Die Forscher nutzten die gleichen Standardmethoden zur Aufzeichnung des Schlafes und Weckens während des REM-Schlafes, wie wir sie heute auch noch bei unserer Studie über Scheidungen anwenden. Darüber hinaus interviewten sie die Patienten, um ihre charakteristischen Bewältigungsmuster zu ermitteln, und sie unterzogen sie einer Fülle psychologischer Tests.

Einer ihrer Patienten, Melvin, 34 Jahre alt, Expediteur und nebenher noch als Kosmetiker beschäftigt, hatte eine lange Krankengeschichte mit Magengeschwüren. Seit vierzehn Jahren waren alljährlich bei ihm Magengeschwüre aufgetreten, und er hatte bereits zwei Operationen hinter sich. Zur Zeit der Studie war er wegen einer Vagotomie im Krankenhaus, einer Operation, bei der die den Magen versorgenden Vagusäste zum Teil durchschnitten werden, um die durch den Nervus vagus bedingte Stimulation der Magensäure zu hemmen.

Nun könnte man annehmen, daß Melvin durch die vorhergegangenen Operationen auf die bevorstehende vorbereitet war. Mitnichten. Er äußerte offen seine Angst vor der kommenden Operation und mußte immer wieder mit der Versicherung beruhigt werden, daß ein kompetenter Chirurg die Operation durchführte. Er hatte Angst, diejenigen, denen er sich auslieferte, würden sich nicht genügend um ihn kümmern, und die Ärzte würden nicht genügend für ihn tun.

Durch die Schilderungen seiner Kindheit erhielten die Forscher gewisse Anhaltspunkte über den Ursprung dieser Sorgen. Am bemerkenswertesten war, daß er früh diejenigen verloren hatte, in deren Obhut er gewesen war. Seine Mutter war bei einem Feuer ums Leben gekommen, als er erst acht Monate alt war. Er lebte fortan bei seiner Großmutter, einer warmherzigen und fürsorglichen Frau, bis sie starb, als er fünfzehn war. Für die doch schon etwas ältere Frau mag es nicht einfach gewesen sein, mit einem lebhaften Jungen mitzuhalten, so daß sie seine passive Seite förderte. In diesen frühen Jahren sah Melvin wenig von seinem Vater. Er sagte von ihm, er »hat sich nicht sehr um mich gekümmert«. Melvin meinte, er sei von seiner Statur her kleiner als sein Vater und beschrieb sich im übrigen als jemand, der weniger aus sich herausging und »schüchtern und duckmäuserisch« war.

Typisch für ihn war, wenn er sich mit dem Verlust von Fürsorge bedroht sah, daß er seine Schwäche und Hilflosigkeit besonders hervorkehrte. So veranlaßte er denn andere, sich um ihn zu kümmern. Er war bei dieser Form der Fürsorge von seiner Frau abhängig. »Sie hat immer gut für mich gesorgt«, sagte er.

In seiner ersten Nacht im Labor hatte Melvin drei Träume. Im ersten war er auf dem Weg zur Bushaltestelle, um zur Arbeit zu fahren. Sein Nachbar fuhr winkend mit seinem Wagen an ihm vorbei, hielt aber nicht an, um ihn mitzunehmen. »Er hat mich nicht mitgenommen«, erzählte Melvin.

Im nächsten Traum lud er schwere Kisten und einen schweren Koffer aus einem Lkw. Der Fahrer, »ein großer Kerl«, wie Dr. A., sein Chirurg, wollte den Koffer einfach herunterfallen lassen. Aber:

»Der Besitzer sagte ihm, er wolle nicht, daß man ihn herunterfallen läßt, sondern daß man vorsichtig damit umgeht. Also sagte der Fahrer, dann werde er ihn halt aufmachen und Stück für Stück die Sachen herunternehmen. Stotternd und stammelnd hielt ihm der Besitzer entgegen: ›Wer hat Ihnen gesagt, daß Sie ihn öffnen könnten? Die Sachen gehören mir, und ich möchte nicht, daß er geöffnet wird.‹«

Dann ging der Traum weiter:

»Ich verlor meinen Lkw. Ich rief die Frau an, daß sie kommt und mich abholt. Der große Kerl, der den Lkw fuhr, war stämmig und ziemlich stark, ich beneidete ihn irgendwie oder wünschte mir, so zu sein wie er.«

Vom letzten Traum dieser Nacht erzählte Melvin dem Forscher:

»Ich habe geträumt, diese Studie sei vorbei und Sie kämen zu mir und fragten mich, ob ich gut geschlafen hätte. Und ich beschwerte mich, daß das Bett zu weich sei. Ich hatte aber gleich das Gefühl, ich hätte besser nichts sagen sollen, weil es so schlecht nun auch wieder nicht war. Ich hatte einige Äpfel und aß sie und las dabei ein Comicheft, was ich früher oft gemacht habe.«

Bezeichnend ist, wie Breger und seine Kollegen feststellen, daß Melvin in allen drei Träumen schlecht behandelt wurde, zuerst von dem Nachbarn, dann von dem Fahrer, der ihn an seinen Chirurgen erinnerte, und schließlich von dem Schlafforscher. Und in allen drei Fällen befand er sich in einer hilflosen Lage und war abhängig von anderen, die ihn enttäuschten. Offensichtlich waren auch seine Ängste, körperlich Schaden zu nehmen. Der Koffer im zweiten Traum war eine Metapher für seinen eigenen Körper. Der Mann, der dem Arzt ähnlich sah, sagte, er werde ihn öffnen und die Sachen Stück für Stück herausnehmen. Kein Wunder, daß der Besitzer damit nicht einverstanden war!

Melvin stellte sich selbst als hilflos dar und hielt Ausschau nach anderen, die ihm helfen sollten. Was nicht jeder tat, weder der Nachbar noch Dr. A. Er konnte nur auf seine Frau zählen. Seine Träume zeigten seinen Neid auf starke Männer und die Angst vor seiner eigenen Schwäche. Und die bevorstehende Operation erhöhte seine kindliche Verwundbarkeit. Die Lösung, die er wie mit dem Ende des letzten Traums dafür zu bieten hatte, war, noch kindlicher zu werden und bis in eine Zeit zurückzugehen, als er noch Comic-Hefte las. Und er versuchte, sich etwas Gutes zu tun, indem er etwas aß.

In den übrigen Nächten vor der Operation beschäftigte Melvin sich in seinen Träumen mit den gleichen Themen. Immer wieder symbolisierte er seine Angst, die Unterstützung anderer zu verlieren, mit dem Verlust realer physischer Unterstützung. In einem Traum stand er auf einer wackeligen Leiter und war einem heftigen Sturm ausgesetzt. In einem anderen saß er auf einem Fahrrad und hatte, im Schnee rutschend, »Probleme, das Gleichgewicht zu halten«. Er erzählte von einem Baumstumpf, der von Motten zerfressen wurde, von einem Ball, der in Telefonkabeln steckte, und von einem holzverarbeitenden Betrieb. Bilder, die nach Bregers Auffassung alle einen Bezug zu seinem lädierten Magen und der bevorstehenden Operation hatten, bei der Nervenäste durchschnitten werden sollten.

Melvins Träume veranschaulichten treffend, wie der psychologische Streß der anstehenden Operation seinen typischen abhängigen Stil zum Vorschein brachte. Melvin hatte jedoch auch viele Stärken: Er hatte es geschafft zu heiraten, war Vater, hatte eine Arbeitsstelle und konnte seine Familie versorgen. In der Nacht vor der Operation zeigte er einen gewissen Optimismus, daß vielleicht doch alles gut ausgehen könnte. Er träumte, er kaufe ein neues Auto. Die Situation war jedoch nicht uneingeschränkt positiv – er mußte seine Frau mitnehmen, und als er in seiner Brieftasche suchte, konnte er die Kreditkarte nicht finden, die er gebraucht hätte, um den Handel abzuschließen. Ein gutes Zeichen war der Traum aber dennoch.

Mit dem erfolgreichen Verlauf der Operation verbesserte sich auch Melvins Stimmung. Er war optimistischer, daß das nun endgültig sein letzter Krankenhausaufenthalt war. Entsprechend wurden auch seine Träume besser. In einem sah er einen »verkrüppelten Mann, der vollständig geheilt wurde«. Und er sah, wie dieser Mann dann »sein eigenes Haus baute«. Mehrmals träumte er auch noch vom Kauf eines neuen Autos. Es war ein spürbarer Wandel von seiner Angst vor Verlust und daß sein Körper Schaden nehmen könnte zu der Hoffnung, eine neue, glänzende und unabhängige Zukunft aufzubauen.

Seine präoperativen Träume drehten sich um die Dimensionen: Abhängigkeit/Unabhängigkeit, Schwäche/Stärke, hoch/niedrig sowie aktiv/passiv. Seine ersten Träume stellten alle die negativen Seiten dieser Dimensionen in den Vordergrund. Sein Nachbar ließ ihn stehen; er war abhängig von seiner Frau, daß sie ihn abholte; in einem niedrigen Bett war er in einer schwachen Position gegenüber seinem Arzt. Nach der erfolgreich verlaufenen Operation bezog er seine Bilder hingegen von der positiven Seite dieser Dimensionen. Er war aktiver, unabhängiger und stärker.

Operationen wecken jedoch nicht in jedem Fall so viel Ängste wie bei Melvin. Eine weitere Versuchsperson in Bregers Studie war Penny. Sie war achtzehn Jahre alt und hatte eine Gallenblasenoperation vor sich. Sie war noch auf der High-School, war außerdem dick, schüchtern und hatte starke Minderwertigkeitsgefühle. Sie hatte wohl einige enge Freundinnen, aber noch nie eine Verabredung mit einem Jungen gehabt. Am auffälligsten für die Forscher war ihre extreme Hemmung und daß ihr jede Begeisterung und Lebhaftigkeit fehlte, die ansonsten typisch für Mädchen in ihrem Alter sind. Ihre überbeschützenden Eltern und ihre eigene Unsicherheit sorgten im Zusammenspiel dafür, daß ihr Übergang von der Adoleszenz zum Erwachsenenalter verlangsamt wurde.

Penny kam mit der großen Hoffnung ins Krankenhaus, daß die Operation mehr als nur ihre Gesundheit verändern würde. Sie glaubte, damit würde sie abnehmen, ihre Attraktivität verbessern, ihre Schüchternheit überwinden und genügend Selbstvertrauen gewinnen können, um unabhängig von ihren Eltern zu werden. Eine ganze Menge, was da vom Verlust einer Gallenblase erwartet wurde! Der wichtige Punkt ist jedoch, daß ihre präoperative Stimmung eine völlig andere als bei Melvin war. Vor der Operation beschäftigte sie sich damit, neue Kleider für ihr künftiges, schlankeres Selbst zu nähen. Die Operation bedeutete für Penny weniger, sich einer potentiellen Gefahr auszusetzen, als vielmehr die Chance, ihren Körper positiv zu verändern.

In ihrem ersten Traum im Schlaflabor gab es nur ein einziges Bild, das ein Haus, einem Puppenhaus ähnelnd, im Längsschnitt zeigte, wo sie sehen konnte, wie Leute die Treppen rauf- und runtergingen. Diese »offene« Sicht setzte sich im nächsten Traum fort. Hier war eine Party im Gange, und jeder war glücklich.

»Man konnte in alle Räume sehen, und in der Küche kochte jemand Essen. Alle waren schön gekleidet. Ich ging herum und unterhielt mich mit jedem. Jeder lachte, und allen ging es gut.«

In ihrem dritten Traum veränderte sich die Stimmung zu einem dunkleren Ton. Penny war bei einem Volksfest, wo ein fetter Mann versuchte, mexikanisches Essen in sie hineinzustopfen, das sie nicht wollte. Er »hatte mich jedoch fest im Griff, so daß ich nicht weg konnte«, erzählte sie.

Vom letzten Traum in jener Nacht berichtete sie:

»Eine meiner Tanten sollte heiraten, und alle sollten zusammenkommen, um zu besprechen, was man anziehen sollte. Dann, in der letzten Minute, erschien doch niemand. Schließlich gab es einen Anruf aus Süd-Dakota, wo meine Großmutter lebt. Und von dort wurden Sachen geschickt, aus denen das Kleid meiner Tante gemacht werden sollte, aber sie waren schrecklich alt, einfach altes Zeug. Inzwischen hatte sich die Mode völlig geändert. Meine Tante fing an, nach dem Schnittmuster den Stoff zuzuschneiden, aber was dabei herauskam, war irgendwie altmodisch. Dabei wollten alle, die dabei waren, mitreden und kundtun, wie sie aus dem Stoff das Kleid anfertigen würden. Ich war am Ende irgendwie niedergeschlagen, weil niemand zu dem verabredeten Treffen gekommen war.«

Die Reihenfolge von Pennys Träumen führte von Glücklichsein über gesellschaftlichen Erfolg genießen bis zu der Erwartung, daß die Dinge vielleicht doch nicht so gut ausgingen. Ihre Themen, die sie mit ihren Traumdimensionen offenbarte, waren: nähern/ablehnen, offen/gefangen, modern/unmodern, glücklich/niedergeschlagen, attraktiv/fett. Ihre ersten beiden Träume waren von ihren optimistischen Hoffnungen geprägt, daß ihre Operation im wahrsten Sinne des Wortes dazu beitragen würde, daß sie offener und in einen glücklichen Menschen verwandelt würde, der keine Angst mehr hat, gesehen zu werden, der gutgekleidet ist und problemlos auf Menschen zugehen kann. Ihre letzten beiden Träume zeigten demgegenüber ihre Ängste, daß alles beim alten blieb und sie in ihrem Fettsein und Unmodernsein und Niedergeschlagensein gefangen blieb. Ihr Wunsch, schlank zu sein, war zugleich mit der Angst vor sexuellen Avancen gemischt, die dann auf sie zukommen könnten. Essen, Abnehmen und Kleidung, Punkte, die alle ihr Selbstbild verkörperten, beschäftigten sie sowohl im Wachleben wie auch im Schlaf.

Auch in den übrigen Träumen vor ihrer Operation tauchten die gleichen Symbole wieder auf. Sie träumte, sie nähme Geld von ihrem Vater; sie sah, wie Kinder von ihrer Mutter gefüttert wurden, und ein andermal, wie eine Mutter Essen für ihre Kinder zubereitete. Sie träumte davon, ein Restaurant zu eröffnen, daß sie ein Haus mit »einer tollen großen Küche« hatte, und ein andermal, daß sie Besitzerin einer »klapprigen Würstchenbude« war. Sie träumte von frisch gewaschenen Kleidern, einem umgestalteten Bankettsaal und einem Museum, in dem alte verschlissene Vorhänge durch neue ersetzt wurden. All diese Träume unterstrichen ihre schwierige Beziehung zu Essen und ihre Hoffnungen auf eine Wende. Und sie setzten sich dabei mit den Dimensionen Abhängigkeit/Unabhängigkeit und alt/neu auseinander.

Pennys Ängste waren realistisch. Nach der Operation wurde ihr bewußt, daß sich weder an ihrer Schüchternheit noch an ihrer äußeren Erscheinung etwas Wesentliches geändert hatte. Aber mehr noch: Sie mußte nun auch noch damit fertig werden, daß sie ein Körperorgan verloren und, wenn auch nur vorübergehend, mit einem die Gallenflüssigkeit abdrainierenden Katheter und einem entsprechenden Katheterbeutel leben mußte. Was zusammengenommen ihren Kummer verschlimmerte, daß sie äußerlich anders als andere war. Völlig normal ist, daß Personen, die aufgrund von Operationen Folgeschäden davontragen oder körperlich gehandikapt bleiben, Trauer und Wut empfinden. Und Pennys postoperative Träume zeigten ihr Problem, daß sie sich von etwas verabschieden mußte. Sie drehten sich mehr als vorher um Körperbilder. Penny stellte sich jetzt der Realität ihres Selbst und sah sich so, wie sie war: fett und unattraktiv, mit der Konsequenz, daß sie wohl nie heiraten und glücklich sein würde.

Melvins und Pennys Träume sind anschauliche Beispiele für meine Überzeugung, daß Träume in Krisenzeiten leicht zu verstehen sind. Wir sehen die emotionalen Probleme sehr klar, wenn wir die den Träumen zugrundeliegenden Dimensionen identifizieren. Und die Tendenz, die sich aus der Traumfolge einer Nacht ergibt, zeigt, wie der Träumer sich seiner aktuellen Krise anpaßt.

Breger wollte mit seiner Studie lediglich beschreiben, was vor und nach einer Operation in den Träumen geschieht. Die von ihm erfaßten Träume wurden in keiner Hinsicht therapeutisch genutzt. Melvin und Penny hätten ihren Operationen vielleicht realistischer entgegengesehen, wenn ihre Ärzte ihnen geholfen hätten, sich mit den in ihren Träumen so klar offenbarten Problemen auseinanderzusetzen. Jede Operation bedingt Schmerzen, Gefühle der Hilflosigkeit und eine Veränderung des Körperbildes. Melvins Träume verdeutlichten sein Bedürfnis nach emotionaler Unterstützung; Pennys Träume verdeutlichten ihre unrealistischen Erwartungen hinsichtlich einer wundersamen Wandlung. Melvin sah seinen Körper als Koffer, der geöffnet und dessen Inhalt, trotz Protests des Besitzers, herausgenommen wurde. Und Penny sah sich als »altes Zeug«, das nicht mehr zugeschnitten und zu einem modernen Hochzeitskleid umgemodelt werden konnte.

Heute könnten wir die RISC-Methode anwenden, um diese Sorgen zu erkennen und uns mit ihnen auseinanderzusetzen und so Melvins und Pennys Schmerzen zu erleichtern und eine schnellere Genesung zu fördern. Melvin mußte daran erinnert werden, daß er seine Stärken zur Bewältigung der Situation nutzen mußte; und Penny mußte erkennen, daß der Chirurg weder ihr Gewichtsproblem lösen noch ihre Schüchternheit verschwinden lassen konnte; sie mußte diese Aufgaben selbst in Angriff nehmen. Der Bedarf für eine präoperative Traumarbeit ist fraglos da; und sie stellt eine neue Grenze dar.

Patienten sind nicht die einzigen, die einer Operation mit Angst entgegensehen. Sie kann auch für die ihnen nahestehenden Personen mit Streß verbunden sein. Und wenn sie sich diesem Streß stellen können, sind sie vielleicht besser in der Lage, ihren Lieben die nötige Unterstützung zu geben, um diese schwierige Zeit zu überstehen.

Mein Mann lag unlängst wegen einer Bypass-Operation im Krankenhaus. Ich versuchte, unsere Tochter Carolyn damit zu beruhigen, daß ich ihr sagte, der Chirurg, der einen ausländischen Namen hatte, sei ein ganz »Großer« auf diesem Gebiet und der Vorgesetzte von allen anderen im Krankenhaus. In der Nacht vor der Operation hatte Carolyn folgenden Traum:

Ich fuhr in einem Taxi durch ein verruchtes Viertel Chicagos, in dem Ausländer wohnten. Als der Wagen bei Rot an einer Ampel halten mußte, kam eine Bande von ausländisch aussehenden Männern heran. Einer von ihnen, ein Zwerg, schien der Anführer zu sein. Er hatte ein langes Messer. Ich schrie den Fahrer an: »Verriegeln Sie die Türen.«

»Die Türen dieses Taxis lassen sich nicht verriegeln«, sagte er. Dann riß der Ausländer die Fahrertür auf, stieß dem Fahrer das Messer in die Brust und tötete ihn. Dann öffnete er die Beifahrertür, um

an mich heranzukommen. Ich sprang auf der anderen Seite heraus und rannte in ein Bekleidungsgeschäft, wo ich mich in einer Umkleidekabine versteckte. Er verfolgte mich. Es stellte sich heraus, daß die Leute in dem Geschäft mit dem Zwerg unter einer Decke steckten. Ich war in die Enge getrieben und saß in der Falle. So wehrte ich mich. Ich packte den Zwerg und merkte, als ich ihn hochhob, daß er weich und nur eine Cabbage-Patch-Puppe war. Ich band ihm die Arme auf den Rücken und ließ ihn dort liegen.

Die Dimensionen, die Carolyn in ihrem Traum verwendete, sind klar erkennbar: groß / klein, gefährlich / sicher, fremd / vertraut, passiv / aggressiv. Der gefährliche fremd(ländisch)e aggressive Messerstecher tötet den vertrauten passiven Taxifahrer, bei dem sie sich sicher fühlte. Mit ihrer Angst vor dem tödlichen Angriff ging Carolyn in ihrem Traum zunächst einmal in der Form um, daß sie aus dem großen Mann einen kleinen machte. Als sich herausstellte, daß das nicht genügte, lief sie weg. Und fand sich an einem Ort wieder, wo man »sich auszog« und der Ganove zudem Verbündete hatte – ein symbolisches Bild des Krankenhauses. Schließlich bot sie ihm die Stirn und wehrte sich aktiv. Und mit Erfolg. Sie »entwaffnete« ihn. Und verwandelte den Aggressor in ein unbedenkliches vertrautes Objekt, in ein Spielzeug.

Es ist ein Beispiel eines erfolgreichen Traums. Trotz ihrer Sorge um ihren Stiefvater fand meine Tochter ihren Traum beruhigend. Er sagte ihr, daß sie mit ihren Ängsten fertig werden konnte. Sie dachte, als sie aufwachte, amüsiert an ihren Traum zurück und war gerüstet, dem Tag gelassener entgegenzusehen.

»Aber«, fragen Sie jetzt vielleicht, »wurde ihr Stiefvater in diesem Traum denn nicht getötet?« Die Antwort gibt einen interessanten Einblick in die Traumwelt. Mein Mann fährt kein Auto. Daß der Taxifahrer getötet wurde, ist ein anderer Weg zu sagen: »Es ist nicht mein Stiefvater, der in Gefahr ist. Das ist jemand, den ich nicht einmal kenne.«

Träume vom Tod

Träume vom eigenen Tod kann man zeit seines Lebens haben. Häufiger tauchen solche Träume jedoch auf, wenn das Damoklesschwert des Todes real und unausweichlich im Raum schwebt. Selbst Personen, denen nicht gesagt wurde, daß sie eine tödliche Krankheit haben, oder die das Wissen darum bewußt verdrängen, können ihre Bewußtheit davon in ihren Träumen zeigen. Eine Frau, der man die Wahrheit verschwiegen hatte, berichtete von folgenden Träumen:

»Meine Uhr war kaputt. Ich brachte sie zum Uhrmacher, aber er sagte mir, sie ließe sich nicht mehr reparieren.«

»Mein Lieblingsbaum war umgestürzt und lag am Boden.«

Wenn das Ende des Lebens naht, können Träume vom Tod uns helfen, uns auf dieses Ende vorzubereiten, uns helfen, Abschied zu nehmen, und uns helfen, die Bindungen mit denjenigen zu verstärken, die wir zurücklassen. Todesträume haben manchmal eine sehr deutliche Sprache, wie folgendes Beispiel zeigt, das die Psychoanalytikerin Marie-Louise von Franz von einer 29jährigen Frau anführt, deren Krebs sich im ganzen Körper ausgebreitet hatte:

»Ich stehe im Krankenhauszimmer neben meinem Bett. Ich fühle mich stark und gesund. Durchs Fenster fallen Sonnenstrahlen ins Zimmer. Der Arzt ist da und sagt: ›Nun, Frau X., Sie sind wider Erwarten geheilt. Sie können sich anziehen und das Krankenhaus verlassen.‹ In dem Augenblick drehe ich mich um und sehe, im Bett liegend, meinen eigenen toten Körper!«[23]

»Träume vom Tod sind oft schön«, schreibt der Psychoanalytiker Martin Grotjahn in einem Essay, »Kranksein und auf die Achtzig zugehen: Beobachtungen eines alternden Therapeuten«. »Es hat mich immer traurig gemacht«, sagt er, »wenn denn die Leute schließlich schöne Träume haben, daß es Träume vom Tod sind. In diesen Träumen träumen sie von schönen Schlössern, die das Haus der Eltern darstellen, die oft schon tot sind. Ich träume oft von der Universität in der Stadt Gottes, der Stadt des Lernens für mich. In diesen Träumen habe ich das vage Gefühl«, schreibt er weiter, »daß ich nicht dorthin gehöre, oder daß ich meinen Raum nicht finden kann, oder daß mein Raum anderen überlassen wurde. Wenn ich von schönen Landschaften, Springbrunnen und Flüssen träume, assoziiere ich diese Bilder sofort mit Phantasien über das wundervolle Leben hernach, an das ich offenbar nur in meinen Träumen glaube.«[24]

Die Psychiater Harvey Greenberg und Robert Blank berichten von einer bemerkenswerten Serie von Träumen, die chronologisch aufzeigen, wie ein 50jähriger Mann nach und nach seine tödliche Krankheit akzeptiert.[25] Der Mann, den die Therapeuten Herrn E. nennen, suchte aufgrund einer Depression, in die er nach dem Tod seiner Mutter verfiel, psychotherapeutische Hilfe. Einige Monate nach Beginn der Therapie wurde bei ihm Darmkrebs festgestellt, der sich bereits auf Leber und Knochen ausgebreitet hatte.

Herr E. begann eine Chemotherapie, sprach von seiner Krankheit aber nur als von einem kleinen Leberproblem. Da er keine Familie hatte, beschlossen die Ärzte, ihm nichts von ihrer Prognose zu seiner Lebenserwartung zu sagen, solange er nicht von sich aus danach fragte, ihm aber zu helfen, sich auf den Tod vorzubereiten. Obwohl er die Schwere seiner Krankheit so offenkundig leugnete, zeigten die Träume, von denen er seinem Therapeuten erzählte, aber sehr wohl, daß er wußte, daß er starb. Er träumte zum Beispiel:

»Ich bemühe mich, in Ihre Praxis zu kommen, aber ich schaffe es nicht. Ich habe mich für meinen Termin bereits verspätet, und ich werde immer verzweifelter.«

Um Herrn E. zu beruhigen, sicherte ihm der Psychiater zu, er werde ihn im Krankenhaus besuchen, sofern er dorthin müsse, und dort die Sitzungen fortsetzen und versuchen, ihm bei allem beizustehen, was auf ihn zukomme. Kurze Zeit später verlor der Mann jedes Gefühl in den Beinen und konnte sich nicht mehr bewegen, weil der Krebs inzwischen bis ins Rückenmark fortgeschritten war. Er wurde ins Krankenhaus eingewiesen. Dort hatte er folgenden Traum:

»Ein schattenhafter dunkelgekleideter Fremder steht an meinem Bett. Ich merke, daß ich gehen kann. Er führt mich aus dem Krankenhaus heraus an einen Ort, an dem ich noch nie vorher war. Ich fühle mich irgendwie sehr wohl bei ihm. Ich bin äußerst gespannt, was er mir zeigen will.«

Herr E. sah für sich einen friedlichen Tod voraus. Im Laufe der nächsten Wochen veränderte sich sein Zustand kaum, und er blieb im Krankenhaus. Sein Bruder kam von außerhalb der Stadt zu Besuch, aber nur kurz und fuhr bald wieder weg. Herr E. träumte:

»Ich wurde von mehreren Leuten gefoltert und wüst geschlagen, die angeblich meine Freunde waren – sie stießen mich herum, wie bei einem Spiel, aber das tat alles sehr weh.«

Dann verschlechterte sich sein Zustand rapide. Er hatte hohes Fieber und verlor sehr viel an Gewicht. Er konnte nur noch undeutlich sprechen. Er träumte:

»Ich bin am Verhandeln, ich will ein kleines Stück Land kaufen – es ist aber nicht klar, wie klein. Es ist ein Teil eines größeren Stückes.«

Der Therapeut sah diesen Traum als bildliche Darstellung eines Grabes, er unterstützte den Patienten jedoch in seinen idyllischen Phantasien. Herr E. kam dem Tod jedoch immer näher. In einem Traum zeigte er seine Ungeduld über sein Kranksein sowie seinen Wunsch, daß sein Leiden endlich ein Ende haben möge:

»Ich in einem Raum mit Michael und Dolores. Sie unterhalten sich angeregt und scheinen eine immense Freude aneinander zu haben. Sie legen eine Platte auf, eine spanische Oper. Es ist, als wäre ich ein Geist; sie können mich nicht sehen. Die Platte ist irgendwann zu Ende, aber der Plattenteller dreht sich unentwegt weiter, und sie unternehmen nichts, um ihn abzustellen. Ich bin ausgesprochen wütend und schreie: ›Es ist zu Ende, stellt das Ding ab!‹ Aber sie können mich nicht hören und reden und lachen weiter.«

Wenige Tage später starb er.

Ein Mann, der mit inoperablem Krebs im Sterben lag, sprang in völlig verwirrtem Geisteszustand eines Nachts aus dem Bett. Er glaubte, sein Sohn sei ein Riese, der ihn töten wolle. Im Zustand einer partiellen kortikalen Aktivierung jagte Sam mit einem Schwert in der Hand den Jungen ums Haus, bis die Schreie seiner Frau ihn schließlich aufwachen ließen. Dieser Vorfall war so dramatisch und beängstigend, daß Sam seine Ängste vor seinem bevorstehenden Tod nicht länger leugnen konnte. So fing er schließlich an, darüber zu sprechen und sich in seinen Träumen damit auseinanderzusetzen. In einem Traum, den er kurz vor seinem Tod hatte, kam auch ein Riese vor, aber diesmal ein freundlicher, ein Friedensbote. Sam berichtete:

»Hier war eine große, sehr große Hand, die mir entgegengestreckt wurde. Ich berührte diese Hand. Sie war warm und stark. Ich fühlte mich ganz ruhig und hatte ein Gefühl von Frieden in mir. Anschließend schlief ich im Traum ein.«

→ SELBSTHILFE: Körperliche Eingriffe und Veränderungen bewältigen

Ob Träume uns nun eine Schwangerschaft oder eine Krankheit im Frühstadium kundtun oder einfach nur deren weiteren Verlauf widerspiegeln, sie zeigen uns in jedem Fall, wie wir das empfinden, was mit uns geschieht, und sind damit eine Botschaft, bei der es unser Risiko ist, sie zu ignorieren. In der Schwangerschaft helfen sie werdenden Eltern, sich auf die Rollen vorzubereiten, die ihnen bald zufallen. Bei Krankheiten rücken sie die Probleme in den Vordergrund, die uns am meisten beschäftigen, die emotionale Bedeutung dessen, was da in unserem Körper geschieht. Sie geben uns die Gelegenheit zu erkennen, wie unser Verhalten und unsere Einstellungen im Wachleben zu körperlichen Problemen beitragen, und entsprechend unseren inneren Arzt zu mobilisieren, daß er hilft, den Heilungsprozeß zu beschleunigen. Wenn wir darauf achten, was Träume uns sagen, wenn unsere körperliche Unversehrtheit, zum Beispiel durch eine Operation, bedroht ist, können wir im Zweifel einen Teil der kräftezehrenden Ängste bezwingen. Mit der Konsequenz, daß wir besser unsere Stärken mobilisieren können. Und wenn wir uns dem Ende unseres Lebens nähern, können Träume uns helfen, das Unausweichliche zu akzeptieren. Entscheidend ist, daß wir uns den Botschaften unserer nächtlichen Skripte im Wachleben nicht versperren. Denn die beste Heilung ist die, die von innen kommt.

10. Vergewaltigung und Inzest: Vom Opfer zur Überlebenden

Anna-Marie wählte die Abkürzung und ging durch den Park. Plötzlich stellte ein Fremder sich ihr in den Weg und zog sie in die naheliegenden Büsche. Sie wehrte sich, aber er überwältigte sie, hielt ihr ein Messer an die Kehle und vergewaltigte sie. Sie war ein Teenager, und das war ihre erste sexuelle Erfahrung. Einen Monat später erklärte ihr Freund, der sie vorher bereits gedrängt hatte, mit ihm zu schlafen, er habe jetzt ein Recht auf Sex mit ihr, da sie sowieso »defloriert« sei. Sie protestierte und setzte sich zur Wehr, als er zudringlich wurde, vergeblich, er vergewaltigte sie ebenfalls.

Anna-Marie fühlte sich mißbraucht, beschämt und gedemütigt. Die erste Vergewaltigung war schon schlimm genug. Nach der zweiten war sie am Boden zerstört. Sie haßte es zu schlafen. Denn in der Nacht brachen entsetzliche Träume über sie herein. Oft wachte sie weinend und zitternd vor Angst auf. Sie sank immer tiefer in ein schwarzes Loch und wurde zunehmend besessener von dem Gedanken, sich umzubringen. Schließlich rang sie sich durch, mit der schulpsychologischen Beraterin der High-School zu sprechen, die ihr half, psychiatrische Hilfe zu bekommen. Sie steckte so tief in einer Depression, daß ihr Arzt meinte, sie müsse in eine Klinik eingewiesen werden. Durch die Unterstützung und Medikation, die sie erhielt, besserte sich ihr Zustand bald so weit, daß sie entlassen werden konnte. Sie entschloß sich jedoch, nicht nach Hause zurückzukehren.

Während ihres Klinikaufenthaltes war ihr klargeworden, daß sie vielleicht nie wieder gesund würde, wenn sie nach Hause zurückging. Ihre Eltern hatten sich getrennt, als Anna-Marie zehn war. Seither hatten sie und ihre Brüder und Schwestern bei der Mutter gelebt. Von ihrer Mutter und ihren Geschwistern erhielt sie nicht nur kein Mitgefühl, sie warfen ihr zu allem noch vor, die Vergewaltiger irgendwie animiert zu haben. »Du mußt dich doch nicht wundern, wenn du allein in den Park gehst. Und was die andere Sache angeht, so wirst du deinen Freund schon rangelassen haben ...« Das und ähnliches bekam sie immer wieder von ihnen zu hören. Alles mit dem gleichen Tenor, daß es ihre Schuld war. Und Anna-Marie fragte sich, ob sie recht haben könnten.

Mit Hilfe einer Sozialarbeiterin der Klinik, die in Kalifornien war, wurde arrangiert, daß Anna-Marie nach Chicago kam, um bei ihrem Vater zu leben. Sie sprach über diese Entscheidung nicht mit ihrer Mutter, da sie davon ausging, daß sie so wütend darüber sein würde, daß sie sich nun »auf die Seite des Feindes schlug«, daß sie ihr nie mehr erlauben würde, ihre Geschwister nochmals zu sehen.

Eine hübsche junge Frau mit blonden Locken, so lernte ich Anna-Marie kennen, als sie ein Jahr nach den Vergewaltigungen zu mir kam. Sie trug kein Make-up, saloppe Jeans und lange, weite Shirts, um ihre Weiblichkeit zu verbergen. Sie erzählte mir, ihre schlimmen Träume handelten nicht von den Vergewaltigungen, als vielmehr davon, daß sie als Kind von ihrer Mutter mißhandelt worden sei. Wie sie sagte, hatte sie diese Vorfälle völlig »vergessen«, bis zu diesen Träumen. Erst nach der zweiten Vergewaltigung waren sie wieder an die Oberfläche gekommen. Sie träumte, daß ihre Mutter versuchte, sie in der Badewanne zu ertränken, und daß ihre Mutter sie mit dem Kopf gegen die Kirchenbank stieß, als sie alle zusammen in der Kirche waren. Erfahrungen, die sich, wie sie jetzt sagte, tatsächlich ereignet hatten.

Diese frühen Bedrohungen für ihre körperliche Sicherheit hatten bestimmte Urbilder im Netzwerk ihres Gedächtnisses hinterlassen, Bilder, die mit Schmerz- und Verwundbarkeitsgefühlen verknüpft waren. Die wichtigste Figur in ihrem Leben, ihre Mutter, verletzte sie und sagte ihr, sie verdiene es, mißhandelt zu werden. Was Anna-Marie zu dem Schluß brachte, sie müsse etwas sehr Schlimmes gemacht haben. Dieses Gefühl aus ihrer Kindheit, daß sie ein schlechtes Mädchen war, blieb, als sie heranwuchs. Eine irrige Vorstellung, die durch die Vergewaltigungen reaktiviert wurde. Ihr Selbstwertgefühl war fast gleich Null, als sie die Traumtherapie begann.

Neben ihren Albträumen hatte Anna-Marie noch ein weiteres gravierendes Problem: Jeden Abend schnitt sie sich mit einer Rasierklinge die Handgelenke ein Stück weit auf. Die Schnitte waren nicht tief genug, um lebensgefährlich zu sein, aber tief genug, um Schmerzen zu verursachen. Sie stand unter dem manischen Zwang, das zu tun, ohne allerdings zu verstehen, warum. Fest steht, daß sie ihre Ängste, von anderen verletzt zu werden, beschwichtigen konnte, indem sie sich selbst verletzte. Und sie stellte sich vor, indem sie sich selbst bestrafte, könnte sie künftige Attacken abwenden. Ihre Arme waren voller weißer Narben von alten Wunden und roter Narben von jüngeren Verletzungen.

In unseren Therapiesitzungen kamen wir sehr schnell dahin, daß Anna-Marie erkannte, daß sie wohl nur die Zielscheibe des Zorns ihrer Mutter war, weil sie der Liebling ihres Vaters war. Um ihrer Wut auf den Mann Luft zu machen, der sie verlassen hatte, beschimpfte die Mutter das Kind, das ihm am meisten ähnelte. Sobald Anna-Marie das erkannt hatte, konnte sie auch anfangen, sich objektiver zu sehen. Sie hatte Fehler, wie jeder, aber sie war nicht »schlecht«. Die Gefühle ihrer Mutter konnte sie zwar nicht ändern, wohl aber aufhören, sich selbst zu bestrafen. Und ich sagte ihr, sie könne auch das Verhalten ihrer Mutter in ihren Träumen ändern. Sie war skeptisch, konnte aber bereits nach unserer zweiten Sitzung von einem Erfolg berichten:

Ich träumte, ich sei ein kleines Kind. Mein Bruder hänselte mich fürchterlich. Dann schritt meine Mutter ein und sagte ihm: »Ich entziehe dir die Erlaubnis, sie anzugreifen.«

Anna-Marie war selbst erstaunt über diesen Traum. Sie sagte, ihre Mutter habe nie von »Erlaubnis entziehen« gesprochen und ebensowenig eine solche Maßnahme ergriffen, um ihre Kinder zu bändigen. Schläge und Flüche waren eher ihr Stil. »Damit habe ich meine Familie zu einer normalen Familie gemacht!« sagte Anna-Marie und strahlte. Während der Traum ablief, verwandelte sie die Dimension der Hilflosigkeit in Schutz. Ein gutes Zeichen.

Dieser Traum und ähnliche nachfolgende Träume halfen ihr, ein Gefühl der Kontrolle zu gewinnen. Sie hörte auf, sich in ihren Träumen als Opfer zu sehen, und damit verbesserte sich auch ihre Gemütsverfassung. Das Schnippeln an ihren Handgelenken blieb jedoch. Noch immer versuchte sie, ihre Ängste, sie könnte wieder ein Opfer anderer werden, damit zu beschwichtigen, daß sie sich selbst Schmerzen zufügte. Ich wollte sie dahin bringen, daß sie lernte, ihren Zorn in ihren Träumen zum Ausdruck zu bringen, statt ihn auf diese Weise gegen sich selbst zu richten. Ich sagte ihr, wenn sie das nächste Mal in einem Traum von ihrer Mutter oder jemand anderem angegriffen wird, könnte sie selbst aktiv eingreifen. »Es sind Ihre Träume«, sagte ich. »Machen Sie, daß sie ein besseres Ende finden.« Sie sollte sich dabei vor Augen halten, daß sie kein kleines Mädchen mehr ist, sondern eine erwachsene Frau, die ihrer Mutter Paroli bieten kann. Und genau das gelang Anna-Marie – in folgendem Traum:

Ich war etwa acht Jahre alt und fertig für die Kirche angezogen, als meine Mutter einen Wutanfall kriegte, weil ich an einem regnerischen Tag meine besten Schuhe anhatte. Sie fing an, mich zu schlagen. Und in dem Moment fiel mir ein, was Sie mir sagten. Ich drehte mich um und sah ihr ins Gesicht. »Verdammt«, sagte ich, »weißt du eigentlich, was du machst?« Meine Mutter war so überrascht, daß sie aufhörte.

Anna-Marie war ganz aufgeregt, als sie von diesem Traum berichtete. Und rief immer wieder laut aus: »Verdammt, weißt du eigentlich, was du machst?« und lachte begeistert, wie sie mit ihrem Protest ihrer Mutter den Dampf weggenommen hatte.

Das war der erste von einer Reihe von Träumen, in denen sie sich in einer neuen Weise sah, als jemanden, der die Power hatte, denen die Stirn zu bieten, die ihm schaden wollten. Sie begann, ihr Selbstbild zu verändern, wonach sie immer die Zielscheibe anderer war. Wenig später brach sie die Beziehung mit einer Freundin ab, die sich wie selbstverständlich, ohne sie um Erlaubnis zu fragen, ihre Kleider zum Anziehen genommen und sich ebenso an ihren Vorräten im Kühlschrank bedient hatte. Sie rief ihre Mutter an und arrangierte, daß eine Schwester sie besuchen konnte. Das Aufschneiden der Handgelenke ließ allmählich nach und hörte schließlich ganz auf. Sie mußte sich nun nicht mehr selbst verletzen.

Sie arbeitet heute in einer Kunsthandlung, und die Arbeit macht ihr Spaß. Sie schreibt Gedichte, betörend schöne Gedichte, in denen sie in lebhaften Bildern die Gefühle zum Ausdruck bringt, die sie einst in ihren Träumen verfolgten. Sollte sie jemals wieder in eine Situation kommen, in der sich die Ereignisse ihrer Kontrolle entziehen, ist es natürlich möglich, daß ihre alten Träume zeitweilig wieder an die Oberfläche kommen. Ich hoffe jedoch, daß sie nie vergißt, daß sie sich behaupten kann, und zwar sowohl in ihren Träumen wie auch in der Realität.

Eine Vergewaltigung wird oft als »ultimative Verletzung des Selbst« bezeichnet, eine Verletzung, die nahe an Mord herankommt. Eine Frau fürchtet um ihr Leben, wenn sie mit einem Messer oder Revolver bedroht oder mit brutaler Gewalt überwältigt wird. Sie wird gezwungen, die intimsten Bereiche ihres Körpers auszuliefern. Der Vergewaltiger macht sie hilflos und machtlos. Daß Schlafstörungen und Albträume auf eine Vergewaltigung folgen, verwundert nicht. Und daß diese Symptome über Monate und Jahre hinweg anhalten, ist ein Beleg für die massiven Folgen, die eine Vergewaltigung für das Selbstgefühl einer Frau haben kann.

Die Psychiaterin Carol Nadelson – die erste Präsident*in* der American Psychiatric Association – interviewte zusammen mit Kolleginnen der Tufts University einundvierzig Frauen nach fünfzehn bis dreißig Monaten, nachdem sie erstmals hilfesuchend zu einem Kriseninterventionszentrum für Vergewaltigungsopfer gekommen waren.[1] Die Mehrzahl der Frauen sagte, sie begegneten anderen noch immer mit massivem Mißtrauen. Sie litten ständig unter Angstgefühlen. Mehr als die Hälfte gab an, sie trauten sich nur noch, in Begleitung von Freunden oder Freundinnen auszugehen. Manche hatten sogar Angst, am hellichten Tag alleine spazierenzugehen. Bei den meisten hatten die Schlafprobleme inzwischen zwar nachgelassen, sie litten aber immer noch unter Albträumen, die sie in der Nacht aufwachen und nicht mehr einschlafen ließen.

Gleichwohl sprachen viele auch von gewissen positiven Veränderungen, die sich in der Konsequenz ergeben hätten. Sie hatten das Gefühl, ernsthafter, umsichtiger, selbständiger, unabhängiger und in gewisser Weise auch stärker geworden zu sein. Was nach Meinung der Forscherinnen »die These unterstreicht, daß streßintensive Lebensereignisse bei vielen den Wachstums- und Reifeprozeß fördern können. Selbst wenn die Symptome eine gewisse Zeit anhalten, kann der Einzelne das Trauma am Ende bewältigen und die Kontrolle über sein Leben zurückerlangen.«

Daß sie vergewaltigt wurde, insbesondere von jemandem, bei dem sie geglaubt hatte, sie könne ihm vertrauen, erschütterte Anna-Maries fragiles Selbstwertgefühl. Nicht zuletzt auch, weil dadurch Erinnerungen an frühere Mißhandlungen durch eine Person wachgerufen wurden, bei der sie ebenfalls geglaubt hatte, ihr vertrauen zu können. Diese Erinnerungen tauchten zunächst als Träume auf. Hätte es sich bei diesen frühen Ereignissen nicht nur um körperliche Mißhandlungen, sondern um sexuellen Mißbrauch gehandelt, wäre es für sie wohl noch ungleich härter gewesen, diese frühen Erfahrungen zurückzuholen und sich damit aus der Sicht eines Erwachsenen auseinanderzusetzen.

Frauen, die in der Kindheit sexuell mißbraucht wurden, suchen oft, wenn sie Ende Zwanzig, Anfang Dreißig sind, therapeutische Hilfe. Der Auslöser für diesen Schritt ist dabei oft, wie bei Anna-Marie, ein spezifisches Ereignis wie eine Vergewaltigung oder ein Raubüberfall. Manche Frauen können sich an den Mißbrauch in jungen Jahren erinnern. Andere nicht. Bei einigen fangen die Qualen an, wenn sie sich auf Beziehungen einlassen, bei denen es um Vertrauen und Intimität geht, darum, eine Ehe einzugehen, eine Familie zu gründen und für kleine Kinder zu sorgen. An dem Punkt stellen sie dann fest, daß ihre Kommunikation mit dem Partner Schranken hat, der Sex unbefriedigend ist, ihr Körper »abgeschaltet« ist, oder daß für sie ein Konflikt zwischen Sexualität und Liebe oder liebevoller Fürsorge besteht. Oder sie haben das Gefühl, ihren Kindern nicht genügend Wärme geben zu können – oder sogar den Wunsch, sie zu verletzen. Manche sind depressiv, empfinden sich, im wahrsten Sinne des Wortes, als nicht liebenswert und haben das Gefühl, es stehe ihnen nicht zu, von anderen respektiert zu werden. So daß sie ihr Leben am Ende nicht einmal mehr für lebenswert halten. Einige werden übermäßig nervös und ängstlich. Und manche töten den Schmerz mit Drogen oder Alkohol ab.

Manche erfahren auch Flashbacks in Stunden, in denen sie wach sind. Dazu gehört, zumindest am Anfang oft, daß sie sich unmittelbar nach dem Zubettgehen einbilden, sie sähen eine schattenhafte Gestalt, hörten Schritte oder wie Türknöpfe gedreht werden oder sie spürten eine leichte, kurze Berührung. Hinzu kommt, daß oft quälende Träume die Kontrolle über ihre Nächte gewinnen.

Wiederkehrende Träume, insbesondere solche, bei denen es um Gejagtwerden oder Angegriffenwerden geht, sind oft ein Hinweis, daß solche Ereignisse tatsächlich stattfanden. Viele von uns haben zwar gelegentlich Träume, in denen wir gejagt werden. Was diese Träume allerdings von den Träumen derjenigen unterscheidet, die in ihrer Kindheit sexuell mißbraucht wurden, ist, daß letztere oft mit einem Angriff oder sogar mit Tod enden. Ebenso verbreitet sind Träume von Einbrechern oder Eindringlingen, die sich vor allem in die Intimbereiche der Wohnung, ins Schlafzimmer oder Badezimmer, schleichen.

Viele sexuell mißbrauchte Frauen haben Träume mit körperlichen Empfindungen: sie sind gelähmt, werden zu Boden gedrückt, gewürgt oder erstickt, haben etwas Schweres auf sich liegen oder werden geknebelt. Solche Träume sind mit Gefühlen wie Furcht, Panik, Hilflosigkeit und bisweilen auch mit Depressionen verbunden. Diese Träume können sich in den Teilen des Hauses abspielen, wo der Mißbrauch geschah. Sie schließen oft ein Gefühl von Kälte mit ein, was auf eine »Körpererinnerung« an das Unbekleidetsein zurückzuführen sein kann. Typische Träume sind etwa:

Ich bin im Nachthemd und ganz allein in meinem Schlafzimmer. Es bläst ein kalter Wind. Ich weiß, daß irgend etwas Schreckliches passieren wird.

Ich bin in der Badewanne. Ich hatte versucht, die Tür abzuschließen, aber das Schloß war kaputt. Plötzlich kommt ein Fremder herein.

Ich werde von einem Schneemann mit einer unwahrscheinlich riesigen Möhrennase im Keller herumgejagt.

Bei den Albträumen derjenigen, die in ihrer Kindheit sexuellem Mißbrauch ausgesetzt waren, kommt es seltener als beispielsweise bei Kriegsveteranen vor, die unter posttraumatischen Streßstörungen leiden (siehe Kapitel 11), daß das Geschehen wirklichkeitsgetreu wiederholt wird. Was vielleicht damit zu erklären ist, daß der sexuelle Mißbrauch oft geschieht, ehe die Sprache und das Erinnerungsvermögen voll entwickelt sind. So daß die Erinnerungen möglicherweise nur peu à peu und jeweils bruchstückhaft zurückkommen. Typisch ist außerdem, daß ein Traum sich nur auf einen Aspekt der Erfahrung konzentriert. Eine Frau berichtete von diesem Traum:

Ich ging in weißem Klebstoff unter.

Eine andere Frau träumte:

Alles, was ich sah, waren Buntglasfenster.

Diese Frau war in einer Kirche von einem Priester mißbraucht worden. Als sie ihrer Mutter davon erzählte, bestand diese darauf, es sei nicht geschehen. Diese Erfahrung, daß sie auf taube Ohren stießen, wenn sie von dem Mißbrauch erzählten, machten nicht wenige. Etlichen wurde entgegengehalten, sie hätten »nur schlecht geträumt«.

Frauen, die vielleicht erst ein oder zwei Jahre alt waren, als der Mißbrauch begann, zu einem Zeitpunkt also, wo die Sprache gerade erst anfängt, sich zu entwickeln, fällt es später schwerer, ihre Erfahrung in Worte zu fassen, sagt die Sozialarbeiterin Doris Diamond.[2] Die meisten Frauen hatten kein Forum, wo sie über das hätten sprechen können, was ihnen widerfahren ist. Was nach Diamonds Meinung mit ein Grund ist, daß diese Erfahrung in ihren Träumen und in Flashbacks auftaucht. Dabei wenden sie im Zweifel eine gewaltige Energie dafür auf, diese Träume und Flashbacks loszuwerden. Nur allzu verständlich ist dabei die Neigung, zu leugnen, daß der Mißbrauch geschah oder auch nur hätte geschehen können. Sie mißtrauen oft ihren eigenen Gefühlen und Gedanken. Und fragen sich: »Ist das eine Halluzination, ein Flashback, ein Traum oder eine Erinnerung?«

»Ihrer Wahrnehmung, daß ihre Erfahrung Realität war, wurde zu oft widersprochen«, sagt Diamond. »Ihnen wurde vorgehalten, was sie sagen, sei nicht wahr, sie würden lügen, und wenn sie es weiter behaupteten, würde jemand sterben oder einen Unfall haben. Es stellt ein unglaubliches Eindringen in den psychischen und physischen Raum des Kindes dar«, sagt Diamond, »wenn Erwachsene in ihrem Verhalten so weit gehen, ein Kind für ihre sexuellen Gelüste zu benutzen. Wenn diese Grenze überschritten wurde, auch nur einmal überschritten wurde, nimmt das persönliche Sicherheits- und Identitätsgefühl des Kindes gewaltig Schaden. Diese Verletzung hält bis ins Erwachsenenleben an und äußert sich darin, wie Menschen im Wachleben und in ihren Träumen über sich denken.

Sie begreifen nicht«, fährt sie fort, »daß es nicht ihre Schuld war, daß ein Erwachsener seine Erwachsenenrolle vergaß und sie als ein Objekt behandelte. Sie denken: ›Ich hätte den Mund aufmachen können, ich hätte nein sagen können‹, alle möglichen Dinge, die aber faktisch in dem Haushalt, in dem sie lebten, unmöglich waren. Es fällt Frauen schwer, sich selbst zu verzeihen. Sie glauben, sie hätten die Macht gehabt, den Mißbrauch zu verhindern. Sie hatten sie aber nicht.«

Der Begriff Inzest war vormals dem Geschlechtsverkehr zwischen zwei Menschen vorbehalten, die zu eng miteinander verwandt waren, als daß sie hätten heiraten können, zum Beispiel Vater und Tochter oder Bruder und Schwester. Heute verwenden wir diesen Begriff für jede sexuelle Handlung, die ein Elternteil oder jemand in der Rolle eines Elternteils um seines eigenen Vergnügens willen, ungeachtet der Unangemessenheit der Handlung für die kindliche Entwicklung, an einem Kind vornimmt. Bei diesem Erwachsenen kann es sich um den Stiefvater, die Mutter, den Onkel, einen Cousin, einen Lehrer oder einen Pastor handeln, um jede Person, an die das Kind durch Liebe und Vertrauen gebunden ist.

Eine vieldiskutierte Frage ist noch immer, wie tiefgreifend die Folgen sexuellen Mißbrauchs in der Kindheit tatsächlich sind. Freud, der aufgrund der Berichte seiner Patientinnen anfänglich die Theorie »der Verführung durch den Vater« vertreten hatte, revidierte diese These später. Er sei zu der Einsicht gelangt, schrieb er, daß diese Berichte unwahr und die »hysterischen Symptome« seiner Patientinnen nichts weiter als das Produkt »von Phantasien« und »nicht von realen Begebenheiten« seien.[3] Ein Gesinnungswandel, mit dem Freud, wie manche Therapeuten meinen, seinen Tribut an das damals vorherrschende Klima zollte und damit den Vätern und Ehemännern Rechnung trug, die ja schließlich die Rechnungen der Frauen und Töchter bezahlten, die zu ihm in die Praxis kamen. Nach anerkannter Expertenmeinung ist davon auszugehen, daß eines von drei Mädchen und einer von zehn Jungen in der Kindheit sexuell mißbraucht werden.

»Inzest ist möglicherweise die ruinöseste Erfahrung, die ein Kind aushalten kann«, stellt Sue Blume in ihrem Buch *Secret Survivors* fest. »Inzest stellt eine Verletzung des Körpers, der Grenzen und des Vertrauens dar. Bleibt das Problem unerkannt und unaufgearbeitet, können auf der emotionalen und Verhaltensebene die Folgen beim Opfer fortbestehen. Hier sorgen dann genau die Abwehrmechanismen, die das Inzestopfer anfänglich schützen, dafür, daß die Probleme abgeschottet festgeschrieben werden, den Erwachsenen in seiner Funktionsfähigkeit hemmen und eine Heilung oder Veränderung verhindern.«[4]

Judith Herman, Autorin des Buches *Father-Daughter-Incest*, kam bei ihren Untersuchungen zu dem Ergebnis, daß der Mißbrauch des Kindes in der Regel im Alter zwischen sechs und zwölf Jahren beginnt.[5] Der sexuelle Kontakt beginnt zunächst, wie sie sagt, mit zärtlichen Streicheleien und schreitet allmählich zu Masturbation und oral-genitalem Kontakt fort. Dabei kommt es nicht in jedem Fall zu vaginalem Geschlechtsverkehr, zumindest nicht bis das Kind die Pubertät erreicht hat. Vielfach sind weder Gewalt noch die Androhung von Gewalt mit im Spiel, da die Tochter sich in der Regel der Autorität des Vaters beugt. Unter Inzest kann fallen, einem Kind zuzuschauen, wie es sich entkleidet oder sexuellen Handlungen hingibt, ihm pornographische Bilder zu zeigen oder auch bestimmte Gedankenspielchen mit ihm zu treiben, etwa daß der Erwachsene dem Kind sagt, er habe Röntgenaugen und könne durch seinen Schlafanzug sehen. In manchen Fällen schaffen die Väter gezielt Anreize für die Fortsetzung der Beziehung. Etwa in der Form, daß eine Tochter bevorzugt wird und seine besondere Zuwendung, Privilegien oder Geschenke erhält. Was im übrigen alles einen weiteren Zweck erfüllen kann, nämlich, sie von ihrer Mutter und ihren Geschwistern zu entfremden.

In den meisten Fällen hört der Kontakt erst auf, wenn das Kind die

Ressourcen und Möglichkeiten findet, ihm zu entfliehen. Das kindliche Opfer behält das Geheimnis für sich, aber nicht nur aus Angst heraus, daß niemand ihm glauben würde, sondern auch, weil die Preisgabe die Mutter krankmachen oder bewirken könnte, daß der Vater ins Gefängnis käme oder es selbst weggeschickt würde. »Und diese Aussichten«, schreibt Herman, »sind für jedes Kind entsetzlich.«[6]

Oft ist die älteste Tochter das Opfer. Der Mißbrauch kann dann aber auch mit den jüngeren Geschwistern fortgesetzt werden. Jungen werden weitaus seltener als Mädchen mißbraucht. Und der Mißbrauch wird weitaus häufiger von Männern als von Frauen betrieben. Selbst kleine Kinder, die Zielscheibe des Mißbrauchs sind, erkennen in ihrer Rolle oft, daß sie damit zugleich die anderen Kinder in der Familie schützen. Und manchmal schützt ein Kind auch die eigene Mutter. Indem es sich dem Vater oder Stiefvater oder Freund der Mutter ausliefert, verhindert es, daß dieser die Mutter mißhandelt oder verläßt. In manchen Fällen, sofern der Mißbrauch nicht mit Gewalt verbunden war, kann das Kind das Geschehen auch als positiv empfunden haben, weil damit vielleicht die einzige Berührung, die einzige Nähe verbunden war, die es in seiner Kindheit erfuhr.

»Es fällt Frauen, die mißbraucht wurden, zunächst schwer, über ihre Erfahrung zu sprechen«, sagt Diamond, »weil sie durch das Reden real wird. Sobald sie es aber geschafft haben, darüber zu sprechen, kann auch die Heilung beginnen.«[7] Diamond, Leiterin des Family Therapy Institute of Provident Counseling in St. Louis, arbeitet gruppentherapeutisch mit Frauen, wobei die einzelnen Therapien auf sechs Sitzungen begrenzt sind. Voraussetzung für die Teilnahme ist, daß Frauen parallel dazu auch eine Einzeltherapie machen und diese während und nach der Gruppenarbeit fortsetzen. Des weiteren haben sich die Frauen, die in diese Gruppen kommen, bereits eingestanden, daß der Mißbrauch stattfand, auch wenn die Erinnerungen daran im einzelnen noch vage sind.

In diesen Gruppen lernen die Frauen, daß sie nicht alleine sind, und, wichtiger noch, daß das, was passiert ist, nicht ihre Schuld war. Ein wichtiger Teil der Gruppenarbeit ist das Aufschreiben und gemeinsame Teilen von Erinnerungen. »Gerade das Schreiben hilft ihnen oft, Zugang zu ihrem Traummaterial zu finden und damit ihrer Erfahrung eine Form zu geben«, sagt Diamond. Wenn die Erinnerungen zurückkommen, kann das für die Frauen mit so entsetzlichen Schmerzen verbunden sein, daß sie sich darauf zurückziehen, ihre

Erfahrung zu leugnen, erklärt sie. »Sie sagen sich: ›Diese verrückten Träume, die ich habe, können alle nur Hirngespinste meiner Phantasie sein.‹«

In manchen Fällen erleben die Frauen den Mißbrauch in ihrer Kindheit im Traum aufs neue, aber nicht mehr als Kind, sondern als Erwachsene in ihrem gegenwärtigen Alter. Was zur Folge hat, daß der Vorfall schwerer zu leugnen ist. Eine Frau träumte zum Beispiel:

Mein Vater war im Bett auf mir. Sein Atem stank nach Alkohol.

In manchen Träumen versuchen sie auch, ihrem Vater gefällig zu sein. Solche Träume stellen den Versuch dar, meint Diamond, sich selbst zu beruhigen, daß diese Erfahrung jetzt vorbei ist und daß sie darüber hinwegkommen können.

→ SELBSTHILFE: Träume zur Beschleunigung der Heilung nutzen

Ziel der Gruppenarbeit ist, die Frauen dahin zu führen, daß sie die Geschichte ihrer Vergangenheit so umschreiben können, daß sie in der Gegenwart damit leben können. Sobald sie sich dem stellen, was ihnen widerfahren ist, können sie sich auch mit ihren Träumen auseinandersetzen. Und ihre Träume möglicherweise auch zur Förderung des Heilungsprozesses nutzen. Eine Frau schreckte oft in Panik aus Träumen von einer schemenhaften, ominösen dunklen Gestalt am Fuß ihres Bettes auf. Auf ihre religiöse Erziehung zurückgreifend verwandelte sie das Gespenst in einen Engel, den sie am Fuß ihres Bettes hinstellte, um sie zu beschützen. Eine andere Frau sah in ihren Träumen, wie ihr Vater ein kleines weinendes Kind vergewaltigte. Sie wußte, sie war dieses Kind, aber sie wußte auch, daß sie jetzt eine erwachsene Frau war. Sie änderte den Traum so, daß sie das Geschehen als Fliege an der Wand beobachtete. So konnte sie sich sagen: »Das war ein anderes Ich, ein jüngeres Ich, und das ist sehr lange her.«

Der Heilungsprozeß ist schmerzlich und schwierig. Frauen, die Mißbrauch oder Mißhandlungen ausgesetzt waren, haben sich oft beigebracht, nicht zu weinen, keine Gefühle zu haben, ihren Schmerz nicht zuzugeben oder sich selbst Schmerzen zuzufügen, wie Anna-Marie. Diese Strategien, die sie in ihrer Kindheit beschützen, beeinträchtigen jedoch später ihre Lebensqualität. Wenn die Gefühle dann erstmals wieder zurückkommen, haben die Frauen Angst, daß sie, wenn sie erst einmal anfangen zu weinen, nicht mehr aufhören können.

David Calof, klinischer Direktor der Family Psychotherapy Practice of Seattle, arbeitet in der Einzeltherapie mit erwachsenen Überlebenden von sexuellem Mißbrauch im Kindesalter sehr viel mit Träumen.[8] Eine Frau war ursprünglich hilfesuchend wegen einer Depression zu ihm gekommen. Sie hatte keine Erinnerungen an irgendeinen Mißbrauch in der Kindheit. Calof wurde jedoch argwöhnisch, nachdem sie ihm von folgendem immer wiederkehrenden Traum berichtet hatte:

Überall lag schmutzige Wäsche herum, auf dem Boden, auf Regalen, in meinem ganzen Haus verstreut.

In seiner Praxis bat Calof sie, diesen Traum praktisch nachzustellen, von einem imaginären Wäschestoß zum anderen zu gehen und zu beschreiben, was sie dabei sah und fühlte. Anfänglich fühlte sie sich nur hilflos: »Hier ist einfach eine große Schweinerei, und ich muß sie saubermachen.« Unter Hypnose suggerierte Calof ihr, sie solle versuchen, den Traum fortzusetzen, um herauszufinden, warum die ganze Wäsche in ihrem Haus herumlag. In den sechs Monaten, die sie in Therapie war, hatte sie rund zwanzig Träume von »schmutziger Wäsche«. Einige dieser Träume kamen unter Hypnose, die meisten kamen jedoch während des Schlafes zu Hause.

In den ersten Träumen stellte sie fest, daß ihre Wäschestöße ihre eigene Schmutzwäsche wie auch die ihres Vaters enthielten, vor allem Unterhosen von ihm. Sie begann dann, die Wäsche zu sortieren, wobei sie die ihres Vaters und ihre eigene in jeweils separate Wäschekörbe trennte. Als nächstes wusch sie ihre eigenen Sachen separat. Als sie im Traum anfing, ihre Sachen aufzuhängen, merkte sie, daß sie die Wäsche ihres Vaters nicht so nah bei ihrer eigenen haben wollte. Sie beschloß, daß sie die Sachen ihres Vaters nicht mehr waschen wollte. Sie sagte ihm, er könne kommen und sich seine Sachen abholen. Sie empfand diesen letzten Traum als gewaltige Befreiung, sagte Calof. Im Wachleben hatte sie sich längst von ihrem Vater und der Vergangenheit distanziert. »Sie kam mit einer Depression«, sagte Calof, »als sie sechs Monate später hier rausging, war die Depression verschwunden.«

Eine andere Frau, die wegen einer Depression hilfesuchend zu Calof gekommen war, erzählte ihm einen Traum, den sie in der vorhergehenden Woche dreimal gehabt hatte:

Ich war auf einer Mülldeponie. Mein Haus stand dort. Es war nur eine Baracke. Mein Mann und die Kinder waren drinnen. Von einem Hügel her kam ein riesiger Bulldozer auf mein Haus zu. Ich sah, er würde darüber hinwegrollen. Ich versuchte, ihn zu stoppen, aber ich konnte es nicht. Ich stemmte mich vergebens gegen das Planierschild, als er näher und näher kam.

Calof fragte sie: »Wer fuhr den Bulldozer?« Die Frau fing sofort an zu weinen und eröffnete ihm, daß sie eine Affäre hatte. Der Fahrer war ihr Liebhaber. Aufgrund des Mißbrauchs, den sie in ihrer Kindheit erlitten hatte, fühlte sie sich von der fortwährenden Intimität in der Ehe erdrückt, und sie machte ihr angst. Um sich ein Ventil zu verschaffen und ihre Ängste zu sprengen, suchte sie sich einen anderen Mann. Der Traum führte ihr jedoch bildlich vor Augen, daß diese Affäre ihr Heim und ihre Ehe zerstören konnte. Nachdem sie diesen Traum wiederholt gehabt hatte, stellte sie sich schließlich seiner Botschaft. Sie löste sich aus der Affäre und begann, an einer Verbesserung der Beziehung zu ihrem Mann zu arbeiten.

Wie wir gesehen haben, können die Folgen von Mißbrauch und Mißhandlungen in der Kindheit, insbesondere von sexuellem Mißbrauch, auf allen Ebenen im Leben einer Frau ihre Spuren hinterlassen. Wir wissen heute, daß bestimmte Arten wiederkehrender Träume, vor allem solche, bei denen es um Angriffe geht, oft als rote Fahne dienen, um uns auf die Möglichkeit eines frühen sexuellen Mißbrauchs aufmerksam zu machen. Wir können diese Träume nutzen, um jene schrecklichen frühen Geheimnisse aufzudecken, die wir am liebsten ignorieren würden. Sie müssen jedoch keine feste Größe in unserem Leben bleiben. Wir können auch unsere Träume ändern, so daß sie uns helfen, unseren Schmerz zu bewältigen und es uns so zu ermöglichen, mit unserem Leben weiterzumachen, aber nicht mehr als Opfer, sondern als Überlebende.

Die wichtigsten Schritte dazu sind, wie bei Anna-Marie:

- Sich vor Augen zu halten, daß Sie kein hilfloses Kind mehr sind. Und darauf hinzuarbeiten, daß Sie sich in Ihren Träumen als erwachsene Person darstellen.
- In Ihren Träumen den Mund aufzumachen. Und der Person, die Sie mißbraucht oder mißhandelt, die Stirn zu bieten.
- Sich selbst zu loben, daß Sie aktiv für sich einstehen.

11. Posttraumatische Streßstörung

Bombenschock. Kriegsneurose. Kampfmüdigkeit. Das sind drei der älteren Namen für das, was wir heute als posttraumatische Streßstörung (Post-Traumatic Stress Disorder – PTSD) bezeichnen. Diese Störung rückte erst nach dem Vietnamkrieg ins öffentliche Bewußtsein. Aber, wie wir bereits gesehen haben, sind Soldaten nicht die einzigen, die darunter leiden können. Opfer von Vergewaltigungen und anhaltendem sexuellem Mißbrauch oder langen anderweitigen körperlichen Mißhandlungen, Soldaten, die Kampfgeschehen miterlebt haben, Überlebende von Folter, Todeslagern oder anderen Schreckenserfahrungen, sie alle können ähnliche Symptome entwickeln. Und letztlich sind wir alle verwundbar gegenüber diesen Symptomen, wenn wir mit Ereignissen konfrontiert werden, die unser Sicherheitsgefühl und unser Selbstvertrauen von Grund auf erschüttern.

Die Symptome können unmittelbar nach dem Ereignis oder auch erst Monate oder Jahre später zutage treten. Schlafstörungen und quälende Träume sind klassische Symptome der posttraumatischen Streßstörung. Diese Probleme können PTSD verschlimmern und zugleich für deren Fortbestehen sorgen. Daß Personen, die an Kampfeinsätzen teilgenommen haben, um nur ein Beispiel zu nennen, Schlafprobleme entwickeln, ist nur allzu verständlich: Es ist nicht sicher zu schlafen. Diejenigen, die es taten, wurden im Zweifel überrumpelt und vielleicht sogar verstümmelt oder umgebracht.

Ebensowenig überrascht das Auftreten von Albträumen. Viele Veteranen beschreiben ihre Kriegserfahrungen als lebenden Albtraum. In Albträumen, die in Zusammenhang mit PTSD auftreten, werden meistenteils spezifische Ereignisse immer wieder durchgespielt. Ein Soldat träumt, er schießt auf etwas, was sich plötzlich bewegt, oder auf einen plötzlich auftauchenden Schatten, bei dem sich dann herausstellt, daß es ein Kind war. Ein anderer träumt, er sieht, wie einem Kameraden von einer Landmine die Beine abgerissen werden.

Manche Personen leiden unter Flashbacks, die sich immer wieder wiederholen, Episoden, die tagsüber vor ihrem geistigen Auge erscheinen und so lebendig sind, daß sie glauben, das Ereignis nochmals zu durchleben oder ihm als Augenzeuge beizuwohnen. Sie sind im Wachleben das Äquivalent von Albträumen. Engverknüpft mit Flashbacks sind extreme Schreckreaktionen, extreme Wachsamkeit mit zum Zerreißen angespannten Nerven – die Parallele zu abruptem Aufwachen während des Schlafes. Nicht selten kommt es vor, daß ein Kriegsveteran bei knallenden Geräuschen wie der Fehlzündung eines Autos oder aufplatzendem Popcorn beim Erhitzen auf dem Herd aufspringt oder sich sogar zu Boden wirft, als müsse er Deckung vor einem Angriff suchen. Ebenso kann jemand, der Opfer eines Überfalls wurde, ständig und automatisch Menschenmengen nach feindselig aussehenden Fremden absuchen und bei der geringsten Berührung weglaufen oder zurückschlagen. Oder ein Kind, das geschlagen wurde, kann vor jeder Berührung durch einen Erwachsenen zurückschrecken. Die einfachsten Auslöser können all die Empfindungen wieder auf den Plan rufen, die mit der ursprünglichen Erfahrung assoziiert werden – rasendes Herzklopfen, schweres Atmen, angespannte Muskeln, kaum auszuhaltende Ängste und schmerzliche Erinnerungen.

Personen, die unter PTSD leiden, können unter Umständen ohne erkennbaren Grund oder bei jeder Kleinigkeit in Tränen ausbrechen oder vor Wut explodieren – Reaktionen, die wir mit normalen Maßstäben als völlig unangemessen ansehen würden. Dieses Symptom ist etwas schwieriger zu verstehen. Möglicherweise steht dahinter ein Faß Emotionen, das ständig am Rand des Überlaufens ist, voll mit Gefühlen, die der Betreffende unterdrücken und nicht herauslassen will, die aber nichtsdestotrotz hervorbrechen.

Zu den Symptomen der posttraumatischen Streßstörung gehört die emotionale Starre, bisweilen wird auch von emotionaler Betäubung gesprochen. Die Betroffenen sagen, sie fühlen überhaupt nichts. Vielleicht fehlen ihnen die Worte, um auszudrücken, was sie fühlen, oder sie ziehen es vor, nicht über die Erfahrung zu sprechen, weil sie glauben, daß sowieso niemand verstehen kann, was sie durchgemacht haben. Dieses Symptom bietet jedenfalls Schutz vor Gefühlen, die unerträglich schmerzhaft sind. Und der Versuch, qualvolle Erinnerungen zu ersticken, kann natürlich auch in der Selbstmedikation mit Alkohol und Drogen enden.

Manche, die unter PTSD leiden, sagen von sich, sie »gehen mechanisch durchs Leben«, ohne Freude oder Sorgen, ohne Wärme oder Zorn, ohne Interesse oder Freude an den Aktivitäten, die ihnen vorher Spaß machten. Als Ergebnis dessen ziehen sie sich oft vor jeder Nähe mit anderen Menschen zurück. Möglicherweise haben sie auch Schwierigkeiten, einen Arbeitsplatz zu behalten. Sie versuchen, den Schmerz von weiteren Verlusten dadurch zu vermeiden, daß sie sicherstellen, daß es nichts weiter zu verlieren gibt. Was zur Folge hat, daß Familienmitglieder sich verständlicherweise verletzt oder ausgeschlossen fühlen. Es ist schwer für diejenigen, die dem Betreffenden helfen und dafür sorgen möchten, daß es ihm gutgeht, mit diesem Symptom des Selbstschutzes umzugehen.

Sie kennen den Spruch: »Gebranntes Kind scheut das Feuer.« Personen, die eine schmerzliche Erfahrung durchgemacht haben, lernen es oft, tunlichst Situationen zu vermeiden, die sie daran erinnern. Bei vielen Vietnam-Veteranen wurden beispielsweise durch die intensive Fernsehberichterstattung über den Golfkrieg Erinnerungen an ihre eigenen Erfahrungen wachgerüttelt, die in außergewöhnlich lebhaften Träumen zum Ausdruck kamen; manche weigerten sich fernzusehen oder Zeitungen zu lesen.

Ein Kind, das auf dem Heimweg von der Schule von einem schwarzen Hund angefallen und gebissen wurde, weigert sich oft, diese Straße weiter zu gehen. Oder es fängt beim Anblick eines gleichrassigen Hundes oder jeden schwarzen Hundes oder jeden Hundes überhaupt an zu schreien und läuft weg. Ebenso können Personen, die schwere Autounfälle erlebt haben, bestimmte Strecken meiden oder sich in Extremfällen weigern, weiterhin selbst Auto zu fahren oder auch nur in einem Auto mitzufahren. Sie übertragen ihre Ängste auf neutrale Situationen, und das Ergebnis sind Phobien.

Personen, die Katastrophen durchgemacht haben, die andere nicht überlebten, ein Flugzeugabsturz oder ein Tornado oder ein Kampfeinsatz, bei dem andere verwundet wurden oder ums Leben kamen, haben möglicherweise Schuldgefühle, daß sie überlebten. Das kann selbst bei denjenigen der Fall sein, die selbst verletzt wurden, aber nicht so schwer wie andere. Statt sich über ihr Glück zu freuen und es der Laune des Schicksals zuzuschreiben, fühlen sie sich verantwortlich, nicht alles getan zu haben, was sie vielleicht hätten tun können, um die Tragödie zu verhindern oder andere zu retten.

»Wenn ich nur fünf Minuten früher aus dem Haus gegangen wäre, ... Wenn ich nur nicht darauf bestanden hätte, an dem Tag zu fliegen, ... Wenn ich nur zwei Meter weiter weg gewesen wäre, ...« Die Liste der »Wenn ich nur«-Sätze ist endlos. Wie Kriegsveteranen, die Handlungen miterleben oder an Handlungen beteiligt sind, die nach gemeinhin gültigen gesellschaftlichen Maßstäben inakzeptabel sind, wie das Töten von Menschen, so hegen auch Überlebende anderer Katastrophen oft intensive Schuldgefühle. Und diese Schuldgefühle können in Depressionen enden.

Bis vor kurzem waren Psychologen, Psychiater und andere Experten der Auffassung, daß solche langfristigen Schäden in der Regel nur durch Ereignisse verursacht würden, die außerhalb der Bandbreite der normalen menschlichen Erfahrungen lägen. Hier vollzieht sich jedoch ein Meinungswandel. Denn nur wenige haben das Glück, in ihrem Leben keinen Katastrophen zu begegnen – Katastrophen wie plötzliche Verletzungen oder schwere Unfälle, körperliche Gewalttätigkeiten oder Überfälle, zu sehen, wie jemand schwer verletzt oder getötet wird, die Nachricht vom plötzlichen Tod oder Unfall eines nahestehenden Menschen, Hausbrände oder Naturkatastrophen wie Tornados oder Erdbeben. (Siehe auch Anhang: »Posttraumatische Streßstörung – Checkliste der Symptome«, S. 296.)[1]

Naomi Breslau und ihre Kollegen am Henry Ford Hospital befragten nach einer Zufallsauswahl über eintausend junge Erwachsene, die einer großen gesundheitsfördernden Organisation in Detroit angehörten, ob sie je solchen oder anderen katastrophenähnlichen Ereignissen ausgesetzt waren. Vier von zehn der Befragten beantworteten die Frage mit Ja. Aber nur einer von zehn hatte eine posttraumatische Streßstörung entwickelt.[2] Warum dieser eine? Untersuchungen über Vietnam-Veteranen liefern einige Anhaltspunkte für die Beantwortung dieser Frage.

Vietnam-Veteranen

Der Vietnamkrieg war einer der unpopulären Kriege und einer, den die Vereinigten Staaten verloren. Viele derer, die in den Kampf geschickt wurden, waren erst achtzehn oder neunzehn Jahre alt. Teenager also, deren Identitätsgefühl sich erst noch zu festigen hatte. Hinzu kam, daß sie einzeln turnusmäßig aus den Einheiten ausgewechselt und anderen wieder zugeführt wurden und nicht gruppenweise mit den Männern zusammenblieben, mit denen sie ausgebildet worden waren. Das Ergebnis war, daß es den Einheiten an Zusammenhalt fehlte und die Moral der Truppen gering war. Außerdem gab es keine Frontlinien. Die Truppen kämpften oft hart und unter Inkaufnahme erheblicher Verluste um einen Gebietsgewinn, nur um dieses Gebiet dann wieder zu verlieren und später erneut um seinen Wiedergewinn zu kämpfen. Viele stellten den Sinn dieser Unternehmungen in Frage.

Heimkehrende Veteranen wurden nicht wie die Veteranen früherer Kriege mit Konfettiparaden und Fähnchen schwenkenden Menschenmassen begrüßt. Statt dessen trafen sie oft auf Ablehnung und mußten sich Rufe wie »Mörder« und »Babykiller« anhören. Der *Discover*-Journalist John Langone fragte einen hochdekorierten Überlebenden erbitterter Kämpfe nach seinen Vietnam-Erfahrungen. Und bekam zu hören: »Das Beste war die Erkenntnis, daß man Dinge tun konnte, von denen man nie gedacht hätte, man könnte sie tun. Das Schlimmste war die Erkenntnis, daß man Dinge tat, von denen man nie gedacht hätte, man würde sie tun.«[3]

Lange spekulierten die Forscher darüber, welche Faktoren ausschlaggebend dafür sind, wer infolge entsetzlicher Erfahrungen an langanhaltenden Folgewirkungen leidet und wer nicht. Um der Beantwortung dieser Frage näherzukommen, untersuchten John Helzer von der University of Vermont und Kollegen der Washington University im Rahmen einer Studie fast eintausend Unteroffiziere und Mannschaften, die im September 1971 aus Vietnam zurückkehrten. Alle wurden innerhalb des ersten Jahres nach ihrer Heimkehr und über die Hälfte von ihnen nochmals zwei Jahre später interviewt.[4]

Beim ersten Interview gab jeder zwölfte an, er leide unter Energie- oder Appetitverlust, unter Schlafproblemen und anderen depressiven Symptomen und daß er sich mit Todesgedanken beschäftige. Zwei Jahre später waren diese Symptome bereits bei jedem sechsten feststellbar. Etwa ein Viertel derer, die an Depressionen litten, hatten sich aufgrund ihrer depressiven Symptome von ihrem regulären Dienst freistellen lassen. Auffallend war auch, daß diejenigen, die die meisten Kampferfahrungen hatten, zugleich diejenigen waren, die am häufigsten depressiv wurden.

Der Punkt, ob jemand verwundet wurde, war ein noch stärkerer Indikator als die Kampferfahrungen für die Frage, ob jemand depressiv wurde. Das allein mag nicht überraschend erscheinen. Interessant ist jedoch, daß Helzer bei seinen Untersuchungen auch feststellte, daß es bei den Soldaten, die verwundet worden waren, im Vergleich zu den Nichtverwundeten, wahrscheinlicher war, daß sie vor ihrem Eintritt in den Militärdienst die Schule abgebrochen sowie Mißbrauch mit Alkohol und Drogen betrieben hatten und schon einmal verhaftet worden waren. Vor diesem Hintergrund meint Helzer, daß

»die Zuteilung zu einer Kampfmission durch einen Zugführer oder Kompaniechef vermutlich keine Zufallsentscheidung war. Es dürfte auf der Hand liegen, daß Männer mit Verhaltensproblemen in der Regel wohl häufiger unliebsame Aufträge zugeteilt bekamen.« Hinzu kommt wahrscheinlich auch, daß Soldaten mit diesen Charakteristika draufgängerischer waren, im Zweifel während des Gefechts mehr Risiken eingingen und sich weniger an die Befehle hielten. So daß sie sich alleine von daher schon eher in Gefahr brachten. Summa summarum war festzustellen: Je mehr Verhaltensprobleme die Männer vor ihren Militärerfahrungen gehabt hatten, desto eher erreichten sie ihren Bruchpunkt und desto häufiger traten später psychische Schwierigkeiten auf.

Von den fast drei Millionen US-Amerikanern, die in Vietnam waren, davon eine Million bei den Kampftruppen, leidet ein erheblicher Prozentsatz an PTSD. Die Schätzungen gehen im einzelnen weit auseinander, Einvernehmen herrscht allerdings dahingehend, daß er höher als bei jedem anderen Krieg ist. Bei fünfzehn bis zwanzig Jahre später durchgeführten Erhebungen wurde bei einem Vergleich zwischen Vietnam-Veteranen und Soldaten, die nicht dort waren, festgestellt, daß es bei ersteren mehr als doppelt so wahrscheinlich ist, daß sie unter schweren psychischen Problemen wie Depressionen, Alkoholsucht und Angstzuständen leiden. Und bei ihnen ist es wahrscheinlicher, daß sie Selbstmord begehen oder Autounfälle haben.

Die reguläre PTSD-Behandlung sieht eine psychotherapeutische Einzelbehandlung vor, wobei darüber hinaus allerdings auch oft Familienmitglieder und andere Personen hinzugezogen werden, die ähnliche Erfahrungen durchgemacht haben. In der Einzeltherapie helfen wir unseren Patienten, die Kluft zwischen zwei Welten zu überbrücken, um beide Welten zusammenzubringen, die Welt, in der sie zu leben glaubten, und die Welt, in die sie durch das entsetzliche Ereignis hineingeworfen wurden. Und wir helfen ihnen, ihr Selbstwertgefühl und das Gefühl, ihr Leben im Griff zu haben, wiederaufzubauen.

In der Familientherapie geht es zum einen um die Verbesserung der Kommunikation und zum anderen darum, es jemandem, der seine Gefühle abgeschottet hat, wieder zu ermöglichen, seine Zuneigung zu zeigen und am Familienleben teilzunehmen. Der Nutzen der Gruppentherapie liegt im gemeinsamen Teilen von Erfahrungen und Gefühlen mit Menschen, die ähnliche Schläge erlitten haben. Allein durch die Erkenntnis, daß es anderen genauso gegangen ist, können die Überlebenden sich gegenseitig helfen. Allein dieses Wissen hilft ihnen, sich von Schuldgefühlen zu befreien, so daß sie die Erfahrung hinter sich lassen und mit ihrem Leben weitermachen können. Bei allen diesen Therapien ist Platz für die Traumarbeit, mehr noch, es ist sinnvoll, ihr einen Platz einzuräumen, da unsere Träume uns einen Einblick in unsere Gefühlswelt gewähren, der im Wachleben oft übergangen wird.

Studien über den Schlaf und die Träume von Vietnam-Veteranen geben Aufschluß darüber, warum manche selbst lange nach ihrer Rückkehr weiterhin unter Schlafstörungen und qualvollen Träumen leiden, und warum diese Probleme bei anderen erst Monate oder Jahre später auftreten. Der Psychiater Milton Kramer aus Cincinnati untersuchte mit seinen Kollegen sechzehn Vietnam-Veteranen im Schlaflabor. Acht mit PTSD berichteten von mindestens einem belastenden Traum pro Woche. Die übrigen von weniger als zwei belastenden Träumen pro Jahr.[5]

Ray war einer derjenigen, die unter PTSD litten. Er litt im ersten Jahr seiner Heimkehr unter Albträumen. Die dann allmählich verschwanden, aber etwa zehn Jahre später wiederkamen, als seine Ehe in die Brüche ging. Nach drei stürmischen Jahren eröffnete seine Frau ihm, mit der er inzwischen acht Jahre verheiratet war, sie habe einen anderen Mann kennengelernt. Obwohl er sich um nichts in der Welt von seinen Kindern trennen wollte, packte er seine Sachen, verfrachtete alles auf einen Lkw, gab seinen Kindern einen Abschiedskuß und fuhr seiner Wege. Diese Trennung lag bei Beginn von Kramers Laborstudie gerade einmal zwei Wochen zurück.

Ray war von Beruf Zimmermann und Mechaniker. Er beschrieb sich als unabhängigen Menschen, zeigte kaum Emotionen und sagte, er könne nicht weinen. Ray war nicht einmal ein Jahr alt, als sein Vater starb und seine Mutter mit sieben Kindern zurückließ. Ray war das zweitjüngste Kind und der Sündenbock in der Familie. Seine Mutter und älteren Geschwister schoben ihm oft Dinge in die Schuhe, die er nicht gemacht hatte.

Ein dramatischer und schmerzlicher Vorfall ereignete sich, als Ray gerade einmal fünf Jahre alt war. Er spielte mit einem gleichaltrigen Jungen aus der Nachbarschaft, der sich von seinem älteren Bruder hatte erzählen lassen, wenn er sich mit Benzin übergieße und ein brennendes Streichholz an sich halte, würde er nicht brennen. Ray versuchte, den Jungen davon abzuhalten, es auszuprobieren, der Kleine hörte jedoch nicht auf ihn. Ray wurde die Schuld am Tod des

Jungen gegeben. Die Mutter des Jungen war von der ersten bis zur fünften Klasse Rays Lehrerin. Sie sperrte Ray in der Schule im Wandschrank ein. Was dazu führte, daß er weder lesen noch schreiben lernte. Er erzählte seiner Mutter nie etwas davon, aus Furcht, sie würde ihm nicht glauben. Mit zwölf wurde er aus der Schule entlassen und versuchte sich in allen möglichen Jobs, bis er sich mit achtzehn bei der Army meldete.

Ray hatte viele gräßliche Erinnerungen an seine Zeit in Vietnam. Bei einer Gelegenheit war er mit einem Kameraden im Jeep unterwegs. Sie fuhren über eine Landmine und wurden beide herausgeschleudert. Sein Kamerad kam dabei ums Leben. Ray schleppte die Leiche fast zwanzig Kilometer bis zu einem Lager. Ihm fehlte später jedoch jede Erinnerung daran, daß er das gemacht hatte. Bei einer anderen Gelegenheit, als er in Saigon eine Straße entlang ging, sah er eine Gruppe von Marines, die um einen kleinen Jungen mit einem Korb herumstanden. Plötzlich gab es eine Explosion. Das nächste, was er sah, waren die tot am Boden liegenden Marines, denen die Gedärme aus dem Leib quollen.

Im nächsten Augenblick bemerkte Ray ganz in seiner Nähe einen anderen Jungen mit einem Korb. Im Glauben, daß auch er eine Bombe hatte, rannte er zu ihm hin, packte das Kind und fing an, es zu würgen. Die Mutter des Jungen schlug mit einem Schirm auf ihn ein, aber Ray ließ nicht von ihm ab, bis er den Jungen umgebracht hatte. Dann erst sah er, daß im Korb des Jungen nur Brot war. Ray wurde von entsetzlichen Schuldgefühlen geschüttelt. Auf dem Rückweg ins Lager am Abend sah er am Straßenrand Frauen, die auf großen Pfählen aufgespießt waren. Dieses Bild sollte ihn unablässig verfolgen. Bei einem vierten Vorfall wollte er eine vietnamesische Familie besuchen, mit der er sich etwas angefreundet hatte und der er oft Essen brachte. Als er hinkam, fand er den Vater, die Mutter und zwei Kinder tot vor.

Ray verbrachte fünf Nächte im Schlaflabor. In der ersten Nacht hatte er folgende Träume – zu einem Zeitpunkt, wo seine Kriegserfahrungen mehr als zehn Jahre zurücklagen:

Traum 1

»Ich fuhr in Vietnam einen Laster und war innerlich darauf vorbereitet, irgendwann in die Luft zu fliegen. Ich habe diesen Traum schon viele Male gehabt. Es gab keine anderen Personen in dem Traum. Ich flog dann in die Luft und fand mich in einem Reisfeld wieder.«

Traum 2

»Ich ging in den Straßen von Saigon spazieren. Auf der anderen Straßenseite sah ich sechs Marines. Hinter ihnen tauchte ein Junge auf, der Sachen aus einem Korb verkaufte. Dann gab es eine Explosion. Die Marines lagen am Boden. Eine Menge Leute liefen herum. Dann sah ich einen anderen Jungen. Ich drehte durch und brachte diesen Jungen um, ich würgte ihn, bis er tot war.«

Traum 3

»Es gab eine Explosion, bei der vier Menschen umkamen. Auf dem Rücksitz meines Lasters lag eine Granate. Ich warf sie in irgendeine Gruppe von Leuten und fuhr weg. Ich war mit einem anderen Soldaten zusammen in dem Lkw und hatte vom Rücksitz irgendein Geklingele gehört. Ich drehte mich also um und sah dort die Granate liegen. Ich nahm sie und warf sie nach draußen. Einige Menschen wurden getroffen, Männer und Frauen. Ich fuhr einfach immer weiter. Ich hatte im Traum das Gefühl, ich sei wahnsinnig.«

Traum 4

»Ich fuhr einen Laster. Da war ein Mädchen an den Füßen mit dem Kopf nach unten aufgehängt. Sie war aufgeschlitzt, und die Gedärme hingen aus ihr heraus. Ich überlegte, ob ich umkehren sollte, weil man in dem Dorf einen Mann bei lebendigem Leibe verbrannt hatte. Jemand hatte ihn mit Benzin begossen. Ich kehrte um und fuhr aus dem Dorf weg.«

In Rays Träumen vermischten sich seine gerade kaputtgegangene Ehe und die Gewalt von seinen Vietnam-Erfahrungen mit den Schuldgefühlen und Todesereignissen in seiner frühen Kindheit. In seinem Wachleben ging Ray passiv mit seiner Wut über die Untreue seiner Frau um; er zog sich zurück und überließ ihr die Kinder. Er fuhr einfach in seinem Lastwagen davon. Diese Erfahrung schwang sowohl in seinen mit Schuldgefühlen behafteten Erinnerungen an seine aktive Rolle, als er in Vietnam das Kind umbrachte, als auch an seine passive Rolle beim Tod seines Spielkameraden mit, wo man ihm dann trotz allem die Schuld gegeben hatte. Diese Bilder kamen in seinen Träumen immer wieder vor. Wir können die wechselnden Traumdimensionen sehen: Angriff/Rückzug, Tod/Überleben, Schuld/Unschuld, Wut/Kontrolle. Er stellte sie von Traum zu Traum immer wieder nebeneinander.

Im ersten Traum wurde er angegriffen, er überlebte jedoch. Im zweiten Traum war er der Angreifer und brachte ein unschuldiges Kind um. Im dritten Traum wurde er angegriffen und rächte sich. Er war wütend, überlebte jedoch durch Rückzug. Im letzten wurde jemand anderes umgebracht. Er zog sich zurück und überlebte. Die Lektion, die er lernte, war: Angreifen heißt, daß Unschuldige getötet werden können. Und sich zurückziehen heißt überleben. Wenn er seine Wut nicht kontrollieren kann, kann das tödliche Folgen für andere haben. Dann könnte er seiner Frau die Därme herausreißen und seine unschuldigen Kinder umbringen, die »vier Menschen«, auf die er im dritten Traum aus dem fahrenden Laster heraus die Granate geworfen hatte.

»Bei diesem Vietnam-Veteranen mit PTSD zeigt sich«, schreibt Kramer, »daß der Bruch in seiner jetzigen Lebenssituation alte und ähnliche Probleme aus der Vergangenheit aufgerührt hat. Dabei kommt jenen Aspekten aus Vietnam, die jetzt in den Vordergrund gerückt werden, eine ganz bestimmte, durch die Vergangenheit festgelegte Bedeutung zu.« Das heißt, die Vietnam-Erfahrung wird zur Metapher für die chronischen zwischenmenschlichen Schwierigkeiten, die dieser Veteran in der Vergangenheit hatte und in der Gegenwart hat.

Rays Träume handelten in dieser Nacht alle vom Krieg. Bei Vietnam-Veteranen drehen sich schätzungsweise 50 Prozent aller Träume um Kriegsszenen. Veteranen, die nicht unter PTSD leiden, träumen demgegenüber weitaus seltener vom Krieg. Der Psychoanalytiker Harry Wilmer untersuchte dreihundertneunundfünfzig Träume, die von einhundertdrei Veteranen, die Kampftruppen angehört hatten, sieben bis sechzehn Jahre nach deren Rückkehr aus Vietnam gesammelt worden waren. Da unter diesen dreihundertneunundfünfzig Träumen auch viele wiederkehrende Träume erfaßt sind ist die Studie in Wirklichkeit ein Spiegel von Tausenden von Träumen, die diese Männer in der fraglichen Zeit hatten.[6] Diese Träume drehten sich in der Regel um Themen wie Töten oder Getötetwerden, Sterben oder Sehen, wie jemand stirbt, Verwundetwerden oder Sehen, wie jemand verwundet wird, oder das Miterleben von Greueltaten.

In über der Hälfte der Träume wurden immer wieder die gleichen Bilder von bestimmten Erfahrungen durchgespielt. Zum Beispiel:

»Ich sehe einen Kaplan, der einem ranghohen Offizier die Sterbesakramente gibt.«

»Ich liege mit meinem Kumpel in einem Schützenloch ganz oben auf dem Berg. Wir liegen nur etwa einen guten halben Meter auseinander. Wir müssen in dem Loch bleiben und können wegen des Heckenschützenfeuers nicht mal raus, um wenigstens kurz die Beine auszustrecken. Ich unterhalte mich mit meinem Kumpel. Es ist dunkel. Er zündet sich eine Zigarette an, und im nächsten Moment wird ihm der Kopf weggeblasen. Ich werde von oben bis unten mit seinem Gehirn bespritzt. Dann wache ich schreiend auf.«

Etwa ein Fünftel der Träume, die die von Wilmer interviewten Veteranen berichteten, drehten sich um Kriegsszenen, die sich theoretisch hätten abspielen können, sich aber in Wirklichkeit, so wie im Traum erlebt, nicht ereignet hatten. Ein Mann erzählte zum Beispiel von folgendem wiederkehrenden Traum, der von einem Ereignis handelte, das er nur vom Hörensagen kannte, bei dem er selbst aber nicht dabei gewesen war:

»Wir waren gerade aus Chu Lai raus und saßen in einem Helikopter. Ein Vietnamesisch-Übersetzer versuchte, den Gefangenen, einen Soldaten der nordvietnamesischen Armee, zum Reden zu bringen. Er sagte ihm, er solle den Mund aufmachen, oder wir würden ihn hinauswerfen. Er redete nicht. So schmissen sie ihn aus dem Helikopter hinaus. Er schlug hart auf dem Boden auf und wurde im wahrsten Sinne des Wortes gevierteilt.«

Die übrigen Träume der Veteranen in Wilmers Studie ähnelten gewöhnlichen Albträumen. So träumte einer zum Beispiel:

»Meine Waffe klemmt. Ich blicke nach rechts und sehe am Berghang einen Mönch in einer braunen Kutte. Er schaut nach unten. Plötzlich rutscht seine Kapuze herunter, und zum Vorschein kommt ein Totenschädel, der aussieht, als ob er lacht.«

Träume von tatsächlichen Ereignissen entwickeln sich mit der Genesung von PTSD zu gewöhnlichen Albträumen weiter, sagt Wilmers. Der Träumer lernt, seine Erfahrung unter einem neuen Blickwinkel zu verstehen. Diese Heilung kann spontan oder auch mit Hilfe einer Therapie stattfinden.

Trotz der Einmaligkeit von individuell bedeutsamen frühen Lebensereignissen ist die Gruppentraumtherapie aufgrund der vielen Gemeinsamkeiten in den Träumen der Vietnam-Veteranen mit PTSD – mit den vorherrschenden Themen von Hilflosigkeit, Verwundbarkeit und unlösbaren Schuldgefühlen – nicht nur möglich, sondern auch sehr erfolgreich, wie eine Studie des Veterans Administration Medical Center zeigt. Männer, die es ansonsten verabscheuen, Gefühle zu offenbaren, von denen sie fürchten, andere könnten sie ihnen als Schwäche auslegen, entdecken hier, daß sie nicht allein sind, sagt der Psychiater Stephen Brockway vom Phoenix Veterans Administration Medical Center.[7] Die Gegenwart anderer Veteranen gibt ihnen die Sicherheit, über Greueltaten sprechen zu können, die sie einmal begangen und seither bitter bereut haben. Sie forschen nach den Gründen für ihre Taten, hinter denen sich oft Wut über das Schicksal von Kameraden verbirgt, die durch versteckte Minen verstümmelt oder getötet wurden. Außerdem, sagt Brockway, »drängt die Gruppe den Einzelnen, sich zu vergeben und sich im positiven Sinne auf das Leben statt auf den Tod zu konzentrieren.« Nach einem von Brockway und seinen Kollegen entwickelten Programm halten die Patienten ihre Träume in einem Tagebuch fest, in dem sie gleichzeitig auch ihre Tageserlebnisse und relevante Gedanken aufschreiben. Jeweils fünfzehn bis zwanzig Patienten treffen sich einmal wöchentlich zu Sitzungen von etwa neunzig Minuten, wobei ein bis drei Patienten Träume erzählen, die sie unlängst hatten.

Während jemand seinen Traum erzählt, schreibt ein anderes Gruppenmitglied ihn wortgetreu an einer Tafel mit. Ein weiteres Mitglied schreibt ihn in einem Traumheft mit; hieraus kann jeder von seinen eigenen Träumen Fotokopien erhalten, um sich weiter damit zu beschäftigen. An jeder Sitzung nehmen ein Psychologe und zwei Ko-Therapeuten teil, die gleichwohl die Patienten ermutigen, den Großteil der Arbeit selbst zu leisten und zu versuchen, Klarheit über ihre Träume zu gewinnen, sie zu übersetzen und zu deuten. Neuen Mitgliedern erklären sie in einem kurzen Einführungsgespräch, wie Träume arbeiten, indem sie zum Beispiel über die Bildersprache und Traumsymbole sprechen.

Jeder einzelne vorgetragene Traum wird, wie Brockway erklärt, nach einem Drei-Stufen-Plan untersucht. Als erstes identifiziert der Träumer die Tagesreste oder Auslöser für den Traum. Dann identifiziert er mit Hilfe der Gruppe die Gefühle, die er während des Traumes und danach erfuhr. Und als letztes wird gemeinsam vor dem Hintergrund der Vergangenheit, Gegenwart und Zukunft nach möglichen Bedeutungen des Traumes gesucht. Wobei die Gruppe bei ihrem Brainstorming oft einen Schritt weitergeht und – genau wie wir beim RISC-Programm – nach Traumenden sucht, die dem Träumer helfen könnten, mit der Situation fertig zu werden.

Wie das in der Praxis aussieht, sei anhand der Träume eines Veteranen in der Gruppe veranschaulicht. Der Mann, den die Forscher R. H. nennen, war siebenunddreißig, als er sich der Gruppe anschloß, etwa fünfzehn Jahre nach seinem Einsatz in Vietnam. Er litt unter Depressionen und hatte einen Selbstmordversuch hinter sich. Er war mit kurzer Unterbrechung von 1966 bis 1968 bei der Infanterie der U. S. Army in Vietnam gewesen und hatte schwere Gefechte miterlebt. Gegen Ende seines zweiten Vietnam-Einsatzes war er drei Tage lang an der Da Nau-Brücke, nahe Kambodscha, eingekesselt. Als Feldwebel und Zugführer trug er dabei die Verantwortung für seinen Zug von vierzig Mann, von denen vierzehn während dieser drei Tage ums Leben kamen. Er kam jede Woche mit einem Traum in die Sitzung.

Traum 1

»Ich bin allein am Nordende der Da Nau-Brücke. Ein Freiheitsvogel (eine 707) landet, und ich gehe mit voller Kampfausrüstung an Bord. Das Flugzeug ist voller Soldaten, alle im großen Dienstanzug. Ich sitze neben einem weißen jungen Leutnant. Der Leutnant fängt an, mit mir über den Krieg zu streiten, und wirft mir vor, daß ich Zivilisten und Wasserbüffel umbringe. Er erinnert mich daran, daß sie hier sind, um das vietnamesische Volk zu beschützen. Das Flugzeug landet in San Francisco, aber ich werde bei Da Nau rausgeworfen. Also wieder dort, von wo ich kam. Aber ich bin jetzt nicht mehr allein; ... (hier folgen die Namen mehrerer Kameraden, darunter auch sein bester Kumpel – alle tot) sind bei mir. Sie sagen: ›Hier kommst du nie weg.‹ Sie sind alle sehr zornig. Ich wache schreiend auf.«

Als Auslöser für diesen Traum identifizierte R. H. unter anderem, daß er am vorhergehenden Tag mit jemandem gesprochen hatte, der den gleichen Nachnamen wie einer der Kameraden hatte, die bei dieser Aktion ums Leben kamen. Was seine Gefühle anging, so identifizierte er Wut, Verwirrung, Furcht, Hilflosigkeit und Schuldgefühle. Beim anschließenden Brainstorming in der Gruppe wurden Gedanken vorgebracht wie »in Vietnam festsitzen« und »Vielleicht bin ich der einzige, der diesen Krieg noch weiterführt. Vielleicht sollte ich aufgeben.«

Traum 2

»Ich bin allein an der Da Nau-Brücke. Ein Düsenverkehrsflugzeug landet. Ich gehe im Kampfanzug an Bord und bin allein. Ich denke, ich bin zu Hause und steige wieder aus, aber ich bin wieder an der Da Nau-Brücke. Der einzige Mensch, der dort ist, ist meine Frau. Sie hat entsetzliche Angst und ist wütend auf mich. ›Wenn du aufhören könntest, dich mit Leuten herumzustreiten, würden sie dich nach Hause gehen lassen.‹ Ich bin einverstanden, daß wir's auf die Tour versuchen. Wir versuchen, an Bord des Flugzeugs zu gehen, aber die Treppe ist Hunderte von Kilometern lang. Sie hört überhaupt nicht auf. Ich halte mich an meiner Frau fest. Wir gehen immer weiter die Treppe hoch, und es ist sehr anstrengend.«

Dieser Traum war eine Fortsetzung des Traums aus der letzten Woche, sagte R. H. Die hierin offenbarten Gefühle waren falsche Hoffnung, Furcht, Verzweiflung und Entschlossenheit. »Ich habe Angst«, gestand R. H., »daß ich nicht aus Vietnam zurückkomme.« Beim anschließenden Brainstorming über den Traum sagte er, ihm sei auch klargeworden: »Meine Frau hält zu mir, trotz all meiner Probleme. Die Brücke verbindet zwei verschiedene Welten. Ich habe es noch nicht geschafft, darüber zu gehen, aber ich bin auf der Treppe.«

In der nächsten Woche hatte R. H. einen Traum, von dem er sagte, er sei »der erste nicht erschreckende Traum« gewesen, den er »seit Vietnam hatte«.

Traum 3

»Ich laufe mit meiner Frau die Treppe zum Flugzeug hinauf. Wir werfen die Kampfausrüstung weg und halten nach dem Flugzeug in der Ferne Ausschau. Wir sind guter Dinge und werden nicht müde. Wir versuchen, das Flugzeug zu finden, aber wir machen uns keine Sorgen.«

Trotz der leichten Nervosität sind die Gefühle in diesem Traum im wesentlichen positiv. Spürbar waren Erleichterung, Emsigkeit und die Freiheit von Furcht. »Ich bin zwischen Vietnam und Zuhause, in dieser PTSD-Sache«, sagte R. H. »Ich bin auf dem besten Weg, wieder gesund zu werden und mein Leben wieder selbst kontrollieren zu können.«

R. H.s Fortschritte waren nicht nur für ihn selbst offensichtlich, sagt Brockway, sondern auch für die anderen Gruppenmitglieder ermutigend. So helfen sie sich gegenseitig bei ihrem Heilungsprozeß. Im Beisein anderer mit ähnlichen Erfahrungen können sie ihre Kriegserinnerungen nochmals untersuchen. »Der Gruppenkonsens, daß man gar keine andere Wahl hatte, Kommentare wie: ›Das ist Schicksal... so ist der Krieg... du lebst, er ist tot‹, oder daß ein Teil der drückenden Last der Schuldgefühle auf mehrere Schultern verteilt oder daß eine quälende Erinnerung neu zurechtgerückt wird, all das sind Punkte, die eine immense Erleichterung mit sich bringen«, sagt Brockway. »Die Gruppentraumarbeit fördert Vertrauen, Intimität und die gegenseitige Unterstützung und erlaubt es dem einzelnen zugleich, bei allem selbst die nötige Kontrolle zu behalten.«

Jedes, wirklich jedes Gruppenmitglied berichtete anfänglich von wiederkehrenden Träumen, in denen es sich hilflos, hoffnungslos und von panischer Angst erfüllt fühlte. Das nächsthäufigste Thema war, wie Brockway und seine Kollegen feststellten, die Unfähigkeit, physisch oder emotional aus Vietnam herauszukommen. In vielen Träumen kam unbändiger Zorn zum Ausdruck, wobei dann etwa Einrichtungen der vietnamesischen Armee in die Luft gejagt oder vietnamesische Zivilisten vergiftet wurden, Themen, die nagende Schuld- oder Angstgefühle abdeckten. Veteranen, die neu in die Gruppe kamen, erzählten Träume, die klar ihre ambivalenten Gefühle, sich auf dieses Programm einzulassen, wie auch ihre Probleme mit den Punkten Autorität und Vertrauen zum Ausdruck brachten. Nur selten hatte einer von ihnen einen Traum von einem triumphalen Rachefeldzug à la Rambo.

Fast alle Patienten konnten von ihren quälenden, von Hilflosigkeit beherrschten Träumen befreit werden. Das stellten die Forscher bei der Bewertung von fünfundfünfzig Träumen fest, die innerhalb von sieben Monaten in der Gruppe behandelt worden waren. Die Männer träumten nach wie vor von Vietnam, aber sie verwandelten ihre Erfahrung zu einer positiven. So träumte ein Mann, sie hätten sich alle in Vietnam wiedergetroffen. Sie trugen alle touristentypische bunte Hawaii-Hemden, und jeder hatte eine Kamera um den Hals hängen. »So wurden Albträume, die vormals als Feinde betrachtet wurden«, sagt Brockway, »zu Botschaftern und die Träume schließlich zu Freunden.«

Veteranen des Zweiten Weltkrieges

Der Volksmund sagt, daß die Zeit alle Wunden heilt. Wunden, die tief ins Fleisch gehen, können jedoch eitern, wenn sie nicht richtig behandelt werden. Der Psychiater Thomas Fulmer aus Atlanta berichtet von einem Mann, der von einer Diabetesklinik an ihn überwiesen wurde und der unverkennbar große Probleme damit hatte, daß man ihn zu einem Psychiater schickte.[8] In der ersten Stunde sprach er hauptsächlich von dem Streß seiner Krankheit, von seiner wundervollen Familie und von seinen drei erwachsenen Söhnen. Erst als die Stunde schon fast zu Ende war, erwähnte er, daß er seit dem Ende des Zweiten Weltkrieges, also seit etwa fünfunddreißig Jahren mindestens einmal in der Woche und in allen Einzelheiten von einem Ereignis träumte, das sich gegen Kriegsende zugetragen hatte.

Er erzählte Fulmer, er sei am D-Day in Europa gelandet und habe an vielen Gefechten teilgenommen. In einem kleinen Dorf hatte er mit seinem Zug eine Gruppe feindlicher Soldaten eingeschlossen, die auf dem Rückzug waren und zu fliehen versuchten. Er zielte, feuerte ab und tötete einen von ihnen. Als er zu dem am Boden Liegenden kam und ihn umdrehte, sah er, daß er »einen hübschen blondhaarigen und blauäugigen Jungen von nicht mehr als vierzehn oder fünfzehn Jahren« getötet hatte. Die Erinnerung blieb in seinen Träumen haften und ließ ihn jedesmal in einem Zustand höchster Aufregung wach werden. Er war entsetzt über seine Tat und wurde von seinen Gefühlen fast erdrückt. Er sagte, er habe nach diesem Traum nie, nicht ein einziges Mal wieder einschlafen können. Und den ganzen nächsten Tag fühlte er sich von seinen Schuldgefühlen erschlagen und zog sich von seiner Familie zurück.

Er wolle keinen Termin für ein Folgegespräch ausmachen, sagte er, aber er werde sich melden, wenn er die Behandlung doch fortsetzen wolle. Im Laufe der nächsten zwei Jahre sah Fulmer ihn in unregelmäßigen Abständen nur neunmal. Sein zweiter und dritter Besuch verlief ähnlich wie der erste. Nach der dritten Sitzung bestätigte Fulmer ihm, er sei auch der Meinung, daß sein Traum einen realen Vorfall beschrieb und es sich dabei nicht um eine eingebildete Erfahrung handele.

Bei der nächsten Sitzung sagte der Mann: »Doktor, Sie haben dem Monster das Rückgrat gebrochen. Ich habe nicht mehr so viel geträumt, und die Träume waren auch nicht mehr so schlimm.« Sie kamen aber weiterhin. Fulmer überlegte, wie er dem Mann am besten helfen könne. Ihm fiel plötzlich auf, daß er seit ihrem ersten Treffen seine Söhne nicht mehr erwähnt hatte. Und er sagte ihm geradewegs auf den Kopf zu, ich gehe davon aus, daß alle drei hübsche blondhaarige und blauäugige Jungen waren. »Und, Doktor, können Sie sich vorstellen«, sagte der Mann schluchzend, »daß ich jeden Tag, wenn ich sie ansah, das Gesicht des Jungen vor mir sah, den ich getötet hatte.«

Als der Mann das nächste Mal wiederkam, war er noch niedergeschlagener. Fulmer sagte ihm, er habe den Eindruck, daß er seit fünfunddreißig Jahren auf Vergebung warte, aber die könne nur kommen, wenn er sich selbst vergibt. Es verstrichen vier Monate, ehe er wieder zu einer Sitzung kam. Er sagte, er brauche nicht zu reden; die Träume hätten aufgehört. Er überreichte Fulmer einen großen Korb mit frischem Gemüse, das er mit seinen Enkeln gezüchtet hatte. »Und die Art, wie er das sagte«, schreibt Fulmer, »verriet mir, daß er ihnen jetzt ins Gesicht sehen konnte.«

Craig Van Dyke und seine Kollegen vom Veterans Administration Medical Center in San Francisco berichten von einem Kriegsveteranen, bei dem dreißig Jahre nach einer Kriegserfahrung Albträume anfingen, die identisch mit denen von Fulmers Patient waren.[9] Dieser Mann hatte mit seinem Zug einen Angriff der Deutschen abgewehrt. Mit einigen anderen zusammen ging er nach einiger Zeit los, um das Schlachtfeld zu inspizieren. Sie stellten fest, daß einige der toten Soldaten in Wirklichkeit Jugendliche waren, die deutsche Uniformen trugen, aber nur mit Gewehrimitationen »bewaffnet« waren.

Er hatte im Laufe der Jahre gelegentlich vom Krieg geträumt, wie er Van Dyke und seinen Kollegen sagte. Aber diese Träume seien nicht erschreckend gewesen. Als erfolgreicher Architekt hatte er ein produktives Arbeitsleben vorzuweisen und konnte problemlos seine Familie ernähren. Auf seinen Reisen besuchte er sogar frühere Schlachtfelder, ohne daß dabei belastende Emotionen geweckt wurden. Die Albträume begannen erst, nachdem er krank geworden war und sich früher als gewünscht hatte zur Ruhe setzen müssen. Was ihm bei seinen Albträumen am meisten zu schaffen machte, war, daß darin oft seine in Wirklichkeit acht und zwölf Jahre alten Enkelkinder vorkamen, die in den Träumen aber als Erwachsene auftauchten.

Die Albträume begannen mit einer peinlich genauen Wiedergabe der Ereignisse, bei denen sein Zug auf dem Vormarsch war, als eine deutsche Patrouille ihnen entgegenkam. Gerade als er schießen wollte, sprang sein Enkel in einer Uniform der Deutschen neben ihm auf und schrie: »Nicht schießen!« An dem Punkt wachte der Mann aufgeregt und mit Tränen in den Augen auf und wußte nicht, auf welcher Seite sein Enkel nun stand und ob er schießen sollte oder stillschweigend zulassen sollte, daß er und sein Enkel erschossen würden.

Warum dauerte es so lange, bis diese Albträume auftauchten? Als es ihm gutging und er arbeitete, konnte er, wie Van Dyke und seine Kollegen meinen, seine entsetzlichen Erinnerungen leugnen oder verdrängen. Durch die nachlassende Gesundheit und den Verlust seiner Arbeit wurden jedoch alte Erinnerungen an eine Zeit wiedergeweckt, in der er sich ebenfalls hilflos fühlte, als er den jungen Deutschen ihre »Gesundheit« und die ihnen versprochene Zukunft wegnahm. In seinen Träumen setzte er seinen Enkel an die Stelle dieser Jugendlichen, die zugleich Enkel anderer Männer waren. Die Situation dieses Mannes war vergleichbar mit denen, die Kramer in seiner Studie bei Vietnam-Veteranen feststellte. Und sie war vergleichbar mit denen, die wir in unserer Studie bei Menschen feststellten, die aufgrund einer Scheidung in Depressionen verfallen und unter schmerzlichen wiederkehrenden Träumen leiden.

Van Dyke fragt: »Kommt ein Mensch jemals wirklich über solche Dinge hinweg? Oder werden sie ein Teil von ihm – ein Dauerbestandteil seines Potentials, das durch jeden neuen Streß reaktiviert werden kann –, so daß die früheren Ereignisse, wenn er nur krank genug ist oder traurig genug ist oder Angst genug hat, über irgendeine direkte Verbindung oder irgendein bedrohliches Gefühl oder Thema wieder über ihn hereinbrechen?«

Unsere Antwort ist: Sie bleiben, aber sie müssen nicht lähmend sein. Wenn Probleme auftauchen, im Idealfall noch ehe sie auftauchen, können wir die in der Erinnerung bestehenden Verbindungen zwischen Gefühlen der Verwundbarkeit und Bildern von erfolgreicher Bewältigung verstärken, so daß letztere helfen können, uns gegenüber ersteren zu schützen.

Überlebende des Holocaust

Wenn wir entsetzlichen Greueln ausgesetzt sind – Greuel, die selbst das Vorstellungsvermögen der meisten Menschen übersteigen –, können wir uns gezielt und bewußt aus Selbstschutzgründen dagegen abmauern. In seinem Buch *Ist das ein Mensch?* beschreibt Primo Levi von seiner Gefangenschaft in Auschwitz zwei wiederkehrende Träume, die er und andere Gefangene immer wieder hatten. In dem einen träumten sie vom Essen. »Viele schmatzen und bewegen ihre Kiefer. Sie träumen, daß sie essen.« In dem anderen träumen sie, sie seien nach Hause zurückgekehrt und versuchten, ihren Familien von ihren Erfahrungen im Konzentrationslager zu erzählen. Aber niemand hört ihnen zu.[10]

Für viele, die die Konzentrationslager überlebten, wurde das »Vergessen« zu einem aktiven Vorgang. Dahinter stand der bewußte Versuch, die Erinnerungen an ihre Qualen aus ihrem Geist zu verbannen. »Über das, was geschehen ist, zu sprechen, heißt, in die Dunkelheit hinabzusteigen«, sagt eine Überlebende. »Nach außen hin führe ich ein vielbeschäftigtes Leben, es ist voll und sieht wahrscheinlich relativ normal aus. Ich arbeite in meinem Garten, kümmere mich um mein Haus, ich genieße meine Enkelkinder. Ich versuche, all diese schrecklichen Gedanken aus meinem Tag zu verdrängen«, sagt sie, »aber nachts kehren sie zurück.«

In der Regel versuchen Therapeuten, ihren Patienten zu helfen, seit langem verschüttete Erinnerungen wieder auszugraben und die nach wie vor schmerzlichen Erfahrungen aus der Vergangenheit im Licht ihres späteren Lebens zu untersuchen. Dahinter steht die Idee: »Konfrontieren und besiegen.« Eine jüngste Schlaflaborstudie über Holocaust-Überlebende kommt demgegenüber zu dem Ergebnis, daß es unter Umständen erstrebenswerter sein kann, quälende Erinnerungen aus dem Blickfeld zu verdrängen und sie verborgen zu halten, als sie auszugraben und sich ihnen neuerlich zu stellen. Peretz Lavie und Hanna Kaminer vom Technion-Israel Technologischen Institut in Haifa stellten bei gutangepaßten Holocaust-Überlebenden fest, daß es ihnen sogar gelungen war, Erinnerungen aus ihren Träumen zu verbannen.[11]

Sie untersuchten den Schlaf und die Träume von dreiundzwanzig Überlebenden, die alle unter dem Naziregime in Europa gelebt hatten. Elf hatten Konzentrationslager überlebt, und zwölf hatten während des Krieges meistenteils in Verstecken oder auf der Flucht gelebt. Die Forscher verglichen sie mit zehn Männern und Frauen, die in Israel geboren worden waren und während des Krieges in den damals als Palästina bekannten Gebieten gelebt hatten. Alle Versuchspersonen waren etwa sechzig Jahre alt. Und keiner von ihnen litt an einer gravierenden physischen oder psychischen Krankheit.

Lavie und Kaminer befragten die Teilnehmer und Teilnehmerinnen zu sechs Schlüsselbereichen, die relevant für die Frage der Lebensanpassung sind: Arbeit, Ehe- und Familienbeziehungen, Freundschaften, physische Gesundheit, psychische Gesundheit sowie allgemeine Lebenszufriedenheit. Etwa die Hälfte der Holocaust-Überlebenden – fünf Männer, sechs Frauen – hatten Probleme in mindestens drei dieser Bereiche. Sie wurden von den Forschern als die »weniger angepaßten« Überlebenden bezeichnet. Die anderen – fünf Männer, sieben Frauen – erklärten, daß sie nur in einem Bereich Schwierigkeiten hatten, etwa genauso wie die Vergleichsgruppe der gesunden Israelis. Sie wurden als die »gutangepaßten« Überlebenden bezeichnet.

Alle Versuchspersonen verbrachten vier Nächte im Schlaflabor, wo sie von den Forschern während des REM-Schlafes geweckt und gebeten wurden, alles zu erzählen, was ihnen kurz vor dem Wachwerden durch den Kopf gegangen sei. Dann wurden ihnen jeweils folgende Fragen gestellt: Kannten sie die Leute in dem Traum? Kannten sie die Orte in dem Traum? Handelte der Traum von der Vergangenheit? Der Gegenwart? Spielten sie darin eine aktive oder eine passive Rolle? Und mit der letzten Frage sollten die Emotionen angetippt werden: »Was empfinden Sie in Verbindung mit dem Traum?«

Was nicht überrascht, ist, daß die weniger angepaßte Gruppe mehr unter Schlafstörungen litt. Sie brauchten länger, um einzuschlafen, schliefen unruhiger und bekamen insgesamt weniger Schlaf. Wenn sie während des REM-Schlafes geweckt wurden, erinnerten sie sich etwa in der Hälfte aller Fälle an ihre Träume. Die gutangepaßten Holocaust-Überlebenden erinnerten sich nur in einem Drittel aller Fälle an ihre Träume, und wenn, dann erinnerten sie sich im allgemeinen an kurze und belanglose Träume. Im Gegensatz dazu erinnerten sich die gesunden Israelis in acht Fällen von zehnmal Wecken an ihre Träume, so wie es normal ist.

Die weniger angepaßten Versuchspersonen sahen andere Personen in ihren Träumen als gefährlich, schlecht, fremd oder krank, und sie träumten mehr von Personen aus ihrer weit zurückliegenden Vergangenheit. Demgegenüber träumten die gutangepaßten Überlebenden und die gesunden Israelis mehr von Menschen aus ihrem gegenwärtigen Leben. Bei den weniger angepaßten Überlebenden drehte sich die Hälfte der Träume um akute Gefahren für das Leben der betreffenden Person, um Angegriffenwerden oder um die Notwendigkeit zu fliehen, um dem Tod zu entrinnen. Ihre Träume führten sie oft in die Konzentrationslager zurück.

Ein Mann erzählte:

»Ich sah Deutsche, viele Deutsche. Sie führten Selektionen durch. Ich war in Auschwitz. Sie zerrten mich aus dem Zug. Niemand wußte, wo er hinzugehen hatte. Dann befiel mich eine große Angst, da sie anfingen, uns zu selektieren. Wir wußten immer noch nicht, was los war. Sie sagten mir, wo ich mich hinzustellen hatte, da das aber auf der Seite neben den Gaskammern war, rannte ich auf die andere Seite. Aber sie sagten mir das gleiche noch mal, und ich lief wieder zurück. Ein deutscher Soldat faßte mich, schlug mich und schleppte mich wieder auf die andere Seite zurück. Er hatte einen großen Hund. Ich hatte panische Angst. Ich kann den Hund sehen … Und dann weckten Sie mich.«

Ein anderes Mitglied aus der weniger angepaßten Gruppe erzählte folgenden Traum:

»Ich erhielt einen Schlag in die Zähne … so daß mein ganzer Kiefer auseinanderfiel. Erst fielen die Metallfüllungen aus den Zähnen heraus, dann fielen die Zähne selbst heraus. Mein ganzer Kiefer war dick geschwollen. Es kamen viele Leute, auch Ärzte, hinzu. Aber ich hatte kein Geld, um zu bezahlen.«

Und ein anderer erzählte:

»Leute werden zusammengeschlagen, und man steht einfach dabei. Kleine Kinder, sehr kleine Kinder …«

Es ist kein Wunder, daß manche es offensichtlich vorziehen, sich nicht zu erinnern. Die gutangepaßten Überlebenden schienen nicht dafür »bezahlen« zu müssen, meinten Lavie und Kaminer, daß sie sich nur so wenig an ihre Träume erinnern konnten. Zumindest war dieser Preis nicht feststellbar. Alle erfreuten sich eines vollen und gesunden Lebens, und manche hatten es zu beachtlichen beruflichen Erfolgen gebracht. Interessant war, daß einige in ihrem Wachleben die Vergangenheit so effektiv aussperrten, daß selbst nahe Verwandte nichts von ihren Erfahrungen während des Krieges wußten.

Möglich ist natürlich, daß diejenigen, die heute, mehr als vierzig Jahre später, gutangepaßt sind, ihr produktives Krisenträumen in den dazwischenliegenden Jahren erledigt haben. Vielleicht haben sie sich mit dieser Erfahrung so gut wie möglich abgefunden und sind über den Punkt hinausgekommen, an dem es noch erforderlich wäre, sich um eine weitere Bewältigung des Erlebten zu bemühen. Darüber hinaus wird es natürlich noch interessant sein zu sehen, ob Ereignisse im späteren Leben wie Krankheit, Ruhestand oder der Tod eines geliebten Menschen ein Wiederauftauchen von Träumen über den Holocaust auslösen werden. Die Erfahrungen von Kriegsveteranen zeigen, daß das durchaus der Fall sein kann.

→ SELBSTHILFE: Den Krieg im Innern bekämpfen

Wie schrecklich Kriegserfahrungen auch sind, nicht alle Veteranen entwickeln PTSD, nicht einmal alle, die die schlimmsten Greuel miterlebten oder daran beteiligt waren. Bei Untersuchungen erwiesen sich diejenigen als am anfälligsten, die in ihrem früheren Leben Erfahrungen gemacht hatten, bei denen die gleichen emotionalen Saiten zum Schwingen gebracht worden waren, wie nun bei ihren Kriegserfahrungen. Und der Krieg hatte nun des weiteren ihre Sensibilität gegenüber späteren Traumata erhöht. So fielen Erfahrungen, die sie selbst viele Jahre nach ihrer Heimkehr machten, wie das Scheitern ihrer Ehe oder den Verlust des Arbeitsplatzes, auf fruchtbaren Boden.

Diejenigen, die die größten Schwierigkeiten hatten, sich von ihren Vietnam-Erfahrungen zu erholen, wiesen die gleichen Charakteristika wie jene Personen in unserer Scheidungsstudie auf, die Depressionen entwickelten. Diejenigen, die im Rahmen ihrer Vorkriegserfahrungen nur wenige Freundschaften hatten, die ihr Selbstwertgefühl stärkten, die kaum familiäre Unterstützung und Eltern mit psychiatrischen Problemen hatten, entwickelten häufiger PTSD als andere Kriegsveteranen. Es ist also gut möglich, daß Kriegsveteranen oder andere, deren Kriegserfahrungen PTSD auslösten, für diese Reaktion aufgrund ihrer früheren Lebenserfahrungen prädisponiert waren. Die Erfahrungen als solche sind zwar nicht zu ändern, sie können im nachhinein aber aus einer anderen Perspektive neu interpretiert werden.

Für Personen, die das Trauma eines Krieges erfahren haben, ist es oft hilfreich, ihre Gefühle mit anderen zu teilen, die aus erster Hand verstehen, was sie durchgemacht haben. Und hier kann die Gruppenarbeit mit Träumen geradezu ideal sein. Menschen, die von den Schrecken des Krieges noch immer verfolgt werden, bekommen oft zu hören: »Vergiß es, es ist vorbei.« Aber – Träume vergessen nicht.

Nach den Geschichtsbüchern mag ein Krieg zu Ende sein. Aber für manche, die ihn erlebt haben, insbesondere für jene, die in ihrer frühen Kindheit ohne die Möglichkeit aufwuchsen, sich ein starkes Fundament zu bauen, kann er jederzeit wieder an einer anderen Front ausbrechen. Ohne Hilfe, ohne Träume, die Bilder von erfolgreichen Bewältigungsmustern liefern, geht dieser Krieg vielleicht nie zu Ende.

12. Kleine Kinder – große Probleme

1976. An einem schwülen, heißen Julinachmittag kidnappten drei maskierte, mit Gewehren bewaffnete Männer einen Bus voller Kinder, die auf dem Heimweg von einem Tagesferienlager in Chowchilla in Kalifornien waren. Sie fuhren den Bus an einen abgelegenen Ort, dort befahl das Trio den fünfundzwanzig Kindern und dem Busfahrer auszusteigen. Sie pferchten ihre Opfer in zwei Kleinbusse mit geschwärzten Fenstern zusammen und fuhren dann elf Stunden lang durch die Gegend. Sie gaben den völlig verängstigten Kindern – das älteste war vierzehn, das jüngste erst fünf Jahre alt – weder etwas zu essen noch zu trinken. Sie hielten auch nirgends an, damit die Kinder zur Toilette hätten gehen können.

Es war drei Uhr nachts, ehe die Wagen anhielten. Die völlig verschwitzten und erschöpften Kinder wurden eines nach dem anderen herausgezogen. Ein maskierter Mann, der sich eine Taschenlampe unters Kinn hielt, fragte sie aus, während ein anderer ein Gewehr auf sie gerichtet hielt. Die Männer nahmen dann jedem Kind irgend etwas Persönliches ab, ein Spielzeug, ein T-Shirt, Schuhe. Anschließend befahlen sie jedem Kind, »in das Loch zu steigen«, ein Abstieg ins schwarze Dunkel. Sobald die Kinder mit ihrem Fahrer in ihrem Gefängnis waren, dem Wrack eines alten Lkw-Anhängers, das in einer Grube eines stillgelegten Steinbruchs eingebuddelt war, verschlossen die Männer die Türen mit einer vorgeschobenen Metallplatte und schaufelten den bisher offengelassenen Eingang mit Erde und Steinen zu, so daß von diesem unterirdischen Gefängnis nichts mehr zu sehen war.

In diesem Anhänger fanden die Kinder alte Matratzen, stickige Kartoffelchips, Kanister mit modrigem Wasser und einige Taschenlampen. Um die Batterien zu schonen, verbrachten sie zwei bange lange Tage im Dunkeln. Als die Decke unter der Erdlast anfing einzubrechen, machten zwei ältere Jungen sich in einem ebenso tapferen wie anstrengenden Unternehmen daran, einen Tunnel bis an die Oberfläche zu buddeln. Werkzeuge hatten sie nicht, und so trieben die Kinder Handvoll für Handvoll den Dreck weggrabend den Tunnel voran und kamen schließlich frei.

Aber ihr Martyrium war damit noch nicht zu Ende – sie waren noch gut einhundertsechzig Kilometer von zu Hause entfernt. So machte der Busfahrer sich auf den Weg und mußte eine ziemliche Strecke zurücklegen, ehe er ein Telefon fand. Die Hilfssheriffs waren schnell vor Ort, aber inzwischen brach bereits wieder die Dämmerung herein. Die Kinder, insbesondere die Kleinen, sträubten sich, wieder in einen Bus zu steigen. Einige versuchten wegzulaufen. Schließlich entschied man sich, sie zu dem nahegelegensten Ort zu fahren, wo Platz genug für alle war, um zu essen und zu schlafen – dem örtlichen Gefängnis. Sie wurden von Ärzten untersucht, von Polizisten verhört, und als sie am nächsten Morgen zu Hause eintrafen, wurden sie nicht nur von ihren Eltern, sondern auch von FBI-Agenten, Polizisten und Reportern mit wartenden Mikrophonen und Fernsehkameras empfangen.

Die Täter, darunter der Sohn des Steinbruchbesitzers, wurden ausfindig gemacht, verhaftet und ins Gefängnis gebracht. Sie sagten bei ihrer Verhandlung kein Wort und äußerten sich auch später nie zu einem Motiv für die Entführung.

Keines der Kinder starb. Keines trug körperliche Verletzungen davon. Entgegen den anfänglichen Äußerungen von Ärzten und anderen waren die Kinder jedoch nicht »in Ordnung«.

Jedes Kind trug psychische Folgeschäden davon, wie Lenore Terr feststellte, Kinderpsychiaterin an der University of California.[1] Nachdem Terr aus einem Zeitungsartikel einige Monate später erfahren hatte, daß viele von ihnen unter Ängsten und entsetzlichen Albträumen litten, ergriff sie von sich aus die Initiative, sie zu untersuchen. Im ersten Jahr nach dem Kidnapping sprach sie mit allen dreiundzwanzig Kindern, die noch in Chowchilla lebten, und auch mit dem einen Kind, das wenige Minuten vor der Entführung aus dem Bus ausgestiegen war. Und vier bis fünf Jahre später sprach sie nochmals mit ihnen. Bis heute hält sie Kontakt mit ihnen, um weiterhin Langzeitschäden zu verfolgen und zu bewerten. Ihre Studie ist die erste, mit der die Reaktionen einer einzelnen Gruppe von Kindern unterschiedlichen Alters und in unterschiedlichen Entwicklungsphasen auf das gleiche entsetzliche Ereignis untersucht werden.

Während des ersten Jahres wurde in den Träumen der Kinder die Entführung im wahrsten Sinne immer wieder durchgespielt. Sie träumten, sie seien in einem Loch oder würden in der Dunkelheit hin und her geworfen. »Ich träumte, wir gingen zum Friedhof, wo meine Oma beerdigt ist«, sagte ein Kind. Vier Jahre später hatten die meisten noch immer wiederkehrende Albträume. Obwohl diese schlechten Träume jetzt seltener kamen und die Ereignisse maskierter dargestellt wurden, waren sie noch immer sehr intensiv.

»Als ich sie fragte, ob sie noch immer von der Entführung träumten, sagten sie ›Nein‹«, schreibt Terr. »Wenn ich dann aber sagte: ›Erzähl mir irgendeinen Traum‹, dann berichteten sie von Träumen, die eindeutig den Stempel des Traumas trugen. Nach einem Streit mit seinem Vater träumte ein Junge zum Beispiel in der darauffolgenden Nacht, sein Vater sei von drei Männern entführt worden, die den Schulbuskidnappern ähnelten. Im Traum steckten die Männer seinen Vater in einen Sack, hängten ihn auf und töteten ihn.«

Allein die Tatsache, wie diese Träume in der Erinnerung bleiben, zeigt ihre nachhaltige Wirkung, sagt Terr. »Warum sonst«, fragt sie, »sollten sie mir einen traumatischen Traum erzählen, wenn ich sie bitte, mir irgendeinen Traum zu erzählen?«

Einige der Kinder berichteten, sie würden durch Angstträume aufwachen, könnten sich dann aber nicht mehr an deren Inhalt erinnern. Diese Kinder brachten ihre Ängste oft nachts durch Weinen oder Schlafwandeln zum Ausdruck, das galt insbesondere für diejenigen, die zum Zeitpunkt der Entführung noch sehr klein waren oder die ihre Gefühle einfach nicht gut in Worte kleiden konnten.

Wie Kinder träumen

Träume bei Kindern sind genau wie Träume bei Erwachsenen ein offenes Fenster zum Geist, der Dinge verarbeitet. Bereits im Mutterschoß erfahren Ungeborene den REM-Schlaf. Neugeborene verbringen etwa 50 Prozent der Zeit, die sie schlafen, im REM-Schlaf. Ein regelrechtes Bombardement von innerer Erregung, das das kindliche Gehirn möglicherweise auf den Empfang der bildlichen Eindrücke und Geräusche aus der Außenwelt vorbereitet, was eine wichtige Aufgabe in den ersten Lebensmonaten darstellt. Mit sechs Monaten fällt der Anteil des REM-Schlafes auf 20 bis 25 Prozent. Und bei diesem Anteil bleibt es bis ins hohe Alter.

Sobald wir unsere Eindrücke von der Welt verarbeiten und in der Erinnerung speichern können, sind wir soweit, daß wir anfangen können zu träumen. Es ist schwierig, genau zu sagen, mit welchem Alter das Träumen beginnt. Denn jemandem einen Traum zu erzählen, setzt die Fähigkeit voraus, visuelle Eindrücke in Worte übersetzen zu können, eine Aufgabe, die damit vergleichbar ist, einem blinden Menschen ein Volksfest zu beschreiben. Der erste Beleg, daß ein Kind träumt, ist manchmal, wenn ein Traum eine Handlung auslöst. Mit ihren drei Jahren wachte meine Tochter Carolyn auf und schlug nach ihrer schlafenden älteren Schwester, »weil Chrissy«, wie sie mir sagte, »so gemein zu mir war«.

Der Schlafforscher William Dement berichtet von einem Erlebnis mit seiner eigenen Tochter, als sie nicht einmal zwei Jahre alt war. Er ging eines Morgens in ihr Zimmer, ehe sie wach war, und sah, wie sich ihre Augen bewegten. Plötzlich sagte das Kind: »Pflück mich! Pflück mich!« »Ich weckte sie«, sagt Dement, »und sie sagte sofort: ›Oh, Daddy, ich war eine Blume.‹«[2]

Kleine Kinder unterscheiden oft nicht zwischen Träumen und der Realität, wie Eltern wissen, wenn nach ihnen gerufen wird, um ein in Tränen aufgelöstes Kind zu trösten, das aus einem schlechten Traum aufgeschreckt ist. Nachdem man nachgeschaut hat, ob die Windeln vielleicht naß sind, und das Kind etwas liebkost hat, weiß eigentlich jeder, daß man nur das Licht anmachen muß, um dem Kind den Unterschied zwischen der realen sicheren Welt und der des Albtraumes zu zeigen. Und wir versuchen dann das Kind zu trösten, indem wir sagen: »Siehst du? Hier ist nichts.« Auf Dauer ist es jedoch noch beruhigender für das Kind, wenn wir ihm beibringen zu erkennen, daß ein Traum das Produkt seiner eigenen Schöpfung ist.

Das Alter hat starken Einfluß darauf, welche Arten von Träume Kinder haben. Und umgekehrt sagen die Träume uns eine Menge über die Entwicklung des Kindes.

Die Fähigkeiten, die Voraussetzung sind, um gute Träume zu produzieren, erfordern einen jahrelangen Reifeprozeß.

Sissy, drei Jahre alt, berichtete folgenden Traum:

Ein Monster mit großen Flügeln war hinter mir her.

Ihre Schwester Wendy, acht Jahre alt, erzählte folgenden Traum:

Meine Mami, meine Schwestern und ich waren alle Ziegen. Wir waren sehr glücklich. Eines Tages war ich böse auf sie und tötete sie. Meine Mami war eine Göttin. Ich war auf der Erde und am Verhungern, weil ich noch ein Baby war und Milch brauchte. Meine Mami hatte Mitleid mit mir und machte, daß es warme Milch regnete, damit ich nicht verhungerte.

Wendys Traum ist nicht nur länger, sondern auch weitaus komplexer in seinen Bildern und der Erzählung. Ebenso verfügt sie über ungleich bessere Fähigkeiten als ihre Schwester, ihn in Worten mitzuteilen. Wendys kleine Schwester hat Angst vor Monstern, die nachts fliegen. Und Wendy hat Angst vor den Folgen ihrer eigenen Impulse, ihrer Mutter und ihren Schwestern etwas anzutun.

Der Psychologe David Foulkes vom Georgia Mental Health Institute hat viele Jahre lang die Träume von Kindern untersucht.[3] Seine Forschungsarbeiten an der University of Wyoming zeigen, daß die Träume von Kindern in ihrer Entwicklung einem festen Phasenverlauf folgen. Die dabei feststellbaren Veränderungen reflektieren mehr als nur die wachsende sprachliche Fähigkeit, Träume zu beschreiben. Sie stellen konkrete Schritte in der Entwicklung der Träume dar. »Die Versiertheit zu träumen«, sagt Foulkes, »entwikkelt sich Hand in Hand mit den kognitiven Fähigkeiten im Wachleben.«

Einige der von ihm untersuchten Kinder kamen schon mit drei oder vier Jahren in periodischen Abständen zu ihm ins Labor »zum Schlafen«. In diesem Alter hatten die Kinder noch nur wenige Träume. So daß meistens, wenn sie im Labor geweckt wurden, nichts dabei herauskam. Foulkes sprach in dem Fall von »leeren REMs«. Wenn Kinder in diesem Alter einen Traum erzählen, ist er in der Regel kurz und besteht für gewöhnlich nur aus einem einzelnen Bild. Die Hauptfigur ist oft ein Tier, zum Beispiel ein schwimmender Fisch oder bellender Hund. Dabei scheinen die Tiere für das Kind selbst zu stehen und einfache Gefühle wie Müdigkeit oder Hunger auszudrükken. Drei- oder Vierjährige wissen nicht so viel von sich selbst, als daß sie ein gutes inneres Bild von sich selbst aufbauen und dieses als Traumfigur nutzen könnten. Ihre Träume sind eher sachlicher als imaginärer Natur.

Mit fünf Jahren werden die Träume länger und nehmen mehr die Form von Geschichten an. Sie umfassen nun mehr Interaktionen zwischen den Figuren, wozu auch Familienmitglieder gehören. In ihnen fehlt aber noch immer jede Selbstdarstellung. Manche Kinder haben weiterhin Tierträume, in denen oft Probleme zum Ausdruck kommen, die das Kind möglicherweise mit der Kontrolle seiner Impulse hat. Wendys Ziegentraum ist dafür ein gutes Beispiel. Typisch für dieses Alter ist auch, daß die Tiere oft phantasiereicher dargestellt werden. Außerdem tauchen in den Träumen nun auch Maschinen auf.

Hexen, Geister, Monster und bedrohliche Maschinen bevölkern die schlechten Träume von Fünf- und Sechsjährigen. Manche Kinder behalten diese schlechten Träume für sich, weil sie glauben, wenn sie den Traum erzählen, würde er sich bewahrheiten. Und diese Vorstellung hält mitunter bis ins Erwachsenenalter an.

Was für Erwachsene gilt, daß es oft beruhigt, einen Traum zu erzählen, weil so die Ängste verschwinden, gilt auch für Kinder. Wichtig ist in dem Fall, daß die Eltern dem Kind aufmerksam zuhören und seine Ängste nicht mit Kommentaren abtun wie: »Es war doch nur ein Traum.« Eltern, die den Wert von Träumen zu schätzen wissen, können diese Einstellung auch bei einem Kind grundlegen, indem sie etwa sagen: »Das ist eine interessante Geschichte, die du dir erzählt hast.« Diese Feststellung hilft den Kindern zu erkennen, daß sie die Skripte ihrer Träume selbst schreiben. Und wenn als nächstes die Frage kommt: »Ich frage mich, warum du dir diese Geschichte erzählt hast?«, so tritt an die Stelle der Angst die Neugier, und sie ist der Auslöser für die weitere Selbsterforschung.

Bis zum Alter von etwa acht Jahren bleiben Kinder passive Beobachter der Traumhandlung. In diesem Alter berichten sie dann auch, wie Foulkes feststellte, genau wie Erwachsene, in den meisten Fällen nach dem REM-Schlaf-Wecken von Träumen. Jetzt taucht in ihren Träumen auch ein konkreter Selbst-Charakter auf. Feststellungen wie »ich dachte« oder »ich fühlte« werden Teil der Traumgeschichte. Bei den meisten achtjährigen und auch jüngeren Kindern sind die Gefühle im Traum in den meisten Nächten gut. Das gilt zumindest für Kinder der Mittelschicht, wie Untersuchungen zeigten.

Schuldgefühle, Angst und Wut fangen an, sich in den Träumen im Alter zwischen neun und dreizehn Jahren zu zeigen. Brian, ein neunjähriger Junge, erzählte mir folgenden Traum:

Ich spielte am Ufer eines Sees, als ein Seeungeheuer plötzlich seinen langen Hals aus dem Wasser streckte und mit mir spielen wollte. Meine Mutter hatte Angst. Sie schimpfte auf das Ungeheuer und kam angelaufen. Und das Seeungeheuer ging wieder unter, und ich war traurig. Ich versuchte, meiner Mutter zu sagen, daß es ein gutes Ungeheuer war, aber sie glaubte mir nicht.

Etwas, was Brian entdeckt hat, was ihm gute Gefühle gibt, mit seinem erigierten Penis zu spielen, verärgert seine Mutter. Brian spielte diese Erfahrung nochmals durch, um seine Gefühle neu zu bewerten. Er war verwirrt. Wie sollte er mit seinen Gefühlen umgehen? Er war traurig über die Reaktion seiner Mutter, kam jedoch zu dem Ergebnis, daß er es besser wußte: Es war ein gutes Ungeheuer. Brian ging mit dem Problem in seinem Traum in der Form um, daß er das anstößige Element von seinem Körper löste. Er sorgte dafür, daß das Ungeheuer wieder unterging und nicht mehr zu sehen war, als die Mutter auftauchte. Indem er diesen Teil von sich verleugnete, konnte er vorübergehend Frieden finden. Später muß er sich jedoch zu seinen sexuellen Gefühlen bekennen, oder er wird sich in Problemen verrennen.

Im Alter von etwa dreizehn Jahren werden die Träume phantasiereicher. Jugendliche denken sowohl in ihrem Wachleben als auch in ihren Träumen abstrakter. Sie kämpfen mit Fragen, die sich um die Kontrolle des Selbst, die Kontrolle anderer und die Kontrolle der Umwelt drehen. Auto fahren oder in Autos mitfahren und sexuelle Handlungen sind gängige Themen. Jugendliche haben einen weiten Weg von den leeren REM-Phasen Dreijähriger zurückgelegt.

Die in der Kindheit und Adoleszenz stattfindenden Veränderungen zeigen, daß der Mensch das Träumen lernt. Das Wichtigste bei diesem Prozeß ist, daß wir lernen, uns in Relation zu anderen in unserer Welt zu sehen. Dahinter steht eine komplexe und abstrakte Idee, die wir ausgehend von der direkten Interaktion mit anderen und unserer Wahrnehmung verallgemeinern, wie andere auf uns reagieren. Dieser Lernprozeß erfordert Zeit.

Unser Standbild ist das Fundament für die Lebensgeschichte, die wir in unseren Träumen wahren wollen. Träume zeigen den Stand unserer Selbstkenntnis und unserer emotionalen Entwicklung an. Träume reflektieren unsere Fähigkeit, uns selbst und unsere Erfahrungen darzustellen und mit bestimmten Aspekten dieser Erfahrungen zu jonglieren und sie anderen Personen, Objekten oder imaginären Geschöpfen zuzuweisen. Ein guter Traum ist eine Produktion, die Können und Geschick voraussetzt, bei der die in der Erinnerung gespeicherten Bilder kreativ neu miteinander kombiniert werden.

Wenn Träume belastet sind

Wir schaffen unsere Traumbilder zwar aus sozialen Erfahrungen heraus, Träume als solche stellen aber keine sozialen Vorgänge dar. Niemand korrigiert uns in unseren Fehlinterpretationen von Dingen, zu denen wir in unseren Träumen gelangen, wie es zum Beispiel der Fall ist, wenn wir eine Sprache erlernen. Foulkes gelangte aufgrund seiner Arbeiten zu dem Ergebnis, daß unser Potential, Traumerzählungen zu schaffen, genauso wie unsere Fähigkeit, sprechen zu lernen, in unserem Gehirn programmiert ist. Und beides folgt einem festgelegten Entwicklungsmuster. Die sachlichen, aus einem einzigen Bild bestehenden Träume in der frühen Kindheit bilden das Grundalphabet, das wir später für die Konstruktion komplexerer Erzählungen nutzen.

Dieser reguläre Prozeß kann durch traumatische Ereignisse in der Kindheit gefährdet werden. Vier Jahre nach ihrer Entführung träumten vierzehn der Kinder aus Chowchilla noch immer von ihrem eigenen Tod. In diesen Träumen, die immer mit panischen Ängsten verbunden waren, sahen die Kinder sich manchmal selbst oder auch andere, nachdem sie »tot« waren. Oder der Traum endete in dem Augenblick damit, daß alles dunkel wurde, wie sie Terr erzählten. Sie verstanden die Todesträume als Vorhersage, daß sie bald sterben würden.

Einige der Kinder entwickelten eine außergewöhnliche Furcht vor ganz normalen Dingen wie Dunkelheit, Fremden, weißen Kleinbussen. Sie hatten vier Jahre später noch eine sehr präzise und detaillierte Erinnerung an das traumatische Ereignis. Die Entführung bewirkte, daß dreiundzwanzig der fünfundzwanzig Kinder die Zukunft und ihren Platz darin pessimistisch sahen. Sie erwarteten, früh zu sterben oder weiteren Katastrophen zu begegnen. Viele konnten sich nicht vorstellen zu heiraten, Kinder zu haben oder einen Beruf.

Parallel zu ihren im Turnus von vier bis fünf Jahren durchgeführten Nachuntersuchungen bei den Chowchilla-Kindern befragte Terr zu Vergleichszwecken zwei andere Gruppen von Kindern, wobei ihre Prognosen zur Zukunft der Welt, zu ihrer eigenen Zukunft sowie der Inhalt ihrer Träume im Vordergrund standen. Eine Gruppe setzte sich aus fünfundzwanzig gesunden Kindern gleichen Alters aus zwei Städten in der Nähe Chowchillas zusammen; von diesen Kindern war nicht bekannt, daß sie Traumata erfahren hatten. Die andere Gruppe setzte sich aus fünfundzwanzig Kindern in etwa gleichen Alters zusammen, die Terr regulär aufgrund psychiatrischer Probleme untersuchte, die nichts mit irgendwelchen Traumata zu tun hatten. Acht der fünfundzwanzig gesunden Kinder und sechs von Terrs jungen Patienten ohne traumatische Vorgeschichten berichteten, daß sie ebenfalls Träume von ihrem eigenen Tod hätten.[4] Als sie diese Kinder bat: »Erzählt mir das Schlimmste, woran ihr euch erinnern könnt, was euch am meisten Angst gemacht hat«, erzählten die meisten von sehr belastenden Ereignissen. Fast alle hatten schon einmal, wie Terr feststellte, einen unerwarteten großen Schrecken bekommen oder Anfälle plötzlicher Bewußtlosigkeit erlebt.

Ein Mädchen hatte zum Beispiel einmal wegen einer Lungenentzündung im Krankenhaus gelegen. Später hatte sie einen kleineren Autounfall erlebt. Obwohl sie dabei nicht verletzt wurde, löste der Vorfall bei ihr große Angst aus. In ihrem Traum wurde sie bei einem Autounfall verletzt und ins Krankenhaus gebracht, wo sie starb. Bei anderen bestanden die Traumata darin, daß sie hohes Fieber gehabt hatten oder aufgrund eines Hitzeschlags ohnmächtig geworden waren. Auch diese Erfahrungen lösten Träume vom Sterben aus. Der Verlust des Bewußtseins, meint Terr, kommt der tatsächlichen Todeserfahrung nahe, zumindest in der kindlichen Vorstellung. Er nimmt dem Kind das in der Kindheit typische Gefühl der Unbesiegbarkeit.

Wenn ein Kind, das einem durchaus üblichen Ereignis ausgesetzt wird, etwa eine Krankheit oder einen Unfall erleidet, in einer von Liebe und Unterstützung getragenen Umwelt lebt, werden die Folgewirkungen eines einmaligen Traumas zum Teil aufgefangen. Dennoch werden solche Ereignisse nur selten vergessen – das gilt selbst dann, wenn die Kinder geliebt und unterstützt werden, selbst dann, wenn die Ereignisse plötzlich und kurz waren, selbst dann, wenn die Kinder sehr klein und noch nicht einmal zwei Jahre alt waren, und selbst dann, wenn nicht darüber gesprochen wird. Sie hinterlassen unmißverständlich ihre Spuren in der Erinnerung, die in Ängsten, im Spiel oder bei sonstigen Aktivitäten zutage treten, in denen das Kind das schreckliche Ereignis nochmals durchspielt. Und sie treten in Träumen zutage.

»Durch ein Kindheitstrauma«, schreibt Terr in ihrem Buch *Too Scared To Cry,* »werden ein für allemal Schreckensbilder in den Schaltkreis des Geistes eingebaut. Diese Schreckensbilder ›laufen‹ dann tagsüber ab und lösen unbewußt stille Grübeleien, Phantasien, körperliches Unwohlsein und irgendwelche Handlungen und Spiele aus. Aber diese Bilder ›laufen‹ auch nachts ab (in ihren alles andere als kindgerechten und jugendfreien Fassungen) und lösen die Art von Träumen aus, von denen Macbeth sagt: ›Mordet den Schlaf!‹«[5]

Daß diese extrem belasteten Bilder in der Datenbank der Erinnerung gespeichert sind, bedeutet, daß neue, selbst banale Erfahrungen, die Gefühle der Angst und Machtlosigkeit wecken, diese alten Bilder noch lange, sehr lange, vielleicht sogar ein Lebenlang zum Widerhall bringen. Die Erwachsenensicht der Kindheit als eine Zeit der Unschuld und Freiheit von weltlichen Sorgen ist ein nostalgisches Bild, das mehr auf Wunschdenken als auf der Realität beruht.

Im Leben vieler, vielleicht der meisten Kinder passieren schlimme Dinge. Eltern werden durch irgendwelche Krankheiten oder Umstände außer Gefecht gesetzt, Autos verunglücken, Haustiere sterben, der Blitz schlägt ein, Kinder werden mißhandelt oder mißbraucht.

Was geschieht mit Kindern, deren Leben im Alltag von Gewalt geprägt ist, die früh lernen müssen, sich vor einsamen Orten in acht zu nehmen, die durch Bombenaktionen in Bussen oder Kirchen Freunde oder Verwandte verlieren, die von der Schule nach Hause gehen, um festzustellen, daß ihre Häuser von Raketen zerstört wurden, die nachts durch Fliegeralarmsirenen aus dem Bett geworfen und von völlig verängstigten Eltern unter Gasmasken gesteckt werden, die gerade auf dem Schulhof sind, wenn ein geistesgestörter Mann wild und wahllos in die Menge schießt?

Einen wichtigen Anhaltspunkt liefern die Studien über ihre Träume. Yoram Bilu von der Hebräischen Universität in Jerusalem untersuchte mehr als zweitausend Traumberichte von elf- bis dreizehnjährigen jüdischen und arabischen Kindern, die in Städten, Dörfern, Flüchtlingslagern und andernorts in Israel und im Westjordanland lebten.[6] Er stieß dabei auf ein übermäßiges Maß an Aggression und Gewalt und einen auffälligen Mangel an Freundlichkeit. Fast jedes zweite arabische Kind und nahezu jedes fünfte jüdische Kind berichteten zumindest von einem Traum über einen Zusammenstoß mit der anderen Seite.

In mehr als zweihundert dieser Träume empfanden die Kinder sich als Opfer von Aggressionen, die in der Regel von Erwachsenen ausgingen und gegen sie gerichtet waren. Diese Aggressionen beinhalteten für gewöhnlich ein hohes Maß an Gewalt. Wobei die Angreifer, egal, ob sie die Initiatoren der Gewalt waren oder ob es sich bei ihrer Aktion um eine Vergeltungsmaßnahme handelte, stets bestrebt waren, ihre Gegner zu verletzen und zu töten. Der typische Traum jüdischer Kinder von einem solchen Zusammenstoß handelte zum Beispiel von einem Anschlag arabischer Terroristen. Die arabischen Kinder sahen sich in ihren Träumen als Opfer von Terror und Gewalt, die im wesentlichen auf das Konto israelischer Soldaten gingen. Typisch für beide Gruppen von Kindern war, daß die Angriffe im Traum oft an normalerweise als sicher empfundenen Orten stattfanden, zu Hause, in der Nachbarschaft oder in der Schule, und jeweils ohne die schützende Anwesenheit der eigenen Eltern oder anderer Erwachsenen. Sowohl die Juden als auch die Araber wurden in den

Träumen der jeweiligen Gegenseite stereotyp, bar jeder Individualität und Menschlichkeit dargestellt. »Da die kindlichen und jugendlichen Träumer von heute die Politiker und Soldaten der nächsten Jahrzehnte sind«, schreibt Bilu, »verkünden diese festgefahrenen und fest etablierten Schematisierungen und Bilder, wenn man sie ernst nimmt, mitnichten etwas Gutes für die Dynamik und den Fortbestand des Konfliktes.«

Äußere Ereignisse sind entsetzlich genug. Aber schlimmer noch ist es, wenn der Angriff auf die persönliche Integrität oder das eigene Leben von einer nahestehenden Person ausgeht, einem Elternteil oder Lehrer, oder wenn diese Person das Kind als grundlegend schlecht, nicht liebenswert oder als Unperson definiert. In dem Fall kann das kindliche Selbstwertgefühl so gravierend gefährdet werden, daß das Traumprogramm des Selbsts ernsthaft Schaden nehmen kann.

Die Psychologin Patricia Garfield aus San Francisco bat dreizehn Mädchen bzw. junge Frauen im Alter zwischen dreizehn und zwanzig Jahren, ihre »schlimmsten Träume« zu beschreiben.[7] Sie waren alle Opfer schweren sexuellen Mißbrauchs durch ihre Väter oder andere männliche Erwachsene, die den Platz des Vaters einnahmen. Was nicht überrascht, ist, daß das in den Träumen am häufigsten vorkommende Thema, angegriffen zu werden, war, und daß die in den Träumen am häufigsten vorkommenden Emotionen Hilflosigkeit und panische Angst waren. Ein Kind, das sowohl von seinem Stiefvater als auch dem Ex-Freund seiner Mutter mißbraucht worden war, berichtete folgenden Traum:

»Nachdem X über mich hergefallen ist, packt er meine Mutter und meinen Bruder und mich und bringt uns nach draußen zu diesem großen Schuh. In diesem Schuh ist eine Kanone. Und er nimmt meine Mutter und steckt sie in die Kanone und schießt sie heraus. Und ich muß zusehen, wie er meine Mutter umbringt. Das gleiche macht er mit meinem Bruder und dann mit mir.«

Nachdem es von ihrem Stiefvater sexuell belästigt worden war, hatte ein anderes Kind darum gebeten, bei seinem leiblichen Vater leben zu dürfen. Das Mädchen träumte:

»Ich bin wieder zu Hause bei meiner Mutter und meinem Stiefvater, und mein richtiger Vater kommt vorbei, um mit ihnen zu reden. Nach einer Weile kommt er aus dem Haus und sagt mir, daß ich

nicht mitkommen kann, weil er mich nicht haben will. Mein Stiefvater lacht nur.«

Der Traum des Mädchens, sagt Garfield, reflektiert ihre Furcht, wenn sie etwas sagt, daß sie sich damit der Gefahr aussetzt, sich lächerlich zu machen und abgelehnt zu werden.

Einige der Mädchen fanden Wege und Möglichkeiten, mit den Dämonen ihrer Albträume fertig zu werden. Als ein Mädchen träumte, es werde mit einem Messer in die Achselhöhle geschnitten, sah es, wie es im Traum selbst zum Krankenhaus rannte. Es erzählte:

»Ich bin fast gestorben, aber ich habe durchgehalten, für meinen Freund und meine Schwester.«

Ein anderes Mädchen, das unter wiederkehrenden Träumen litt, in denen es von einer riesigen Wildkatze gejagt wurde, träumte schließlich, daß das Tier es liebkoste, ihm versprach, es zu beschützen, und sich dann in seine Mutter verwandelte.

Mißhandelte oder mißbrauchte Kinder brauchen nach Garfields Überzeugung eine Anleitung, um auch die positiven Zeichen der Stärke in ihren Träumen zu finden. Ein Mädchen hatte immer wieder den Traum, in dem es fiel, sich das Rückgrat brach und starb. Als Garfield das Mädchen fragte, wie es diesen Traum verbessern könne, kam die Antwort: »Ich könnte mir einfach das Rückgrat brechen und nicht sterben.« Diese Art von Antwort steht in starkem Kontrast zu den Antworten, die nicht mißbrauchte Kinder geben, sagt Garfield, die in dem Fall Rettungshubschrauber oder Superman als Retter erfinden.

Wenn Kindheitsträume bis ins Erwachsenenalter fortbestehen

Schlechte Träume können »im Untergrund verschwinden«, wenn wir älter werden, sie tauchen aber oft in schwierigen Zeiten wieder auf. Patti, eine attraktive und talentierte Frau von Ende Zwanzig und professionelle Sängerin, kam hilfesuchend wegen ihrer Albträume zu mir, die sie zeit ihres Lebens quälten. Patti erzählte, daß sie mindestens viermal in der Woche, oft mehr als nur einmal in der Nacht stöhnend, schreiend oder weinend aufwachte. Keck und sportlich sah Patti so gesund und glücklich wie ein Müsli-Reklamegirl aus. Aber psychisch war nicht alles mit ihr in Ordnung.

Patti erinnerte sich, daß sie bereits als Kind Albträume gehabt hatte. Sie flößten ihr eine solche Angst ein, daß sie dann jeweils zu ihren Eltern ins Schlafzimmer lief und zu ihnen ins Bett kroch. Ihre Albträume hielten auch während ihrer kurzen und unglücklichen Ehe an und brachten ihren Mann so weit, daß er auf der Couch schlief. Als sie zu mir kam, teilte sie sich eine Wohnung mit einer Frau. Sie hatte einen Freund, aber Angst, mit ihm zusammenzuschlafen, aus Furcht, der Krach, den sie nächtens veranstaltete, könnte ihn erschrecken und von ihr forttreiben.

Als Sängerin hatte Patti keine regelmäßigen Arbeitszeiten, und sie war viel auf Reisen. Ihre Nachbarn in Hotelzimmern riefen manchmal nachts den Portier an, um ihn zu alarmieren, daß nebenan eine Frau angegriffen werde – ein Thema, das Patti in vielen ihrer Albträume verfolgte. Oft wachte sie wimmernd, in Angstschweiß gebadet und mit rasendem Herzklopfen auf. Einige der Träume, an die Patti sich aus jüngerer Zeit erinnerte, waren zum Beispiel:

Mein Hund wurde erschossen.

Im Zimmer nebenan wurde jemand erwürgt.

Ein Hund biß mir die Hände ab.

Ich wurde in einem kleinen Raum, der wie ein Schrank aussah, gefangengehalten. Er war speziell für Prostitutionszwecke hergerichtet. Und man sagte mir, wenn ich schwanger würde, müßte ich die Abtreibung selbst vornehmen.

Ich bin Soldat. Ich habe mein Gewehr verloren. Wir sollten ausrükken, ich wollte aber nicht ohne mein Gewehr gehen. Der Rest der Truppen ging los. Ich blieb zurück, konnte mein Gewehr aber nie finden. Und jetzt werde ich des Hochverrats beschuldigt, weil ich desertiert sei.

Die Dimensionen in Pattis Träumen – männlich / weiblich, Gefahr / Sicherheit, Schuld / Unschuld, hilflos / (leistungs)fähig – werden alle von der belastenden Seite her dargestellt. Sie reflektieren, daß sie Schwierigkeiten mit ihrer sexuellen Identität hat, daß sie sich sorgt, angegriffen zu werden, und daß sie Scham empfindet und sich machtlos fühlt. Wo kommen solche Träume bei einer so netten scheinbar völlig normalen Frau her?

Patti war ein Adoptivkind. Sie war als uneheliches Kind zur Welt gekommen und kannte den Namen ihres leiblichen Vaters nicht einmal. Ihre Mutter hatte während ihrer Schwangerschaft bei ihrem Bruder und dessen Frau gelebt und war nach Pattis Geburt aus der Stadt weggezogen. Patti war eine Frühgeburt und wog nach der Entbindung nur dreizehnhundertsechzig Gramm. Pattis Tante und Onkel, die bereits einen adoptierten Sohn hatten, adoptierten auch sie. Später bekamen sie noch ein eigenes Kind, ein Mädchen.

Patti lernte, ihre leibliche Mutter »Tante« und ihre Adoptiveltern »Mutter« und »Vater« zu nennen. Es sprach nie jemand mit ihr über die Umstände ihrer Geburt. Sie merkte jedoch oft, daß die Gespräche abbrachen, wenn sie ins Zimmer kam, und die Erwachsenen dann geheimnisvolle Blicke untereinander austauschten. Das und andere Hinweise brachten sie sehr früh in ihrer Kindheit zu der Überzeugung, daß etwas mit ihr nicht in Ordnung war. Bis zu ihrer Grundschulzeit hatte sie sich die Geschichte dann Stück für Stück selbst zusammengereimt, zugleich aber sehr wohl verstanden, daß darüber nicht geredet werden sollte. Es war das erste belastende Geheimnis, das sie mit sich herumtrug.

Pattis leibliche Mutter heiratete später und hatte in dieser Ehe auch weitere Kinder. So hatte Patti Halbschwestern und Halbbrüder, die sie als eine entferntere Verwandte betrachteten. Kein Wunder, daß sie Identitätsschwierigkeiten hatte. Sie betrachtete sich selbst als ein Kind der Sünde, eine Sicht, die ihr Selbstwertgefühl grundlegend bereits sehr früh in ihrem Leben schädigte.

In ihrer Adoptivfamilie war Patti das mittlere Kind. Die Familie gehörte zur Arbeiterschicht. Ihr Vater und ihr Bruder waren beide Alkoholiker und drogenabhängig. Pattis Rolle in der Familie war die des guten Kindes, Muttis Liebling.

»Ich ging als einzige zum College«, sagte Patti, »ich habe gebüffelt und etwas aus mir gemacht.« Gleichzeitig empfand sie diese Rolle jedoch auch als Belastung, denn sie bedeutete, daß sie Erfolg haben mußte. Sie heiratete früh, ihre Ehe war kurz und eine Katastrophe. Patti war für ihren Mann eine große Enttäuschung, der ihr sagte, sie sei »dumm« und »nicht sexy genug«. Patti zufolge wünschte er sich eine Verführerin, die mit Hüftgürtel und Strapsen auf dem Tisch herumtanzte. Was er bekam, war Doris Day.

Pattis Selbstvertrauen war in dieser Ehe so erschüttert, daß sie sich auf eine Affäre mit einem verheirateten Mann einließ. Sie glaubte, sich selbst beweisen zu müssen, daß sie als Frau sexuell attraktiv war. Ihrem Mann hatte sie von der Affäre nie etwas gesagt und schleppte noch immer Schuldgefühle deswegen mit sich herum. Und sie hatte

Angst, ihren Freund Frank zu verlieren, wenn er jemals dahinterkäme – ein weiteres mit Schuldgefühlen beladenes Geheimnis über sich selbst.

Patti verbrachte zwei Nächte in unserem Schlaflabor. Wir störten sie in der ersten Nacht nicht, sie gab aber das typische Bild von jemandem ab, der unter Traumängsten leidet und durch Wachwerden jede REM-Phase unterbricht.

In der zweiten Nacht klebten wir ihr einen Schalter in die Hand und baten sie, eine Faust zu machen, wenn sie einen schlechten Traum hatte. Wenn sie den Schalter drückte, so wurde das auf ihrem Diagramm sichtbar, und wir konnten sie wecken und nach ihrem Traumerlebnis fragen. In dieser Nacht hatte sie zwei schlechte Träume:

Traum 1

Ich begegnete in einer Bar einem älteren Mann, ein bulliger Typ. Er wollte mit mir tanzen. Ich dachte, ein Tanz kann nicht schlimm sein, aber dann wurde ich ihn nicht mehr los. Er folgte mir auf mein Zimmer, kam herein und fing an, mich zu schlagen.

Traum 2

Er handelte von meinem Hund Toto, ein großartiger Hund, ein großartiger Gefährte. Ich hatte ihn fünf Jahre. Er wurde von riesigen gepanzerten Käfern und riesigen Taranteln und Skorpionen angegriffen. Ich hatte entsetzliche Angst, ich war in Panik, aber ich wußte, wenn ich meine Panik nicht unter Kontrolle behielt, würde ich Toto nicht retten können. Und es wäre mein Fehler, wenn er sterben würde.

Als Patti am nächsten Morgen über den ersten Traum nachdachte, meinte sie: »Ich bringe mich selbst immer wieder in schlimme Situationen. Ich muß lernen, von vornherein ›nein‹ zu sagen.« Zum zweiten Traum sagte sie, sie habe eine tödliche Angst vor Bienen, insbesondere vor ihren »Stacheln«. Ihr Traum legte den Schluß nahe, daß sie Angst hatte, die männliche Sexualität würde sie ihrer »sicheren« Ersatzliebe – ihres Hundes – berauben.

Nach dieser Nacht kamen wir überein, daß Patti eine RISC-Therapie beginnen sollte. Sie sollte jeden Albtraum oder Traum, an den sie sich erinnern konnte, aufschreiben und ihre Notizen zu den wöchentlichen Sitzungen mitbringen, wo wir dann gemeinsam versuchen würden, deren Bedeutung aufzudecken und uns mit den Problemen auseinanderzusetzen, die diese Träume für sie darstellten.

In der ersten Woche kam Patti mit zehn Träumen an, über die sie sprechen wollte. In dreien wurde sie von einem Mann angegriffen, und sie versuchte vergeblich zu fliehen. In den anderen ging es auch um ihr sagenhaftes Geschick oder, wenn man so will, um ihre Schuldgefühle, daß sie immer wieder irgendwie »alles versaute«. In einem Traum sollte sie zum Beispiel heiraten, aber irgendwie stimmte bei allem etwas nicht, angefangen bei ihrem Kleid. In einem anderen hatten sie und Frank dessen Eltern zum Abendessen eingeladen, aber das Haus war ein einziges Chaos und ihr Essen eine einzige Katastrophe. Ihre Träume zeigten, daß sie Männern oder auch sich selbst nicht das Vertrauen entgegenbringen konnte, daß sie ihren ehelichen Rollen erfolgreich nachkämen.

Der aufschlußreichste Traum in dieser ersten Woche war vielleicht folgender:

Mein Ex-Mann und ein anderer Mann drohten mir, sie würden alle meine Sachen durchsuchen, weil sie bestimmte Informationen suchten. Ich hielt ein Papier in meiner Hand versteckt und versuchte, es vor ihnen zu verbergen. Ich wurde mit dem Gefühl wach, ich sollte meinem Freund von der Affäre erzählen. Der andere Mann im Traum war mein Bruder.

Ihre Schuldgefühle wegen der Affäre, ihre Angst, in ihrer neuen Beziehung wieder für irgendwelchen »Schlamassel zu sorgen«, die Hilflosigkeit angesichts des männlichen Eindringens in ihren Lebensraum, Sexualität gekoppelt mit Aggression und das Auftauchen ihres Bruders im letzten Traum, all diese Punkte zeigten zusammengenommen, welche Art von Hilfe Patti bei ihren Träumen brauchte.

Jeder Traum hat seinen eigenen historischen Hintergrund, die Erinnerungen an vorhergehende erfolglose Versuche, Krisen zu lösen, Versuche, die Pattis Sicherheits- und Selbstwertgefühl untergruben. Diese Erinnerungen und die damit verbundenen Gefühle waren die Wurzeln von Pattis Albträumen. Jeder Traum zeigte einen Versuch, bei dem sie in ihrem Bemühen, ein Problem zu lösen, gescheitert war. Die hierin offenbarten Traumdimensionen drehten sich um die Themen: Schuld/Unschuld, angreifen/angegriffen werden, hilflos/helfend, männlich/weiblich, versteckt/exponiert.

Pattis zweite Therapiesitzung war weniger produktiv. Sie kam mit weniger Träumen an, über die wir sprechen konnten, und diese Träume waren für sie weniger beängstigend. Warum? In der Woche zwischen ihrer ersten und zweiten Sitzung hatte sie von sich aus etwas unternommen und einen Stier bei den Hörnern gepackt. Sie hatte Frank von ihrer Affäre erzählt. Er akzeptierte die Geschichte verständnisvoll und erleichterte sie damit um eines ihrer dunklen Geheimnisse. Aber das war nur der Anfang. Unmittelbar nach dieser Erleichterung hatte sie zwei entsetzliche Nächte, in denen sie einmal weinend aus einem Inzesttraum aufwachte, wie sie sagte.

Mein Bruder drohte mir, ich würde meine Familie nie wiedersehen. Er wollte mich mit etwas erpressen, das in einem Brief stand, den ich geschrieben hatte. Darin ging es um eine Inzestenthüllung.

Nachdem sie ihre Schuldgefühle wegen ihrer außerehelichen Affäre abgeschüttelt hatte, kam ein drittes mit Schuldgefühlen beladenes Geheimnis an die Oberfläche. Ein Geheimnis, bei dem sie alles daran gesetzt hatte, es nie zu lüften, nicht einmal vor sich selbst. Warum drohte ihr Bruder ihr, sie von ihrer Familie abzuschneiden? Patti glaubte, dieser Traum hänge mit einem Vorfall zusammen, der vielleicht real, vielleicht auch nur ein Traum war, der sich ereignet hatte, als sie noch klein war. Sie erinnerte sich daran, die Hand ihres Bruders in ihrer Schlafanzughose zu fühlen. Sie glaubte, er sei in ihr Zimmer gekommen, als sie schlief, habe sich neben ihr Bett gekniet und sie unter der Decke befühlt. Sie hatte ihrer Mutter damals davon erzählt, war sich aber dennoch nicht sicher, ob die Geschichte tatsächlich wahr war. In ihrem Traum verknüpfte sie diese frühe Inzesterinnerung mit Briefen, die ihre sexuelle Schuld, die jüngeren Datums war, enthüllten. Dabei ging es um die Briefe, die sie an den verheirateten Mann geschrieben hatte und von ihm erhalten hatte. Sie hatte eine solche Angst, ihr Mann könnte sie finden, daß sie sie in winzige Fetzen zerriß.

Ich vermutete, daß es sich bei dieser »Inzest«-Erfahrung möglicherweise nur um einen sexuell stimulierten Traum, eine Phantasie gehandelt hatte, eine Phantasie, die vielleicht etwas mit einer Identifikation mit ihrer leiblichen Mutter zu tun hatte. Diese Phantasie erlaubte es ihr, sich vor dem Eingeständnis ihrer eigenen sexuellen Impulse zu drücken, indem sie sie auf ihren Bruder verlagerte. Und noch immer, auch heute als Erwachsene projiziert sie ihre sexuellen Gefühle auf schmutzige alte Männer, die sie verfolgen. Wie könnte sie jemals eine normale sexuelle Liebesbeziehung haben, solange sie sich selbst und ihre Impulse nicht akzeptiert?

Pattis frühe Identifikation, sich als Kind der Sünde zu sehen, und die Weigerung ihrer Adoptiveltern, sie über die Umstände ihrer Geburt aufzuklären, waren wohl die Quellen der Albträume in ihrer frühen Kindheit. Und wenn sie Albträume hatte, erlaubten die Eltern ihr, bei ihnen zu schlafen, was möglicherweise die verbotene sexuelle Stimulation noch weiter erhöhte und ihre Verwirrung und ihre Konflikte hinsichtlich ihrer sexuellen Identität noch weiter verstärkte. Kein Wunder, daß sie sich im Traum als eine Frau sah, die zur Prostitution gezwungen wurde, oder als ein Soldat, der sein Gewehr verloren hatte – ein Mann ohne Penis –, des Hochverrats schuldig gegenüber ihrem eigenen Geschlecht.

Patti gelangte bei unserer Arbeit an ihren Träumen selbst zu diesen Schlußfolgerungen. Wir kamen bei unserer Arbeit zügig und schnell voran. Die negativen Dimensionen in ihren Träumen wichen zunehmend positiven. Und parallel dazu ließen die Albträume nach. An ihre Stelle traten nach nur acht Wochen RISC-Therapie ganz normale Träume. Zum Beispiel dieser:

Ich sah mir im Traum selbst zu, wie ich in einem Ballett mittanzte und Blumen und Applaus für die gute Vorstellung erhielt.

Ein ausgesprochen positiver Traum, in dem ihre Geschlechtsrolle eindeutig feminin und okay ist.

Ich träumte, ich ging zu meinem alten Haus zurück, um zu sehen, ob mein Ex-Mann eine Freundin hatte, die mit ihm zusammenlebte.

Patti sagte, sie hoffte, dieser Traum würde sich bewahrheiten. Es würde sie entlasten, wenn er eine neue Partnerin hätte, denn noch immer fühlte sie sich verantwortlich dafür, ihren Mann sexuell enttäuscht zu haben.

Patti hoffte, Frank würde ihr einen Heiratsantrag machen. Sie wollte selbst Kinder haben, ehe es zu spät war. Frank war einige Jahre jünger als sie, wodurch sie sich sicherer bei ihm fühlte. Sie fühlte sich reifer und ihm in manchen Dingen auch überlegen, er hatte es aber nicht so eilig wie sie. Sie sagte mir, wenn er mir nicht bald einen Antrag macht, dann spreche ich von mir aus davon.

Patti schaffte es nie, einen Traum, in dem sie angegriffen wurde und sich hilflos fühlte, mittendrin zu stoppen. Sie schaffte es jedoch mit der Zeit, sich in ihren Träumen auch als kompetente Helferin statt als Opfer zu sehen. Sie aktivierte erfolgreich Bilder, in denen sie eine erstrebenswertere Rolle hatte. Zum Beispiel:

Ich träumte von einigen Mädchen, die die Straße hinunterliefen, weil sie mitbekommen hatten, daß sich dort ein Autounfall ereignet hatte, und ein Mann lag blutend am Straßenrand. Ich gab Anweisungen und rief um Hilfe. Ich gab ihm eine Herzdruckmassage. Alles war voller Blut. Ich hielt seine Hand und wollte ihn nicht in den Spiegel schauen lassen.

In ihrem Traum sah sie, daß auch Männer verwundbar sein können. Und daß sie die Starke sein konnte.

Keiner dieser Träume ließ sie laut aufstöhnen oder vor Angst wach werden. In allen verhielt sie sich kompetent und führte erfolgreich das durch, was sie sich vorgenommen hatte. Nach dieser Sitzung hatten wir eine Urlaubspause von einem Monat. Sie war in dieser Zeit mit Frank zusammen. Als sie zurückkam, hatten wir noch zwei weitere Sitzungen. Frank hatte ihr inzwischen einen Antrag gemacht, und sie hatten gemeinsam einen Hochzeitstermin festgelegt. Patti war merklich ruhiger und weniger zappelig. Die einzigen Träume, die ihr noch Unbehagen bereiteten, waren die, in denen ihr Ex-Mann kam und sie zurückhaben wollte. Sie glaubte jedoch, daß sie mit ihren Gefühlen, was ihn anging, fertig werden konnte. Sie hatte viele Probleme aus der Vergangenheit geglättet und freute sich auf die Zukunft. Sie hatte sich als einen femininen, sexuellen und guten Menschen akzeptiert, der glückliche Träume und friedliche Nächte hatte.

Hätte Patti das alles auch alleine schaffen können? Wahrscheinlich nicht. Sie mußte mit jemandem arbeiten, weil ihre Probleme so früh in ihrer Kindheit begonnen hatten. Aber sie veränderte eine ganze Menge in nur zehn Sitzungen. Dieser Erfolg war möglich, weil sie auch viele Stärken hatte. Sie verfügte über gute Bewältigungsqualitäten. Sie hatte sich durchs College gebüffelt, arbeitete in einem Beruf, den sie mochte, hatte eine enge Beziehung mit ihrer Adoptivmutter, schloß leicht Freundschaften und behielt die gewonnenen Freunde und Freundinnen. Ihre Albträume konzentrierten sich jetzt noch auf ein Problem: daß ihr Selbstwertgefühl darauf beruhte, »gut« zu sein, und damit Sexualität ausschloß. So konzentrierten wir unsere Arbeit nun darauf, ihr Selbstbild, soweit es diesen Punkt berührte, zu ändern und ihr zu der Einsicht zu verhelfen, daß sexuelle Gefühle absolut in Ordnung waren und daß es ebenso in Ordnung war, eine sexuellorientierte Frau zu sein.

Beth, eine andere Frau, die wegen schlechter Träume zu uns ins Schlaflabor kam, hatte auch in ihrer Kindheit ein Trauma erlitten, das ihr Kompetenz- und Selbstwertgefühl untergrub. Mit Neununddreißig hatte Beth das Gefühl, sie habe sich nach ihren Fähigkeiten nie selbst verwirklichen können. Sie war eine Musterschülerin gewesen, aber immer zurückgehalten worden, all das zu erreichen, wozu sie von ihren Fähigkeiten her imstande gewesen wäre. Sie hatte ihr Studium nie abgeschlossen.

»Ich fühle mich wie auf einem toten Gleis, so als ob ich alles verspielt habe und ohne Erfüllung sterben werde«, sagte sie mir. Sie konnte sich auf keine Richtung festlegen, in die sie hätte gehen wollen. Sie konnte nicht einmal das Problem benennen. Sie lebte allein, hatte nie geheiratet und seit kurzem angefangen, stark zu trinken. »Mich wird nie jemand lieben«, sagte sie. »Mit mir stimmt irgend etwas nicht.« Warum hielt sie so wenig von sich?

Beth erzählte mir von ihrer Kindheit und Jugend. Ihre Eltern waren nie glücklich, wie sie sagte, hatten aber um ihrer willen mit der Scheidung gewartet, bis sie vierundzwanzig war. Sie war ein Vaterkind und hatte nie eine enge Beziehung zu ihrer Mutter. Nach der Scheidung zog ihre Mutter in einen anderen Bundesstaat, und ihr Vater heiratete schnell wieder. Sie verlor sie beide. Daß ihr Vater desertiert war, wie sie es sah, verletzte sie am meisten.

In ihrer ersten Sitzung erzählte Beth einen klassischen Traum von hilfloser Passivität.

Ich hatte mich verfahren und fuhr auf einer falschen Straße. Als ich zu wenden versuchte, blieb ich im Schlamm stecken. Ich mußte in eine andere Richtung fahren, aber die Straße war unpassierbar, und ich konnte nicht sehen, wie ich zurückkommen konnte.

Ich bat sie, ihre Träume aufzuschreiben, so daß wir gemeinsam daran arbeiten könnten, und erklärte ihr, wie sie ihre Traumdimensionen identifizieren konnte. In unsere zweite Sitzung kam sie mit zwei Träumen:

Traum 1

Ich besuchte meine Mutter in einem Pflegeheim. Ich zog den Vorhang zurück, und sie war ganz aufgeregt vor Freude, mich zu sehen. Ich sagte ihr, ich komme von weit her, um sie zu besuchen. Sie konnte mich nicht hören. Ich schrie sie an, aber sie war taub gegenüber dem, was ich sagte. Es war frustrierend. Ich konnte nicht zu ihr durchkommen.

Traum 2

Ich war in der Kirche. Ich hatte die Lesung zu lesen. Aber ich stand falsch, so daß man mich nicht hören konnte. Ich stand ganz hinten in der Kirche und ohne Mikrophon. Ich machte eine Pause und überlegte, was ich tun sollte. Aber der Priester merkte nicht, daß ich noch nicht fertig war, und machte mit dem Gottesdienst weiter. Ich war völlig frustriert.

Diese beiden Träume öffneten die Schleusen zu einer Fülle von Erinnerungen für Beth. Ihr Vater war Pfarrer. Eines Tages, sie war etwa zehn Jahre alt, sagte ihre Mutter, sie solle mitkommen, sie würden herumfahren, um Beths Vater zu suchen. Beth merkte, daß irgend etwas Furchtbares in der Luft hing. Sie flehte ihre Mutter an, sie sollte ihr sagen, was los sei. Die Mutter nahm ihr das Versprechen ab, nie, nie etwas zu sagen und das Geheimnis mit ins Grab zu nehmen: Ihr Vater hatte eine Affäre. Sie fuhren los, um herauszufinden, wo er steckte. Beth war sehr aufgeregt.

Als sie mit ihrer Mutter wieder nach Hause zurückkam, rannte sie auf ihr Zimmer und weinte und weinte. Kurz ehe ihr Vater nach Hause kam, sagte ihre Mutter ihr, sie müsse sofort aufhören zu weinen und sie dürfe sich gegenüber ihrem Vater nie anmerken lassen, daß sie von der Affäre wußte. Sie dürfe nie mit ihm darüber reden oder ihm zeigen, daß sie sich von ihm verraten fühlte. Von diesem Zeitpunkt an gefror sie innerlich, sie erstarrte und zog sich still in sich zurück. Sie wurde unfähig, zu kommunizieren, zu fühlen, und sie wagte nicht mehr, sie selbst zu sein.

»Was könnten Sie tun, um diese Träume so zu verändern, daß sie ein besseres Ende finden?« fragte ich sie. Für den Pflegeheimtraum fand sie die Lösung, einen nonverbalen Weg zu nutzen, um zu ihrer Mutter durchzukommen. Sie wollte sie umarmen und leicht kneifen. Damit hätte sie ihre Aufmerksamkeit!

Für den Kirchentraum entschied sie sich, daß sie durch den Mittelgang nach vorne gehen und beim Gehen weiterlesen wollte. So würde der Priester sie sehen und hören. Durch diese Entscheidung schmolz das Eis, mit dem Beth ihre Emotionen umgeben hatte, als ihre Mutter darauf bestand, daß sie ihre Gefühle leugnete. In jeder Sitzung flossen von nun an Tränen.

In dem Zuge, wie Beth sich vornahm, sich in ihren Träumen mehr selbst zu behaupten, begann sie auch, diese Lektionen in ihrem übrigen Leben anzuwenden. Sie kündigte ihren öden Job und nahm ihr Studium wieder auf, um in einem neuen Anlauf ihren Doktor zu machen. Sie hatte inzwischen die Selbstsicherheit, daß sie sich ungehemmt selbst zum Ausdruck bringen und Freude an sich selbst haben konnte. Ihre Traumdimensionen – still sein / sprechen, verraten werden / unterstützt werden, sich erstarrt fühlen / sich frei fühlen – zeigten sich jetzt alle von der positiven Seite.

Sowohl Patti als auch Beth wuchsen mit Bildern auf, wonach sie in einer Weise schlecht waren, die sie selbst nicht korrigieren konnten. Patti stöhnte nachts laut, wenn sie in ihren Traumbildern Männer sah, von denen sie angegriffen wurde. Sie schämte sich ihrer »illegitimen« Geburt und fühlte sich dadurch verwundbar gegenüber sexuellem Mißbrauch. Sie war sexuell so gehemmt, daß ihr Mann sich von ihr scheiden ließ und sie in dem Gefühl zurückließ, versagt zu haben, was ihrem sowieso bereits geringen Selbstwertgefühl noch einen weiteren Schlag versetzte. Als sie ihre Träume verstehen lernte, verhalf ihr das zu der Einsicht, daß ihre Sexualität ein akzeptabler Teil ihres Lebens war, und dazu, nach diesem neuen Selbstbild mit einem neuen Partner zu leben.

Beth hatte erkannt, daß es gefährlich sein konnte, nach Gefühlen zu handeln. Das Handeln ihres Vaters hatte ihre Mutter aus der Fassung und ihre Ehe in Gefahr gebracht. Durch das Redeverbot, das ihre Mutter ihr ausdrücklich auferlegt hatte, wurde Beths Initiativbereitschaft insgesamt gelähmt. Besser überhaupt nichts tun, als Gefahr laufen, etwas Falsches zu tun oder zu sagen.

Durch eine Veränderung des Selbstbildes in den Träumen wird auch der Geist frei, sich bessere Möglichkeiten des Seins vorzustellen. So daß er die Erlaubnis gibt, im positiven Sinne zu handeln und die Gefühle mitzuteilen. Patti lernte es, sich in ihren Träumen als Helferin zu sehen; und Beth lernte es, den Mund aufzumachen und für sich zu sprechen. Die Veränderungen, die sie mit ihrer Arbeit an ihren Träumen vornahmen, bewirkten zugleich, daß sich ihr Selbstvertrauen erhöhte und sie fortan auch in ihrem Wachleben anders handeln konnten. Ein kleiner Traumerfolg versetzte Berge, bei beiden jungen Frauen.

→ SELBSTHILFE: Kindern helfen, aus ihren Träumen zu lernen

Die Träume, an die wir uns erinnern, sind die, die starke Gefühle in uns aufrühren. Diese Träume beinhalten oft das reale Gefühl, daß unser Selbst bedroht ist. Diese Bedrohung kann von innen kommen, wie bei Brian, bei dem sie darin bestand, daß seine sexuellen Gefühle nicht akzeptabel waren. In den frühesten Träumen, an die wir uns erinnern, kommt diese Bedrohung für gewöhnlich von außen.

Wenn Kinder anfangen zu lernen, daß nicht alle Erwachsenen freundlich sind oder daß selbst die Eltern gelegentlich feindselig werden können, schaffen sie Ungeheuer, Riesen und Hexen, um ihren Ängsten eine Form zu geben. Sie träumen dann möglicherweise, daß sie gejagt, gefangen oder angegriffen werden und selbst machtlos sind, sich selbst zu helfen. In diesen Träumen setzen sie sich mit ihrem Gefühl der Verwundbarkeit auseinander, das für sie ein wirkliches Problem ist, da sie kleiner und schwächer als Erwachsene sind. Manche behalten diese frühen Bilder in ihrem aktiven Traumrepertoire und spielen sie in ihrem späteren Leben in den verschiedensten Formen immer wieder durch, wann immer sie sich hilflos fühlen.

Buch für Buch führt der Kinderbuchautor Maurice Sendak uns vor Augen, welche Geschöpfe im Traumland herumstreifen. »An dem Abend, als Max seinen Wolfspelz trug und nur Unfug im Kopf hatte«, beginnt Sendaks Bilderbuchgeschichte *Wo die wilden Kerle wohnen*, wurde er ohne Essen ins Bett geschickt. In seinem Traum segelt Max davon, »Tag und Nacht und wochenlang und fast ein ganzes Jahr bis zu dem Ort, wo die wilden Kerle wohnen, die ihr fürchterliches Brüllen brüllten, ihre fürchterlichen Zähne fletschten, ihre fürchterlichen Augen rollten und ihre fürchterlichen Krallen zeigten.« Und er stellte schließlich fest, daß er der wildeste Kerl von allen war.[8] Oder: In Sendaks Bilderbuch *In der Nachtküche* fliegt der kleine Micky im Traum aus seinem Bett in die Nachtküche, fällt drei dickwanstigen Bäckern in die Hände, die wie Oliver Hardy aussehen und ihn in ihren Kuchenteig mischen. »Mitten im Backen jedoch … durchbrach Micky den Teig … sprang in den Brotteig, der fertig bereitlag und ... dehnte und bog ihn, formte und zog ihn«, bis er daraus ein Flugzeug geformt hatte, mit dem er auf und davon flog.[9]

Es sind die allgemeinen Probleme, mit denen wir alle in unserer Kindheit konfrontiert werden, die die Schöpfung unserer frühen Traumbilder vorantreiben – die Probleme, daß wir lernen müssen, uns vor körperlichen Verletzungen zu schützen, mit Feindseligkeiten umzugehen und nicht zuletzt mit unseren eigenen Gefühlen zu leben, die uns immer wieder aus der Bahn werfen. Wir können nicht alle Kinder vor Unfällen, Verletzungen, Schmerzen oder einem Krieg bewahren, aber wir können wachsam gegenüber den Träumen sein, die traumatische Ereignisse hinterlassen, den traurigen Geschichten des Selbst, die dringend eines besseren Endes bedürfen.

Wir können unsere Kinder ermutigen, uns ihre Träume mitzuteilen, vor allem ihre Albträume. So können wir erfahren, wie sie mit den allgemeinen Problemen umgehen, die sich in der Regel auch in ihren Träumen zeigen. Wenn sie in ihren Träumen fallen, können wir ihnen helfen, fliegen zu lernen oder Heuhaufen zu errichten, die den Aufprall des Falls auffangen. Wenn sie von Monstern gejagt werden, können wir ihnen beibringen, wie sie diese wilden Bestien zähmen können. Zum Beispiel wie Sendaks Max, der die wilden Kerle »mit seinem Zaubertrick« zähmte, indem er, ohne einmal mit der Wimper zu zucken, ihnen in die gelben Augen starrte.[10]

Manche Kinder können ihre Träume besser berichten, indem sie sie nachspielen oder zeichnen, anstatt sie mit Worten zu erzählen. In ihrem Buch *Nightmare Help* legt Anne Wiseman Eltern nahe, das Kind zeichnen zu lassen, um ihm bei der Bewältigung der im Traum zum Ausdruck gebrachten Konflikte zu helfen.[11] Wenn das Monster erst einmal auf dem Papier ist, können Sie das Kind zum Beispiel ermutigen, einen Käfig drumherum zu zeichnen oder dem Bild Helfer zuzufügen. Kinder müssen wissen, daß sie sich ihren Problemen nicht alleine stellen müssen. Mit der Frage: »Was kannst du machen, damit dieser Traum besser ausgeht?« können Sie Ihrem Kind helfen, positive Bewältigungsstrategien zu entwickeln.

Wiseman berichtet, daß ihr eigener Sohn schlecht träumte und in seinen Träumen immer wieder sah, wie ihr Haus abbrannte. Ihr Mann machte dem Jungen den Vorschlag, er sollte, wenn er das nächste Mal so etwas träumte, das Feuer löschen. Eines Morgens kam der Junge ganz aufgeregt zum Frühstück angelaufen. Er hatte es geschafft. Er hatte das Feuer gelöscht! Als seine Eltern ihn fragten, wie, sagte er stolz: »Ich habe darauf gepillert.« Möglich, daß sie damit ein nächtliches Problem gegen ein anderes eingetauscht hatten!

Eine meiner Patientinnen erzählte mir, daß sie seit ihrem dritten Lebensjahr unter wiederkehrenden Albträumen litt, in denen sie in einem brennenden Gebäude eingeschlossen war. Diese Träume fingen nach einem realen Vorfall an. Sie und ihre kleine Freundin spielten mit einer Puppe, und sie stritten sich, wer sie im Arm halten durfte. Ihr Vater, der in der Nähe Laub zusammenrechte und verbrannte, hatte von dem Gerangel der Kinder schließlich die Nase voll. Er packte die Puppe und warf sie ins Feuer. Erst als Erwachsene, nachdem sie Jahrzehnte unter diesem Albtraum gelitten hatte, fand diese Frau eine Lösung. Sie lernte es, in ihren Träumen zu schweben und so den Flammen zu entfliehen.

Wie Terrs Studien zeigen, können Probleme, wenn man klein und verwundbar ist, das kindliche Gefühl der Sicherheit, daß alles gut und in Ordnung ist, nachdrücklich schädigen. Kinder, die durch Traumata verwundet wurden, haben nicht viele gute Nächte und süße Träume. Sie müssen über ihre Albträume sprechen, ihre Ängste ausdrücken und lernen, ihnen mit Bildern entgegenzuwirken, die zeigen, daß sie auch erfolgreich mit Dingen fertig werden können.

Vorbeugung ist weitaus besser als jede Behandlung. Träume sind eine wundervolle Ressource, die Eltern nutzen können, um ihren Kindern zu helfen, eine stabile Identität aufzubauen. Kinder müssen das Gefühl haben, daß ihre Träume interessant und verständlich sind und daß sie sie mitteilen können, wenn sie erschreckend sind, und dann die Hilfe bekommen, die sie brauchen, um mit den in den Träumen zum Ausdruck gebrachten Gefühlen fertig zu werden. Regelmäßige Traumkontrolluntersuchungen können genau wie allgemeinmedizinische und zahnärztliche Kontrolluntersuchungen helfen, daß das Kind gesund bleibt. Versuchen Sie, folgendes in Ihrer Familie zu praktizieren: Machen Sie es sich zur festen Gewohnheit, sich an einem Tag am Wochenende am Frühstückstisch Ihre Träume mitzuteilen. Führen Sie einen Tag des schlimmsten Traumes ein, einen Tag des schönsten Traumes, einen Tag des genialsten Traumes – und genießen Sie es, sich die Geschichten mitzuteilen, die Träume zu erzählen haben.

Natürlich ist es auch im späteren Leben noch möglich, ein geschädigtes Selbstbild zu korrigieren und alternative Szenarien zu aktivieren, die die positiven Seiten der jeweils vorherrschenden Traumdimensionen darstellen, und diese neuen Bilder so zu stärken, daß sie nach Möglichkeit bei künftigen Krisen neue Träume mit gesünderen Reaktionen schaffen, aber diese Aufgabe nimmt dann ungleich mehr Zeit in Anspruch und ist dann ungleich schwieriger zu erfüllen als die, in der Kindheit ein starkes Selbstbild zu schaffen.

13. Wenn die Traumfunktion gestört wird

»O Gott, ich glaube, ich habe gerade zwei Menschen getötet«, sagte Kenneth James Parks den Polizeibeamten in Toronto. Gegen fünf Uhr morgens stolperte er in ihr Revier. Aus vielen tiefen Wunden an den Händen tropfte ihm das Blut. Es war der 24. Mai 1987. Einen Block weiter, in der schwiegerelterlichen Wohnung, fand die Polizei seine Schwiegermutter, erstochen, und seinen Schwiegervater, stark blutend, zwar noch am Leben, aber nicht mehr bei Bewußtsein.

Parks blutete an den Händen so stark, daß die Polizei seine Vernehmung unterbrechen und mit ihm in ein Krankenhaus fahren mußte, nachdem sich seine Verwirrung so weit gelegt hatte, daß er die Schmerzen fühlte. Der Chirurg, der die Wunden behandelte, sprach von »Defensiv«-Wunden. Die Polizei schloß daraus, daß Parks sie sich beim Handgemenge mit seiner Schwiegermutter um das Küchenmesser zugezogen hatte, mit dem er sie sodann erstach.

Bei seiner Verhandlung behauptete Parks, er sei zu Hause in seiner über zwanzig Kilometer vom Tatort entfernt gelegenen Wohnung schlafen gegangen und erst nach dem Mord wieder aufgewacht. Er konnte sich weder an die Fahrt zur Wohnung seiner Schwiegereltern noch an den Tathergang selbst erinnern. Ich war einer der beiden Schlafexperten, die bei seinem Fall hinzugezogen wurden, ihn interviewten und halfen, seine Verteidigung vorzubereiten. Wir gelangten zu dem Schluß, daß er die Tat schlafwandelnd und damit in einem Zustand geistiger Verwirrung begangen hatte. Das war unserer Meinung nach die einzige einleuchtende Diagnose. Eine andere medizinisch akzeptable Erklärung gab es nicht. Die Geschworenen schlossen sich unserem Votum an, befanden ihn für nicht schuldig und sprachen ihn frei.

Der Fall Parks ist ein extremes Beispiel, was passieren kann, wenn das Traumsystem falsch funktioniert. Wenn, wie in dem Fall, die Grenze zwischen Schlaf und Wachzustand verschwimmt. Der Schläfer wird durch das starke Gefühl, er sei irgendwie bedroht, aus dem Bett getrieben. Er ist teils wach, teils schläft er. Er handelt oft gewalttätig, aber ohne bewußt zu denken. Bisher haben wir uns mit schlechten Träumen beschäftigt, die schlimmen Erfahrungen folgen und manchmal über viele Jahre hinweg die Ursache von Schlafstörungen sind; jetzt wollen wir uns das äußerste Ende des Spektrums ansehen, das Vulkanausbrüchen an der Oberfläche des Schlafes gleichkommt. Unser Wissen, wie Träume dazu dienen, daß wir in unserem Leben unser psychisches Gleichgewicht wahren, geht zum Teil auf Beobachtungen zurück, bei denen wir sehen konnten, was geschieht, wenn Träume nicht so funktionieren, wie sie sollten.

Parks war der erste Mensch in Kanada, der vor dem Hintergrund einer auf Schlafwandeln aufgebauten Verteidigung eines Mordes für unschuldig befunden und freigesprochen wurde. Der Fall ist jedoch noch nicht abgeschlossen. Bei der Drucklegung dieses Buches hatten die Staatsanwälte gerade Berufung beim Obersten Gerichtshof Kanadas eingelegt.[1]

Parks Fall ist zwar außergewöhnlich selten, aber keineswegs einmalig. In der medizinischen Literatur finden wir Berichte von mehr als dreißig ähnlichen Fällen, die bis ins Jahr 1859 zurückgehen, als Esther Griggs ihr Baby aus dem Fenster warf. Benommen vom Schlaf glaubte sie, ihr Haus stehe in Flammen. Sie versuchte, das Leben ihres Kindes zu retten. Ein vorbeikommender Polizist, der Augenzeuge des Geschehens war, legte vor der Anklagejury einen überzeugenden Bericht über ihr Verhalten ab.[2]

Schlafwandeln

Schlafwandler werden zwar nur selten gewalttätig gegenüber anderen, sie fügen sich aber oft selbst Verletzungen zu, wenn sie etwa gegen Möbel rennen oder aus dem Fenster fallen. Prellungen, Schnittwunden und Knochenbrüche sind oft die Folge. Während junge Schlafwandler in der Regel einen Mangel an Koordinationsvermögen und eine gewisse Unbeholfenheit an den Tag legen, bringen Erwachsene es manchmal zu Leistungen, die wahrlich ein beachtliches Geschick voraussetzen, wenn sie etwa ordentlich eine Krawatte binden oder Auto fahren. Oft geben sie sich quasi automatisch ablaufenden Verhaltensweisen hin, indem sie etwa Schubladen öffnen und schließen oder einen Wasserhahn auf- und wieder zudrehen und wieder aufdrehen.

Das sind typische Handlungen, aber typisch ist auch, daß Schlafwandler sich bei jeweils nächster Gelegenheit in ihren Handlungen wiederholen. Das heißt, daß Schlafwandler, die zum Beispiel essen, wenn sie ihre Runden drehen, auch bei nächster Gelegenheit wieder zum Kühlschrank gehen. Dabei essen sie oft Dinge, die sie normalerweise als ungenießbar betrachten würden, etwa rohen Speck oder fertige Kuchenbackmischungen. Oder andere essen seltsame Kombinationen. So hat der Schlafexperte Neil Kavey von der Columbia University zum Beispiel einen Patienten, der sich Sandwiches macht, indem er Schokoriegel zwischen zwei Scheiben Brot legt. Viele dieser Nachtesser sind Personen, die tagsüber Diät halten. Sie können nicht verstehen, warum sie nicht abnehmen, und sie sind überrascht, wenn sie morgens Schweinereien in der Küche oder leere Verpackungen von irgendwelchen Dingen im Schlafzimmer vorfinden.[3]

Schlafwandler leben nicht ihre Träume aus. Das Schlafwandeln tritt während einer partiellen Aktivation aus der tiefsten Phase des Non-REM-Schlafes ein, in der Regel etwa eine Stunde nach Beginn des Schlafes, ehe der REM-Schlaf beginnt. Der Schlafspezialist Roger Broughton vom Ottawa General Hospital, der eine Schlüsselrolle bei der Verteidigung Parks' spielte, beschrieb dieses Phänomen erstmals 1968.[4] Aus neueren Forschungen ist bekannt, daß die Gehirnaktivität während des Schlafes sehr komplex sein kann. Die raschen und sich wiederholenden Wechsel zwischen Schlafen, Wachwerden und Träumen können für viele der hier beschriebenen bizarren Verhaltensweisen verantwortlich sein.

Trotz der komplizierten Handlungen, die manche während des Schlafwandelns vollbringen, ist die Fähigkeit zu kontrollieren, was man in diesem Zustand tut, gravierend eingeschränkt, sagt Broughton. »Es ist zum Beispiel unmöglich«, sagte er im Zeugenstand in Parks' Verfahren, »daß jemand, ehe er einschläft, einen Plan formuliert und diesen dann, während er schlafwandelt, ausführen kann.«

Pavor nocturnus (Schlafterror)

Schlafwandeln, das mit Verhaltensweisen wie aufrecht im Bett sitzen oder ein oder zwei Worte murmeln verbunden ist, steht am weniger problematischen Ende des Spektrums abnormaler Aktivationen, die den Schlaf unterbrechen können. Gravierender ist da schon der Pavor nocturnus, der Schlafterror, der sich in Form von plötzlichen Aktivationen mit grauenhaftem Schreien und hilflosem Weinen äußert und oft mit intensiver Furcht verbunden ist. Sowohl Schlafwandeln als auch der Pavor nocturnus sind bei Kindern vor der Adoleszenz so weitverbreitet, daß Ärzte beides als im Rahmen des Normalen empfinden. Rund 15 Prozent aller Drei- bis Neunjährigen schlafwandeln oder schrecken weinend aus dem Schlaf auf, in der Regel nur einmal alle paar Wochen, mitunter aber auch mehrmals wöchentlich. Die meisten Episoden von Schlafwandeln dauern weniger als fünfzehn Minuten. Im Gegensatz dazu dauern die Episoden von Pavor nocturnus, wie Eltern berichten, wesentlich länger und manchmal über eine Stunde.

Schlafwandler sind für gewöhnlich ruhig. Symptomatisch für den Pavor nocturnus ist jedoch, daß ein Kind zunächst laut schreit und dann herumrennt oder wild mit den Armen fuchtelt, als versuche es, einer schrecklichen Gefahr zu entkommen oder sich dagegen zu wehren. Solche Episoden treten am ehesten auf, wenn ein Kind übermüdet ist, Fieber hat oder Medikamente genommen hat, die das Zentralnervensystem beeinflussen.

Beim Auftreten des Pavor nocturnus ist es in der Regel schwierig, wenn nicht gar unmöglich, das völlig erregte, schreiende Kind zu trösten. Möglicherweise versteht es den Versuch der Mutter oder des Vaters, es zu beruhigen, völlig falsch und gerät noch mehr außer sich und reagiert sogar hysterisch. Das Kind hat dabei möglicherweise die Augen offen, es starrt aber mit verglastem Blick um sich, statt irgend etwas wirklich wahrzunehmen. Ein schlafwandelndes Kind kann herumstolpern und auf der Suche nach dem Bad versehentlich einen Papierkorb oder Schrank für die Toilette halten. Wird es geweckt, kann es verwirrt und desorientiert sein. Da Kinder am nächsten Tag keinerlei Erinnerung an diese Episoden haben, können sie nur schwer die Geschichten glauben, die andere ihnen von ihrem nächtlichen Treiben erzählen.

Beides, Schlafwandeln und Pavor nocturnus, sind erblich. Die meisten Kinder lassen diese Verhaltensweisen allerdings auch ohne spezielle Behandlung bis zum Teenageralter ganz von selbst hinter sich. Sie haben keine bleibenden Folgen. Nicht zu übersehen ist jedoch, daß diese Episoden auch den Schlaf der ganzen übrigen Familie stören und damit den häuslichen Streß erhöhen können. Wenn sie häufig auftreten, kann es auch problematisch sein, zum Beispiel bei einem Freund oder einer Freundin zu übernachten, an einem Ferienlager teilzunehmen oder mit der Familie zu verreisen.

Eltern brachten ihren zwölfjährigen Sohn zu uns ins Schlaflabor, weil der Junge mitten in der Nacht im Winter barfüßig und im Pyjama zum Haus seines Freundes gelaufen, an der Haustür geklingelt und die erstaunten Eltern gefragt hatte, ob sein Freund nicht rauskommen und mit ihm spielen könne. Erst als sei ihn fragten, ob er wisse, wie spät es ist, setzte die Erinnerung des Jungen wieder ein.

Der Prozentsatz derer, die als Erwachsene immer noch gelegentlich, ein oder zweimal im Jahr schlafwandeln, liegt bei etwa ein oder zwei Prozent. Und die Zahl derer, bei denen Schlafwandeln oder Anfälle von Pavor nocturnus erst im Erwachsenenalter einsetzen, ist noch geringer. Der Auslöser ist mitunter großer psychischer Streß. Man braucht nur an Lady Macbeth zu denken. In der Regel ist die Ursache jedoch subtiler Natur.

Einer meiner erwachsenen Patienten, Ben, zog sich bei einem Fall aus einem Fenster im zweiten Stock eine Wirbelfraktur und einen Lungenriß zu. Das Ganze passierte in einer heißen Sommernacht, er schlief alleine und ohne Pyjama. Er sagte, er sei »aufgewacht« und habe Feuchtigkeit unter sich gefühlt. Er schrie: »Hilfe! Hilf mir doch jemand!« Seine Nachbarn kamen ans Fenster und erkundigten sich: »Was ist passiert?« und »Sind Sie in Ordnung?«

Als Ben zu sich kam, merkte er, daß er nackt auf dem Rücken in einer Blutlache lag. Er hatte keine Idee, wie er dort draußen hingekommen war. Er stand auf, ging wieder ins Haus und die Treppe hoch und fand die Tür zu seiner Wohnung verschlossen. Als sein Freund, mit dem er sich die Wohnung teilte, auf sein Klopfen und Klingeln nicht reagierte, läutete er bei den Nachbarn, um zu fragen, ob er von dort seinen Freund anrufen könne. All das spielte sich ab, ehe er irgendeinen Schmerz fühlte. Ben erinnerte sich, daß seine Digitaluhr 0 : 03 Uhr anzeigte, als er zu Bett ging, und daß es 0 : 36 Uhr war, als die Sanitäter eintrafen, um ihn ins Krankenhaus zu bringen, wo er viele Wochen bleiben mußte, bis er wiederhergestellt war. Was immer zu seinem Unfall geführt hatte, es hatte sich innerhalb der ersten halben Stunde des Schlafes ereignet, ehe das Träumen begann.

Ben erzählte mir, daß er gegen Ende seiner Teenagerjahre angefangen hatte, im Schlaf zu schreien. Bei diesen Episoden hatte er oft ein Bild vor sich, wonach er in einem Gefrierschrank im Supermarkt eingeschlossen war und die Wände sich auf ihn senkten.

Warum ist er in jener Nacht aus dem Bett aufgestanden? Aus den Aufzeichnungen der Gehirnwellenmuster im Schlaflabor wissen wir, daß sowohl Schlafwandler als auch Personen, die unter Pavor nocturnus leiden, Schwierigkeiten haben, aus der ersten langen, tiefen Non-REM-Schlafphase in die aktive REM-Schlafphase zu wechseln. Hier können von außen kommende Geräusche wie eine zuschlagende

Tür oder ein plötzliches Autohupen eine abrupte, aber nur partielle Aktivation aus dem Tiefschlaf auslösen. Ebenso kann ein innerer Reiz wie Blasendruck der Auslöser sein. Sowohl Kinder als auch Erwachsene, die schlafwandeln oder unter Pavor nocturnus leiden, sind oft Bettnässer.

Diese Aktivationen können durch Aktivitäten gefördert werden, die diese erste Tiefschlafphase in der Nacht intensivieren – wie etwa ein Tag mit schweren körperlichen Anstrengungen oder auch einige Nächte mit Schlafmangel. Ein besonders tiefer Schlaf zu Beginn der Nacht scheint den Pool der Gefühle zu erhöhen, die im Traum zum Ausdruck gebracht werden möchten. Der normale Schläfer kann unter diesen Voraussetzungen in der ersten REM-Phase einen Albtraum haben. Im Unterschied dazu kommt es bei denjenigen, die Schwierigkeiten mit dem Wechsel in den REM-Schlaf haben, dann oft zu Bettnässen oder zu irgendwelchen skurrilen Aktivitäten. Es gibt jede Menge Fallberichte von Schlafwandlern, die aus dem Fenster springen, um irgendeiner Gefahr zu entfliehen, die gegen irgendeinen imaginären Gegner kämpfen, der sie vermeintlich angreift, oder sie versuchen, jemanden zu retten, den sie in Gefahr wähnen.

Einer meiner Patienten, ein Mann von vierundzwanzig Jahren, hob sein Wasserbett, das ein enormes Gewicht hatte, hoch, weil er glaubte, sein Neffe sei darunter gefangen. Ein andermal riß er ein Fenster samt Holzrahmen aus der Öffnung, um seine Schwester und seinen Schwager zu befreien, weil er glaubte, sie seien unter der Holzverkleidung begraben. Seine seltsamen nächtlichen Aktivitäten hatten etwa acht Jahre vorher begonnen, nachdem er zusammen mit einem Freund zwei Kinder vor dem Ertrinken gerettet hatte. Bei dieser Aktion, bei der es um Leben und Tod ging, hatte er entsetzliche Ängste ausgestanden. Diese Rettungsaktion wiederholte er im Schlaf immer wieder, aber nicht, indem er sie träumte, sondern ausagierte. Ein anderer Patient von mir zerrte seine Frau aus dem Bett, um sie vor vermeintlichen Flammen zu retten.

Bei der Erklärung ihrer nächtlichen Aktionen sagen diese Personen oft, daß sie zu irgendeiner extremen Maßnahme greifen mußten, um nicht zu ersticken oder erdrückt zu werden. Sie beschreiben sich selbst in der Regel als Tiefschläfer. Die Anstrengung, aus einem tieferen als normalen Schlaf herauszubrechen, leistet der Vorstellung Vorschub, daß ein Gewicht auf ihnen lastet und sie unten hält. Und diese Anstrengung kann gewalttätige Handlungen auslösen. Die meisten von ihnen zertrümmern dabei Objekte, wobei sie sich oft so schwer verletzen, daß Operationen notwendig werden. Und viele verletzen andere dabei, oft diejenigen, die sie am meisten lieben.

In der Nacht, ehe er seine Schwiegermutter umbrachte, war Kenneth Parks viel zu aufgeregt, um zu schlafen. Er hatte bei Pferderennen gewettet und Geld verloren. Seine Frau war dahintergekommen, als er einen Scheck auf ihren Namen gefälscht hatte. Um seine Schulden zu decken, hatte er 32 000 Dollar bei seinem Arbeitgeber unterschlagen – und auch dieses Geld auf der Rennbahn verloren. Die Unterschlagung flog auf, und er wurde gefeuert. Womit seine Probleme perfekt waren. Er hatte zwar versprochen, für den Schaden aufzukommen, aber keine Idee, wie er das machen sollte.

Seinen Schwiegereltern hatte er von seinen Problemen noch nichts erzählt. Er wußte aber, daß seine Frau mit ihnen gesprochen hatte. Es war geplant, daß er und seine Frau sie am nächsten Tag besuchen sollten, um über die Situation zu sprechen, ihnen zu erklären, daß er entschlossen war, sich bei den Anonymen Spielern einer Therapie zu unterziehen und seine Schwiegereltern zu beruhigen, daß er alles daransetzen würde, um seine Schulden zu begleichen. Wir können uns vorstellen, was sich in ihm abspielte: Wie sollte er ihnen sein Verhalten erklären? Und er hatte Schuldgefühle und Angst vor der Demütigung, wenn er sein Vergehen eingestand.

Mit seinen wachsenden Spielschulden wurde Parks zunehmend verschlossener, er zog sich immer mehr zurück und wurde zusehends niedergeschlagener. Er teilte seiner Frau nicht mit, wie elend er sich fühlte. Er hatte monatelang nicht gut geschlafen, und der wenige Schlaf, den er bekam, war unruhig, leicht und kurz. Seine Frau ging oft ohne ihn zu Bett, während er noch unten blieb und lange bis nach Mitternacht vor dem Fernseher hockte.

Und es gab noch einen weiteren Faktor: Am Tag vor dem Mord hatte Parks erstmals seit vielen Monaten wieder Rugby gespielt. Da er völlig außer Form war, war er am Ende des Spiels körperlich erschöpft. Das letzte, woran er sich klar aus der Nacht, in der der Mord geschah, erinnerte, war, daß er den Schluß von *Saturday Night Live* gesehen hatte. Dann war er auf der Wohnzimmercouch eingeschlafen.

Unseren Vermutungen zufolge fiel Parks in jener Nacht, in der er seine Schwiegermutter tötete, in einen langen tiefen Schlaf, der länger und tiefer im Vergleich zu seinem normalen Schlafmuster war, eine Art von Nachholschlaf. Er war innerlich in Panik wegen seiner

Schulden und aufgewühlt, daß er am nächsten Tag zu seinen Schwiegereltern gehen und ihnen ins Gesicht sehen mußte und dabei keine Ahnung hatte, wie er alles wiedergutmachen sollte. Die Stärke dieser Gefühle und vielleicht irgendein äußeres Geräusch, das möglicherweise aus dem laufenden Fernseher kam, müssen die Schranken des Schlafes durchbrochen und ihn geweckt haben... aber nur partiell.

Er war mit der Jogginghose und dem T-Shirt eingeschlafen, die er sich bereits fürs Bett angezogen hatte. Er hatte weder Socken noch Unterwäsche an. In seinem seltsamen Halbzustand zog er sich eine Windjacke an, nahm die Wagenschlüssel und verließ das Haus, ohne die Tür abzuschließen. Als er aufs Polizeirevier kam, waren seine Schuhe noch immer nicht zugebunden. Er konnte sich nicht daran erinnern, zum Haus der Schwiegereltern gefahren zu sein, eine Strecke, die er in- und auswendig kannte, weil er sie oft gefahren war, und auch nicht, wie er in die Wohnung gekommen war.

Wir gehen davon aus, da er nicht bei vollem Bewußtsein war und nicht wirklich wußte, was er tat und ebensowenig warum, daß er bei seiner Ankunft genügend Lärm veranstaltete, um seine Schwiegereltern aufzuwecken, die im ersten Stock im Schlafzimmer schliefen. Er hat keine Ahnung, für wen oder was er sie hielt. Er hatte kein Motiv, sie umzubringen. Im Gegenteil, er hatte sie sehr gerne, und sie ihn. Sie waren Leute, die in bescheidenen Verhältnissen lebten. Es war kein Geld da, das bei ihrem Tod hätte abfallen können. Sie hatten nicht einmal eine Lebensversicherung.

Nach dem von der Polizei rekonstruierten Szenario hatte das Paar den Schwiegersohn im Dunkeln wahrscheinlich nicht erkannt. Denkbar ist auch, daß Parks klingelte und damit seine Schwiegermutter weckte, die ihn hereinließ. Dann schlug er mit einem Eisenwerkzeug auf sie ein. Sie rannte in die Küche und griff nach einem Messer, um sich zu schützen. In der Zwischenzeit ging Parks zum Schlafzimmer. Sein Schwiegervater wachte auf und fühlte Hände im Würgegriff um seinen Hals. Parks würgte den Mann, bis er bewußtlos war.

Vermutlich kämpfte Parks mit der älteren Frau um das Messer, griff es an der Klinge und schnitt sich dabei die Hände bis auf die Knochen auf. Bei dem Hergang brachte er sie um. Dann kehrte er ins Schlafzimmer zurück und stach auf seinen Schwiegervater ein. Parks, zum Zeitpunkt des Mordes dreiundzwanzig Jahre alt, ist einsachtundneunzig groß und bringt 254 Pfund auf die Waage. Er ist normalerweise ein weicher, zurückhaltender und gutmütiger Typ.

Seine Schwiegermutter hatte ihm ironischerweise den Spitznamen »der liebe Riese« gegeben.

Parks' Frau schlief in jener Nacht oben in ihrem Schlafzimmer. Sie hatte nicht gehört, wie er das Haus verließ. Parks hat keine Erinnerungen an die Ereignisse in jener Nacht, angefangen von dem Zeitpunkt, wo er zu Hause einschlief, bis er anfing »aufzuwachen«, mehr als zwanzig Kilometer von zu Hause weg, im Haus seiner Schwiegereltern, als er auf das Gesicht einer Frau herabblickte, die, wie er glaubte, »Hilfe brauchte«.

Er hörte die jüngeren Kinder der Schwiegereltern oben schreien. Sie waren vom Lärm wach geworden und hatten sich in Angst und Schrecken im Schlafzimmer verbarrikadiert. Parks ging die Treppe hoch und hinterließ dabei mit seinen Händen eine Blutspur. Er erinnerte sich, »Kinder, Kinder« gerufen zu haben, in dem Glauben, er könnte sie beruhigen. Die Kinder sagten aus, sie hätten nur jemanden gehört, der grunzende »tierische Laute« von sich gab. Sie flüchteten durch ein Fenster und rannten zum Nachbarhaus. Parks versuchte, das Telefon zu benutzen, um die Polizei zu rufen, aber seine Hände waren zu schlimm zerschnitten, er schaffte es nicht. So fuhr er mit dem Wagen um die Ecke zum nächsten Polizeirevier, um Hilfe zu holen.

Parks war durch die Ereignisse am Boden zerstört. Als ich ihm neun Monate später in seiner Gefängniszelle begegnete, konnte er sich noch immer nicht zu der Tat bekennen. Er versuchte, sie sich als das Werk irgendeiner anderen Person zu erklären, eines Unbekannten, der vor ihm in das Haus seiner Schwiegereltern eingedrungen war. Er kannte die Beweise, wonach er der Täter war, und er starrte auf seine vernarbten Hände, die der beste Beleg dafür waren. Aber dennoch konnte er weder mir noch sich selbst die Ereignisse jener Nacht irgendwie erklären.

Bei meinen Befragungen fragte er immer wieder mit aufrichtiger Bestürzung: »Warum sollte ich das tun, wenn ich dabei doch alles zu verlieren, aber nichts zu gewinnen hatte?« Zögernd fragte er mich, ob ich ihm helfen könne, die Erinnerung an diese Nacht zurückzugewinnen. Ich fragte ihn freundlich: »Möchten Sie das?« Er dachte eine Weile nach und sagte: »Nur wenn Sie sie dann auch wieder wegnehmen können.«

Parks lehnte es ab, gegen Kaution aus der Untersuchungshaft entlassen zu werden, und wartete über ein Jahr im Gefängnis auf sein Verfahren. Er hatte, wie er mir erklärte, Angst vor sich selbst und

Angst, zu Hause bei seiner Frau und seinem kleinen Kind zu schlafen. »Wenn ich das einmal tun konnte«, sagte er, »könnte ich es vielleicht wieder tun.« Die gleiche Angst äußern auch andere, die während des Schlafwandelns schon einmal gewalttätig wurden. Ein Mann, der mich unmittelbar nach einer solchen gewalttätigen Episode anrief, um mit mir einen Termin zu vereinbaren, erzählte mir, er habe abends siebzehn Tassen Kaffee getrunken, um zu verhindern, daß er in einen tiefen Schlaf fiel.

Mehrere Zellengenossen Parks und andere Mitgefangene aus dem gleichen Zellentrakt bestätigten, daß er ein seltsames Schlafverhalten habe. Er setze sich abrupt aufrecht hin und schreie im Schlaf laut auf. Die anderen versuchten dann oft, ihn zu wecken, indem sie auf die Metallgestelle der Betten klopften und genügend Lärm veranstalteten, um andere zu wecken, aber nicht Parks. Der Schlafspezialist Broughton zeichnete Parks' Schlaf zwei Nächte in einem provisorisch im Gefängnis eingerichteten Schlaflabor auf. Die dabei gewonnenen Daten zeigen die typischen Muster des Schlafwandlers: eine abnormal lange erste Tiefschlafphase, die von abrupten Aktivationen unterbrochen wird, statt eines normalen ruhigen Hinübergleitens vom Tiefschlaf über den leichten Schlaf zum REM-Schlaf.

Parks wurde auch von vielen anderen Experten untersucht. Psychologen, Psychiater und Neurologen machten mit ihm zahllose Tests, um irgendeine Erklärung für seine absonderliche Tat zu finden. Keiner fand irgendein Anzeichen einer psychischen Störung, ein Anzeichen, daß er unter irgendwelchen Anfällen litt oder irgendein neurologisches Problem hatte. Nur seine Familiengeschichte bot sachdienliche Hinweise, insofern als daß es in seiner Familie eine starke Linie von Bettnässern und Schlafwandlern gab.

Im vierten Jahrhundert v. Chr. schrieb Platon bereits in seinem Werk *Der Staat*, »daß jedem von uns eine schlimme, wilde und gesetzlose Art von Begierden innewohnt, sogar manchen, die einen durchaus maßvollen Eindruck machen, und dies zeigt sich denn also in den Träumen«.[5] Für Sigmund Freud hatte der Traum die »nützliche Funktion, den Schlaf vor Störung zu bewahren.« Er sah ihn als Sicherheitsventil, über das wir die durch unsere verbotenen und unbewußten Wünsche aufgebauten Spannungen lösen und so ungestört weiterschlafen können. Was aber nicht immer funktioniert, wie Freud einräumte. Manchmal könne ein Wunsch so »überstark werden«, daß er seine »Erfüllung gegen die Zensur« durchsetzt. Sie fühlt sich ohnmächtig gegen den Traumwunsch, »der sie zu überrumpeln droht«, und »so bedient sie sich anstatt der Entstellung des letzten Mittels, das ihr bleibt, den Schlafzustand unter Angstentwicklung aufzugeben«.[6]

Freud beschäftigte sich nicht mit der Erfahrung des Pavor nocturnus, sondern nur mit Angstträumen. Er sah in ihnen den Versuch, Ereignisse zu bewältigen, die wir in der Realität nicht bewältigen können. Beim Pavor nocturnus zeigt sich, daß der reguläre geordnete Ablauf von Schlaf und Träumen zusammenbricht: Im Normalfall bleiben Tagesgedanken und Tageserfahrungen, die sich auf ein aktuelles Problem beziehen, aktiv, wenn wir einschlafen. Die mit diesen Gedanken assoziierten Gefühle geben dem Netzwerk das Stichwort, in dem die mit diesen Gefühlen zusammenhängenden Erinnerungen gespeichert sind. Dieses Netzwerk wird mit unserem Eintreten in den REM-Schlaf aktiv.

Wird dieser Ablauf vor Beginn des REM-Schlafes unterbrochen, fehlt uns die schützende Sicherung der Muskellähmung. Sofern dann das direkt auf uns einwirkende Gefühl überwältigend ist, geht es am Verstand vorbei und direkt zur Handlung über. Die Pavor-nocturnus-Anfälle, die auftreten, ehe das Träumen beginnt, helfen uns zu sehen, was im Übergang zwischen Wachzustand und Träumen geschieht. Die Brücke zwischen beidem ist das Gefühl, oft ein intensives Gefühl, das durch irgendeine Krise aufgerührt wurde. Kenneth Parks hatte nicht nur sein eigenes Geld, sondern auch das verspielt, das er bei seinem Arbeitgeber unterschlagen hatte. Er war gefeuert worden. Auf sein Haus hatte er eine Hypothek aufgenommen. Er stand am Abgrund, an dem er seine Freiheit und vielleicht seine Frau, seine Familie und sein Haus verlieren konnte.

Sam, der Mann, der an inoperablem Krebs starb, dem wir in Kapitel 9 kurz begegneten, sprang eines Nachts, kurz nachdem er eingeschlafen war, aus dem Bett. Geräusche von seinem Sohn, der spät nach Hause kam, müssen ihn aufgerüttelt, aber nicht völlig geweckt haben. Er hielt seinen Sohn mit seinen 2,10 Metern für einen Riesen, der ihn umbringen wollte. Sam rannte in einen anderen Raum, griff das Samurai-Schwert, ein Souvenir aus dem Zweiten Weltkrieg, und jagte damit seinen Sohn ums Haus. Seine Frau rief immer wieder hinter ihm her: »Es ist doch nur ein Traum, Sam, nur ein Traum!« Glücklicherweise drang sie schließlich zu ihm durch und weckte ihn vollständig auf. Schockiert über das, was er getan hatte, lagen sein Sohn und er sich anschließend in Tränen aufgelöst in den Armen.

Mit fortschreitender Krankheit war Sam auch psychisch zusehends ins Bodenlose gestürzt. Er hatte sich schon ernsthaft mit Selbstmordgedanken beschäftigt, auch weil er mit seinen Schuldgefühlen nicht fertig wurde, daß er seine Familie »diese Höllenqualen durchmachen ließ«. Er hatte das Gefühl, zu jedem, auch zu sich selbst, den Kontakt verloren zu haben. Er sagte, er habe einen »gewaltigen Zorn« in sich. Und dieser Zorn brach über die sicheren Schranken des Schlafes hinweg bei dem Pavor-nocturnus-Anfall aus ihm heraus.

Warum sah er seinen geliebten Sohn als Feind? Möglicherweise nur, weil der Junge gerade da war und mit dem Krach, den er gemacht hatte, seinen Schlaf gestört hatte. Vielleicht auch, weil der Junge jung und gesund war und Sam weder das eine noch das andere war. In seinem halluzinatorischen Zustand wurde er von seinen Gefühlen überwältigt, und er kämpfte, genau wie Parks, weil er das Gefühl hatte, sein Leben sei in Gefahr.

Als sich der Vorfall ereignete, war Sam weder wach, noch träumte er. Das können wir aus verschiedenen Tatsachen ableiten: Sam konnte sich bewegen, er rannte sogar. Während des Träumens fehlt uns absolut die Fähigkeit, jene großen Muskeln zu bewegen, die wir brauchen, um zu handeln. Eine wichtige Ausnahme macht hier nur eine weitere Schlafstörung: das sogenannte Schenck-Syndrom (REM Sleep Behaviour Disorder). Ein wichtiges Unterscheidungsmerkmal zwischen dieser Störung, bei der Menschen ihre Albträume ausagieren, und den verwirrten Handlungen, zu denen es beim Pavor nocturnus kommt, ist und bleibt jedoch das Timing, der zeitliche Ablauf.

Typisch für den Pavor nocturnus ist, daß er früh in der Nacht, bald nach Beginn des Schlafes auftritt. Anfälle, die dem Schenck-Syndrom zuzurechnen sind, treten später im Schlaf auf. Sam erkannte seinen Sohn nicht und hörte auch seine Frau mehrere Minuten lang nicht. Diese mangelnde Ansprechbarkeit ist typisch für jemanden im Tiefschlaf. Personen, die träumen, können in der Regel einfach vollständig geweckt werden, indem man sie beim Namen ruft. Und nicht zuletzt hatte Sams Erlebnis, ganz im Gegensatz zu den Horrorgeschichten, die diejenigen erzählen, die ihre Albträume ausagieren, keinen Traumhintergrund. Er hatte nur das Bild von einem Riesen, das mit einem starken Panikgefühl und dem Bedürfnis, sich zu verteidigen, zusammenfiel. Ken Parks sagte demgegenüber, er habe überhaupt keine Bilder gehabt.

Freud zufolge rühren die Dinge, die uns tagsüber intensiv beschäftigen, normale elementare Wünsche in uns auf; ersteres war in Sams

Fall seine Sorge um seinen bevorstehenden Tod und letzteres der sich daraus ableitende natürliche Wunsch, länger zu leben. In der Nacht seines Pavor-nocturnus-Anfalls hatten die Geräusche seines nach Hause kommenden Sohnes seinen Schlaf unterbrochen, noch ehe er eine Chance gehabt hatte, innerhalb der üblichen sicheren Schranken über seine Gefühle zu träumen. Die Geräusche ließen ihn aufschrekken und trieben ihn aus dem Bett, wie bei einem Notfall. Das überwältigende Gefühl, daß er sterben wird, und das von außen kommende Geräusch verleiteten ihn in der Kombination zu der irrigen Annahme, sein Leben sei unmittelbar bedroht. Es war das nackte Gefühl, das Sam zu dieser Attacke trieb. Seine Traumarbeit hatte keine Chance, einen Weg zu finden, wie er seine Angst zu sterben bewältigen konnte.

Es ist schwer abzuschätzen, wie oft solche gefährlichen Fälle von unterbundenen Träumen vorkommen. Ich persönlich habe in den letzten Jahren mehr als ein Dutzend solcher Fälle behandelt. Bei allen handelte es sich um nette junge Männer zwischen Zwanzig und Anfang Dreißig, ordentlich und freundlich, ja, oft sogar ausgesprochen freundlich. Was sie einte, wird vielfach sogar als Tugend gesehen: Sie hatten Probleme, ihre negativen Gefühle zum Ausdruck zu bringen. Nicht nur, daß sie nicht mal Dampf abließen, fluchten, Türen knallten oder tagsüber stinksauer wurden, sie nahmen sich auch nicht viel Zeit, über sich selbst nachzudenken, zumindest nicht in der Form, daß sie darüber leicht hätten sprechen können. Sie waren, in einem Wort, übermäßig kontrolliert. Sie waren Tatmenschen, keine Denker. Sie arbeiteten alle hart in gewöhnlichen Berufen. Sie machten, was andere von ihnen erwarteten, ohne sich über ihr Leben zu beklagen. Die meisten Männer waren außergewöhnlich groß, stattlich, gut gebaut und kräftig, was vielleicht auf einen erhöhten Wachstumshormonspiegel während der Adoleszenz zurückzuführen war. Typisch war auch, daß alle eine überdurchschnittliche Menge Tiefschlaf hatten, was nicht zuletzt insofern relevant ist, als daß dies die Zeit ist, in der das Wachstumshormon produziert wird.

Die meisten standen unter irgendeinem außergewöhnlichen Druck, als sich die Episoden von Schlafwandeln oder Pavor nocturnus ereigneten. Aufmerksam geworden waren wir auf alle, weil sie durch diese Episoden – sei es nach einmaligem oder mehrfachem Auftreten – in große Schwierigkeiten geraten waren. Keiner konnte sich in irgendeiner Form an das erinnern, was er getan hatte. Nur wenige konnten mir überhaupt etwas dazu sagen, was ihrer Ansicht nach geschehen war und sie dazu gebracht hatte, sich so außergewöhnlich zu verhalten. Auch sie berichteten, daß sie sich von irgendeiner extremen Gefahr bedroht fühlten oder daß sie das Gefühl hatten, ein geliebter Mensch werde von einer Gefahr bedroht. Bezeichnend für alle waren außerdem abnormal geringe Mengen REM-Schlaf.

Richard Viano plädierte 1983 bei dem Mord an seiner Frau auf Selbstverteidigung. Den Ablauf der Ereignisse an besagtem Abend schilderte er mir folgendermaßen: Seine Frau kam spät von einer Vereinssitzung nach Hause, gegen halb zwölf. Er schlief bereits. Er hatte nicht erwartet, daß sie zu ihm ins Bett käme, weil sie die vorhergehenden Nächte wegen ihrer Erkältung in einem anderen Zimmer geschlafen hatte.

»Sie sprang auf mich drauf«, erzählte er, »vermutlich, weil sie mich überraschen wollte. Sie war immer ein Spaßvogel. Das Zimmer war völlig dunkel. Ich schreckte hoch, war aber nicht völlig wach und erkannte sie nicht.« Viano, ein großer Mann und Bogenschütze mit enorm starken Armen, reagierte, als sei sein Leben in Gefahr. »Ich dachte, ich würde von einem Einbrecher angegriffen«, sagte er. »Ich packte sie mit einem Würgegriff und warf sie vom Bett. Ich habe sie getötet.«

Sein erster Gedanke war, ob seine Kinder in Sicherheit wären. Er rannte zu ihrem Zimmer, um zu sehen, ob alles in Ordnung wäre. Erst danach machte er in seinem Schlafzimmer das Licht an und deckte den in die Bettdecken verwickelten Körper auf. Als er sah, daß es seine Frau war, sank er völlig verwirrt auf der Bettkante nieder und weinte.

Viano sagte, er sei zeit seines Lebens ein Tiefschläfer gewesen. Wenn er plötzlich geweckt wurde, war er verwirrt. Vor Gericht bezeugten seine Freunde, daß es fast unmöglich war, ihn wieder aufzuwecken, wenn er erst einmal eingeschlafen war. Wenn sie zusammen gezeltet hatten oder zur Jagd oder zum Angeln weggefahren waren, hatten sie bei den verschiedensten Gelegenheiten versucht, ihn durch Zurufen oder Rütteln zu wecken, meist vergeblich. Und wenn sie es schafften, ihn aufzurütteln, dann war er völlig daneben und hatte Koordinationsschwierigkeiten.

Er verbrachte vier Nächte in unserem Schlaflabor. Wir konnten jedoch nicht nachweisen, daß er ein außergewöhnlich tiefer Schläfer war. Dagegen steht allerdings auch, daß eine Mordanklage genügen kann, die Art von Angst zu schaffen, die bei jedem für einen leichteren Schlaf sorgt.

Befand Richard Viano sich, genau wie Sam und Kenneth Parks, in einem Krisenzustand? Ja. Allerdings wurde die Glaubwürdigkeit seiner Verteidigung durch seine Aussage untergraben: Er hatte eine außereheliche Affäre gehabt. Die Frau, um die es ging, bezeugte, sie habe die sexuelle Beziehung einige Monate vorher beendet. Freunde und Familienmitglieder bestätigten, daß ihnen bekannt war, daß er seiner Frau diese Affäre gebeichtet und sie ihm vergeben hatte, und daß sie zusammen ein weiteres Kind haben wollten. Die Geschworenen weigerten sich jedoch, seinem Antrag auf »Unfall mit Todesfolge« stattzugeben. Sie erklärten ihn des Mordes für schuldig.

Er war des Ehebruchs schuldig, aber des Mordes? Die psychologischen Tests, die er absolvierte, zeigten, daß er ein Mensch war, der wenig Einsichten über sich selbst hatte, ein naiver »netter« junger Mann, genau wie Kenneth Parks. Der Mord ereignete sich etwa eine Stunde, nachdem er eingeschlafen war, was in die übliche Zeit der ersten Tiefschlafphase fällt. Personen, die desorientiert sind, wenn sie plötzlich geweckt werden, oder gewalttätig reagieren, leiden an »Schlaftrunkenheit«, wie Schlafexperten sagen. Anders als bei Parks gab es bei Viano weder in seiner persönlichen noch in der Familiengeschichte Hinweise auf Schlafwandeln, Pavor nocturnus oder Bettnässen.

Parks Freispruch erschreckte viele, auch Parks selbst. Er fragte mich immer wieder: »Werde ich es wieder tun?« Glücklicherweise sind Gewalttätigkeiten während des Schlafes selten. In der Literatur ist kein Fall beschrieben, wonach jemand schlafwandelnd auch einen zweiten Mord begangen hat. Und was braucht der Betreffende, um über diese Krise hinwegzukommen? Damit kommen wir wieder auf die uns bereits bekannten vier Faktoren zurück: gute Freunde, gute Gene, ein gutes Selbstbild und gute Träume. Abgesehen von seinen Genen, wonach sein Schlafwandeln erblich bedingt war, konnte Parks an den anderen Punkten arbeiten, die ihm fehlten. Was ich ihm geraten habe, ist im Selbsthilfe-Abschnitt am Ende dieses Kapitels enthalten. Es hat ihm sehr geholfen und kann auch anderen helfen, die verwirrt aus dem Schlaf aufwachen.

Das Schenck-Syndrom

Nachdem wir uns mit den Personen beschäftigt haben, bei denen die Gewalt während des Tiefschlafs hervorbricht, wenn die großen Muskeln nicht gelähmt sind, denen die Kontrolle von Armen und Beinen unterliegt, wollen wir uns jetzt denjenigen zuwenden, die ihre Träume buchstäblich ausleben. Wichtig ist, sich hierbei vor Augen zu halten, daß die Muskeln, abgesehen von denen, die für die Atmung benötigt werden und die die Augen bewegen, während des REM-Schlafes normalerweise im wahrsten Sinne des Wortes gelähmt sind. Bei einem schlafenden Hund oder einer schlafenden Katze haben Sie wahrscheinlich schon einmal gesehen, wie sie während des Schlafes leicht zucken. Das ist auch bei Menschen so. Die Lähmung der großen Muskeln muß wohl ein Teil des großartigen Planes der Natur sein. Sie sorgt dafür, daß wir sicher im Bett bleiben. Einige Menschen stellen jedoch, wie wir wissen, Ausnahmen zu dieser Regel dar. Sie bewahren selbst im REM-Schlaf den ganzen oder einen Teil des normalen Muskeltonus, was bisweilen drastische Konsequenzen nach sich zieht.

In seinem Traum hatte ein Mann einen Hirsch gefangen, der in seinen Stall gelaufen war. Er packte ihn beim Kopf und fing an, ihm das Genick zu brechen. Es stellte sich heraus, daß der »Hirsch« seine Frau war, deren Schreie ihn glücklicherweise geweckt hatten. Ein anderer Mann träumte, er sei ein Footballspieler und mit entsprechender Montur und dicken Schulterpolstern ausgerüstet. Im Glauben, er wolle gerade gegen einen Gegenspieler anrennen, stürzte er sich gegen die Kommode in seinem Schlafzimmer und zog sich eine schwere klaffende Wunde an der Stirn zu. Diese Beispiele gehören zu den fast dreihundert Fällen, die von den Forschern Carlos Schenck und Mark Mahowald von der University of Minnesota erfaßt wurden, die dieses Syndrom 1986 erstmals beschrieben.[7]

Personen mit dem Schenck-Syndrom verletzen sich selbst oder andere oft schwer. Ein Jugendlicher trat durch eine Glaseingangstür und zog sich Verletzungen zu, die eine zweistündige Operation und Nähte mit fast zweihundert Stichen erforderlich machten. Ein Mann, der wegen Verletzungen, die er sich in der vorhergehenden Nacht zugezogen hatte, auf der Intensivstation lag, sprang aus dem Bett und zog sich einen Nackenwirbelbruch zu, wobei er nur knapp an einer Dauerlähmung vorbeikam. In seiner Verzweiflung bindet sich ein anderer Mann jede Nacht in seinem Bett fest. Andere versuchen, sich mit Schlafsäcken zu sichern, um dann im Ernstfall aber dennoch den Reißverschluß wieder aufzumachen und ihrem Tatendrang zu folgen.

Interessant ist, daß Personen mit dieser Störung oft ähnliche Träume haben. Sie sind sich insofern ähnlich, als daß es darum geht, daß sie angegriffen werden oder daß sie geliebte Menschen vor irgendwelchen Angriffen retten müssen. Während er träumte, er rette seine ertrinkende Frau, zerrte ein Mann sie an den Haaren durchs Schlafzimmer. Ein anderer Mann träumte, er springe kopfüber von einem sinkenden Schiff. Mit dem Ergebnis, daß er sich am Nachttisch das Nasenbein brach.[8]

Die meisten, die unter diesem Problem leiden, befinden sich in ihrem Wachleben nicht in Krisen. Sie sind psychisch gesund, unbeschwert und nicht aggressiv. Von ihrer Persönlichkeitsstruktur her weisen sie große Ähnlichkeit mit Personen auf, die im Erwachsenenalter an Pavor nocturnus leiden. Ihr nächtliches Verhalten paßt nicht zu ihrem Alltagsverhalten. Gleichwohl das Schenck-Syndrom auch bei kleinen Kindern auftreten kann, sind die meisten Personen, die diese Störung entwickeln, doch bereits fünfzig oder älter. Bei etwa einem Drittel liegen neurologische Probleme – bedingt durch Schlaganfälle und andere degenerative Krankheiten – vor, die Ursache des Verlustes der regulär im REM-Schlaf auftretenden schützenden Muskellähmung sind. Andere leiden zeit ihres Lebens unter abnormalem Schlafverhalten, das sich etwa in der Form äußert, daß sie laut aufschreien oder wild um sich schlagen. Zur Behandlung von Pavor nocturnus oder des Schenck-Syndroms wird oft Clonazepam (Handelsname: Rivotril), ein verschreibungspflichtiges Medikament mit einem allgemein muskelentspannenden Effekt, verwendet. Es sorgt dafür, daß die Betreffenden sicher im Bett bleiben.

Eine Aktivation im Zustand der Verwirrung hat möglicherweise noch bei einem anderen kontroversen Mordfall eine Rolle gespielt, der schon mehreren Richtern und Geschworenen Rätsel aufgab.[9] Der Fall begann am 4. Oktober 1980, als die Polizei die nackte Leiche der vierundzwanzigjährigen Karen Anne Phillips in ihrer Wohnung in Oak Park, Illinois, fand. Sie war vergewaltigt und zu Tode geprügelt worden. Den polizeilichen Ermittlungen zufolge mußte die Tat in der vorhergehenden Nacht zwischen ein und drei Uhr geschehen sein. Die Polizei untersuchte die ganze Umgebung und bat die Nachbarn um zweckdienliche Hinweise. Sie sollten alles Außergewöhnliche melden, selbst wenn es noch »so albern« erschiene.

Zwei Tage später meldete sich ein Mann auf Drängen seiner Frau und Freunde bei der Polizei, um von einem Horrortraum zu berichten, den er in der Mordnacht gehabt hatte. Steven Paul Linscott wohnte zwei Türen von Phillips entfernt. Er gab an, er habe von einer jungen Frau geträumt, die von einem jungen Mann zu Tode geschlagen wurde. Linscott war siebenundzwanzig Jahre alt, Bible-College-Student und wohnte und arbeitete als Berater in einem Rehabilitationszentrum für Strafentlassene. Er meinte, die Beschreibung des Mannes in seinem Traum könne vielleicht zweckdienlich für die Identifizierung des Mörders sein.

Linscott saß mehrere Tage mit den Ermittlern zusammen und lieferte ein über sechsstündiges Tonbandprotokoll von seinem zweiteiligen Traum. Im ersten Teil öffnet eine junge Frau einem jungen blonden Mann die Tür. Er sieht wie ein Vertreter aus. Der Mann tritt in die Wohnung, wobei er etwas hinter seinem Rücken hält. Sie stehen in einem Wohnzimmer, in dem es eine Couch und so etwas wie eine Stereoanlage gibt. Plötzlich wandelt sich der Gesichtsausdruck des Mannes und nimmt einen »teuflischen« Ausdruck an.

An diesem Punkt, so Linscott gegenüber der Polizei, sei er vor Unruhe aufgewacht. Er sei aufgestanden und in seiner Wohnung herumgegangen. Um halb zwei habe er sich wieder schlafen gelegt und den Ausgang des Traums »miterlebt«. Ein Teil der Geschichte fehlte, fast so, als habe er den Raum einige Minuten verlassen, während das Traumvideo weiterlief. Perspektivisch sah er jetzt, wie er sagte, dem Mörder über die Schulter. Er sah, wie der Mann wiederholt den Arm hob und die Frau mit einem stumpfen Gegenstand auf den Kopf schlug. Er zählte dreiundzwanzig Schläge. Sie fiel auf die Knie. Es gab sehr viel Blut.

Der Polizei zufolge gab Linscotts Traum den wahrscheinlichen Tathergang wieder, selbst was die Anzahl der Schläge anging. Nach seiner Beschreibung des Vertreters im Traum wurde ein Phantombild des Mörders angefertigt. Der Mann auf dem Bild glich Linscott. Damit wurde aus seinem Traum ein lebender Albtraum. Nach Meinung der Polizei enthielt der Traum Einzelheiten, die nur der Mörder wissen konnte. So wurde er als ein verschleiertes Geständnis gewertet. Linscott wurde verhaftet und des Mordes angeklagt.

Die dem Gericht vorgelegten Beweismittel beschränkten sich auf Linscotts Traumbericht, die Aussage von Sachverständigen, wonach Linscotts Haar zu dem in Phillips' Wohnung und auf ihrer Leiche gefundenen Haar paßte, sowie die Ergebnisse der Blutuntersuchungen, die Linscott als Verdächtigen nicht ausschlossen. Ein Geschworenengericht befand ihn für schuldig. Er wurde zu vierzig Jahren Gefängnis verurteilt.

Es wurde kein Beweis für irgendein Mordmotiv vorgelegt. Ja, es gab nicht einmal einen Beweis dafür, daß Linscott die Frau überhaupt kannte. Er sagte, er habe keine Erinnerung daran, die Wohnung in der Nacht verlassen zu haben. Und niemand hatte ihn auf der Straße gesehen. Auf keinem seiner Kleidungsstücke gab es irgendeine Blutspur. Die am Tatort gefundenen Fingerabdrücke waren nicht von ihm. Aber, es gab keine anderen Verdächtigen.

Gegen Kaution wurde Linscott 1985 einstweilen bis zum Ausgang seines Berufungsverfahrens auf freien Fuß gesetzt. 1991 ordnete das Oberste Bundesgericht von Illinois eine Neuaufnahme des Verfahrens unter der Maßgabe an, die Staatsanwaltschaft habe die physischen Schlüsselindizien gegen ihn in ihrer Argumentation den Geschworenen in einer irreführenden Weise vorgelegt. Dabei ging es vor allem um die Feststellungen, wonach Linscotts Haar zu dem am Tatort gefundenen Haar »paßte« und daß die Ergebnisse der Bluttuntersuchungen auf einen relativ kleinen Verdächtigenkreis schließen ließen. Nach Auffassung des Bundesgerichtes hatte die Staatsanwaltschaft mit ihrer Beweisführung impliziert, daß die vorgelegten Indizien stichhaltig seien, während sie in Wirklichkeit lediglich besagten, daß Linscott als Verdächtiger nicht ausgeschlossen werden konnte.

Hatte er die Tat wirklich begangen? Könnte er das Gebäude, in dem er wohnte, verlassen haben und zu einem anderen gegangen sein, sich spät in der Nacht Zutritt zur Wohnung einer fremden Frau verschafft haben, brutal über sie hergefallen und wieder in seine Wohnung zurückgekehrt sein, ohne jede Bewußtheit von dem, was er getan hatte? Als ich für die Kanzlei des Staatsanwalts mit dem Fall befaßt war, gelangte ich zu dem Schluß, daß es möglich war, daß er die Tat in einem Zustand verwirrten Bewußtseins begangen haben konnte und keine Erinnerung daran hatte.

Linscott hatte zur Tatzeit unter einer Menge Druck gestanden. Auf dem College rutschte er mit seinen Noten immer mehr ab, und er hatte finanzielle Probleme zu Hause und zwei kleine Kinder zu ernähren. Er hatte einen Teilzeitjob als Verkaufsvertreter angenommen und ging von Tür zu Tür, um über die Runden zu kommen. Die Parallelen zu Ken Parks waren offensichtlich. Linscott hatte, wie seine Frau erzählte, seit geraumer Zeit unruhig geschlafen und immer wieder unter Gewaltträumen gelitten. Er war so oft nachts aufgestanden, daß sie aufgehört hatte, auf sein Verhalten zu achten. Sie konnte der Polizei nicht sagen, ob er zur Tatzeit im Bett war oder nicht.

Linscotts Freunde und Kommilitonen setzten sich für ihn ein. Sie sagten, er gehöre nicht zu der Sorte von Menschen, die vergewaltigen und morden könnten. Sicherlich nicht, wenn er wach war. Dagegen steht, daß außergewöhnliche psychische Verfassungen der Auslöser von außergewöhnlichen Handlungen in der Nacht sein können, an die keine Erinnerung bleibt. Wie sonst können wir seinen Traum erklären? Zufall? Hellsehen?

Die gerade beschriebenen Fälle zeigen, wie dringlich wir einen regelmäßigen die Nacht hindurch arbeitenden Traumzyklus brauchen. Wenn wir nicht träumen, können die Monstergefühle in uns herauskommen und uns zu extremen Handlungen treiben. So daß unsere primitiven Instinkte von Kampf oder Flucht uns oder jemand anderen in Gefahr bringen, derweil unser Bewußtsein schläft. Träume können ihre Arbeit nicht leisten, wenn wir aufstehen und sie unterbinden.

→ SELBSTHILFE: Personen mit abnormalem Schlafverhalten helfen

Wenn abnormale Verhaltensweisen während des Schlafes den Schläfer oder andere in Gefahr bringen, ist es ratsam, hilfesuchend einen Schlafexperten einzuschalten. Adressen von entsprechenden Spezialisten in Ihrer Gegend erhalten Sie über die Deutsche Gesellschaft für Schlafforschung und Schlafmedizin (DGS), Dr. Geert Mayer, Neurologische Klinik Hephata, Heinrich-Wiegand-Str. 57, 34613 Schwalmstadt-Treysa. Wenn Gewalt mit im Spiel ist, geben Schlafexperten ihren Patienten und deren Familien für gewöhnlich folgende Empfehlungen:

- Das Schlafzimmer des Schläfers zu sichern. Alle potentiell gefährlichen Gegenstände zu entfernen, Balkontüren und Fenster zu sichern und Schutzgitter an Treppen oder auch eine elektronische Kamera zu installieren, die im Notfall Alarm auslöst. Das Ziel ist, die Person zu schützen, wobei aber in keinem Fall ein schneller Fluchtweg im Brandfall versperrt werden darf.
- Nicht zu versuchen, jemanden zu wecken, der schlafwandelt oder in den Fängen einer Pavor-nocturnus-Attacke steckt. Sondern

statt dessen, wenn möglich, zu versuchen, die Person behutsam zum Bett zurückzuführen und möglichst bei ihr zu bleiben, um ihre Sicherheit zu gewährleisten.

- Mit dafür zu sorgen, daß der Patient nicht an Übermüdung leidet. Sowohl Kinder als auch Erwachsene dazu anzuhalten, daß sie sich an einen regelmäßigen Wach-Schlaf-Zeitplan halten. Dazu gehört: kein Sport am Abend und ebenso die Regel, keine Nächte durchzumachen. Das Risiko, in einen besonders langen ersten Tiefschlafzyklus mit all den dazugehörigen Problemen zu verfallen, wird auf ein Minimum reduziert, wenn Erschöpfungszustände vermieden werden.
- Den Arzt nach einem Medikament zu fragen. Personen, die unter Pavor nocturnus oder dem Schenck-Syndrom leiden, können von einer Medikation mit einem muskelentspannenden Effekt wie zum Beispiel Clonazepam (Handelsname: Rivotril) profitieren. Dieses verschreibungspflichtige Medikament bewirkt einen leichteren ersten Tiefschlafzyklus und verhindert die abnormale abrupte Aktivation vor dem REM-Schlaf. Wenn eine Person normal in den REM-Schlaf hineingleitet, haben Träume eine größere Chance, die Arbeit zu leisten, die sie leisten sollen.

Diesen Ratschlägen füge ich einen weiteren hinzu:

- Personen, die an Pavor nocturnus leiden, müssen mit einem guten Psychotherapeuten arbeiten. Sie müssen es lernen, mit den Spannungen im Alltag umzugehen, dann, wenn sie auftreten. Sie müssen es lernen, Bewältigungsmuster zu entwickeln, um Dinge im Wachzustand aufzuarbeiten. Sie müssen es lernen, ihre Gefühle mit den Menschen zu teilen, die ihnen nahestehen. Sie müssen es lernen, dahinterzukommen, was ihre Träume zu sagen haben. Diejenigen, die ihre Träume als belastend empfinden, können die RISC-Methode nutzen, um verstehen zu lernen, wo was und warum etwas nicht in Ordnung ist, und dafür zu sorgen, daß ihre Träume ein besseres Ende finden.

14. Träume besser verstehen lernen

Es ist fast hundert Jahre her, daß Freud uns sagte, wir sollten durchs Fenster unserer Träume schauen, um zu sehen, was sich in unserem Innenleben abspielt. Wir haben seither sehr viel über Träume gelernt. Aber die meisten Menschen wissen noch immer nicht, wie sie ihr schlafendes und ihr waches Selbst wirklich zusammen integrieren können. Und ebensowenig, wie sie ihre Träume in Krisenzeiten als Ressource nutzen können, um die Verbindung zwischen ihren drängendsten aktuellen psychischen Problemen und all den Dingen, die ihnen zuvor widerfahren sind, zu veranschaulichen.

Die Traumforschung war in der ersten Hälfte dieses Jahrhunderts das erklärte Terrain von Spezialisten. Psychoanalytiker nutzten die Traumdeutung, um ihren Patienten bei der Aufdeckung der Motive zu helfen, die hinter ihren problematischen Verhaltensweisen steckten. In den fünfziger Jahren rückten die Träume dann aus der Abgeschiedenheit der Praxis des Analytikers in die eher öffentliche Arena der Schlaflaboratorien. Ein ganzer wissenschaftlicher Forschungszweig beschäftigte sich nun intensiv mit der Frage, wann, wo und warum Träume auftreten. Das Ergebnis der dabei vorangetriebenen Arbeiten war eine Straßenkarte von der nächtlichen Landschaft unseres Geistes. Die Forschungen bewiesen, daß wir sowohl regelmäßig als auch viel träumen; wir haben alle drei, vier oder sogar fünf Träume in der Nacht, in jeder Nacht.

Diese Erkenntnisse weckten das Interesse der breiten Öffentlichkeit. Die Nachricht, daß ihr inneres, allabendlich geöffnetes und kostenloses Kino alle neunzig Minuten einen neuen Film zeigt, war so faszinierend, daß viele wissen wollten, wie sie mehr von diesen Vorstellungen mitbekommen konnten. Und sie fragten sich, ob ihnen nicht etwas Wertvolles für ihr Alltagsleben verlorenging, wenn sie sich nicht an ihre Träume erinnerten. So fanden sich denn, angeregt durch dieses breite Interesse, Experten, die Anleitungen zum Einfangen und Deuten von Träumen herausbrachten. Und die Selbsthilfe-Revolution der letzten zwei Jahrzehnte tat ein übriges, daß sich das Interesse an der Traumarbeit zur Förderung des Selbstbewußtseins und des persönlichen Wachstums noch weiter erhöhte.

Traumgruppen

Der Psychiater Montague Ullman aus New York vertrat als einer der ersten die Überzeugung, die Arbeit an Träumen in kleinen Gruppen könne uns zu einem besseren Selbst-Verständnis verhelfen. Während des Träumens, sagt Ullman, nehmen wir uns durch eine klare Linse unter die Lupe. Aber wenn wir wach sind, betrachten wir die gleiche Situation möglicherweise durch eine rosagefärbte Brille. Wobei wir uns allerdings nur selten der Tatsache bewußt sind, daß unsere Sicht gefärbt ist. Und so kann die von anderen gebotene Perspektive uns möglicherweise helfen, unsere Träume aus einem anderen Blickwinkel zu sehen.

In ihrem Buch *Mit Träumen arbeiten* zeigen Montague Ullman und Nan Zimmerman, wie wertvoll die Traumarbeit in Gruppen sein kann. Wie die Arbeit mit Träumen in der Gruppe abläuft, verdeutlichen sie beispielsweise an folgendem Traum, den Lillian, eine junge Frau, hatte, die gerade aus dem Skiurlaub zurückgekehrt war:

»Ich war in einer Skihütte. Ich befand mich in dem einen Raum und entschloß mich, in den anderen nebenan zu gehen. Es war ein sehr großes Zimmer. Der Raum war sehr schön. In ihm waren eine Menge Leute, die sich gut amüsierten. Es gab jede Menge Süßigkeiten dort, und es war eine prächtige Party. Ich fragte mich: ›Warum bin ich nicht vorher in diesen Raum gegangen?‹ Ich verließ die Hütte durch die Hintertür und entschloß mich, Ski zu laufen. Gerade hinter mir war ein Berg. Ich war für mich allein.«[1]

Nach dem von Ullman entwickelten Verfahren erzählt der Träumer als erstes seinen Traum, während die anderen Gruppenmitglieder zuhören und sich Notizen machen. Wenn der Träumer mit seinem Bericht fertig ist, schweigt er und hört aufmerksam zu, während die anderen an dem Traum arbeiten und so darauf reagieren, als wäre er von ihnen selbst. Sie schildern ihre Gefühle und erklären, was der Traum in ihrem Leben bedeuten würde, wenn sie ihn geträumt hatten. Dabei werden oft Gefühle deutlich, die der Träumer selbst hat, aber noch nicht erkannt hatte. Indem die Gruppe am Traum arbeitet, ehe der Träumer es tut, werden, sagt Ullman, weitaus mehr Perspektiven und Ansatzmöglichkeiten aufgezeigt, als es der Fall wäre, wenn der Träumer zuerst seine Gedanken mitteilte.[2]

Lillians Traum löste bei den Gruppenmitgliedern unterschiedlichste Gefühle aus. Zum Beispiel:

»Ich hatte das Gefühl, als ob ich allein weggehen würde, und das erforderte Mut.«

»Ich fürchtete mich davor, in den großen Raum zu gehen.«

»Ich wollte mit den anderen zusammensein, riß mich aber von ihnen los.«

»Ich fühlte mich enttäuscht und neidisch, als ob es zu spät wäre.«[3]

Als nächstes beginnen die Gruppenmitglieder mit den Traumbildern zu arbeiten, wobei sie sie wiederum so behandeln, als sei der Traum von ihnen selbst. Hier regt Ullman dazu an, diese Bilder nicht wörtlich, sondern als Metaphern für irgendeinen Aspekt ihres Lebens zu nehmen. Wichtig ist, sagt er, sich vor Augen zu halten, daß es keinen richtigen oder falschen Weg gibt, diese Bilder zu sehen. Wir alle nutzen Symbole nach unserer ureigensten Fasson. Selbst eine Idee, die vermeintlich weit am Ziel vorbeischießt, kann dem Träumer helfen, präziser zu definieren, was ein Bild nicht ist, und damit dem Punkt näherzukommen, was es ist. Zu den Bildern in Lillians Traum wurde zum Beispiel folgendes gesagt:

»Bei dem Berg muß ich an die Anstrengung denken, aber auch daran, daß man es schließlich doch schafft.«

»Skilaufen ist ein herrlicher Sport. Ich fühle mich allein.«

»Das Bild, das mir vorschwebt, ist das eines traurigen, verlassenen Kindes, das seine Nase gegen ein Schaufenster preßt und betrübt auf all die unerreichbaren Süßigkeiten guckt.«

»Jemand ist als erster angelangt und hat alles verdorben, wie wenn ich ein älteres Geschwister habe, das vor mir angekommen ist. Ich fühlte mich übergangen.«[4]

Nachdem Lillian sich diese Beiträge angehört hatte, brach sie in Tränen aus. Als sie ihre Fassung wiedergewonnen hatte, hatte sie das Bedürfnis, den anderen mitzuteilen, welche Gefühle deren Kommentare zu ihrem Traum in ihr ausgelöst hatten.

»Als wir begannen«, sagte sie, »hatte ich noch keine Vorstellung, wovon der Traum handelte, außer daß es da eine Beziehung zu meinem letzten Skiurlaub gab. Als ihr anfingt, über Traurigkeit zu sprechen, über Entbehrung, und dann die Geschwisterrivalität erwähntet, paßte plötzlich alles zusammen, und diese schlimme Traurigkeit überkam mich. Mein Bruder war in diesen Ferien bei uns. Er ist zehn Jahre älter und hatte wirklich all die Süßigkeiten bekommen. Zum ersten Mal spürte ich das Traurige an all dem und ein Gefühl des Verlustes. Neulich sagte eine meiner Freundinnen, die meinen Bruder gerade kennengelernt hatte, sie halte ihn für einen verletzlichen Typ. Das erschütterte mich. Ich hatte ihn immer vergöttert. Meine Reaktionen darauf führten zu dem Traum. Ich begann zu begreifen, daß meine Freundin recht hatte, und hätte ich das nur früher schon gewußt, wäre mir eine Menge Schmerz erspart geblieben. Dieser große Raum in dem Traum war sein Zimmer. Ich vermochte nur die Süßigkeiten zu sehen. Es war zu bedrohlich für mich, die Verletzbarkeit zu sehen. Ich mußte fortgehen und meinen eigenen einsamen Kampf beginnen. Es ist etwas Unheimliches daran, den Berg alleine hinabzusteigen.«[5]

Bei diesem letzten Schritt, bei dem der Träumer die Gruppe an seinen Gefühlen teilhaben läßt, ist der Träumer, genau wie bei der RISC-Therapie, letztlich die Autorität, die feststellen kann, was der Traum bedeutet. Es steht dem Träumer innerhalb der Gruppe jeweils frei, wieviel er den anderen mitteilt und von sich preisgibt und was er von anderen annimmt. Er hat jederzeit das Recht, die Arbeit an seinem Traum abzubrechen. Was die Gruppe ihm bietet, sind oftmals weniger Erklärungen seines Traums als vielmehr Anhaltspunkte für weitere Reflexionen. Als letzten Schritt bei dieser Traumarbeit stellen die Gruppenmitglieder dem Träumer Fragen wie: »Wie hast du dich gefühlt, als ...? Kannst du uns mehr dazu sagen ...?« Diese Fragen haben auch das Ziel, weitere Nachforschungen anzuregen und die Brücke zwischen den Traumbildern und den Ereignissen im Wachleben herzustellen, die sie auslösten.

Die Gruppenarbeit ist beendet, wenn der Träumer es will. Der Schlüssel liegt bei ihm. Nur er kann spüren, wann der Moment gekommen ist, daß er den Prozeß allein fortsetzen kann. Wenn dieser Prozeß erfolgreich war, sagt Ullmann, so haben die Gruppenmitglieder als »Hebammen« gedient; sie haben den Traum »herausgeholt«. Damit ist ihre Arbeit beendet, und damit beginnt der Ernst der Arbeit desjenigen, »der den Traum in die Welt gesetzt hat.«[6] Von diesem Prozeß profitieren die Gruppenmitglieder wie auch der Träumer, sagt Ullman, und zwar nicht nur in der Form, daß sie lernen, ihre eigenen Träume besser zu entziffern. Durch die Arbeit an den Träumen anderer lernen sie auch, ihre eigenen Grundlagen und Neigungen besser zu verstehen.

Einige der Techniken, die für die Gruppenarbeit mit Träumen entwickelt wurden, lassen sich auch auf Ihre Arbeit mit Träumen übertragen. So kann es zum Beispiel hilfreich sein, wenn Sie die Bedeutung eines Traums nicht erfassen, sich diesen Traum in der dritten Person zu erzählen. Dadurch gewinnen Sie etwas mehr Distanz und auch an Objektivität. Ebenso hilfreich kann es sein, sich Ihren Traum als den Traum von jemand anderem vorzustellen und darüber nachzudenken, welche Bedeutung der Traum für diese Person hätte.

Umgekehrt wäre mein Konzept der Traumdimensionen auch eine hilfreiche Ergänzung für die Traumarbeit in Gruppen. Bei der Arbeit mit Lillian an ihrem Traum hätte ich sie gefragt: »Was ist das Gegenteil von ›groß‹, ›schön‹, ›sich gut amüsieren‹, ›Süßigkeiten‹, ›prächtig‹ und schließlich ›verspätet?‹« Die Antworten hätten ihr helfen können, jene Gefühle der Deprivation zu erkennen, die sie als jüngere Schwester entwickelte, die ihren größeren Bruder um seine Privilegien und die Dinge beneidete, die er bekam. Ebenso hätte ich Lillian fragen können, nach dem Gegenteil von »Hintertür«, »allein« und »hinter mir« zu suchen. Das hätte vielleicht den Anstoß gegeben, über ihre Neigung nachzudenken, sich zurückzuziehen, statt sich ihrer Eifersucht und ihrer Zerknirschung zu stellen.

Ich würde Lillians Traum wie folgt zusammenfassen: »Ich war klein und kam verspätet an einen Ort, wo ich andere sah, denen es besserging als mir, wo es allen gutzugehen schien. Aber ich zog mich zurück, um es allein zu schaffen.« Wenn Lillian selbst auf diese Interpretation gekommen wäre und sie als belastend empfunden hätte, so hätte sie auf die RISC-Methode zurückgreifen können. Und der nächste Schritt wäre gewesen, Wege und Möglichkeiten zu finden, wie der Traum besser ausgehen kann, und zu versuchen, die dabei gefundenen Lösungen das nächste Mal, bei einem ähnlich belastenden Traum einzubauen.

Wenn Sie den Entschluß gefaßt haben, daß Sie mit anderen gleichgesinnten Menschen an Ihren Träumen arbeiten möchten, stehen Sie als erstes natürlich vor der Herausforderung, eine solche Gruppe zu initiieren. Es ist nicht leicht, vier bis sieben Interessierte an einem festen Termin in der Woche zusammenzubringen. Zur inhaltlichen Gestaltung hat auch die Psychologin Gayle Delaney, die siebzehn Jahre lang Traumarbeitsgruppen leitete, ihre Methode der Traumarbeit in Gruppen Schritt für Schritt in ihrem Buch *Breakthrough Dreaming* beschrieben.[7]

Ihre Methode unterscheidet sich etwas von der Ullmans, aber das Ziel ist das gleiche: das Selbstverständnis des Träumers und sein persönliches Wachstum zu fördern. In Delaneys Gruppen bringen die

Träumer einen schriftlichen Bericht von einem Traum mit in die Gruppensitzung, der an die anderen Mitglieder verteilt wird. Nachdem der Träumer seinen Traum dann auch noch einmal mündlich erzählt und seine entsprechenden Gefühle beschrieben hat, wird er reihum von den anderen Mitgliedern befragt. Ausgehend von einer Reihe strukturierter Fragen erkundigen sie sich nach den Emotionen, den Settings, den Personen, den Objekten und Handlungen.

Dabei drängt Delaney die Fragesteller, so zu tun, als kämen sie von einem anderen Planeten, sich völlig unwissend zu stellen, so daß der Träumer gezwungen wird, die Bilder sehr präzise zu beschreiben und zu definieren, als spräche er mit jemandem, der noch nie etwas von den genannten Dingen gehört hat. Das heißt, daß jemand, der zum Beispiel von George Bush geträumt hätte, gefragt würde: »Wer ist George, und wie ist er?«

Für einen Träumer, erklärt Delaney, könnte George ein vertrauenswürdiger und solider, wenn auch nicht sonderlich aufregender Mensch sein, ein Mann, der ungewöhnlich gut für seinen Job geeignet ist. Sein Auftreten im Traum kann dazu führen, daß dem Träumer jemand einfällt, der ähnliche Qualitäten hat, die er an dieser Person ansonsten nicht gesehen hätte. Eine andere Träumerin könnte hingehen und George als einen von diesen »alten Jungs« beschreiben, der von der Frauenproblematik in diesem Land nicht das mindeste begriffen und nichts zur Verbesserung der Situation der Frauen getan hat. Und diese Träumerin könnte sagen, daß ebendiese Eigenschaften typisch für ihren Vater, ihren Mann oder ihren Chef sind.

Diese Sitzungen nach Delaneys Methode dauern etwa zweieinhalb Stunden. Abschließend nimmt der Träumer oder ein anderes Mitglied der Gruppe sich einige Minuten Zeit, um das Wesentliche, das angesprochen wurde, zusammenzufassen. Die Sitzung endet dann endgültig, nachdem die Gruppe zum Schluß noch versucht hat, dem Träumer eine Reaktion zu ihrer gemeinsamen Arbeit zu entlocken.

So wie Sie daran arbeiten, Ihre Träume zu dechiffrieren und sich ihre Lektionen zu Herzen zu nehmen, werden Sie feststellen, daß Sie dabei zunehmend an Geschick und auch an Selbstvertrauen gewinnen. Sie werden feststellen, daß Sie die Bedeutung von Träumen wesentlich schneller erfassen lernen, sobald Sie sich mit den Traumdimensionen vertraut gemacht haben bzw. mit den entgegengesetzten Prinzipien dieser Dimensionen, auf denen Sie herkömmlicherweise Ihre Träume aufbauen. Da jeder von uns seine blinden Flecke hat, kann es hilfreich sein, mit jemandem zusammen – einem Partner, Freund oder einer

Gruppe – an Ihren Träumen zu arbeiten. Einen Traum mitzuteilen kann als solches bereits genügen, um Ihnen zu neuen Einsichten zu verhelfen. Und daß Sie bereit sind, ihn mitzuteilen, heißt ja vielleicht auch, daß Sie offen für neue Ideen und Anregungen zu Ihrem Traum sind.

Wenn Sie fremde Hilfe brauchen

Wichtig ist festzuhalten, daß die Gruppenarbeit mit Träumen nicht identisch mit der Gruppenpsychotherapie ist. Die Traumarbeit mit anderen kann zwar auch einen therapeutischen – das heißt heilenden – Effekt sowohl für den Träumer als auch für die übrigen Gruppenmitglieder haben, bei dieser Arbeit geht es im wesentlichen jedoch darum, den Traum zu verstehen, und nicht darum, dem Träumer bei der Bewältigung zwischenmenschlicher Probleme zu helfen. Die Teilnahme an einer Traumgruppe ist kein Ersatz für eine Psychotherapie, wenn eine solche angezeigt ist.

Wie weit jemand bei seiner Gesundheitsvorsorge auf der Ebene von Träumen gehen möchte, ist eine Frage der Wahl, genau wie die Gesundheitsvorsorge im Wachleben allgemein eine Frage der Wahl ist. Wir können aus uns heraus unsere Ernährung verbessern und uns unser eigenes Fitneßprogramm verordnen, oder wir können zur Ernährungsberatung gehen, uns einem Fitneßclub anschließen und anderweitige professionelle Hilfe in Anspruch nehmen. Einen verstauchten Knöchel können wir normalerweise zu Hause behandeln; wenn wir jedoch einen Knochenbruch vermuten, müssen wir zum Arzt gehen.

Die Einsicht, daß wir es denn im Ernstfall mit dem psychischen Äquivalent eines Knochenbruchs zu tun haben, setzt sich oft nur allmählich durch. Hinter vielen vermeintlich plötzlich auftretenden Krisen stehen oft Jahre akkumulierten Leids. So ist es im Vorfeld einer Krise bereits wichtig, auf unsere Träume zu achten und uns zu fragen, inwieweit sie unsere Bemühungen sabotieren. Denn wenn die Krise erst einmal da ist, sind wir zu sehr damit beschäftigt, um uns mit der Frage auseinanderzusetzen, wie wir unsere Träume nutzen können, um besser zurechtzukommen. Das ist dann der Punkt, an dem es sich auszahlt, regelmäßig ein Traumtagebuch und ein Tagebuch über die Alltagsereignisse zu führen. Damit erkennen Sie früh die Warnzeichen, die Ihnen signalisieren, daß Sie dringlichst an Ihren Träumen etwas tun müssen. Wichtige Hinweise sind:

- Wenn sich der gleiche schlechte Traum immer wieder wiederholt, insbesondere wenn es sich dabei um einen Traum handelt, in dem Sie machtlos und ein Opfer sind.
- Wenn Sie oft von der Vergangenheit träumen, insbesondere von Ihrer frühen Kindheit.
- Wenn Sie in der Nacht laut aufstöhnen oder in Panik, Angst, Wut oder Verzweiflung wach werden.
- Wenn Sie sich morgens von zu viel Träumen erschöpft und ausgelaugt fühlen.
- Wenn Sie sich selbst oder andere während des Schlafes verletzen.
- Wenn Sie sich auf der negativen Seite Ihrer üblichen Traumdimensionen festgefahren haben.

Wenn Sie professionelle Hilfe suchen möchten, fragen Sie Ihren Hausarzt oder einen Freund, ob er Ihnen jemanden empfehlen kann. Darüber hinaus können die örtlichen psychosozialen Kontakt- und Beratungsstellen oder auch die Gelben Seiten Ihnen bei der Suche nach einem Therapeuten weiterhelfen. Wenn Sie bei einem Therapeuten anrufen, um einen Termin für einen ersten Besuch zu vereinbaren, fragen Sie ihn, ob er auch daran interessiert ist, mit Träumen zu arbeiten. Seine Antwort hilft Ihnen vielleicht, sich von Ihren Gefühlen her darüber klarzuwerden, ob er jemand ist, mit dem Sie arbeiten möchten.

Vielerorts sind Schlaflaboratorien eingerichtet (allein in der Bundesrepublik Deutschland gibt es derzeit rund fünfzig). Wenn Sie oder Ihr Therapeut das Gefühl haben, Sie könnten davon profitieren, wenn Ihre Träume von einer Nacht aufgezeichnet werden, wäre die Übernachtung in einem Schlaflabor überlegenswert. Da die meisten jedoch auf die Behandlung und Erforschung von Schlafstörungen eingerichtet sind, wäre jeweils zu klären, ob die Traumerfassung im Rahmen der Möglichkeiten liegt. Dazu gehört die Frage, ob ein Techniker verfügbar ist, der Sie während der REM-Phasen weckt, Sie nach Ihren Träumen fragen und Ihre Antworten auf Band aufzeichnen kann. Wichtig ist auch die Frage, ob das Labor Ihnen eine Abschrift der Aufzeichnungen geben wird. Des weiteren wäre natürlich die Kostenfrage zu klären und ebenso, ob Ihre Krankenversicherung diese gegebenenfalls übernimmt. Es sind nur wenige Schlaflaboratorien, die diese Dienstleistung anbieten; klar ist jedoch, wenn von Patienten- und Therapeutenseite die Nachfrage steigt, daß sich dann auch das Angebot erweitern wird. Und bald wird es sicherlich auch schon möglich sein, daß wir unsere Traumaufzeichnungsgeräte zu Hause neben dem Bett stehen haben.

Die Zukunft der Traumarbeit

Es braucht Zeit, um sich von einer Krise zu erholen. Möglicherweise spielen wir unsere von Schuldgefühlen, von Wut, von Unzulänglichkeit und Zurückweisung geschwängerten Erinnerungen noch jahrelang immer wieder durch. Am besten kommen diejenigen über Krisen hinweg, die im Vorfeld bereits über gute Freunde, gute Gene, ein gutes Selbstbild und gute Träume verfügen und die neue positive Beziehungen eingehen können. Personen mit einem grundlegend problematischen Selbstbild kommen nicht umhin, dieses Bild und damit die Art und Weise zu revidieren, wie sie sich sehen. Eine schwierige Aufgabe. Den Prozeß können wir allerdings beschleunigen, indem wir es lernen, auf die inneren Stimmen unserer Träume zu hören und dafür zu sorgen, daß sie sich in stärkeren und zuversichtlicheren Tönen durchsetzen.

Ich hoffe, daß die Beschreibung der vielen verschiedenen Krisenarten und wie sie unsere Träume beeinflussen, Ihnen geholfen hat, daß Sie Ihre eigenen Träume und die Träume anderer besser verstehen können. Sie haben jetzt einige neue Instrumente, die Sie bei der Erforschung und Untersuchung Ihrer Träume nutzen können. Sie können die RISC-Methode nutzen, um zu erkennen, warum ein Traum Sie quält, und es lernen, ihn zu identifizieren, noch während er im Gange ist, und ihn zu stoppen und zu verändern.

Meine Krisentraumarbeit hat mich in meiner Überzeugung bestärkt, daß Träume weitaus mehr als nur nächtliche Unterhaltung bieten. Sie sagen uns vielmehr etwas über Aspekte unseres Alltagslebens, die wir unbewußt vielleicht übersehen oder vorzugsweise lieber nicht sehen, insbesondere in Krisenzeiten. Wir können aus unseren Träumen erfahren, wenn irgendwelche Dinge in unserem Körper, unserem Geist, unserer Seele oder in unseren persönlichen Beziehungen nicht in Ordnung sind, und zwar oft, ehe wir diese Fakten in unserem Wachleben erkennen.

Träume können also bei der Assimilation wesentlicher Veränderungen in unserem Leben, guten wie schlechten, bei Erfolgen wie bei Mißerfolgen, eine Schlüsselrolle spielen. Unsere Träume sondieren in solchen Zeiten jene Erfahrungen, die Auslöser starker Gefühle sind, und bringen sie mit verwandten Bildern aus der Vergangenheit zusammen. Sie ermöglichen es uns, unser Bild von unserem gegenwärtigen Selbst zu revidieren und Reaktionen auf künftige Herausforderungen sozusagen probeweise durchzuspielen. Und sie helfen uns in schwierigen Zeiten, wenn wir unser Selbstwertgefühl verloren haben oder unser Glaube an unsere Kompetenz zerschlagen wurde, unser lädiertes Selbstgefühl wieder zu reparieren. Über unsere Träume sondieren, revidieren, testen und reparieren wir. Diese vier Dinge lernen wir nicht in der Schule. Aber: Verstehen zu lernen, was unsere Träume uns zu sagen haben, kann die wichtigste Lektion sein, die wir je lernen.

Anhang

CHECKLISTE DER SYMPTOME BEI DEPRESSIONEN

Klinisch werden folgende Kriterien bei der Diagnostizierung einer schweren Depression herangezogen. Die Diagnose setzt voraus, daß eine Person mindestens zwei Wochen lang mindestens fünf dieser Symptome aufweist und daß diese Symptome beeinträchtigend ins Alltagsleben eingreifen.

1. Interesseverlust oder Verlust der Freude an allen oder fast allen Aktivitäten.
2. Antriebsarmut bzw. fehlende Reaktion auf Personen oder Dinge, die vorher als angenehm empfunden wurden.
3. Eine traurige Verstimmung, die allmorgendlich am schlimmsten ist.
4. Schlaflosigkeit; Aufwachen mindestens zwei Stunden vor der regulären Aufwachzeit oder übermäßiges Schlafen an fast jedem Tag.
5. Energieverlust; verbunden mit psychomotorischer Hemmung oder Erregung.
6. Appetitverlust und/oder rapider Gewichtsverlust ohne Einschränkung der Nahrungszufuhr.
7. Vorhergehende Episoden von Depressionen, die vollständig oder fast vollständig überwunden wurden.
8. Übermäßige oder unangemessene Schuldgefühle sowie übertriebener oder unangemessener Pessimismus.
9. Beeinträchtigung des Denk- oder Konzentrationsvermögens bzw. Unentschlossenheit.
10. Wiederkehrende Gedanken an den Tod; Selbstmordgedanken.

(In Anlehnung an das *Diagnostic and Statistical Manual of Mental Disorders*, dritte und überarbeitete Ausgabe, Washington, D. C. American Psychiatric Association, 1987.)

POSTTRAUMATISCHE STRESS-STÖRUNG
CHECKLISTE DER SYMPTOME

Klinisch werden für die Diagnose der Posttraumatischen Streßstörung (PTSD) folgende Kriterien herangezogen:

A. *Vorliegen einer streßintensiven Erfahrung, die fast bei jeder Person eine Notlage hervorrufen würden.*
B. *Wiedererleben des Ereignisses in mindestens einer der nachfolgend beschriebenen Formen:*
1. Wiederkehrende eindringliche Erinnerungen an das Ereignis
2. Wiederkehrende quälende Träume von dem Ereignis
3. Plötzliches Handeln oder das plötzlich auftretende Gefühl, als ereigne sich der gleiche Vorfall wieder
4. Intensive Qualen bei der Begegnung mit Ereignissen, die an die Erfahrung erinnern, wie etwa Jahrestage.

C. *Betäubung der allgemeinen Empfänglichkeit in Form von:*
1. Anstrengungen, Gedanken oder Gefühle zu vermeiden, die mit dem Ereignis assoziiert werden
2. Anstrengungen, Aktivitäten oder Situationen zu meiden, die Erinnerungen an das Ereignis wecken
3. Das Unvermögen, sich an einen wichtigen Aspekt des Ereignisses zu erinnern
4. Eingeschränktes Interesse an relevanten Aktivitäten
5. Befremdungsgefühl oder Gefühle des Abgesondertseins von anderen
6. Eingeschränkte Gefühlsskala
7. Mangelnde Zukunftsperspektiven (Gefühl von einer verkürzten Zukunft)

D. *Anhaltende Symptome erhöhter Erregung, die an mindestens zwei der folgenden Punkte meßbar ist:*
1. Schwierigkeiten, einzuschlafen oder durchzuschlafen
2. Reizbarkeit oder Wutausbrüche
3. Konzentrationsschwierigkeiten
4. Hypervigilität
5. Übertriebene Schreckreaktion auf Geräusche oder Berührungen
6. Körpersymptome wie Schwitzen, die bei der Begegnung mit Ereignissen auftreten, die Erinnerungen an die Erfahrung wachrufen

E. *Anhalten der unter B, C und D genannten Symptome über Dauer von mindestens einem Monat.*

(In Anlehnung an das *Diagnostic and Statistical Manual of Mental Disorders*, dritte und überarbeitete Ausgabe, Washington, D. C., American Psychiatric Association, 1987.)

Quellenverzeichnis

Kapitel 1 – Wie Träume arbeiten

1 Breger, Louis, Ian Hunter und Ron Lane, »The effect of stress on dreams«, *Psychological Issues, Monograph 27*, New York 1971, Nr. 7 (3).
2 Terr, Leonore, *Too Scared To Cry*, New York 1990.
3 Shakespeare, *Heinrich IV*, zitiert aus: Gerhard Hellwig, *Das große Buch der Zitate*, München 1988, S. 361.
4 Fromm, Erich, *Märchen, Mythen, Träume. Eine vergessene Sprache*, Stuttgart 1980.
5 Hobson, J. Allan, *Schlaf*, Heidelberg 1990, S. 151 ff; Hobson, J. Allan und Robert McCarley, »The brain as a dream state generator: An activation-synthesis hypothesis of the dream process«, *American Journal of Psychiatry*, 1977, Nr. 134, S. 1335 ff.
6 Hobson, Allan, *The Dreaming Brain*, New York 1989.
7 Crick, Francis und Graeme Mitchison, »The function of dream sleep«, *Nature*, 1983, Nr. 304, S. 111 ff.

Kapitel 2 – Wie unsere Träume für uns arbeiten können

1 Kramer, Milton und andere, »The mood-regulating function of sleep«, in: *Sleep*, W. P. Koella und P. Levin, Hg., Basel 1973, S. 563 ff.
2 Ullman, Montague und Nan Zimmerman, *Mit Träumen arbeiten*, München 1994, S. 41 ff.

Kapitel 3 – Eine neue Traumtherapie

1 Freud, Sigmund, *Die Traumdeutung über den Traum*, Gesammelte Werke, II. und III. Band, Frankfurt 1968, S. 97 f.
2 Webb, Wilse B., »A historical perspective of dreams«, in: *Handbook of Dreams: Research, Theories and Applications*, Benjamin B. Wolman, Hg., New York 1979, S. 13 ff.
3 Freud, Sigmund, *Die Traumdeutung über den Traum*, Gesammelte Werke, II. und III. Band, Frankfurt 1968, S. 546 ff. McGinn, Paul R., »The mind's eye: The art of Sigmund Freud«, *Medicine on the Midway*, 1990, Sommer, S. 9 ff.
4 Freud, Sigmund, *Die Traumdeutung über den Traum*, Gesammelte Werke, II. und III. Band, Frankfurt 1968, S. 127 ff, 555 ff.
5 Ebenda, S. 129, 659.
6 Ebenda, S. 613.
7 Freud, Sigmund, *Vorlesungen zur Einführung in die Psychoanalyse*, Teil II, »Der Traum«, Frankfurt 1991, S. 160.
8 Freud, Sigmund, *Die Traumdeutung über den Traum*, Gesammelte Werke, II. und III. Band, Frankfurt 1968, S. 102 ff, 561 ff.
9 Ebenda.

10 Erikson, Erik, »The dream specimen of psychoanalysis«, in: *Psychoanalytic Psychiatry and Psychology*, R. Knight und C. Friedman, Hg., New York 1954, S. 131 ff.
11 Lévi-Strauss, Claude, *Der nackte Mensch*, Frankfurt 1975, S. 139 ff, 145 ff, 245 ff.
12 Kelly, George A., *Die Psychologie der persönlichen Konstrukte*, Paderborn 1986.

Kapitel 4 – Die Jagd auf Träume

1 Aserinsky, E., und Kleitman, N. »Regularly occuring periods of eye motility, und concomitant phenomena during sleep«, *Science*, 1953, Nr. 118, S. 273 f.
2 Dement, William C., *The Sleepwatchers*, Stanford, CA, 1992.
3 Dement, William, und Kleitman, Nathaniel, »The relation of eye movements during sleep to dream activity: An objective method for the study of dreaming«, *Journal of Experimental Psychology*, 1957, Nr. 43, S. 339 ff.
4 Dement, William, *Some Must Watch While Some Must Sleep*, Stanford, CA, 1972.
5 Cartwright, Rosalind, »Dreams and their meaning«, in: *Principles and Practice of Sleep Medicine*, Meir H. Kryger, Thomas Roth und Williamt Dement, Hg., Philadelphia 1989, S. 173 ff.
6 Snyder, Frederick, »The phenomenology of dreaming«, in: *The Psychodynamic Implications of the Physiological Studies on Dreams*, L. Madow und L. Snow, Hg., Springfield, IL, 1970, S. 124 ff.
7 Ebenda.
8 Ebenda.
9 Ebenda.
10 Cartwright, Rosalind, und Kaszniak, Alfred, »The social psychology of dream reporting«, in: *The Mind in Sleep*, Steven J. Ellmann und John S. Antrobus, Hg., New York 1991, S. 251 ff.
11 Kramer, Milton, »Liars dream but dreams don't lie«, in: *Sleep and Cognition*, Richard Bootzin, John Kihlstrom und Daniel Schacter, Hg., Arlington 1990.
12 Greenberg, Ramon, und Pearlman, Chester, »The private language of the dream«, in: *The Dream in Clinical Practice*, J. Natterson, Hg., New York 1980, S. 85 ff.
13 Waldenberg, Patrick, *Surrealism*, New York 1965, S. 70.
14 Bonime, Walter, und Bonime Florence, *The Clinical Use of Dreams*, New York 1962.

Kapitel 5 – Allgemeine Träume und normale Albträume

1 Cartwright, Rosalind, »The nature and function of repetitive dreams: A survey and speculation«, *Psychiatry*, 1979, Nr. 42, S. 131 ff.
2 Bonime, Walter, und Bonime, Florence, *The Clinical Use of Dreams*, New York 1962.

3 Ullman, Montague, und Zimmerman, Nan, *Mit Träumen arbeiten*, München 1994, S. 36.
4 Adler, Alfred, *Individualpsychologie in der Schule*, Frankfurt 1973, S. 73.
5 Myers, Wayne, »An athletic example of the typical examination dream«, *Psychoanalytic Quarterly*, 1983, Nr. 42, S. 594ff.
6 Denzin, Norman, »Alcoholic dreams«, *Alcoholism Treatment Quarterly*, 1988, Nr. 5, S. 133ff.
7 Auden, W. H., »Thanksgiving for a habitat«, in: *A Certain World: A Commonplace Book*, London 1970.
8 Hall, Calvin, und Van de Castle, Robert, *The Content Analysis of Dreams*, New York 1966.
9 Hall, Calvin, und andere, »The dreams of college men and women in 1950 and 1980: A comparison of dream contents and sex differences«, *Sleep*, 1982, Nr. 5, S. 188ff.
10 Kramer, Milton, »A city dreams: A survey approach to normative dream content«, in: *American Journal of Psychiatry*, 1971, Nr. 127, S. 1350ff.
11 McGinley, Lauri, »A flight attendant, DC-10 crash survivor, struggles to come back«, *Wall Street Journal*, 8. Januar 1990, S. 1A.
12 Rynearson, Edward, »Psychological adjustment to unnatural dying«, in: *Biopsychological Aspects of Bereavement*, S. Zisook, Hg., Washington, DC, 1987, S. 77ff.
13 Wood, James, und Bootzin, Richard, »The prevalence of nightmares and their independence form anxiety«, *Journal of Abnormal Psychology*, 1990, Nr. 99, S. 64ff.
14 Hartmann, Ernest, *The Nightmare*, New York 1984.
15 Gerne, Margarete, »Problem-solving in dreams: References to the process of mourning«, *Association for the Study of Dreams Newsletter*, 1989, Nr. 6, S. 3f.
16 National Academy of Sciences, *Bereavement: Reactions, consequences and care*, Washington, DC, 1984.
17 Rynearson, Edward, »Bereavement after homicide: A descriptive study«, *American Journal of Psychiatry*, 1984, Nr. 141, S. 1452ff.
18 Shneidman, E. S., zitiert in: David Ness und Cynthia Pfeffer, »Sequelae of bereavement resulting from suicide«, *American Journal of Psychiatry*, 1990, Nr. 147, S. 279ff.
19 Ness, David und Pfeffer, Cynthia, »Sequelae of bereavement resulting from suicide«, *American Journal of Psychiatry*, 1990, Nr. 147, S. 279ff.
20 Kilpatrick, James, »A most imperfect rule«, *Washington Post*, 10. Januar 1985.
21 Ochberg, Frank, »Post-traumatic therapy and victims of violence«, in: *Post-traumatic Therapy and Victims of Violence*, Frank Ochberg, Hg., New York 1988, S. 3ff.
22 Alverez, Rafael, »On the East Coast, trouble getting word«, *Baltimore Sun*, 19. Oktober 1989, S. 12A.

Kapitel 6 – Von Alltagsträumen zu KrisenTräumen

1 Shukla, G. D. u.a., »Phantom limb: A phenomenological study«, *British Journal of Psychiatry*, 1982, Nr. 141, S. 54ff.
2 Comarr, Estin u. a., »Sleep dreams of sex among traumatic paraplegics and quadriplegics«, *Sexuality and Disability*, 1983, Nr. 6, S. 25ff.
3 Kerr, Nancy, u. a. »The structure of laboratory dream reports in blind and sighted subjects«, *Journal of Nervous and Mental Disease*, 1982, Nr. 170, S. 286ff.
4 Cartwright, Rosalind, u. a., »Focusing on dreams: A preparation program for psychotherapy«, *Archives of General Psychiatry*, 1980, Nr. 37, S. 275ff.
5 Fried, Risto, u. a. »The dream laboratory as a potentially helpful intervention in problematic psychotherapies«, *Psychologica*, 1985, Nr. 2, S. 83ff.

Kapitel 7 – Die Krise der Scheidung

1 National Center for Health Statistics, »Advance Report of final divorce statistics, 1987«, *Monthly Vital Statistics Report*, Hyattsville, 1990, Nr. 38, 2. Ergänzung.
2 Wallerstein, Judith, und Blakeslee, Sandra, *Gewinner und Verlierer. Frauen, Männer, Kinder nach der Scheidung*, München 1992, S. 7f, 10f.

Kapitel 8 – Wenn eine Krise zu Depressionen führt

1 Kupfer, David, »REM latency: A psychobiologic marker for primary depressiv disease«, *Biological Psychiatry*, 1976, Nr. 11, S. 159ff.
2 Shakespeare, William, *Hamlet*, Stuttgart 1990, S. 55.
3 American Psychiatric Association, *Diagnostic and Statistical Manual of Mental Disorders*, Washington, D. C. 1987, 3. überarbeitete Ausgabe, S. 224.
4 Cartwright, Rosalind, »Dreams at work: The relation of dream incorporation to adaption to stressful events«, *Dreaming*, 1991, Nr. 1, S. 3ff.
5 Beck, Aron, und Ward, Clude, »Dreams of depressed patients: Characteristic themes in manifest content«, *Archives of General Psychiatry*, 1961, Nr. 5, S. 462ff.
6 Hauri, Peter, »Dreams in patients remitted from reactive depression«, *Journal of Abnormal Psychology*, 1976, Nr. 85, S. 1ff.
7 Cartwright, Rosalind u. a. »REM latency and recovery from depression: getting over divorce«, *American Journal of Psychiatry*, 1991, Nr. 148, S. 1530ff.

Kapitel 9 – Körperliche Krisen: Schwangerschaft, Krankheit, Tod

1 Van de Castle, Robert, Interview mit Lynne Lamberg, Juni 1985.
2 Zayas, Luis, »Thematic feature in the manifest dreams of expectant fathers«, *Clinical Social Work Journal*, 1988, Nr. 16, S. 282ff.
3 Siegel, Alan B., *Träume können ihr Leben verändern*, Düsseldorf 1993, S. 97, 122, 126, 132.

4 Stukane, Ellen, *The Dream Worlds of Pregnancy*, New York 1985.
5 Siegel, Alan B., *Träume können ihr Leben verändern*, Düsseldorf 1993, S. 125.
6 Ebenda, S. 122f.
7 Stukane, Ellen, *The Dream Worlds of Pregnancy*, New York 1985.
8 Winget, Carolyn, und Kapp Frederic, »The relationship of the manifest content of dreams to duration of childbirth in primiparae«, *Psychosomatic Medicine*, 1972, Nr. 34, S. 313ff.
9 Zayas, Luis, »Thematic features in the manifest dreams of expectant fathers«, *Clinical Social Work Journal*, 1988, Nr. 16, S. 282ff.
10 Jung, Carl G., *Träume und Traumdeutung*, München 1990, S. 8f.
11 Haskell, Robert, »Dreaming, cognition and physical illness«, Teil I und II, *Journal of Medical Humanities and Bioethics*, 1985, Nr. 6, S. 46ff, 109ff.
12 Hilgard, E. R., *Divided consciousness: Multiple controls in human thought and action*, New York 1977.
13 Siegel, Bernie S., *Mit der Seele heilen. Gesundheit durch inneren Dialog*, Düsseldorf 1993, S. 89.
14 Siegel, Bernie S., *Prognose Hoffnung: Liebe, Medizin und Wunder*, Düsseldorf 1994, S. 156.
15 Sabini, Meredith, »Dreams as an aid in determining diagnosis, prognosis, and attitude towards treatment«, *Psychotherapy and Psychosomatics*, 1981, Nr. 36,S. 24ff.
16 Gordon, Jennifer, und Shontz, Franklin, »Living with the AIDS virus: A representative case«, *Journal of Counseling & Development*, 1990, Nr. 68, S. 287ff.
17 Renshaw, Domeena, »Sexual Anorexia Nervosa?« *Sexual Medicine Today*, 1982, November, S. 27f.
18 Smith, Robert, »Evaluating dream function: Emphasizing the study of patients with organic disease. Special issue: Cognition and dream research«, *Journal of Mind and Behavior*, 1986, Frühjahr/Sommer, Nr. 7, S. 397ff.
19 Smith, Robert, »Do dreams reflect a biological state?«, *Journal of Nervous and Mental Disease*, 1987, Nr. 175, S. 201ff.
20 Levitan, Harold, »Stressful dreams may cause asthmatic attacks«, Vorlage bei der Jahresversammlung der American Psychiatric Association, Juni 1982.
21 Meany, John, u. a., »Psychological treatment of an asthmatic patient in crisis«, *Journal of Asthma*, 1988, Nr. 25, S. 141ff.
22 Breger, Louis, Hunter, Ian, und Lane, Ron. »The effect of stress on dreams«, *Psychological Issues, Monograph 27*, New York 1971, Nr. 7, S. 1ff.
23 Von Franz, Marie-Louise, »Archetypes surrounding death«, in: *Dreams Are Wiser than Men*, Richard Russo, Hg., Berkeley 1987.
24 Grotjahn, Martin, »Being sick and facing eighty: Observations of an aging therapist«, in: *The Race Against Time: Psychotherapy and psychoanalysis*

in the second half of life, Robert Nemiroff und Calvin Colarussa, Hg., New York 1985, S. 293 ff.

25 Greenberg, Harvey und Blank, Robert, »Dreams of a dying patient«, *British Journal of Medical Psychology,* 1970, Nr. 43, S. 355 ff.

Kapitel 10 – Vergewaltigung und Inzest: Vom Opfer zur Überlebenden

1 Nadelson, Carol u. a., »A follow-up study of rape victims«, *American Journal of Psychiatry,* 1982, Nr. 139, S. 1266 ff.

2 Diamond, Doris, Interview mit Lynne Lamberg, September 1989.

3 Freud, Sigmund, *Neue Folge der Vorlesungen zur Einführung in die Psychoanalyse. Die Weiblichkeit,* Frankfurt 1991, S. 118.

4 Blume, E. Sue, *Secret Survivors: Uncovering incest and its aftereffects in women,* New York 1990.

5 Herman, Judith, *Father-Daughter Incest,* Cambridge 1981.

6 Herman, Judith, »Father-daughter incest«, in: *Post-traumatic Therapy and Victims of Violence,* Frank Ochberg, Hg., New York 1988, S. 175 ff.

7 Diamond, Doris, Interview mit Lynne Lamberg, September 1989.

8 Calof, David, Interview mit Lynne Lamberg, April 1991.

Kapitel 11 – Posttraumatische Streßstörung

1 American Psychiatric Association, *Diagnostic and Statistical Manual of Mental Disorders,* 3. überarbeitete Ausgabe, Washington, D. C., 1987, S. 251 f.

2 Breslau, Naomi und andere, »Traumatic events and posttraumatic stress disorder in an urban population of young adults«, *Archives of General Psychiatry,* 1991, Nr. 48, S. 216 ff.

3 Langone, John, »The war that has no ending«, *Discover,* 1985, Juni, S. 44 ff.

4 Helzer, John, »Methodological issues in the interpretation of the consequences of extreme situations«, in: *Stressful life events and their contexts,* Barbara Dohrenwend und Bruce Dohrenwend, Hg., New York 1981, S. 108 ff.

5 Kramer, Milton und andere, »Nightmares in Vietnam veterans«, *Journal of the American Academy of Psychoanalysis,* 1987, Nr. 15, S. 67 ff.

6 Wilmer, Harry, »Combat nightmares: Toward a therapy of violence«, in: *Archetypal Psychology and Jungian Thought,* Dallas 1986, S. 120 ff.

7 Brockway, Stephen, »Group treatment of combat nightmares in posttraumatic stress disorder«, *Journal of Contemporary Psychotherapy,* 1987, Nr. 17, S. 270 ff.

8 Fulmer, Thomas I., »Nightmares and the blue-eyed boys«, *Journal of the American Medical Association,* 1984, Nr. 251, S. 897.

9 Van Dyke, Craig, und andere, »Post-Traumatic Stress Disorder: A thirty-year delay in a World War II veteran«, *American Journal of Psychiatry,* 1985, Nr. 142, S. 1070 ff.

10 Levi, Primo, *Ist das ein Mensch?* München 1992, S. 70 f.
11 Lavie, Peretz, und Kaminer, Hanna, »Dreams that poison sleep: Dreaming in Holocaust survivors«, *Dreaming*, 1991, Nr. 1, S. 11 ff.

Kapitel 12 – Kleine Kinder – Große Probleme

1 Terr, Leonore, »Chowchilla Revisited: The effects of psychic trauma four years after a school-bus kidnapping«, *American Journal of Psychiatry*, 1983, Nr. 140, S. 1543 ff.
2 Dement, William, *Some Must Watch While Some Must Sleep*, Stanford 1972, S. 53.
3 Foulkes, David und andere, »REM dreaming and cognitive skills at ages 5–8: A cross-sectional study«, *International Journal of Behavioral Development*, 1990, Nr. 13, S. 447 ff.
4 Terr, Lenore, »Nightmares in children«, in: *Sleep and Its Disorders in Children*, Christian Guilleminault, Hg., New York 1987, S. 231 ff.
5 Terr, Lenore, *Too Scared To Cry*, New York 1990.
6 Bilu, Yoam, »The other as a nightmare: The Israeli-Arab encounter as reflected in children's dreams in Israel and the West Bank«, *Political Psychology*, 1989, Nr. 10, S. 365 ff.
7 Garfield, Patricia, »Nightmares in the sexually abused female teenager«, Association for the Study of Dreams: III. Internationale Traumkonferenz, Ottawa, Kanada, 1986.
8 Sendak, Maurice, *Wo die wilden Kerle wohnen*, Zürich 1967, S. 1 ff.
9 Sendak, Maurice, *In der Nachtküche*, Zürich 1971, S. 1 ff.
10 Sendak, Maurice, *Wo die wilden Kerle wohnen*, Zürich 1967, S. 1 ff.
11 Wiseman, Anne, *Nightmare Help*, Berkeley 1986.

Kapitel 13 – Wenn die Traumfunktion gestört wird

1 Callwood, June, *The Sleepwalker: The trial that made Canadian legal history*, Toronto 1990.
2 Howard, Christopher, und D'Orban, P. T., »Violence in sleep: Medicolegal issues and two case reports«, *Psychological Medicine*, 1987, Nr. 17, S. 915 ff.
3 Kavey, Neil, »Somnambulistic bulimia«, *Sleep Research*, 1988, Nr. 17, S. 268.
4 Broughton, Roger, »Sleep disorders: Disorders of arousal?« *Science*, 1968, Nr. 159, S. 1070 ff.
5 Platon, *Der Staat*, Neuntes Buch, München 1991, S. 387.
6 Freud, S., *Vorlesungen zur Einführung in die Psychoanalyse*, S. 136, 207 f.
7 Mahowald, Mark, und Schenck, Carlos, »REM Sleep Behaviour Disorder«, in: *Principles and Practice of Sleep Medicine*, Meir H. Kryger, Thomas Roth und William Dement, Hg., Philadelphia 1989, S. 289 ff.
8 Mahowald, Mark, und andere, »Sleep violence – forensic science implications: Polygraphic and video documentation«, *Journal of Forensic Sciences*, 1990, Nr. 35, S. 413 ff.

9 Kelley, Jack, und Green, Michelle, »A vision of murder«, *People Weekly*, 15. Mai 1987, Nr. 27, S. 30.

Kapitel 14 – Träume besser verstehen lernen

1 Ullman, Montague und Zimmerman, Nan, *Mit Träumen arbeiten*, München 1994, S. 209.
2 Ebenda, S. 187ff.
3 Ebenda, S. 210.
4 Ebenda.
5 Ebenda, S. 210f.
6 Ebenda, S. 203.
7 Delaney, Gayle, *Breakthrough Dreaming: How to tap the power of your 24-hour mind*, New York 1991.

Register

Abhängigkeit / Unabhängigkeit, im Traum 60, 134 f, 173 f, 193, 195
Adler, Alfred 93
Ägypten (das alte) 21, 36
Äskulap 36
AIDS 186
Aktiv / passiv, im Traum 42, 45, 60 f, 123, 128, 148 f, 157, 164, 174, 193, 297, 214, 234, 243, 257
Albträume 9, 38, 43, 55, 90, 101 ff, 141, 166, 175, 182, 185 f, 215 f, 221, 249 ff, 269, 275
– s. a. Träume
– nach Erdbeben 102 f, 111 ff
– von Holocaust-Überlebenden 234 ff
– nach Kampfeinsätzen 215 f, 221, 223 ff, 227 ff
– nach Katastrophen 101 ff
– nach Kindesmißhandlung 203, 248 f
– von Kindern 241 ff, 261
– von Kindern infolge von Traumata 239 f, 245 ff
– normale 101 ff
– Selbsthilfe bei 43, 113 f
– nach sexuellem Mißbrauch 103, 111, 207 ff, 248 f
– nach Vergewaltigungen 38, 111, 202 ff
Alkohol 93 f
– Mißbrauch 93 f, 207, 216, 219 f, 251, 257
– psychologische Traumata und 216, 220
Alkoholiker, Träume von 93 f
Allen, Woody 53
Alt / jung, im Traum 23 f, 61, 76, 101, 122, 125, 148
Angriffsträume, von Tieren angegriffen werden 17, 19, 96, 249, 252
Angst, Ängste 9 f, 19 f, 58, 104 f, 111, 135, 137, 141, 188 f, 191, 202 ff, 211 f, 214, 216 f, 220, 232, 239 f, 242 f, 245 f, 252 ff, 266, 269 f, 272 f, 275, 277
– und Träume 9 f, 18, 25, 38, 41, 43, 55, 72 f, 79 f, 89, 93 f, 96, 98, 100 ff, 109, 142, 146, 150, 160, 163, 170, 179 ff, 187 f, 190 ff, 212, 228 f, 235, 240, 245, 248 ff
– s. a. Albträume
Anhalter, per Anhalter fahren, Traum von 39 f
Anonyme Alkoholiker 93
Anonyme Spieler 270
Anorexia nervosa – s. Magersucht
Antidepressiva 50, 58, 148, 176, 202
– REM-Schlaf und 176
– Traumtherapie mit 50

Arbeitslosigkeit 19, 95, 105, 132 ff, 236
Aristoteles 184
Arthritis, rheumatoide 185 f
Aserinsky, Eugene 69
Association for the Study of Dreams 14
Asthma 187 f
Auden, W. H. 95
Augenbewegungen, Schlaf und – s. REM-Schlaf
Außen / innen, im Traum 42, 45, 48, 61, 100
Authentizität / Tun-als-ob (Vortäuschen), im Traum 61, 120, 123
Autofahren, Träume von 74
Autoreparatur, Traum von 133 f

Beck, Aaron 161 f
Behalten / verlieren, im Traum 31 ff, 95, 97 f, 105, 109, 135, 141, 147, 149, 171, 182, 187
Beschämung, Traum von 47 f
Bewältigen, Bewältigung 10, 20, 34 ff, 38, 106, 160, 174 f, 236, 261, 284, 291
– Körperbild und 116, 178 ff
– Scheidung und 37, 47 ff, 125, 136, 139 ff, 160, 173
Beziehungen, Bewertung der 65 ff, 127, 135
Bilu, Yoram 247 f
Biofeedback 188
Biologische Psychiatrie 58
Blakeslee, Sandra 136
Blank, Robert 198
Blindheit, Traum von 116 f, 153 f
Blume, Sue 210
Blumen, Traum von 241
Bombenschock – s. Posttraumatische Streßstörung
Bonime, Walter 14, 89, 91
Bootzin, Richard 104
Breger, Louis 18, 189, 191 ff, 195
Breslau, Naomi 218
Brockway, Stephen 226 f, 229 f
Broughton, Roger 266, 273
Bus verpassen, Traum von 86

Calkins, Mary 63
Calof, David 175, 213 f
Clonazepam 280, 284
Crick, Francis 28

Dean, James 105
Delaney, Gayle 289 f
Dement, William 69 f, 241
Denzin, Norman 93
Depression 10, 38, 43, 49 f, 58, 86 ff, 107, 199, 213, 219 f, 227
– Checkliste der Symptome bei 295
– nach Krisen 38, 118 ff, 158 ff, 199, 202, 207, 213
– RISC-Therapie bei 169 ff
– nach der Scheidung 42, 88, 118 ff, 136 ff, 143 ff, 160, 163, 168, 232, 236
– Schlafstudien über 158 ff
– Schuldgefühle und 87, 218
– Selbsthilfe bei 156 f, 176 f, 213
– Träume und 86 ff., 119 ff, 128, 227 ff
Deutsche Gesellschaft für Schlafforschung und Schlafmedizin 283
Diamond, Doris 208 f, 211 f

Distanz / Nähe, im Traum 22, 25, 60, 62, 90, 171 f, 183
Drogen 71
– Mißbrauch 207, 216, 219, 251
– psychologische Traumata und 207, 216

Ehekrisen 38 ff, 91 ff, 118 ff, 135 ff, 214
– s. a. Scheidung
Ehepartner / in 88, 135
– Mißhandlung der / des 30, 33, 39, 42, 136, 211 f, 215
– Tod der / des 105 ff
Eiskrem, Traum von 45 f
Eltern, Verlust der 106
Erdbeben 102 f, 111 ff, 218
– s. a. Naturkatastrophen
Erfolgsträume 75, 96 ff, 127
Erikson, Erik 58
Erstickungsträume 97, 166, 207, 269
Ertrinken, Traum von 102, 179, 182, 203
Erwachsene und Kindheitsträume 249 ff, 262
Essen, Traum vom 46
Eßstörungen 45 f
– s. a. Magersucht
Exponiert / privat, im Traum 123, 172 f, 253

Fähre, Traum von einer 133
Fallträume 27, 93, 95 f
Familie, Traum von der 33, 79 f, 100, 103, 122 f, 171 f, 242
Feuer, Traum von 103, 261 f, 265, 269
Fisch, Traum von 179, 186, 242
Flashbacks 207 ff, 215 f
– s. a. Posttraumatische Streßstörung
Fliegen, Traum von 27, 95 f, 151, 261 f
Fliehen / Flucht, Traum von 96 f, 102, 112, 207, 235, 253
Flugzeugunglück, Traum von 101 f, 112 f
Foulkes, David 117, 242 ff
Frauen, Träume von 99 ff, 178 ff, 187
Frauenbewegung 101
Fremd (unvertraut), im Traum 122, 197, 235, 245
Freud, Sigmund 36, 52 ff, 76 f, 82, 275, 285
– Angstträume und 55, 273 f
– sexueller Mißbrauch und 209 f
– Traumsymbole und 55 f, 92, 121
Fromm, Erich 21
Fügsamkeit / Trotz, im Traum 42, 45, 61, 214
Fürsorge / F. vorenthalten, im Traum 146, 172, 174, 182, 190
Fulmer, Thomas 230 f

Gallenblasenoperation, Träume vor 193
Garfield, Patricia 248 f
Geburt, Träume von der 99, 178 ff
– s. a. Schwangerschaft
Gefahr / Sicherheit, im Traum 24 ff, 36, 60, 90, 95 f, 103, 105, 108, 110 ff, 120, 170, 197, 235, 247, 250, 253, 260, 276 f
Gefrierschrank, Traum von 268
Gehirnwellen 9, 37, 73, 268

Geist, Geister, Traum von 173, 242
Gerne, Margarete 106
Geschwister, Verlust der 108
Golfkrieg 217
– s. a. Krieg, Vietnam; Kriegsveteranen; Zweiter Weltkrieg
Greenberg, Harvey 198
Greenberg, Ramon 77
Griechenland, der Antike 36
Griggs, Esther 265
Grotjahn, Martin 198

Haare, Traum von 92
Hall, Calvin 100
Hartmann, Ernest 103 ff
Haskell, Robert 184
Hauri, Peter 162
Haustiere, Tod von 247
Heim – s. Zuhause
Helzer, John 219
Hepatitis, Traum von 185
Herman, Judith 210 f
Herzkrankheiten, Träume von 187
Hetherington, Mavis 136 f
Hilflosigkeit/Kompetenz, im Traum 60, 86 f, 90, 92 f, 95 f, 102 ff, 120, 123, 125, 128, 132 f, 135, 147, 149 f, 155 f, 160, 167, 175 f, 180, 182, 190 ff, 204 f, 207, 214, 226, 228, 230, 246, 248, 250, 253, 255 f, 260, 292, 294
Hilgard, Ernest 184
Hippokrates 184
Hobson, Allan 26 f
Höhle, Traum von 121, 124, 182
Holocaust-Überlebende 35, 38, 79, 215, 233 ff
Hunde, Träume von 61 ff, 179, 242, 250, 252
Hunter, Ian 189
Hypnose 213

Identität und Körperbild 178
Indianer, Träume von 149
Innen/außen, im Traum 42, 45, 48, 61, 100
Inzest 50, 188, 202, 209 ff, 248 f, 254
– s. a. sexueller Mißbrauch

Jung/alt, im Traum 23 f, 61, 76, 101, 122, 125, 148
Jung, Carl G. 184

Kaminer, Hanna 233 f, 236
Kampfmüdigkeit – s. Posttraumatische Streßstörung
Kaninchen, Traum von 179
Kapp, Frederic 182
Karate, Traum von 44 f
Katastrophen – s. Naturkatastrophen
Kavey, Neil 266
Kelly, George 65, 68
Kennedy, John F. 105
Kerr, Nancy 117
Kilpatrick, James 110
Kinder 104, 238 ff, 266 ff, 280
– Albträume infolge von Traumata 239 ff, 245 ff, 261
– Erwachsene und Kindheitsträume 249 ff, 262
– und Pavor nocturnus 266 ff
– und psychologische Traumata 104, 203, 206 ff, 238 ff
– REM-Schlaf bei 240, 242 ff
– Träume von 104, 240 ff

Kindesentführung 238 ff, 245
Kindesmißbrauch – s. sexueller Mißbrauch; Inzest
Kindesmißhandlungen 203, 206, 212, 214 f, 247 ff
– Albträume nach 103, 203, 206, 248 f
– Selbsthilfe bei 212 ff, 260 ff
Kinsey Institute 71
Kirche, Träume von der 203, 205, 258
Kleitman, Nathaniel 10, 69
Körperbild 92, 178, 193 ff
Kompetenz / Hilflosigkeit, im Traum 60, 86 f, 90, 92 f, 95 f, 102 ff, 120, 123, 125, 128, 132 f, 135, 147, 149 f, 155 f, 160, 167, 175 f, 180, 182, 190 ff, 204 f, 207, 214, 226, 228, 230, 246, 248, 250, 253, 255 f, 260, 292, 294
Kontrolle – s. Kompetenz
Kramer, Milton 15, 34, 101, 221, 224, 232
Krankenhauszimmer, Traum vom 198
Krankheiten 50, 86, 90, 105, 135, 143, 178, 197 ff, 230, 236, 246 f, 280
– Träume von 86, 92, 99, 183 ff
– s. a. spezifische Krankheiten
Krebse, Traum von 17, 19
Krebskrankheit, Traum von 92, 185 f, 198 ff, 274
Krieg 35, 103, 215, 217, 236 f, 247
– s. a. Golfkrieg; Vietnam; Zweiter Weltkrieg; Kriegsveteranen; Posttraumatische Streßstörung
Kriegsveteranen 35, 38, 103, 208, 215 ff, 226 f, 229, 236
Krisenträume 9, 11, 17 ff, 26, 30 ff, 34 f, 49 ff, 90 ff, 115 ff, 135 ff, 160 f, 164 ff, 178 ff, 202 ff, 239 ff, 285, 291
– s. a. Albträume; Scheidung; Träume
– Eheprobleme und 118 ff., 135 ff
– Traumata und 35 f, 99, 101 ff, 202 ff, 215, 223 ff, 239 ff
– Zukunft der Arbeit mit 293 f
Krönungstraum 35 f
Kühlschrank, Traum vom 181
Kupfer, David 158 f

Lane, Ron 189
Langone, John 219
Lavie, Peretz 233 f, 236
Levi, Primo 233
Lévi-Strauss, Claude 60
Levitan, Harold 187 f
Linscott, Steven Paul 281 ff
Lkw, Traum vom 32 f, 147

Macht – s. Kompetenz
Männer 136
– Träume von 99 ff, 116, 178 ff, 187
Männlich / weiblich, im Traum 24, 60, 250, 253
Magersucht 39, 42, 45 ff, 186
Mahowald, Mark 279
McCarley, Robert 26 f
Meany, John 188
Medikamente 176, 186, 202, 284
– Antidepressiva 50, 58, 148, 176, 202

– psychologische Traumata und 176, 202
– bei Pavor nocturnus 280, 284
Mißtrauen / Vertrauen, im Traum 41 f, 44 f, 48, 60 f, 90, 96 f, 229, 253
Mitchison, Graeme 28
Moralisch / unmoralisch, im Traum 122, 125, 148
Mord 102, 105, 108, 188, 205, 222, 264 f, 277 f, 280 ff
– Trauer und 105, 108
– Wiederdurchspielen des 102, 108 f
Müll, Traum von 214
Münzen, Traum von 31 f, 147
Multiple Sklerose 186
Myers, Wayne 93
Mythen und Träume 91

Nadelson, Carol 206
Nähe / Distanz, im Traum 22, 25, 60, 62, 90, 171 f, 183
Naturkatastrophen 35, 37, 102 f, 111 ff, 218
Ness, David 110
Nierenkrankheit, Traum von 186
Non-REM-Schlaf 26, 69, 74 ff, 85, 129 f, 139, 158, 266, 268
– s. a. REM-Schlaf

Ochberg, Frank 111
Operationen 17 ff, 201
– s. a. Krankheiten
– RISC-Therapie bei 196
– Träume vor 17 ff, 189 ff

Parks, James 264 ff, 270 ff, 278, 282
Passiv / aktiv, im Traum 42, 45, 60 f, 123, 128, 148 f, 157, 164, 174, 193, 197, 214, 234, 243, 257
Pavor nocturnus 35, 79, 200, 266 ff, 280
– Selbsthilfe bei 283 f
Pearlman, Chester 77
Pfeffer, Cynthia 110
Phobien 217
Platon 273
Polizisten, Traum von 47 f
Posttraumatische Streßstörung (PTSD) 104, 208, 215 ff
– Checkliste der Symptome bei 296
– Selbsthilfe bei 220 f, 236 f
Presley, Elvis 105
Privat / exponiert, im Traum 123, 173, 253
Prüfungsträume 93 f, 98
Psychiatrie, biologische 58
Psychoanalyse 52 ff, 77, 285
Psychotherapie 10, 42, 47 ff, 51, 58 f, 94, 108, 113, 125 ff, 148, 169, 171, 175 f, 183, 199, 206, 211 f, 220, 226, 233, 284, 291 f
– s. a. spezifische Therapeuten, z. B. Erikson
PTSD – s. Posttraumatische Streßstörung

Rapid Eye Movement – s. REM-Schlaf
Ratten, Traum von 179
Rauchen, Traum von 152
Rechtschaffen, Allan 11, 99
Rekruten, Traum von 150
REM-Schlaf 26, 28, 37, 41, 69 f,

72 ff, 82 f, 85, 129 ff, 139, 158 ff, 184, 190, 234, 252, 266, 269, 273 f, 277, 279 f, 284, 292
– Antidepressiva und 176
– Depressionen und 158 ff, 176
– Entdeckung des 69 f
– bei Kindern 240, 242 ff
– Pavor nocturnus und 268 f, 277, 284
– Scheidung und 139
– Schenck-Syndrom und 279 f, 284
Rendezvous, Traum von 39 f
Rennen, Traum von 170
Riese, Traum von 200, 274 ff
RISC-Therapie 125 ff, 148 ff, 156, 163, 186, 196, 203 ff, 227, 284, 288 f, 293
– bei Depressionen 148 ff, 156, 163, 169 ff
– bei Kindheitstraumata 252 ff
– vor Operationen 196
Rogers, Carl 10, 66
Rohre, Traum von 17 ff
Rollschuhe, Traum von 23 ff, 57
Roux, Paul (Saint-Pol Roux) 81
Ruhmgekrönte Träume 98 f
Rynearson, Edward 102, 108 f

Saint-Pol Roux – s. Roux, Paul
Sauber / schmutzig, im Traum 97 f, 150 f, 156 f, 173, 213
Scham / Stolz, im Traum 40, 42, 45, 47, 60 f, 77, 96, 98, 121, 127, 133 f, 146 f, 160, 171, 182, 250
Scheidung 9, 11, 17 f, 37 f, 42 f, 118 ff, 135 ff, 160, 163, 251, 257, 259
– Bewältigung der 47, 136, 139 ff, 173
– Depression nach der 9, 88, 136 ff, 143 ff, 160, 163, 168, 232, 236
– Kriegsveteranen und 148, 199 f, 221, 223 f, 236
– Krise der 11, 17 f, 135 ff
– Schuldgefühle und 30, 38, 125, 156 f, 164, 166, 169
– Selbstbild und 38, 42 f, 119 ff, 137, 144 ff, 170 ff, 251, 259
– Selbsthilfe bei 156 f, 169 ff
– Träume während der 9, 13, 17 ff, 30 ff, 48 f, 88, 97 f, 100, 119 ff, 141 ff, 163 ff
Scheitern, Träume von 93, 97 f, 133, 162
Schenck, Carlos 279
Schenck-Syndrom 275, 279 ff
– Selbsthilfe 283 f
Schlaf 19, 38, 69 ff, 102 ff, 111, 128, 135, 139, 184, 202, 205 f, 215, 219, 221, 234, 240, 264 ff, 285
– s. a. REM und Non-REM-Schlaf
– Aktivation während des 35, 200, 241, 264 ff
– s. a. Pavor nocturnus; Schenck-Syndrom; Schlafwandeln
– Depression und 9, 158 f, 170 ff, 174, 176, 219
– Phasen des 9, 26 ff, 37, 69 ff, 139, 158 ff, 273
– -studien 9, 69 ff, 82 f, 128, 159 f, 184, 233 f, 266
– Wachwerden während des 20, 84 f, 97, 102, 104, 113,

126, 150, 163, 165, 175, 184, 216, 227, 230, 240 f, 249, 252, 254, 264, 268, 281
Schlafforschung 9, 11, 14, 26, 37, 69 ff, 82, 103, 117, 158 ff, 221
Schlaflabor 9, 11, 14, 18, 26 f, 37, 52 f, 59, 69 ff, 82, 124, 129 ff, 139, 141, 158, 174, 189 f, 221, 233, 242, 252, 268, 277, 285, 292
Schlafterror – s. Pavor nocturnus
Schlafwandeln 35, 79, 240, 264 ff
– Selbsthilfe bei 283 f
Schlauchboot, Traum von 119 ff, 159
Schmutzig / sauber, im Traum 97 f, 150 f, 156 f, 173, 213
Schneebälle, Traum von 43 f
Schreckreaktion 216
Schuld / Unschuld, im Traum 92, 101, 146, 157, 224, 250, 253
Schuldgefühle 61, 77, 87, 92, 101, 142, 150, 211, 217 f, 221 ff, 226, 228 ff, 243, 251 ff, 270, 275, 293
– Depression und 87, 160
– Scheidung und 38, 61, 125, 142, 156, 164, 166, 169
– von Überlebenden / Hinterbliebenen 105, 217 f, 221, 226, 228 ff
Schwangerschaft 99, 178 ff, 200 f
– s. a. Geburt
– Träume während der 178 ff, 200 f
Selbstbild 19 f, 25, 32 ff, 36 f, 42 f, 49, 51, 96, 104, 111, 115 ff, 132 ff, 159 ff, 183, 189, 193 ff, 203, 205 ff, 251, 253, 256 f, 259, 262, 278, 293 f
– Bewältigung u. 49 f, 132, 205
– Scheidung und 30, 38, 46, 48, 96, 119 ff, 144 ff, 170 ff, 251
– Träume und 19, 21, 32 f, 36 f, 38, 48 ff, 96, 99, 104, 115 ff, 132 ff, 183, 193 ff, 253
Selbstmord 105, 109, 148 f, 173, 202, 219 f, 227, 275
Selbstverstümmelung 203 ff
Selbstvorwürfe 97, 145, 161 f, 230 f
Sendak, Maurice 260 f
Sexuelle Träume 33, 45 f, 75, 80, 92, 97, 100, 116, 120 ff, 182, 188, 243 f, 254 f
Sexueller Mißbrauch (in der Kindheit) 50, 103, 111, 206 ff, 215, 247 ff, 259
– s. a. Inzest; Kindesmißhandlung; Vergewaltigung
– Albträume nach 103, 207 ff, 248 f
– Selbsthilfe bei 50, 212 ff
Shakespeare, William 21, 159, 246, 268
Shneidman, Edward 109
Sicherheit / Gefahr, im Traum 24 ff, 36, 60, 90, 95 f, 103, 105, 108, 110 ff, 120, 170, 197, 235, 247, 250, 253, 260, 276 f
Siegel, Alan 180 f
Siegel, Bernie 185
Skifahren, Traum vom 93, 286 ff
Smith, Robert 187
Snyder, Frederic 71 f, 88
Socken, Traum von 17 ff
Spielsucht – s. Anonyme Spieler

Sterben – s. Tod
Stolz / Scham, im Traum 42, 45, 47, 60 f, 77, 96, 98, 121, 127, 133 f, 146 f, 160, 171, 182, 250
Stukane, Eileen 180, 182

Tagebuch für Träume 14, 63 f, 68, 77, 81 f, 127, 131, 179, 211, 226, 253, 291
Taranteln, Traum von 186, 252
Taxi, Traum von 196 f
Terr, Leonore 19, 239 f, 245 f, 262
Thermoskanne, Traum von 120 f, 124
Tiere, (Angriffs-) Träume von 17, 19, 96, 145, 161, 242, 249, 252
Tod 24 f, 37, 105 ff, 135, 178, 189, 209, 218, 221 ff, 236, 269, 271, 276
– des Kindes 24 f, 102, 107 ff
– Traum vom 99, 101 f, 107 f, 162, 182, 187, 197 ff, 207, 235, 240 f, 245 ff, 252
Träume
– s. a. Albträume; spezifische Träume; Freud
– alte Sicht der 36 f
– Aufzeichnen von T. im Schlaflabor 9 ff, 14, 18, 26, 38, 52, 59, 69 ff, 82, 85, 124, 127, 129 ff, 139, 141, 145, 174, 189 f, 221, 233, 242, 252, 268, 285, 292
– Bedeutung der 11, 14, 17 ff, 26 ff, 48, 52 ff, 86, 89 ff, 116 f, 121, 131, 179 ff, 184 ff, 191 ff, 213 f, 226 ff, 243 f, 249 f, 254 f, 258 f, 284 ff
– und Dimensionen 23 ff, 42, 45, 48, 59 ff, 64 f, 66, 68, 88, 113 f, 117, 120, 122 f, 125 f, 132 f, 142, 147 ff, 157, 164, 170 ff, 193, 195, 197, 204, 224, 250, 253, 255, 257, 259, 262, 289 f, 292
– Erinnerung an 10, 28, 37, 51 f, 59, 63 f, 74, 78 ff, 127 ff, 234 ff, 240, 260, 267
– von Kindern 104, 239 ff
– s. a. Kinder
– in Krisen 11, 17 ff, 26, 30 ff, 34 f, 37 f, 49 ff, 90 ff, 115 ff, 135 ff, 160 f, 164 ff, 178 ff, 202 ff, 223 ff, 239 ff
– s. a. Krisenträume
– Mythen und 91
– private Sprache der 12 ff, 17 ff, 75 f, 86, 89 ff, 117, 226 f, 241, 244 f, 253, 261
– Psychologie der 51, 89, 186, 253
– Selbstbild und 18 f, 21, 25, 38, 50 ff, 96, 99 ff, 104, 115 ff, 119 ff, 132 ff, 170 ff, 183, 189, 193 ff, 205, 209, 259, 262
– Skripte für 21, 49, 51, 55, 80, 90 f, 113 f, 125 ff, 139, 162, 176, 201, 214, 243 f, 253, 274
– Tagebuch für 14, 63 f, 68, 77, 81 f, 127, 131, 179, 211 f, 226, 253, 291
– wiederkehrende 26, 28, 35, 38, 55, 87, 90 f, 94 f, 104, 109 f, 115, 141, 156, 175, 207, 213 f, 223 ff, 229 ff, 236, 239 f, 249 f, 262, 269, 273, 292
Trauer 37, 105 ff, 136
– s. a. Witwe / r, Witwenschaft

Traumarbeit 43 ff, 49 ff, 117, 125 ff, 148 ff, 183, 203, 221, 226 ff, 237, 252 ff, 285 ff, 293 f
– s. a. RISC-Therapie
Traumata 101 ff, 202 ff, 215 ff, 238 ff
– Albträume nach 35, 37 f, 101 ff, 202 ff
Traumdimensionen – s. Träume und Dimensionen
Traumforschung (einschl. -studien) 11, 26 f, 53 ff, 82, 88, 100 f, 104, 106, 117, 129 ff, 137 ff, 159 ff, 169, 178 ff, 187 ff, 196, 221, 224, 230, 233 f, 242, 245 f, 247 f, 265, 268, 285
Traumgruppen 81, 183, 226 ff, 237, 286 ff
Trotz / Fügsamkeit, im Traum 42, 45, 61, 174, 214

U-Boot, Traum von 119, 121
Ullman, Montague 92, 286 ff
Umarmen, Traum von 96 f
Unabhängigkeit / Abhängigkeit, im Traum 60, 134 f, 173 f, 193, 195
Unmoralisch / moralisch, im Traum 122, 125, 148
Unschuld / Schuld, im Traum 92, 146, 157, 224, 250, 253

Valentino, Rudolph 105
Van de Castle, Robert 100, 179 f
Van Dyke, Craig 231 f
Verfolgungsträume 96 f, 102, 207, 241, 249, 260
Vergewaltigung 38, 50, 97, 111, 202 ff, 212, 215
– Albträume nach 35, 102, 202 ff, 212
– Selbsthilfe bei 50, 203 ff, 212 ff
– Träume von 97
Verlieren / behalten, im Traum 31 ff, 92 f, 95, 97 f, 105, 109, 135, 141, 147, 149, 171, 182, 187, 192
Versagen – s. Scheitern
Vertrauen / Mißtrauen, im Traum 41 f, 44 f, 48, 60 f, 90, 96 f, 229, 253
Veteranen – s. Kriegsveteranen
Viano, Richard 277 f
Video, Traum von 41 f
Viehtrieb, Traum von 149
Vietnam-Veteranen 35, 38, 119 f, 148, 153, 215, 217 ff, 232, 236
– s. a. Kriegsveteranen
Von Franz, Marie-Louise 198
Vortäuschen / Authentizität, im Traum 61, 120, 123

Wäsche, Traum von 213
Wallerstein, Judith 136
Ward, Clyde 161 f
Waschmaschine, Traum von 179 ff
Wasser, Traum von 119, 147 f, 179
Weiblich / männlich, im Traum 24, 60, 250, 253
Williams, Tennessee 53
Wilmer, Harry 224 ff
Winget, Carolyn 182
Wiseman, Anne 261
Witwe / r, Witwenschaft 105 ff
– s. a. Trauer

– Lebenserwartung von 107
Wood, James 104

Zayas, Luis 179 f, 183
Zimmerman, Nan 92, 286
Zoo, Traum von 39 f, 57
Züge, Traum von 175
Zuhause, Traum von 100, 122
Zweiter Weltkrieg, Veteranen 230 ff
– s. a. Kriegsveteranen
Zwerge, Traum von 122 f